좋은 사람이 되는 것은
왜 어려운가

좋은 사람이 되는 것은 왜 어려운가

당신을 혼란에 빠뜨리는 마음과 행동의 모순

아르민 팔크 — 박여명 옮김

김영사

좋은 사람이 되는 것은 왜 어려운가

1판 1쇄 인쇄 2023. 7. 31.
1판 1쇄 발행 2023. 8. 7.

지은이 아르민 팔크
옮긴이 박여명

발행인 고세규
편집 임여진 디자인 조명이 마케팅 백선미 홍보 이한솔
발행처 김영사
등록 1979년 5월 17일(제406-2003-036호)
주소 경기도 파주시 문발로 197(문발동) 우편번호 10881
전화 마케팅부 031)955-3100, 편집부 031)955-3200 | 팩스 031)955-3111

값은 뒤표지에 있습니다.
ISBN 978-89-349-7166-5 03180

홈페이지 www.gimmyoung.com   블로그 blog.naver.com/gybook
인스타그램 instagram.com/gimmyoung   이메일 bestbook@gimmyoung.com

좋은 독자가 좋은 책을 만듭니다.
김영사는 독자 여러분의 의견에 항상 귀 기울이고 있습니다.

안나와 헬레네, 콘라트
그리고 루이제를 위하여

차례

0장 **왜 착한 사람이 나쁜 행동을 할까?** · 9

1장 **손해를 보면서까지 좋은 일을 해야 할까?** · 25
행동을 좌우하는 비용과 유익 · 30 | '좋은 일'은 공짜가 아니다 · 36

2장 **이 정도면 착하게 보이지 않나?** · 39
작은 선행으로 잘못 덮기 · 53 | 모르고 그랬다는 거짓말 · 63 | 회피 전략 · 66 | 내러티브: 우리에게 유리하게 지어낸 이야기 · 70 | 언어가 감추는 진실 · 82 | 행동이 방관보다 나쁠까? · 85 | 사과의 힘 · 89 | 인정 욕구가 독이 될 때 · 92

3장 **좋은 일을 한다고 행복해질까?** · 105
악의 연료, 질투심 · 113 | 부정적 감정과 폭력의 상관관계 · 119 | 좋은 '우리'와 나쁜 '그들' · 126 | 도덕적 딜레마와 감정 · 130 | 도덕적 행동은 우리를 행복하게 하는가? · 137 | 감정이 전부는 아니다 · 147

4장 **오는 게 있어야 가는 게 있지 않을까?** · 151
일터에서의 호혜성 · 159 | 신뢰한다면 보답한다 · 168 | 해를 끼친다면 복수한다 · 181 | 부당한 상황이 우리를 병들게 한다 · 190 | 협력은 왜 실패하는가? · 196

5장 **왜 굳이 내가 해야 하나?** • 213

위임: 책임 떠넘기기 • 216 | 명령 그리고 죽음 • 225 | 집단과 책임의 분산 • 232 | 시장과 책임의 철저한 분산 • 246 | 시장을 없애야 하는가? • 263

6장 **'좋은 사람'은 따로 있지 않나?** • 265

상황 그리고 성향 • 268 | 모든 개인이 다르다 • 270 | 모든 사회가 다르다 • 272 | 개인의 차이 들여다보기 • 284 | 친사회적 성향은 촉진할 수 있는가? • 290 | 거짓말 실험 • 299 | 공감과 교류가 좋은 사람을 만든다 • 302

7장 **그렇다면 무엇을 할 수 있을까?** • 307

도덕적 '함정' 인식하기 • 310 | 자신에게 정직하기 • 314 | 인정 욕구 자극하기 • 318 | 적극적 의사 결정 구조 설계하기 • 324 | 호혜성 활용하기 • 330 | 사회적 규범 적용하기 • 336 | 긍정적 롤 모델 만들기 • 344 | 인간에 대한 연구 • 347 | 때로는 규제도 필요하다 • 353 | 결과와 상관없이 선한 일을 하라 • 356

짧은 에필로그 • 362

감사의 말 • 363

주 • 365

Warum es so schwer ist,
ein guter Mensch zu sein

0장

왜 착한 사람이
나쁜 행동을 할까?

"우리가 사는 세상은 어쩌다
이런 모습이 되어버렸을까?"

묻겠다. 당신은 다른 사람의 목숨을 구하기 위해 100유로를 포기할 수 있는가? 이상한 질문이라고 생각할지도 모르겠다. 아마도 이렇게 대답할 것이다. "그럼요. 당연히 포기할 수 있죠." 하지만 정말 그런가? 그렇다면 이렇게 묻겠다. 최근 당신은 다른 사람의 목숨을 구하기 위해서 기부한 적이 있는가? 아니라면, 왜 그렇게 하지 않았는가?

인생은 우리에게 언제나 도덕적으로 어려운 선택을 요구한다. 개인의 이익을 포기하고 타인을 위해 '선한 일'을 하라고 한다. 우리의 일상은 쉽지 않다. 언제나 옳고 그름, 선과 악, 이타주의와 이기심 중 하나를 선택해야 하기 때문이다. 타인을 돕고, 어려운 사람을 위해 기부하고, 친환경적 행동을 하고, 진실하며, 협조적인가? 아니면 '조금 더 편한' 쪽을 선택하고, 개인의 이익을 우선으로 여기는가?

당신은 잘 알고 있다. 비가 오고 바쁜 날, 도심에 나갈 때 편하게 자동차를 타고 가는 것이 나은지, 아니면 환경을 생각해 (번거롭게) 버스나 지하철을 이용하는 것이 더 나은지를 말이다. 마트에서는 어떤가? 동물 복지를 생각하며 생산한 비싼 돈가스를 카트에 넣는가? 에너지는 어떤가? 이제 신재생에너지로 바꿀 준비가 되었는가? 양로원에 계신 나이 든 이모를 방문할 시간은 냈는가? 학교나 단체 혹은 다음 거리 축제에서 봉사할 계획인가? 장기 기증 신청은 했는가? 아, 예전부터 하려던 건데. 예전 이웃들을 집으로 초대해 식사를 대접하려고 하지 않았는가? 마이어 씨에게도 사과해야 한다. 모든 건 오해였으니까. 내 직장 동료를 대신해 조금 더 오래 근무하는 건 어떨까? 오늘 중요한 약속이 있다고 했으니까 그러면 좋긴 하겠지. 무임승차를 해버릴까? 어차피 티켓이 있는지 확인도 안 하는걸? 보험회사에 내 빚을 굳이 알리지 않아도 되겠지? 다들 그렇게 하던데, 뭐. 우리의 일상은 아마도 이렇게 이어질 것이다.

선함은 언제나 우리 안의 이기심과 싸운다. 그리고 기본적으로 꽤 선한 사람이라고 확신하는 (최소한 그렇게 생각하고 싶어 하는) 것과 달리, 우리는 개인의 이익을 위해 공익에 반하는 선택을 할 때가 많다. 더 좋은 세상에서 살고 싶은 것은 우리 모두의 바람인데도 말이다. 실제로 타인의 필요에 따라 행동하는 사람이 더 많아진다면, 우리가 사는 세상이 더 아름다워지지 않겠는가? 당연히 그럴 것이다. 그렇다면 대체 왜 우리는 그렇게 살지 못하는가? 무엇이 우리를 방해하는가? 우리가 사는 세상은 어쩌다 이런 모습이 되어버렸을까? 어쩌다 이렇게 고통과 슬픔, 거짓이 가득 찬 세상이 되었느냐는 말이다. 묻겠다. 왜 우리는 선한 사람이 되지 못하는 걸까? 그렇다면 선한 사람이 되기 위해서는 무엇을 해야 하는가? 바로 이것이 이 책이 이야기하고자 하는 두 가지 핵심 주제다. 이 책은 선한 행동을 방해하는 메커니즘이 무엇인지를 설명한다. 옳다고 생각하는 일을 실행에 옮기지 못하는 이유가 어디에 있는지를 찾는 것이다. 그리고 이를 바꿀 방법도 모색한다.

우리가 정직하고 올바르게 살기 위해 부단히 애를 써야 하는 것은 지극히 인간적인 현상이다. 한편으로는 우리가 도덕적 함정에 둘러싸여 있기에 그렇다. 우리는 우리를 잘못된 길로 인도하는 환경과, 우리가 실제로는 원하지 않더라도 우리 자신의 도덕적 개념에 반하는 상황을 끊임없이 맞닥뜨린다. 또 한편으로는 이기심이 우리 인간 본성의 일부이기 때문에 그렇다. 인간은 두 가지 성향을 동시에 가진다. 선과 악 이 두 가지는 우리 모두에게 존재하며, 언제나 올바르게 살 수 있는 사람도, 언제나 올바르지 않게 살 수 있는 사람도 없다. 세상은 결코 흑백이 아니다. 우리가 사는 세상은 회색이다. 우리의 행동에 영향을 주는 환경과 성향의 상호작용인 것이다.

하지만 한 사람이 특정 상황에서는 정직하고 이타적으로 행동하다가 또 다른 상황에서는 이기적으로 행동하는 이유는 무엇일까? 상황은 같은데, 두 사람이 서로 다른 행동을 하는 이유는 또 무엇일까? 우리의 이기심을 불러일으키는 상황이 있을까? 인간의 도덕성은 저마다 어느 정도의 차이가 있으며, 이러한 차이는 어디에서 비롯되는 것일까?

왜 우리는 선함에 실패하는가? 이를 설명하고 이해하는 것은 개인의 사회생활뿐 아니라 궁극적으로는 공익을 돕는 일이다. 사회와 관련한 모든 문제는 결국 근시안적인 자신의 이기심을 억제할 수 있느냐의 문제이기 때문이다. 우리가 원하든 원하지 않든 간에 말이다. 하나의 예로 기후 문제를 들 수 있다. 우리의 행동을 바꾸고 기후에 해로운 가스의 배출을 극적으로 줄일 의지가 있어야만, 우리가 사는 지구를 보호하는 일말의 희망을 이야기할 수 있다. 사회적 약자들과의 연대 의식 또한 또 다른 사례가 될 수 있다. 평등한 기회, 교육과 사회 참여에 대한 공정한 접근이 가능해야만 사회적 격차를 줄이고, 민주주의의 점진적인 붕괴를 막을 수 있지 않겠는가? 세계적인 불평등에 대해서도 마찬가지다. 우리가 누리는 부를 조금이라도 포기할, 즉 나눌 의지가 있어야만 빈곤과 기아, 깨끗한 식수 부족 등의 문제 그리고 이것이 유발하는 치명적인 질병들을 줄일 수 있다.

사회에 속한 모든 사람에게는 공익에 대한 책임이 있고, 협조해야 할 의무가 있다. 그것이 비용과 노력을 수반한다 해도 마찬가지다. 무임승차를 하지 않는 것이든, 숲에 몰래 쓰레기를 버리고 오지 않는 것이든, 지역 단체나 협회 활동에 참여하는 일이든, 난민이나 사회적 취약 계층의 아이들을 돌보는 일이든 간에 말이다. 코로나19 팬데믹 극복을 위해 백신 접종에 협조할지, 아니면 자신은 맞지 않고 무임승차를 할지 결정하는 것 또한 여기에 해당한다. 협조 문제를 해결하지 못하는 사회는 끝내 실패할 수밖에 없다. 이것은 이웃 관계나 직장 문제에서부터, 국제적 협력이나 협조와 같은 차원의 대규모 문제에 이르기까지 사회의 크고 작은 모든 일에 해당한다.

행동을 바꾸고 싶다면, 왜 우리가 옳다고 여기는 일들을 실행하지 못하는지 알아야 한다. 그 원인을 알아내는 것이 바로 이 책의 목적이다. 좋은 사람이 되는 게 왜 어려운지를 보다 확실하게 이해할 수 있도록 돕는 것이다. 왜 우리는 우리의 가치관에 반하는 행동을 하는가? 왜 우리는 일상에서 계속 선함에 실패하는가? 바로 이것을 연구하는 책이다.

그렇다면 '좋은 사람'이 된다는 것은 무엇을 의미할까? 행동경제학자들이 이해하는 좋은 사람이란 무엇일까? 도덕적, 친사회적, 이타적 행동이란 무엇일까? 도덕은 가장 현명하다고 평가받는 이들조차 일반적인 정의를 내리는 데 실패한 개념이기도 하다. 구체적 개별 사례에서도 도덕에 대한 정의는 일치하지 않는 경우가 많다. 다만 철학적·과학적 논쟁을 통해 우리는 도덕에 대한 기본적 이해, 즉 최소한의 합의를 도출했고, 이는 도덕적 행동에 대한 대부분의 종교적·문화적 개념을 포괄한다. 도덕에 대한 최소한의 합의를 추상적으로 표현하자면 이렇다. "의도적으로 혹은 값싼 동기를 가지고 타인에게 고통이나 피해를 주는 것은 비도덕적이다."[1] 이는 우리의 목적을 고려할 때 매우 생산적인 정의라고 할 수 있다. 행동과 관련된 것이기 때문이다. 즉, 특정한 행동에서 우리가 주목해야 할 것은 행위자이지, 상태에 대한 평가가 아니라는 뜻이다. 그렇다면 우리가 의도를 가지고 행동했을 때, 이 행동이 타인의 이익에 영향을 주었느냐가 도덕의 핵심이 될 것이다. 어떤 행동이 도덕적이라는 평가를 받기 위해서는 타인에게 긍정적 영향을 주어야 한다. 앞을 못 보는 사람이 길을 건널 수 있도록 돕는 행위가 여기에 속할 것이다. 반면, 타인에게 부정적 영향을 주는 행동은 비도덕적이다. 연비가 낮은 자동차를 탄다거나, 보험사를 속이는 비협조적인 행동 말이다.

좋은 일을 하는 것은 선택이고 행동이다. 도덕적 행동의 가장 큰 문제는 이 행동이 우리의 개인적 행복과 이익에 반할 때가 많다는 데 있다. 나는 이것을 '근본적인 목표 충돌'이라고 표현한다. 자기 이익과 외부 이익의 균형에서 비롯되는 긴장 관계다. 책을 시작하며 언급한 질문을 떠올려보라. 나는 타인의 목숨을 구하기 위해 100유로를 포기할 수 있는가? 도덕적으로 보자면, 사람의 목숨을 구하는 것보다 더 가치 있는 일은 없다. 하지만 이를 위해서는 내가 유용하게 쓸 수 있는 돈을 포기해야 한다. 어쨌거나 100유로가 있으면 무언가 예쁜 것을 살 수도 있을 테니 말이다! 선한 행동이 가져오는 유익이 한편에 있다면, 다른 한편에는 손실이 존재한다. 모든 도덕적 행동은 바로 이 갈등을 근간으로 한다. 이것은 도덕적 문제의 핵심이기도 하다. 여기에 대해서는 다음 장에서 보다 구체적으로 설명하도록 하겠다.

손실과 이익의 균형을 맞추는 것과 함께 내가 설명하고 싶은 또 한 가지는 우리 자신과 다른 사람 앞에서 선한 사람이 되고자 하는 욕망이 어떤 결과를 가져오는지다. 좋은 '이미지'를 얻기 위한 노력은 친사회적 행동에 날개를 달아준다. 하지만 좋은 자아상을 갖고자 하는 욕망은 때때로, 혹은 주기적으로 우리를 도덕적 함정에 빠뜨리기도 하며, 결국 우리가 이기적으로 행동하게 만든다. 우리는 선을 행하지 않기로 결정하는 동시에 자기 자신을 선한 사람이라고 믿기 위해 스스로를 속이고, 세상을 바꾸어버린다.

우리가 이 같은 재주를 부리는 과정에서 인간 정신은 그야말로 가장 흥미로운 능력을 발휘한다. 마음이 편하고 싶어서, 자신의 이기적 행동을 스스로 용서하려고 의도적으로 내뱉는 말들도 여기에 포함된다. 무언가를 외면하거나 알고 싶지 않아서 회피하는 것도 마찬가지다. 이렇게 하면 몰라서 그랬다고, 자신의 비도덕적 행동에는 이유가 있었다고 믿을 수 있기 때문이다. 선택적 기억도 그렇다. 이 기억은 우리의 행동을 미화하거나 작은 선행들로 양심의 가책을 지워버리는 창의적인 형태의 도덕적 회계장부다. 가끔은 우리가 잘못된 방향으로 이끌리고 있다는 것도, 어떻게 그렇게 이끌리게 됐는지조차도 눈치채지 못하게 만드는 수많은 속임수를 만들어낸다. 이를 통해 우리는 결과적으로 우리 자신이 정말 좋은 사람이라고 확신한다. 생각해보라. 거지를 피하려고 일부러 옆길로 걸어간 적, 당신에게도 있지 않은가?

기분과 감정은 우리의 행동에서 어떤 역할을 할까? 어떤 감정적 상태에 있느냐에 따라 다른 사람이 될 수 있을까? 흥분했을 때, 혹은 피곤하거나 슬프거나 우울할 때, 안정적이거나 기분이 좋을 때와 다르게 행동했던 적이 있을 것이다. 질투 같은 감정들은 우리의 도덕적 타락에 아주 큰 힘을 발휘할 수 있다. 안타까운 점은, 우리가 올바른 행동을 한다고 해서 우리의 전반적 행복이 보장되지는 않는다는 사실이다. 선행이 인간의 행복을 약속한다면, 이론적으로 도덕의 문제는 순식간에 해결될 것이다. 하지만 이 문제는 그렇게 간단하지 않다.

우리 행동의 또 다른 중요한 동인은 집단이다. 집단은 우리를 도덕적으로 무관심하게 만들기도 한다. 집단 내에서는 책임이 분산되기 때문이다. 집단에 속해 있는 한 개인의 행동이 만들어낸 결과를 분명하게 추적하기란 어렵다. 비도덕적 결과를 가져올 무언가를 선택해야 할 때, 과연 누가 나설 것인가? 대표, 동료, 공급업체, 하청업체, 관리자 혹은 거래 파트너? 모두가 책임에서 발뺌할 것이다. 모두가 자신의 책임이 아니라고 말할 수 있다. 결과적으로 이는 누구에게도 책임이 없는 상황을 만들어낸다. 비윤리적으로 생산된 티셔츠를 헐값에 살 수 있는 매대를 그냥 지나친다? 글쎄, 내가 아니더라도 어차피 다른 누군가가 살 텐데? 버스에서 괴롭힘 당하는 사람을 내가 나서서 돕는다? 왜 굳이 내가? 다른 사람이 도와줄 텐데? 책임의 분산, 특히 시장경제의 맥락에서 책임의 분산은 비도덕적 행동을 야기할 때가 많다.

그렇다면 다른 사람의 행동은 어떤 역할을 할까? 인간 행동의 기본 원칙 중 하나는 바로 호혜성이다. 다른 사람이 협조하면 나도 협조하고, 나를 친절하게 대한 사람에게 나도 친절하게 대하려는 의지가 그렇지 않을 때보다 더 강한 것이다. 이 책에서는 직장 같은 일상적인 사회구조 속에서 존중과 신뢰가 어떤 역할을 하는지에 대해서도 설명하고자 한다. 이와 함께 사회적 규범의 역할 또한 다루었다. 사회적 규범에 대한 기대치를 체계적으로 관리하면 공익을 증진할 수 있을까? 예를 들어 기후변화를 막기 위한 움직임을 활성화할 수 있을까? 실제로 미국의 한 연구에 따르면 기후변화 문제에 소극적인 이유가 기후변화를 막기 위한 다른 사람들의 의지를 과소평가하기 때문이었다. 이와 같은 현상이 어떤 결과를 낳는지, 환경친화적인 행동에 대한 의지를 강화하기 위해서는 어떻게 해야 하는지를 이 책을 통해 살펴보고자 한다.

환경이나 타인만이 아니다. 도덕에 대한 인식과 개인의 성향 역시 우리 행동에 결정적 영향을 미친다. 그렇다면 개인은 각자 얼마나 다를까? 그 차이는 무엇으로 측정하는가? 여자는 남자보다 더 도덕적인가? 문화적 차이는? 그렇다면 그 차이는 어디에서 오는가? 도덕적 성향의 발전을 촉진하거나 방해하는 요인은 무엇일까? 이때 출신이나 사회성, 롤 모델은 어떤 역할을 하는가? 한 사회가 친사회적 성향의 형성에 생산적 영향을 줄 방법은 없을까? 친사회적 성향이 발전할 기회를 높임으로써 더 나은 세상을 만들 수는 없을까?

이제 나는 여러분과 함께 행동학의 세계로 짧은 여행을 떠나고자 한다! 이 책에는 내가 수년에 걸쳐 인간 행동에 대해 발견한 것들을 담아놓았다. 행동학자로서 나는 개인과 개인의 행동, 아주 평범한 사람의 아주 평범한 행동에 관심을 가져왔다. 이 책은 실용적 성격이 강하지만, 끝내 깊이 있는 통찰로 이어질 것이라고 나는 확신한다. 개인에게 주어지는 의사 결정의 의무를 진지하게 받아들이고, 우리 인간의 약점과 한계를 공감의 눈으로 바라보도록 돕기 때문이다.

내 연구의 목적은 타인을 평가하는 것이 아니다. 내 연구의 목적은 '왜' 우리가 친사회적 혹은 친사회적이지 않은 행동을 하는지

보다 확실히 이해하는 데 있다. 이것을 이해해야 이 문제를 해결할 수 있기 때문이다.

우리는 인간이 어떤 존재인지에 관심이 있을 뿐이다. 인간이 어떤 존재여야 하는지에 관심이 있는 게 아니란 뜻이다. 인간이 어떨 수 있는지, 혹은 어떻해야 하는지에 대한 논쟁만큼 지난한 것이 또 없다고 나는 생각한다. 그래서 행동학자들은 데이터와 사실에 근거한다. 경험적 접근은 주로 위대한 사상가들을 언급하면서 '인간의 본성'에 대해 추측하거나, 직접 경험 또는 '그럴싸하게 만들어낸 것' 그리고 직관을 논쟁의 중심에 두는 인문학의 도덕적 담론과는 근본적인 차이가 있다. 하지만 조심해야 한다. 자신의 경험에 의존하면 분석이 잘못된 길로 들어설 수 있다. 수많은 경험을 가능하게 하는 이 환경은 결국 우리가 선택한 것이다. 더욱이 우리에게는 다른 사람도 나와 같을 것이라고 착각하는 습관이 있다. 이른바 '합의의 과대평가'라고 하는 이 효과는 다른 사람이 나와 비슷한 생각과 태도를 가지고 있을 것이라고 가정하는 현상을 일컫는 말이다. 만일 누군가가 당신에게 이 세상은 정말 악하다고 이야기한다면, 이 효과를 떠올려보라. 그의 말이 사실상 세상에 대한 비판이 아니라 화자 자신에 대해 이야기하는, 비자발적 개인 정보의 제공에 가깝다는 것을 알게 될 것이다.

직관이나 경험에 의존하는 대신 이 책에서 나는 왜 우리가 특정 상황에서 친사회적으로 행동하고, 또 어떤 상황에서는 그렇지 않은지를 경험적 근거의 단면을 통해 통찰할 수 있도록 도울 것이다. 예컨대 내가 위에서 언급한 질문에 대해 독일 어느 대학의 평범한 학생들이 어떤 선택을 했는지 이야기해줄 것이다. 100유로를 얻을 것이냐, 아니면 돈을 포기하고 다른 사람의 목숨을 구할 것이냐. 당신은 어떻게 생각하는가? 사람의 목숨을 선택한 학생은 몇 명이나 되었을까? 10%? 절반? 아니면 전부 다?

분석에는 주로 실험실과 현장 실험 결과를 사용할 것이다. 일반적으로 경제학자들은 상관관계뿐만 아니라 인과관계에도 관심이 있기 때문이다. A와 B라는 서로 다른 사건 사이에서 긍정적인 상관관계를 발견했다고 해서, A라는 사건이 B에 영향을 준다는 결론을 내릴 수는 없다. 하지만 어떤 행동을 권고하려 할 때는 인과관계의 방향을 식별하는 것이 중요하다. 펼쳐진 우산이 많이 보일 때 비 오는 경우가 많다는 관찰을 했다고 해서, 우산을 펼치면 날씨가 나빠져 인기 없는 동료가 결혼식을 망칠 거라는 결론을 내릴 수는 없다. 두 사건에 상관관계가 관찰되었음에도 인과관계가 없거나, 두 사건 모두에 동시에 영향을 주면서 상관관계를 형성하는 C라는 사건이 있을 수 있기 때문이다. 예를 들어, 도로에 물웅덩이가 생기면 사람들이 우산을 더 자주 펼친다는 관찰을 통해서는 어느 쪽으로도 인과관계가 성립하지 않는다.

특히 주어진 상황에 적응하는 인간의 전형적 행동은 우리로 하여금 존재하지 않는 인과관계를 가정하게 만드는 경향이 있다. 사람들이 행복할 때, 혹은 기분이 좋을 때 이타적으로 행동하는 경향이 있다는 것을 관찰했다고 해서, 이타적인 행동을 하면 행복해진다는 결론을 내릴 수 있을까? 좋은 분위기가 이타적 행동에 영향을 미치는 것일까? 아니면 또 다른 요인이 있을까? 보다 나은 기분과 보다 친사회적인 행동, 이 두 가지 모두에 영향을 줄 수 있는, 이를테면 높은 수입 같은 것 말이다. 이른바 '선택 효과'라고 하는 것 또한 인과관계의 형성을 어렵게 만든다. 당신이 특정 노동시장 정책이 가진 효과에 관심이 있다고 가정해보자. 예컨대 실업자를 위한 교육 프로그램 같은 것을 들 수 있겠다. 그렇다면 교육 프로그램에 참여한 실업자와 참여하지 않은 실업자를 비교하는 것만큼 좋은 방법이 어디에 있겠는가? 하지만 주의하라! 프로그램에 참여한 실업자에게 더 많은 노동의 기회가 주어졌다는 것을 발견했다고 해서, 그 원인이 프로그램에 있다고 결론 내릴 수는 없다. 프로그램에 참여한 실업자들이 프로그램에 참여하지 않은 실업자에 비해 일하고자 하는 동기가 더 확실하고, 더 적극적이어서 나타난 결과일 수도 있으니 말이다. 아무래도 동기가 더 강한 사람이 교육 프로그램에도 참여할 테니, 이것이 결국 두 그룹 간 차이를 만들었을 수 있다.

인과관계를 설명하기 위해서는 다음과 같이 실험해보는 것이 좋다. 실험실 혹은 현장 실험에서 피실험자들을 무작위로 각기 다른 집단(처치, 조건)에 배분한다. 무작위 배분을 통해 체계적으로 다른 집단이 없도록 하는 것이다. 집단의 의사 결정 상황은 연구자가 관심을 두는 요소를 제외하고 모두 동일하다. 이 실험은 의사 결정 상황에서의 변화를 통제할 수 있으며, 이는 무엇보다 시사하는 바가 매우 큰 특정 요인에 대한 인과적 결론을 도출하도록 돕는다.[2] 행동경제학 실험은 몇 분 만에 끝나기도 하지만 한두 시간이 걸리기도 한다. 물론 모든 피실험자에게는 참여에 따른 대가가 주어지며, 그들은 더 나아가 자신의 선택에 따라 추가로 돈을 벌 수 있다. 이 부분이 매우 중요하다. 실험 상황에서 자신이 한 행동이 실제 (대부분은 금전적인) 결과물을 가져다준다는 것은 단순한 의견 표명이 아니라, 현실적이고 신뢰할 수 있는 선택의 문제를 다루고 있다는 뜻이기 때문이다. 이것으로 근본적인 선택 동기에 대한 설득력 있는 결론을 내릴 수 있다. 자신이 이타적이고 공정한 사람이라고 주장하기는 쉽다. 하지만 실제로 기부를 하고, 이를 통해 자신이 받을 수 있는 돈이 줄어드는 건 다른 차원의 문제다.

어떤 연구 결과는 부수적으로 언급하고 지나갈 테지만, 구체적으로 소개하는 연구 결과도 있을 것이다. 연구 결과만큼이나 그 과정을 보고하는 것도 매우 중요하기 때문이다. 나는 여러분이 편하게 즐길 수 있도록 완성된 요리를 서빙하고 싶기도 하지만, 가끔은 여러분을 주방으로 초대하고도 싶다. 그래야 어떻게 연구가 진행되었는지, 어떤 재료들로 그 결과물이 나왔는지를 볼 수 있을 테니 말이다. 무대 뒤편을 보는 것은 한편으로 연구를 통해 얻은 결과와 그 신뢰성을 평가하는 데 도움이 될 것이다. 다른 한편으로 나는 여러분이 연구실을 들여다보면서 자기 자신에게도 실험을 해볼 수 있도록 자극받고, 또 그렇게 하도록 초대받았다고 여기기를 바란다. 연구는 재미있다. 나는 이 점이 명확하게 드러났으면 좋겠다.

한 가지 짚고 넘어갈 점이 있다. 나는 이 책에서 인용한 수십 가지 연구를 일목요연하게 보여주고 설명하려 노력했다. 하지만 세부 사항이나 뉘앙스, 한계, 결과 등에 대해서는 다루지 못한 것도 많다. 이 부분에 대해 독자 여러분의 양해를 구한다. 관심이 있는 독자들에게는 원문을 참고할 것을 권하고 싶다. 유감스럽게도 이 책에서는 자리가 부족해 모두 언급할 수 없었던 수백 가지 관련 논문들을 만날 수 있을 것이다.[3] 그리고 놀라운 업적을 남겼음에도 이 책에서 언급하지 못한 모든 연구자에게 사과의 말을 전한다.

그리고 또 한 가지. 일반적으로 도덕적인 문제에 대해 글을 쓰는 사람은 오만하다는 비난을 받을 때가 많다. 물론 그럴 수 있다. 그래서 작은 고백을 하나 하고자 한다. 이 책에서 중요한 것은 결코 내가 좋은 사람인지 여부가 아니지만, 나는 주기적으로 실패했고 살면서 많은 실수를 했다. 이 점을 염두에 두시길 바란다. 부디, 즐겁게 읽으시길!

1장

손해를 보면서까지
좋은 일을 해야 할까?

"윤리적 행위에 비용이 들지 않는다면,
우리는 모두 슈퍼히어로가 되어 있을 것이다.
하지만 안타깝게도 선함은 공짜가 아니다."

책의 서두에서 나는 두 가지 질문을 던졌다. 당신은 다른 사람의 목숨을 구하기 위해 100유로를 포기할 수 있는가? 그리고 독일 대학에 다니는 '평범한' 대학생들은 이 경우, 어떤 선택을 했을까? 첫 번째 질문에 대한 답은 당신만 알고 있을 것이다. 두 번째 질문에 대한 대답은 조금 더 미뤄두자. 왜냐하면 그 전에 내가 한 연구를 위해 수백 명의 참여자를 모집하고, 이들을 정확하게 같은 선택 상황에 세워두었기 때문이다.[1] 앞으로 이를 '인명 구조 연구'라고 부르기로 하자.

이 연구에서 참여자들은 참여 경비와는 별도로 100유로를 받을지, 아니면 그것을 결핵으로 인한 사망으로부터 사람들을 구하는 단체에 기부할지 선택할 수 있었다. 선택에 앞서 참여자들은 결핵에 대한 구체적 정보를 전달받았다. 세계보건기구에 따르면 결핵은 전 세계 사망 원인 10위 안에 드는 질병이며, 2019년 이 치명적인 감염병으로 목숨을 잃은 사람만 무려 140만 명에 이른다. 심지어 에이즈나 말라리아로 인한 사망자보다 높은 수치다. 끔찍한 사진도 보여주었다. 결핵 말기에 이르러 기침을 할 때마다 피를 토하는 환자의 사진이었다. 그사이 환자의 폐는 결핵균의 체계적인 공격을 받아 망가질 대로 망가져 있었다. 참여자들에게는 결핵이 치료 가능한 질병이라는 정보도 주어졌다. 요컨대 지속적인 진단과 주기적인 항생제 복용을 통해 2000년부터 2014년까지 결핵으로부터 목숨을 구한 환자는 약 430만 명에 달했다.

이어 참여자들에게 어떤 선택을 할 것인지 물었다. 말 그대로 이렇게 말이다. "당신에게는 A와 B, 두 가지 선택지가 있습니다. A를 선택한다면 실험이 끝난 후 100유로가 추가로 당신의 계좌에 입금될 것입니다. B를 선택한다면 추가 금액을 받을 수 없습니다. 대신 당신의 선택은 또 다른 결과를 가져올 것입니다. B를 선택하면 사람의 목숨을 구할 수 있기 때문입니다."

구체적으로 설명하자면 이렇다. B를 선택할 경우, 참여자들은 350유로 상당의 기부금을 결핵 환자를 식별하고 치료하는 단체에 전달할 수 있다. 350유로는 실험 진행 팀을 통해 전달되며, 단체는 이 금액으로 최소 다섯 명의 결핵 환자가 완치하도록 도울 수 있다. 하지만 치료를 받지 못할 경우, 이 다섯 명 중 한 명은 사망할 것이다. 아울러 이는 역학 조사 결과와 세계보건기구 그리고 인도 정부의 발표를 종합해 보수적으로 추정한 통계학적 정보임을 일러둔다.

그러니까 실험에 참여한 대학생들에게 주어진 조건은 다음과 같았다. 350유로를 기부하면 참여자들은 다른 사람의 목숨을 구할 수 있다. 이를 통해 결핵 환자 가운데 최소 다섯 명은 치료를 받을 수 있기 때문이다. 치료받지 못한다면 최소한 한 명은 사망에 이를 것이다. 우리는 그래픽을 통해 학생들에게 이 연결 고리를 한 번 더 명확하게 설명해주었다.

그림1 후원에 따른 결핵 환자의 생존률

— 결핵 환자 다섯 명은 다음과 같은 운명에 처해 있다. 즉, 후원을 받지 못하면 이들은 치료를 받지 못하며 (아마도) 이 가운데 한 명은 사망에 이를 것이다(윗줄). 하지만 후원을 받으면 다섯 명의 환자가 치료를 받을 수 있고 (아마도) 다섯 명 모두 생존할 것이다(아랫줄).

참여자들은 우리가 오퍼레이션 ASHAOperation ASHA와 협력한다는 정보도 전달받았다. 오퍼레이션 ASHA는 세계보건기구로부터 결핵을 치료하는 데 "가장 효율적이고 뛰어난 단체"라는 평가를 받은 비영리 조직이다(현재 이들은 360개가 넘는 치료 센터를 운영 중이며, 대부분 인도의 가난한 지역에서 결핵 환자들을 돕고 있다. 이 방식으로 치료를 받는 결핵 환자만 해도 6만 명이 넘는다).

자, 이제 여러분에게 결과를 알려줄 차례다. 참여자 가운데 몇 명이 B를 선택했을까? 여러분은 사람의 목숨을 살리는 대신 100유로를 포기한 학생이 과연 몇 명이었을 거라고 생각하는가? 물론 대학생에게 100유로는 결코 적은 금액이 아니다. 하지만 이런 생각도 들 것이다. 사람의 목숨을 구하는 일인데, 그깟 100유로 정도가 대수인가? 결과는 이랬다. 57%. 절반 조금 넘는 학생들이 선택지 B, 그러니까 결핵 환자를 구하기 위해 돈을 포기했다. 이 정도면 많다고 해야 할까, 적다고 해야 할까? 글쎄, 나도 잘 모르겠다. 결과가 그렇게 나왔을 뿐이다.

기억하라. 이것은 결코 상상 속 실험이 아니다. 실험은 우리가 설명한 그대로 진행되었고, 100유로를 선택한 참여자들에게는 실제로 100유로를 지급했다. 그리고 기부를 선택한 참여자들을 대신해 우리는 350유로를 오퍼레이션 ASHA에 송금했다. 우리의 '인명 구조 연구'를 통해 모두 7,145명이 결핵 치료를 받았고, 이로써 우리는 약 1,200명의 목숨을 구할 수 있었다. 심지어 오퍼레이션 ASHA는 목숨을 구한 환자가 이보다 더 많을 거라고 추정한다. 참여자들의 기부에서 비롯된 긍정적인 부수 효과로 환자들은 에이즈와 당뇨 검사도 받을 수 있었고, 여기서 양성반응이 나온 환자들은 필요한 치료를 받았기 때문이다.[2]

행동을 좌우하는 비용과 유익

100유로를 받을 것이냐, 사람의 목숨을 구할 것이냐의 선택은 이타적인 혹은 도덕적인 행동의 핵심이 무엇인지를 정확하게 보여준다. '선한 행동'이 가져오는 유익을 그로 인해 감수해야 하는 비용과 저울질하는 것. 도덕과 관련한 인간의 모든 행동에서 나타나는 패턴이다.

그런데 '비용'과 '유익'이라는 게 대체 무엇일까? 행동경제학자들은 사람이 왜 이런 행동을 하는지, 그러니까 우리가 다양한 선택지 가운데 특정 선택지를 택하는 이유가 무엇인지 궁금했다. 그래서 우리가 선택을 할 때 특정 행동의 유익을 비용과 비교한다고 가정했다. 요컨대 이 유익과 비용의 비교가 구체적인 상황에서 우리의 선택을 좌우한다는 것이다. 휴가 기간에 이용할 별장을 임대할 때, 우리는 지불해야 할 임대료를 별장을 통해 기대하는 유익과 비교한다. 영화표나 초콜릿을 살 때도 마찬가지다. 첫 번째의 경우에는 어느 정도 구글 검색이 필요할 테고, 나머지 둘은 대부분 몇 초면 결정이 끝날 테지만, 세 가지 모두 선택의 메커니즘은 동일하다. 일상에서 소비를 결정할 때, 인간은 대부분 이를 통해 발생하는 비용과 얻을 수 있는 유익을 일차적으로 고려한다.

이타적이거나 도덕적인 행동에는 결정적 요인 하나가 더해진다. 바로 다른 사람 혹은 생명에 대한 유용이다. 이타적인 행동은 긍정적 자아상을 확립해주는 등 자신에게도 유용하지만, 무엇보다 다른 사람에게 영향을 준다.[3] 걷기 불편한 사람이 길을 건널 수 있도록 돕거나, 정치적으로 박해받는 이들의 권리를 옹호하거나, 난민들의 수용과 지원을 위해 노력할 때, 내 행동의 목적은 다른 사람을 돕고 이를 통해 선을 행하는 것이다. 그래서 도덕적 혹은 이타적 행동에 관한 결정은 그 행위의 수혜자가 자기 자신인 소비나

여가 활동에 대한 결정과는 근본적으로 다르다. 영화관에 가고, 새 핸드폰을 사고, 건강관리를 위해 조깅을 하는 것은 나 자신을 위한 행위다. 다른 사람이 아니라 나 자신의 이익을 극대화하기 위해 그렇게 하는 것이다.

윤리적 행위, 즉 친사회적 행위는 타인의 삶의 환경에 영향을 미치기 때문에 우리는 윤리적 행동의 결과를 '외부 효과'라고도 부른다. 내가 누군가를 질병으로부터 자유롭게 하거나 그의 목숨을 구하는 것은 엄밀히 말하자면 그 사람에 대한 '긍정적 외부 효과'를 행사하는 일인 것이다. 환경을 생각해 자동차 대신 자전거를 타고 출근했다면, 이는 인류 전체에 긍정적 외부 효과를 행사한 것이다. 지구온난화로 전 세계가 위협을 받고 있기 때문이다. 반면, 다른 생명체에 고통이나 해를 가하는 것은 부정적 외부 효과라고 할 수 있다.

이타적 혹은 윤리적 행동과 관련해 '외부' 효과를 이야기할 때는, 그러니까 내 행동이 타인에게 미치는 긍정적 또는 부정적 영향에 대해 이야기할 때는 해당 상황에서 그것이 무슨 의미인지를 먼저 정의할 필요가 있다. 어떤 행동이 구체적으로나 보편적인 측면에서 올바른 도덕적 행동인지, 아닌지에 대한 일반적인 합의가 없기 때문이다. 임신중절을 예로 들어보자. 우리 중 다수는 한 여자가 (혹은 부부가 함께) 아이를 낳을 것이냐, 말 것이냐를 결정하는 걸 지극히 당연한 일로 여기지만, 어떤 사람은 임신중절을 생각하는 것만으로도 나쁜 짓이라고 여길 수도 있다. 독일의 경우에는 의사가 임신중절 시술을 광고하거나, 그걸 언급해도 되느냐를 놓고 오랫동안 치열한 논쟁이 이어져왔다. 여기에 대해서도 누군가는 합법이라고 생각하지만, 또 다른 누군가는 불법이라고 주장한다. 미국의 경우는 어떨까? 낙태는 곧 살인이라며 낙인을 찍던 사람들이 총기 규제에는 동의한다(미국에서는 테러보다 총기로 인한 희생자가 더 많다는 통계가 있다). 더 나아가 이는 다른 사람들이 총기 소지에 반대하도록 동기를 부여한다. 육류 소비 문제는 또 어떨까? 먹기 위해 동물을 기르는 걸 도덕적 악몽이라고 여기는 사람들이 있는 반면, 고기를 먹는 게 도덕과는 아무런 관련이 없다고 생각하는 사람들도 있다. 각각의 사례에서 '도덕적으로 올바른' 행동에 대해 구체적 합의에 도달하는 것은 불가능한 일이다. 그래서 나 역시 도덕적으로 올바른 행동이 무엇인지를 객관적으로 정의하는 게 가능하지도 않거니와 적절하지도 않다고 생각한다.

그러므로 앞으로는 도덕적 혹은 이타적 행동이 외부 효과에 의해 평가된다는 추상적 정의를 고수하면서 이야기를 이어가보자. 이것은 철학에서 도달한 최소한의 합의와도 일치한다. 철학에서는 타인에게 의도적으로 혹은 별다른 이유 없이 고통이나 피해를 주는 걸 부도덕한 것으로 간주한다. 또한 타인에게 유익을 주는 걸 도덕적 행위로 여긴다.[4] 이 책에서 묘사하는 상황들 역시 의도나 피해, 유익의 의미와 관련해서 보면 광범위한 합의가 가능하다. 인명 구조 실험을 예로 들어보자. 선행의 유익이 무엇인지에 대해서는 의심의 여지가 없고, 사람의 목숨을 구하는 일이 도덕적 행동이라는 사실에도 논쟁의 여지는 없다. 앞으로 등장할 실험들에서도 이 유익은 명백할 것이다.

그렇다면 비용은 무엇일까? 인명 구조 실험에서는 도덕적 행동의 비용이 구체적이다. 내가 포기해야 할 금액이 곧 도덕적 행동의 비용이다. 실험 참여자로서 생명을 구하는 데 100유로가 든 것이다. 윤리적 혹은 이타적 행동은 모두 행위자의 비용을 수반한다. 비용이란 선행을 하기 위해 내가 자발적으로 포기한 모든 것이다. 선한 목적을 가지고 기부할 경우, 내 계좌에서 구호 단체로 송금한 금액이 비용이다. 소방서에서 자원봉사를 하거나 노인과 환자를 방문하고, 공익 근무를 하고, 유치원에서 숙제를 도와주거나 기타 활동을 하고, 정당에 가입하고, 기후변화를 막기 위한 운동에 참여하고, 거리 축제나 축구 클럽에 함께하는 것은 모두 내가 가진 시간과 에너지, 주의력을 들이는 일이다. 어쩌면 내 입장에서는 더 편할 수 있는 다른 일을 포기하고 말이다.

그러므로 여기에서 말하는 비용은 돈이라는 금전적 비용이 아니라 내가 포기한, 나를 더 즐겁게 할 수 있었을 대체 행위를 의미한다. 에르나 이모의 집에 가서 진료 영수증을 정리해주지 않았다면 친구들과 함께 호프집에서 맥주 한잔 기울일 수 있었을 것이고, 학습 장애가 있는 아이에게 독일어 3격과 2격의 차이를 설명하지 않았다면 이어폰을 꽂고 좋아하는 음악을 들으며 야외 수영장에서 즐겁게 태닝을 할 수도 있었을 것이다. 이것들은 모두 내가 들인 비용이다. 지하철에서 모욕이나 차별을 당하는 사람을 서둘러 돕는 것도 비용이 발생하는 일이다. 자리에서 일어나 누군가의 편을 들어주는 일은 불편하거나 심지어 위험할 수도 있기 때문이다. 무임승차를 하지 않겠다는 결정에도 비용이 든다(검표원이 없다는 것을 알면서도 그런 결정을 내리다니!). 마트에서 거스름돈을 너무 많이 받았을 때 그것을 돌려주는 일, 원래 나에게는 해당 사항이 없는 공공서비스를 취소하는 일 또한 비용이 든다. 기후 친화적으로 행동하기 위해 자제한 자동차와 고기, 짧은 마요르카 여행도 비용이다. 솔직히 이 모든 것은 기꺼이 하고 싶은 일들이기 때문이다. 나에게 즐거운 일이고, 나에게 유익이 되는 일이기에 그렇다.

그러니까 도덕적 선택 행위는 언제나 긍정적 외부 효과와 개인적 유익 사이 근본적인 목표 충돌의 문제인 것이다. 우리는 도덕적으로 바람직한 것을 우리의 행동과 관련된 불편함, 단점과 저울질한다. 매우 단순해 보일지 모르지만, 이 목표 갈등은 왜 우리 모두가 언제나 '좋은 사람'이 될 수 없는지, 왜 우리 모두가 자동적으로 받아들이는 도덕적 가치를 따르지 않는지를 설명해주는 핵심이다. 이유는 단순하다. 비싸기 때문이다.

'난민 위기'가 한창이던 몇 년 전의 이야기다. 학회가 끝날 무렵, 나는 오스트리아의 정치 지도자와 토론을 하게 되었다. 난민 수용 문제를 어떻게 평가하는 것이 좋을지에 대한 이야기였다. 장관은 난민 수용은 결국 수용국이 치러야 할 높은 대가와 연관된 문제라는 것을 설명하기 위해 애를 썼다. 그래서 자신은 난민 수용에 동의할 수 없다고 말이다. 옳지 않은 일이라고, 장관은 말했다. "당신 말이 맞습니다." 내가 대답했다. "우리가 망명을 허용하거나, 우리 행위의 기준을 인권에 둔다면 비용이 발생하겠죠. 하지만 바로 이것이 인도주의와 이타주의의 본질 아닐까요? 이타주의에 비용이 많이 든다고요? 비용을 감당할 준비가 되어 있지 않은 사람은 이타적인 행동을 하지 않겠죠. 그 사람은 이기적으로 행동할 겁니다." 장관은 혼란스러운 눈빛으로 나를 바라보았다.

'좋은 일'은 공짜가 아니다

윤리적 행동에는 비용과 유익의 계산이 따른다는 사실은 왜 우리가 근본적으로 좋은 사람이 되는 게 어려운지를 설명한다. 윤리적 행위에 비용이 들지 않는다면, 우리는 모두 윤리적으로 슈퍼히어로가 되어 있을 것이다. 돈이나 시간·에너지·주의력을 크게 들이지 않고도 좋은 일을 할 수 있다면 우리는 분명 그런 일을 기꺼이 그리고 자주 할 것이다. 하지만 안타깝게도 이런 계산법은 나올 수가 없다. 선함은 공짜로 가질 수 있는 것이 아니기 때문이다. 그리고 우리는 그 비용을 감당할지, 아니면 다른 이기적인 대안을 선택할지 결정해야 한다.

이는 윤리적으로 행동할 가능성이 크거나 작은 상황이 언제인지를 설명해준다. 선행이 가져오는 유익이 커지면 우리는 더 많은 윤리적 행동을 마주할 것이고, 반대로 이 행동에 따른 비용이 커지면 윤리적 행동이 나타날 가능성은 자연히 낮아질 것이다.

위에서 언급한 인명 구조 실험이 한 사람의 목숨을 구하는 문제가 아니라, 두 사람 혹은 열 사람 혹은 50명을 구하는 문제였다면 어땠을까? 100유로를 포기하는 사람이 훨씬 많았을 것이다. 실제로 긍정적 효과가 더 클수록 이타적 행동이 더 자주 나타난다는 사실은 여러 연구 결과가 증명했다.[5] 예컨대 잠재적 기부자들은 기부가 가져올 영향, 즉 긍정적 외부 효과를 매우 중요하게 여긴다.[6] 그래서 기부금의 몇 퍼센트가 목적에 맞게 쓰이는지, 몇 퍼센트가 부수적인 일을 처리하는 데 (예를 들어 행정이나 모금 활동 등에) 쓰이는지가 기부 가능성을 좌우한다.

비용의 변화 역시 윤리적 행동의 변화로 이어진다는 사실 또한 수많은 연구가 뒷받침한다. 앞에서 언급한 인명 구조 실험을 조금만 바꾸면 이 변화를 확인할 수 있다. 우리는 선행에 드는 비용을 바꾸어 실험을 진행했다.[7] 그러자 비용이 비교적 적은 20유로 조건에서는 참여자의 82%가 다른 사람의 목숨을 구하겠다고 했고, 40유로 조건에서는 그 비율이 73%로 떨어졌다. 50유로 조건에서는 64%까지 하락했다. 200유로까지 비용을 늘리자, 목숨을 구하지 않는 쪽을 선택한 참여자가 절반을 넘어섰다. 그리고 마침내 250유로에 이르러서는 목숨을 구하겠다는 참여자가 29%밖에 남지 않았다. 다른 71%의 참여자에게 250유로는 감당하기에 너무 큰 비용이었고, 결국 이들은 돈을 선택했다.

개인의 유익과 윤리는 갈등 관계에 있다. 윤리에는 비용이 든다는 뜻이다. 그렇다 해도, 다음 장에서 살펴보겠지만, 개인이 느끼는 주관적 비용과 유익은 상황에 따라 달라지고 이것이 도덕적 행동의 정도를 좌우한다. 이 책에서 말하고자 하는 점도 바로 이것이다. 왜 어떤 상황에서 우리가 선하게 또는 악하게 행동하는지를 이해하자는 것이다. 앞으로 설명하겠지만, 도덕적 행동의 유익은 집단이나 조직 혹은 시장이라는 상황 안에서 객관적으로 변한다. 행위자로서 우리가 실제 일어나는 일에 미칠 수 있는 영향은 제한적이기 때문이다. 물론 여기에 주관적 요소도 개입한다. 예컨대 도움을 필요로 하는 사람이 실제로는 도움을 필요로 하지 않으며, 오히려 이런 상황에 처한 것은 '본인 책임'일 거라면서 양심의 가책을 지우는 것이다. 객관적으로 혹은 최소한 우리의 인식 속에서, 상황은 비용과 유익에 영향을 주어 우리의 윤리적 행동을 좌우한다.

우리가 어떻게 행동하느냐는 우리가 무엇을 선하고, 악하다고 생각하는지에 따라서만 결정되지 않는다. 우리가 선택한 행위가 우리의 유익에 얼마나 반하느냐도 중요한 결정 요소다. 윤리와 개인의 유익이라는 근본적인 목표 충돌은 윤리적 행동을 이해하는 데 결정적 역할을 한다. 이것은 우리가 어떤 행동을 할 때마다 서로 다른 목표를 추구하는 데에서 비롯된다. 우리는 우리 자신의 물질적이고 이기적인 유익을 추구한다. 동시에 우리는 타인의 이익을 고려한다. 이 두 가지 행동의 동기는 지극히 인간적인 것이며, 진화에 기반한 것이다.[8] 이기주의가 없다면 개인은 자기 자신을 지킬 수 없다. 하지만 협조하는 법을 배운 집단은 다른 집단을 능가할 수 있다. 진화가 자기 유익을 우선시하는 행동과 친사회적이고 협조적인 행동, 두 가지 모두를 만들어낸 것이다. 하지만 진짜 중요한 질문은 여기에 있다. 인간은 과연 어떤 조건에서 더 이기적이고, 어떤 상황에서 더 윤리적일까? 상황과 맥락은 비용과 유익에 대한 인식을 어떻게 변화시킬까? 좋은 행동에 더 많은 기회를 주기 위해서 우리는 무엇을 할 수 있을까? 이제 이에 대해 이야기해볼 차례다.

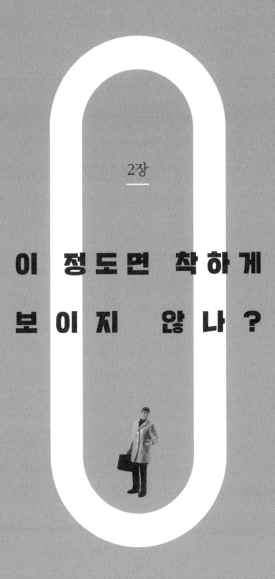

2장

이 정도면 착하게
보이지 않나?

"우리는 인정과 칭찬받기를 좋아하고,
그래서 도덕적 가치에 따라 행동한다.
하지만 바로 이 마음 때문에 '모르는 척'
행동하고, 외면하고, 눈을 질끈 감기도 한다."

나는 산책을 좋아한다. 그림처럼 아름다운, 너도밤나무의 연녹색 나뭇잎에 둘러싸인 숲 한가운데 벤치가 하나 있다. 마치 나를 환영하는 듯하다. 휴식 시간이에요! 생각이 부유하며, 눈앞에 근사한 풍경이 펼쳐지는 시간은 얼마나 황홀한지! 나는 작지만 눈에 띄는 놋쇠 이름표에 시선을 둔다. "후버투스 마이어 박사 기증." 따뜻한 날이다. 구멍가게에서 유기농 레모네이드 한 병을 구입한다. 병을 따자 뒷면에 쓰인 문구가 보인다. "우리는 라틴아메리카의 농부들을 돕습니다." 레모네이드의 맛이 다소 독특하다는 생각을 잠시나마 잊게 만드는 문구다. 그러다가 가지고 온 신문을 펼친다. 신형 메르세데스-벤츠 S 클래스 광고가 눈에 들어온다. 생태학적 측면에서 "모범적으로 생산"한 것이라고 적혀 있다.

벤치도, 레모네이드도, 자동차도 모두 같은 좌우명을 따르고 있다. "선행을 하고, 그것을 자랑하라." 윤리적 행동을 자극하는 이와 같은 동인들을 우리는 어디에서나 만난다. 다른 사람들과 자기 자신에게 선한 사람이고픈 마음. 선행에 대한 의지는 다른 사람이 우리의 행동을 관찰하는지 여부, 즉 상황에 따라서도 크게 좌우되지만, 우리가 우리 자신을 어떻게 생각하는지 혹은 어떤 사람이라고 생각하고 싶은지에 따라서도 크게 달라진다. 공공장소에서 코를 후빈다? 대부분은 주의해야 한다고 여기는 행동일 것이다. 하지만 보는 눈 하나 없는 차 안에서라면 이야기가 달라진다. 보는 눈이 없다고 생각하는 사람들의 행동을 우리는 과연 얼마나 자주 목격할까?

쉽게 볼 수는 없지만, 흥미로운 연구 결과가 있다. 공중화장실을 이용할 때, 보는 눈이 없으면 손을 잘 씻지 않는다는 연구 결과다. 반면, 누군가를 마주칠 때는 위생에 대한 의지가 높아졌다. 그러니까 누군가와 악수를 하고 싶다면 반드시 그 사람과 함께 화장실에 가는 것이 좋을 거란 얘기다.

다른 이들 앞에서 좋은 사람으로 보이고 싶은 마음에서부터 시작해보자. 정말 다른 사람이 보고 있을 때 우리는 더 나은 행동을 할까? 좋은 이미지를 얻고 싶은 마음은 어떤 힘을 가지고 있을까?

만일 당신이 1장에서 언급한 인명 구조 실험의 참여자라고 생각해보라. 두 가지 상황을 비교해보자. 보는 눈도 없고 익명인 상태에서 선택하는 것과 세 명의 다른 참여자가 당신의 선택을 알게 되는 경우, 당신의 결정에는 차이가 있겠는가? 우리는 실험을 통해 바로 이 두 가지 상황을 살펴보았다.[1] 행동을 관찰당하는 집단의 참여자들은 선택을 마친 후 세 사람이 앉아 있는 테이블로 이동한다. 세 사람에게 주어진 과제는 단 하나, 듣는 것이다. 참여자들은 이들에게 돈을 선택했는지, 다른 사람의 목숨을 선택했는지 말해야 한다.

세 사람 모두 다시 볼 일이 없을 가능성이 큰데도 이들의 존재는 확실한 영향력을 발휘했다. 반면, 익명으로 선택할 수 있는 집단의 참여자들은 그 누구에게도 자신의 결정을 알릴 필요가 없었다. 그리고 이 경우, 타인의 목숨을 구하기 위해 100유로를 포기하겠다고 한 참여자는 전체의 절반(48%) 정도였다.[2] 그렇다면 다른 사람이 자신의 선택에 대한 증인이 된 경우에는 어땠을까? 목숨을 구하겠다는 참여자가 72%로 치솟았다. 금액을 200유로까지 올려도 차이는 비슷했다. 익명의 조건에서는 목숨을 구하겠다는 참여자가 26%였고, 관찰 조건에서는 44%였다. 이는 거의 70%에 달하는 상승률로, 자신의 행동이 관찰된다는 사실 하나만으로 생겨난 변화였다!

사회적 이미지의 영향력을 보여주는 또 다른 연구가 있다. 이 실험에서 참여자들은 단순한 행위를 통해 선행을 할 수 있었다.[3] 컴퓨터 키보드의 X와 Y를 번갈아가며 최대 5분까지 누를 수 있었는데, X-Y 조합을 많이 누를수록 좋은 목적을 위해 더 많은 돈이 기부되는 원리였다. 여기에서 우리는 이와 같은 친사회적 기여를 익명과 공개 집단으로 나누었다. 실험을 마무리하면서, 우리는 모든 참여자에게 각자가 얼마나 노력했는지 얘기해주었다. 그리고 단순노동을 통한 기여가 공개될 경우, 다시 말해 이를 통해 다른 사람들에게 좋은 이미지를 줄 경우, X-Y를 누른 횟수가 익명의 조건과 비교했을 때 548회에서 822회로 늘어난 것을 확인했다. 놀라운 상승치다. 이 실험뿐만 아니라 다른 여러 실험 역시 타인의 관찰 여부에 따라 우리의 친사회적 행동이 좌우된다는 것을 증명한다. 다른 사람이 보고 있으면 더 많이 기부하고, 더 기꺼이 협조하고, 이기심이 더 억제된다.[4]

누군가가 지켜보고 있는 상황에서 친사회적 행동이 더 많이 나타나는 것은 타인에게만이 아니라 우리 자신에게도 유익한 일이다. 우리는 결코 다른 사람이 우리를 어떻게 생각하는지에서 자유로울 수 없는 존재이기 때문이다. 다른 사람에게서 긍정적 평가를 받을 때 우리는 일터에서도, 일상에서도 더 많은 장점을 발휘한다. '좋은 사람'이라는 평가는 인기와 사회적 인정, 신뢰할 수 있는 관계와 파트너십 그리고 더 나은 직업을 약속해주기 때문이다. 당신이라면 어떻겠는가? 툭하면 거짓말을 하고 늘 비협조적인 사람과 함께 살거나, 그를 고용하길 바라는가? 부패했을 뿐만 아니라 자기 이익을 제일 먼저 챙길 것 같은 후보를 시장이나 국회의원으로 선택할 수 있는가?

타인에게 친사회적이라는 평가를 받는 것은 무척 유익한 일이다. 그래서 우리는 이를 악물고 모든 것을 감수하더라도 우리의 선함을 알리기 위해 노력한다. 적어도 누군가가 우리를 보고 있을 때만큼은 말이다. 그래서 공원 벤치에만 기부자의 이름을 새겨놓는 것이 아니라, 큰 규모의 자선 단체에도 기부자의 이름을 붙이는 것이다. 건물이나 강의실 의자에도 마찬가지다. 그래서 우리는 누군가가 함께 있으면 아무리 바빠도 신호를 지키고, 여러 사람과 함께 있을 때는 팁도 더 많이 준다. 주변에 사람이 있으면 길 가장자리에 슬쩍 쓰레기를 버릴지 말지, 모르긴 해도 세 번쯤은 고민할 것이다.

우리는 이렇듯 타인의 시선에 좌우된다. 심지어 이를 이용할 정도로 말이다. 기부 단체나 기부 모임 또는 박물관을 운영하고 있는가? 최대한 많은 사람의 마음을 움직여 기부하게 만들고 싶다면, 여기에 그 방법이 있다. 기부자의 이름을 공개할 것. 혹은 공개 여부를 선택할 수 있게 할 것. 사실 더 좋은 방법은, 기부자는 익명으로 하되 이 사실을 다른 사람을 통해 새어나가게 하는 것이다. 교회에서 헌금을 받는다면 절대로 주머니를 사용하지 마라. 대신 넓은 그릇을 사용하는 것이 좋다. 누가 헌금을 했는지, 얼마나 했는지를 모두가 볼 수 있도록 말이다. 여러분이 믿든 말든, 이것은 엄연히 연구를 통해 증명된 과학적 사실이다. 혹은 다음 회의에서 이타적인 사람으로 평가받고 싶어 하는 마음을 이용해 직원들을 유혹하라. 팀원들이 모인 자리에서 다음 크리스마스 파티는 누가 책임지고 준비할지를 묻는 것이다.

우리에게는 타인의 긍정적 평가가 중요하다. 그리고 좋은 이미지를 가지려는 노력은 친사회적 행동에 날개를 달아준다. 하지만 자기 자신에 대한 평가는? 우리 자신에게도 잘 보이려는 마음은 어떤 효과를 가져올까? 당신이 혼자 있다고 생각해보자. 예컨대 어두운 방 안에. 방 안은 고요하고 밖에서 들리는 것이라고는 나뭇잎이 바람에 스치는 소리뿐이다. 당신은 자기 자신이 누구인지를 묻는다. 이때 '맞아, 나는 좋은 사람이야!'라고 생각할 수 있다면 더없이 좋지 않겠는가?

심리학에서 말하는 긍정적 자아상이란 자신의 가치와 일치하는 삶을 살고자 하는 의지를 의미한다. 우리의 행동이 우리의 규범적 개념과 모순되지 않아야 하는 것이다. 자신이 가진 도덕적 가치와 조화를 이루려는 욕구는 우리에게 두 가지 선택지를 제시한다. 하나는 선하고 올바르게 행동하는 것이고, 다른 하나는 이타적이지 못한 행동을 자신의 가치와 일치시키기 위해 세상에 대한 해석을 달리하는 것이다. 사실 후자는 매우 인간적인 선택이다. 여기에 대해서는 잠시 후에 이야기하도록 하자. 지금은 자신의 행동과 자신이 지닌 가치가 일치하고, 좋은 행동과 나쁜 행동이 의미하는 바가 해석의 여지 없이 명확한 것이 개인에게는 매우 중요하다는 정도로만 가정해두자. 그렇다면 긍정적 자아상을 갖고자 하는 바람이 개인의 행동에 긍정적 영향을 줄 수 있다는 경험적 증거가 있을까?

이 질문에 답하기 위해 최근에 나는 실험을 진행했다. 실험 대상자들은 두 가지 가운데 하나를 선택할 수 있었다.[5] A 선택지는 돈을 받지 않는 대신 피해를 주지 않는 것이었고, B 선택지는 8유로를 받는 대신 다른 참여자에게 고통스러운 전기 충격을 가하는 것이었다. 걱정할 것 없다. 전기 충격은 몸에 전혀 해롭지 않으며, 참여자들은 모두 구체적인 설명을 듣고 자발적으로 행동했다. 그리고 원하면 언제든 실험을 중단할 수 있었다. 하지만 아무리 그렇다고 해도, 정말이지 너무 고약하지 않은가? 8유로를 받자고 누군가에게 고통을 주다니!

두 가지 선택지는 내가 위에서 언급한 윤리적 행동의 정의를 반영한 것이다. 낮은 동기를 가지고 다른 사람에게 의도적으로 고통을 주는 것(부정적 외부 효과)은 비윤리적이라는 정의 말이다. 그러므로 이 실험에서 비용과 유익을 따지자면, 윤리적으로 행동할 것이냐, 8유로를 받을 것이냐가 될 것이다. 우리는 참여자들에게 해석의 여지를 주지 않았다. 실험 안내 과정에서 다른 참여자의 팔에 전극판을 붙여 전기 충격을 준다는 걸 정확하게 설명했고, 관련 사진도 보여주었다. 그리고 돈을 위해 다른 사람에게 고통을 줄 수 있는지를 알아보기 위한 실험이라는 점도 설명했다. 당신은 그렇게 하겠는가? 8유로에?

그림 2 실험 안내에서 사용한 사진

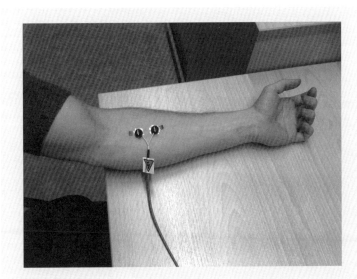

—전기 충격을 주기 위한 전극판이 팔에 고정되어 있다.

참여자들은 제비뽑기를 통해 무작위로 나뉘었다. 통제 그룹에 속한 참여자들은 익명으로 아무도 보지 않는 실험 공간에 들어가 앉았다. 우리는 참여자들이 선택을 두고 저울질하는 걸 느낄 수 있었다. '당연히 그렇게 하지 않지, 나는 좋은 사람이니까. 하지만 말이야…… 돈을 받는 것도 좋긴 할 거야.' 또 다른 통제 그룹의 참여자들은 자기 자신을 볼 수 있었다. 선택을 위한 모니터 화면 위쪽에 달린 웹캠 때문이었다. 웹캠은 선택 과정에서 참여자의 얼굴을 촬영해 모니터 상단 중앙에 띄웠다. 참여자는 자신의 얼굴을 외면할 수 없었다. 카메라를 얼굴 추적 모드로 설정해 참여자가 움직여도 자신의 얼굴을 보도록 시선을 고정했기 때문이다. 더욱이 카메라는 고해상도여서 아주 미묘한 표정 변화까지도 그대로 보여주었다.

두 그룹의 차이점은 이렇다. 즉, 첫 번째 그룹의 참여자들은 두 가지 가운데 하나를 선택할 때 의사 결정 화면만 보는 데 반해, 다른 그룹의 참여자들은 이 화면과 함께 자신의 얼굴을 보아야 했다. 다시 말하면, 후자의 경우는 선택 상황에서 자신을 기억하고 마주했다. 이는 참여자의 자기 경험 혹은 자아상을 강화하는 역할을 할 터였다. 좋은 자아상에 대한 욕구도 힘을 발휘할 수 있다. 사회적 이미지의 경우와 달리, 다른 사람에게 잘 보이려는 마음이 아니라 자기 자신에게 잘 보이려는 마음 때문에 말이다. 만일 자아상이 어떤 역할을 한다면, 우리는 자신의 얼굴을 보는 조건에서 돈을 포기하고 선하게 행동하려는 의지가 더 크게 나타나는 걸 확인할 수 있을 것이다.

실험 결과는 가설이 사실임을 증명했다. 자아상은 우리에게 중요한 역할을 했다. 통제 조건에서 전기 충격을 선택한 참여자가 72%였다면, 자아상의 역할을 강화한 조건에서는 54%로 떨어졌다. 자신과의 대면이 다른 사람에게 별다른 이유 없이 고통을 주려는 행위에 대해 도덕적 저항을 증가시킨 것이다.

어쩌면 이렇게 생각하는 사람도 있을 것이다. 자신의 얼굴을 보여주는 화면이 자아상과는 아무런 관련이 없으며, 오히려 참여자들의 주의를 분산시켜 선택에 차이를 가져온 것이라고 말이다. 좋은 지적이다. 그래서 우리는 또 다른 장치를 마련했다. 모니터를 통해 영상을 보여주되, 자신의 얼굴이 아니라 유명한 독일 TV 진행자의 얼굴을 보여준 것이다. 우리는 〈호이테 저널〉을 진행하는 클라우스 클레버를 반복해서 보여주었다. 영상을 보는 것은 같지만 이번에는 (나를 볼 수 없다는 사실이 자명한) 다른 누군가의 얼굴이 담긴 영상이었다. 자아상에는 결코 영향을 줄 수 없는 영상이었고, 실제로도 그랬다.

또 다른 지적도 있었다(실험에 대해 전문가들에게 과학적 평가를 받으려면 모든 것을 고려해야 한다. 지금처럼 말이다). 자신의 얼굴을 보여주는 경우, 참여자는 이 영상을 자신만이 아니라 다른 사람들도 볼 것이라고 생각할 수 있지 않느냐는 한 전문가의 지적이었다(실제로 영상은 참여자 자신만 볼 수 있었고, 이 점에 대해서는 분명하게 설명했다). 만일 다른 사람들도 그 모습을 볼 수 있다면, 그것은 자아상이 아니라 타인의 상 실험이 되었을 것이다.

그러면 어떻게 하는 것이 좋을까? 카메라를 치우고 모니터에 거울을 붙이자! 이상하게 보이기는 하겠지만 목적을 달성할 수 있는 방법이다. 거울을 볼 때마다 참여자는 자아상을 떠올리겠지만, 영상이 아니기 때문에 다른 사람도 볼 수 있으리라고 의심하지는 않을 테니 말이다. 거울 조건은 카메라를 이용한 조건과 같은 결과를 가져다줄 것이다. 그리고 실제로도 그랬다.

전반적으로 실험은 상당히 설득력 있는 결과를 보여주었다. 자아상은 친사회적 행동을 강화하는 경향을 보였으며, 이는 긍정적인 자아상의 중요성을 증명했다. 이미지라는 것이 도덕과 관련이 있을 뿐 아니라, 우리가 어떻게 하면 공익을 위한 행동을 촉진할 수 있는지에 대해 새로운 시각을 열어주었기 때문이다. 기업, 조직 또는 재무부는 행위자가 자신을 인식할 수 있도록 의사 결정 환경을 조성해 사회적으로 책임감 있는 행동을 촉진할 수 있다. 사진을 이용하든 서명을 받든 결정에 앞서 자신이 누구인지, 어떤 사람이 되고 싶은지를 떠올리게 만드는 것이다. 더 나아가 자아상의 중요성은 우리가 왜 때때로 현재의 자신을 부정하는지, 자아상에 부합하지 않는 일들을 일부러 지워버리려 하는지 설명해준다. 우리는 잘못된 행동을 했던 상황을 떠올리게 만드는 장소와 기억 그리고 이미지를 피하고 싶어 한다.

실제로 우리의 기억은 우리의 자아상과 죽이 잘 맞는 것 같다. 그렇지 않다면, 이따금 선택적으로 기억하는 현상을 어떻게 설명할 수 있겠는가? 우리의 좋은 자아상을 지키기 위해서가 아니라면 말이다. 잘못된 행동이 아니라 좋은 행동을 기억할 때 우리는 더 편하게 살아갈 수 있다. 잘못된 행동에 대한 기억을 지워버리는 것은 등산가가 무거운 배낭을 내려놓을 때와 같은 안도감을 준다.

하지만 정말로 그럴까? 최근 학자들은 우리가 긍정적인 자기 인식을 위해 선별적으로 기억하는 경향이 있는지를 연구했다.[6] 실제로 우리의 기억에 체계적인 오류가 발생해 이기적 결정은 잊고 친사회적 결정은 기억할 것이라는 가설을 세운 것이다. 우리는 실제보다 우리 자신을 더 나은 사람으로 인식한다는 가설을 증명하기 위한 연구였다.[7]

피실험자들은 이른바 '독재자 게임'이라고 하는 실험에 참여했다. 실험 명칭이라기에는 특이하지 않은가? 사실 취리히에서 박사 과정을 밟던 시절, 나는 처음으로 독재자 게임 이야기를 듣고 이런 생각을 했다. '미친 거 아니야?' 이것이 어떤 실험인지를 전혀 몰랐던 것이다. 실험은 아주 단순하다. 독재자라는 이름이 붙은 것은 연구 팀으로부터 일정 금액의 돈을 받은 참여자가 독단적으로 이를 사용할 수 있기 때문이다. 독재자가 된 참여자는 받은 돈을 다른 참여자들과 어떻게 나눌지 결정할 수 있다. 물론 남은 돈은 본인이 가질 수 있다. 아예 나누지 않아도 상관없다.

전통적인 방식의 독재자 게임에서 참여자에게는 10유로가 주어지며, 참여자는 원하는 대로 이 돈을 사용할 수 있다. 이기적인 사람이라면 전부를 가질 테고, 이타적인 사람이라면 어느 정도 포기할 것이다. 다른 참여자들과 나누기로 결정한 금액이 독재자가 얼마나 이타적인지를 읽을 수 있는 요소인 것이다. 이 단순한 실험은 여러 가지 버전으로 계속해서 연구에 활용되고 있으며, 최근에는 그야말로 이타주의 연구의 '초파리'라고 할 만큼 번성하고 있다.

독재자 게임에서 독재자가 된 참여자는 일반적으로 약 25%를 나누지만, 나누지 않는 경우가 대부분이다. 절반을 나누는 경우도 이따금 있지만, 절반 이상을 나누는 참여자는 극히 드물다.[8]

기억에 대한 실험으로 다시 돌아가보자. 여기에서도 독재자 역할을 맡은 참여자는 다른 사람들에게 얼마를 나눠줄지 결정할 수 있다. 하지만 (원래 게임에서처럼) 한 가지 금액을 나누는 게 아니라 서로 다른 다섯 가지 금액에 대해 결정을 해야 한다. 즉, 독재자는 10~30스위스프랑에 해당하는 다섯 가지 금액을 처리해야 한다. 매우 의미 있는 변형이다. 한 가지 금액에 대해 결정하는 것만으로는 기억의 오류가 발생하지 않을 것이기 때문이다. 하지만 다섯 가지 금액에 대해 선택할 경우는 이야기가 달라진다. 어떻게 나눴는지에 대한 기억에 오류가 생길 수 있는 것이다……

분배에 대한 결정을 끝낸 독재자들에게는 설문지를 작성하고 수학 테스트를 보게 했다. 독재자 게임에서 자신이 내린 결정을 단기短期 기억에서 지우려는 목적의 '전환 장치'인 것이다.

그리고 마침내 결정적인 순간에 이르렀다. 참여자들은 독재자로서 내린 다섯 번의 결정을 떠올리고 기록하라는 요구를 받았다. 다섯 가지 금액을 모두 기억에서 꺼내 다른 사람들과 얼마를 나누었는지 밝히라는 것이었다. 최대한 정확하게 기억해서 작성할 수 있도록 우리는 이에 대한 물질적 보상도 약속했다. 정확하게 기억할 경우, 보상하기로 한 것이다. 하지만 이 장치에도 불구하고 인간이 자신에게 유리한 쪽으로 기억을 조작한다는 가설은 사실로 증명되었다. 참여자들이 기억하는 금액은 실제 독재자 게임에서 나눠준 금액보다 훨씬 높았기 때문이다. 특히 이와 같은 현상은 상대적으로 더 적게 나눠준 참여자에게서 더 뚜렷하게 나타났다. 상대적으로 많이 나눠준 사람의 경우, 자신이 베푼 관대함을 기억하지 않을 이유가 없을 것이므로 그럴듯한 결과였다.

우리는 우리 자신에게도 잘 보이고 싶은 마음에 자기마저 속인다. 그러면서도 그 사실을 인식하지 못할 때가 많다. 룸메이트가 혹시 이런 주장을 하지는 않는가? (분명 당신은 기억하지 못하지만) 식기세척기 청소도 자기가 더 많이 하고, 쓰레기도 자기가 내다 버릴 때가 더 많다고 말이다. (직장 내 카페테리아에서는 동전조차 내지 않으면서) 자신은 자선단체에 정기적으로 큰 금액을 기부한다고 이야기하는 직장 동료가 있지는 않은가? 그리고 마지막으로 피자를 주문해서 먹은 사람이 누구이고, 지저분한 피자 박스를 맥주 상자와 함께 복도에 내놓은 사람이 누구인지를 '기억하지 못하는' 상황이 반복되지는 않는가? 이유를 알았으니, 이제는 더 이상 놀라지 마시라.

작은 선행으로 잘못 덮기

좋은 자아상과 이미지를 만들기 위한 노력의 일환으로 우리는 선택적 기억 외에도 또 다른 심리학적 전략을 사용한다. '도덕적 회계'가 그것이다. 우리의 선하고 올바른 행동을 장부에 기록해놓고 그걸 떠올리는 것이다. 수입란에 적을 만한 윤리적 행동을 했을 경우, 우리는 이를 정확하게 기억한다. 그런데 불행하게도 이것은 우리의 도덕적 행위를 실패로 이끄는 요소가 된다. '나 자신과 다른 사람들에게 나의 도덕성을 증명했으니, 굳이 더 할 필요가 있나?' 말하자면 뭐 이런 식인 것이다. '내가 얼마나 훌륭한 사람인지를 이미 보여줬는데 계속 노력할 필요가 있나? 우리가 언제나, 어디에서나 좋은 일만 할 것이라고 기대하는 사람은 없을 거야. 우리가 영웅도 아닌데, 뭘!'

다른 말로 하자면 이렇다. 도덕적 회계 장부에 선행을 기록하는 것은 방금 좋은 (혹은 나쁜) 일을 했다는 이유로 선행에 대한 부담감을 줄어들게 (혹은 커지게) 만든다. 아마 여러분에게도 그런 경험이 있을 것이다. 조금 전 인도에서 구걸하던 부랑자한테 1유로를 준 당신은 현재 당신이 쌓은 도덕적 행위에 도취된 상태다. 그때 누군가가 당신에게 모금을 요청한다. 도시의 노숙인들이 추위를 피할 수 있는 버스를 마련하는 데 도움을 달라는 것이다. 10유로에 서명 하나면 많은 이들이 겨울을 따뜻하게 보낼 수 있단다.

이때 우리는 대부분 도덕적 딜레마에 빠진다. 방금 전 당신은 도덕적 회계 장부에 기입할 만큼 충분히 좋은 일을 했고, 이를 통해 당신의 너그러움을 증명했다. 즉, 작은 선행을 기억함으로써 더 이상의 도덕적 행위가 필요하지 않은 이유를 스스로 부여하는 것이다. 아이러니하지만 이 세상에 악이 들어올 수 있는 이유도 바로 여기에 있다. 우리가 행한 수많은 선행 때문이다. 그리 큰 비용을 들이지 않고 할 수 있는 작은 선행들 말이다.

이것의 대표적인 사례가 바로 '그린워싱greenwashing'이다. 바로 여기에서 부담이 적은 작은 선행들은 더 큰 도덕적 문제를 만들어낸다. 최근 마트에 갔다가 나는 짙은 '녹색'으로 포장된 상품에 시선을 빼앗겼다. 친환경적임을 강조하며 '고 그린GO GREEN'이라고 적어놓은 상품이었다. 나는 어떤 상품인지를 확인하기 위해 가까이 다가갔다. 그리고 곧 이것이 기후를 생각해 포장된 상품이라는 것을 알 수 있었다. 그 상품은 기후 중립적인 종이를 포장재로 사용했고, "플라스틱을 70%까지 줄였다"고 자랑했다. 하지만 그 안에는 뭐가 들어 있었을까? 육즙이 가득한 소고기 스테이크였다. 기후 위기의 가장 큰 요인이 바로 육류 소비라는 것을 아는 사람이라면 아마도 제 눈을 믿지 못할 것이다. 하지만 고기를 좋아하는 사람이라면? 기후를 위한 스테이크라니! 어쨌거나 포장재가 기후 중립적이잖아! 사자!

제품의 도덕적 특징을 넘어서 그걸 구매하는 소비자들의 협조 의지와 가치까지 강조하는 기업도 있다. 예컨대 스타벅스가 그렇다. 스타벅스는 다음과 같은 말로 고객들을 치켜세운다. "당신은 리사이클 컵 사용의 선구자입니다. 우리가 하는 모든 것은 당신이 하는 것이기도 합니다. 당신의 협조는 더 나은 지구를 만들기 위한 스타벅스의 노력을 가능하게 합니다."[9] 텀블러는 지구를 구하고, 나는 거기에 참여할 수 있다? 오호라! 하지만 도덕적 회계의 원리에 따르면, 이러한 도덕적 수입은 더 이기적인 행동으로 이어질 뿐이다. 미국의 한 연구 결과가 이를 증명한다.[10] 요컨대 도덕적인 소비로 칭찬받은 참여자들과 칭찬받지 않고 소비한 참여자들을 비교한 결과, 칭찬을 받은 쪽이 독재자 게임에서 자신에게 주어진

20달러를 더 적게 나눈다는 걸 확인할 수 있었다.

직장에서 볼 수 있는 도덕적 회계의 모습은 이럴 것이다. 기후 중립적이거나 리사이클링 포장재를 사용한 제품을 산 경우, 우리는 나를 위해 무언가를 하거나 흥미를 느끼는 무언가를 소비할 때 자아상에 대한 양심의 가책을 덜 느낀다. 플러그인 하이브리드 자동차 역시 같은 원리에 의해 작동한다. 마음 편히 드라이브를 즐기면서 나 자신과 다른 사람들에게 이렇게 자랑하는 것이다. "자, 여기 좀 보세요, 여러분. 여기 환경을 생각하는 선한 운전자가 지나가고 있답니다." 하지만 실제로는 어떨까? 늘 휘발유만 주유한다. 아마도 이 자동차의 소유자들은 대부분 충전 케이블조차 꺼내지 않았을 것이다. 휘발유로 배를 두둑이 채운 육기통이 나의 2톤짜리 자동차를 부드럽게, 내가 가고 싶은 곳으로 이끌어줄 테니까. 세금 혜택도 받고, 국가가 장려하고, 자부심은 하늘을 찌른다. 이보다 더 좋은 원-원이 또 있을까? 이 과정에서 기후만 아무런 혜택을 받지 못할 뿐이다.[11]

이러한 유형의 위장환경주의는 도처에 깔려 있고 정말로 잘 통한다. 제한 없는 소비, 즉 기후에 해로운 소비를 하면서도 긍정적인 자아상을 얻을 수 있는, 두 마리 토끼를 잡는 방법이기 때문이다.

"동물 복지"라고 적힌 라벨 또한 이와 같은 마법의 눈속임을 이용한다. 동물 복지 라벨을 확인한 소비자는 그 제품을 구입하면 돈을 아끼면서도 동물의 행복에 기여할 수 있을 거라고 생각할 것이다. 하지만 동물 복지 제품이라는 게 대체 무엇인가? 방사 달걀을 예로 들어보자. 방사해서 사육한 닭이 낳은 달걀이라는 건데, 이상하지 않은가? 닭이라면 당연히 두 발로 땅을 딛고 먹이를 쪼아 먹는 게 정상이 아니냔 말이다. 어찌 되었든 산업계는 (농림업지원부라고 해도 과언이 아닌 농림부와 손을 잡고) 이 두 가지가 동시에 가능하다고 믿게 만들기 위해 동물 복지라는 라벨로 우리를 속이고 있다. 동물 복지를 생각하면서 저렴하게 소비하는 것이 가능하다고? 말도 안 되는 소리다. 이것은 '자아상을 지키려는 이기주의'에 불과하다. 그리고 놀랍게도 이것은 잘 먹힌다. 우리 인간은 스스로 합리화하기를 좋아하기 때문이다.

편견의 사례를 통해 도덕적 회계의 원리를 보여준 연구가 있다.[12] 본래 편견을 가진 사람이 아니라는 사실을 사전에 증명할 수 있는 경우, 과연 정치적 편견을 보다 쉽게 드러낼지 실험한 것이다. 참여자들은 두 페이지로 이뤄진 질문에 답함으로써 자신의 입장을 표명했다. 첫 페이지에서는 성차별적 진술에 동의하는지 여부에 대한 질문을 받았다. 예컨대 "사실 여자는 그렇게 똑똑하지 않다" 혹은 "여자는 집에서 아이 돌보는 일을 더 잘한다" 등의 진술이었다. 반면, 다른 집단에는 이 첫 번째 페이지가 주어지지 않았다. 그러니까 이 집단은 편견에 대한 입장을 표명할 수 없는 상황이었다.

모든 참여자에게 주어진 두 번째 페이지에서는 전형적인 남성의 직업으로 여겨지는 건설업계에 대한 묘사와 함께 이 직업이 어떤 성별한테 더 적합한지를 묻는 질문이 등장했다. 참여자들은 남성과 여성 가운데 누가 더 잘 어울리는지를 평가해서 대답했다.

결과는 어땠을까? 첫 페이지에서 성차별적 진술에 의견을 표명한 참여자들의 경우, 두 번째 페이지에서 남성이 더 적합하다고 대답한 비율이 성차별적 진술에 의견을 내지 못한 참여자들에 비해 훨씬 높았다! 전자의 경우 성차별적 편견을 드러내기가 더 쉬웠을 것이다. 사전에 일반적으로 여성은 어리석은 편이라는 진술에 아니라고 답함으로써 자신의 '편견 없음'을 증명할 기회가 있었기 때문이다. 참고로 이는 남성들에게서만 나타난 현상이기도 했다. 여성에 대한 편견이 남성들에게 더 강하게 자리 잡고 있다는 것을 분명하게 보여주는 대목이라고 할 수 있다.

이 결과와 그 밖의 다른 연구들을 종합해볼 때 우리는 우리 사회에 편재한 성 정책에 비판할 점이 있다는 것을 지적하지 않을 수 없다. 여직원 우대를 내세우거나 성 평등 같은 것을 약속하는 회사일수록 결정적인 순간, 예컨대 채용 과정에서 성차별적 태도를 보이며 쉬이 남성 지원자를 선택할 수 있다. 임금 협상 과정에서도 여성 직원보다 남성 직원에게 더 큰 혜택을 준다. 차별하지 않는다는 말이 실제 차별을 감추는 것이다.

도덕적 회계는 바로 여기에서 도덕적으로 바람직하지 않은 결과라는 결정적 모순을 낳는다. 상징적인 선행이 위험한 이유가 바로 여기에 있다. 실제 선행에는 아무런 도움이 되지 않으면서 이미 좋은 일을 했다는 기분만 주기 때문이다. 더 나아가 이는 아무것도 하지 않는 결과를 낳거나 심지어 문제가 되는 행동을 유발하기 쉽다. 물론 좋은 의도의 상징적 정책에 대해 반대할 필요는 없다. 하지만 여기에는 반드시 행동이 따라야 한다.

도덕적 회계는 인종차별과 관련된 편견에도 동일하게 작동한다. 이를 보여주는 미국의 한 실험이 있다. 실험 결과, 사전에 미국 대통령 선거에서 (흑인인) 버락 오바마를 지지하는 등 자신이 인종차별주의자가 아니라는 걸 증명할 수 있었던 이들이 오히려 인종차별주의적인 진술에 더 강하게 동의하는 경향을 보였다.[13] 반면, (백인인) 존 케리를 지지했느냐는 질문을 하면 이와 같은 속임수는 기능하지 않았다. 백인 정치인을 지지한 데 이어 인종차별주의적 발언을 하는 것은 어쨌거나 자신의 대답을 '정당화'할 수 없는 선택이기 때문이다.

그러니까 만일 당신의 애인이 어느 날 갑자기 선물을 준다면 주의하는 게 좋을 것이다. 바람을 피우려는 사람들을 위해 만든 웹사이트(정말로 이런 웹사이트가 있다고 한다)의 방문자 수가 2월에 급증한다는 사실을 미국 출신의 심리학자 두 명이 알아냈기 때문이다. 다시 말해, 평균적으로 가장 많은 미국인들이 애인에게 선물을 주는 밸런타인데이를 기점으로 이 웹사이트 방문자 수가 늘어났다.[14] 여기에도 일종의 도덕적 회계의 원리가 작동하는 것 아닐까? 밸런타인데이에 선물을 준 것으로 자신의 잘못된 행동을 정당화하려는 속셈이 아니냐는 것이다. 애인에 대한 존중의 결핍을 만회하려는 행위랄까?

이에 대한 답을 찾기 위해 그들은 실제로 선물이 연인 관계에서 이기적인 행동을 '정당화'해줄 수 있는지 다양한 실험을 해보았다. 참여자들은 다양한 시나리오를 통해 특정 행동이 괜찮은지 아닌지를 평가했다. 단, 사전에 연인에게 선물을 주었다는 전제하에 말이다. 예컨대 다른 이성과 단둘이 식사를 할 수 있는가와 같은 시나리오가 주어졌다. 그리고 실제로 사전에 연인에게 선물을 주고 점수를 얻은 경우, 이와 같은 '외도'를 기만적 행동이라고 생각하는 정도가 낮아진다는 사실이 드러났다. 친구 관계에서도 마찬가지였다. 친구에게 생일 선물을 준 경우에는 약속을 어긴 이유를 설명할 때 더 불친절한 태도를 보였다. 이럴 때 참여자들은 친구에게 사과 메일을 쓰는 데 훨씬 더 적은 시간을 할애했다.

도덕적 회계는 부정적 자아상을 필요에 따라 수정할 때도 활용된다. 이전에 했던 잘못된 행동을 만회하기 위해 작은 선행을 하고 나면, 자아상에 대한 평가에도 변화가 생긴다는 게 연구 결과를 통해 드러난 것이다.[15]

이 사실을 밝혀낸 연구 중 거짓말을 다룬 실험이 있다.[16] 이 실험에서 참여자들은 발신자 혹은 수신자 역할을 맡았다. 수신자는 0부터 9까지의 숫자 가운데 하나를 고르는데, 이것이 사전에 정해진 행운의 숫자(예컨대 8)와 일치할 경우 돈을 많이 받고, 이 행운의 숫자를 고르지 못한 경우에는 돈을 적게 받았다. 물론 수신자들은 무엇이 행운의 숫자인지 몰랐다. 하지만 이들은 발신자에게 힌트를 얻을 수 있었다. 발신자는 행운의 숫자가 무엇인지, 그러니까 어떤 숫자가 수신자에게 유리한지를 알고 있었다. 하지만 발신자에게 행운의 숫자는 정반대의 결과를 가져왔다. 수신자가 행운의 숫자를 선택할 경우 발신자는 돈을 적게 받고, 다른 숫자를 고를 경우(여기에서는 수신자가 8이 아닌 숫자를 고르는 상황) 발신자가 돈을 더 많이 가져가게 해놓은 것이다. 이때 발신자는 수신자에게 어떤 힌트를 주었을까? 행운의 숫자를 알려주면 수신자는 돈을 많이 가져가겠지만 자신이 손에 넣는 돈은 줄어들 것이다. 그렇다면 거짓말을 해야 하나? (참고로 힌트는 정확하게 다음과 같이 전달된다. "당신이 X를 선택하면 당신은 다른 숫자를 선택할 때보다 더 많은 돈을 가져갈 수 있습니다.")

결과는 어땠을까? 대부분 발신자는 결국 거짓을 선택했고, 행운의 숫자가 아닌 다른 숫자를 힌트로 주었다. 하지만 여기서 끝이 아니었다. 발신자에게는 이어 1달러 혹은 2달러를 복지 단체에 기부할 기회가 주어졌다. 과연 어떤 집단이 더 많이 기부했을까? 진실을 말한 집단일까, 아니면 방금 거짓을 말한 집단일까? 거짓말을 한 쪽이었다. 이 집단에서는 약 70%가 기부를 했지만, 진실을 말한 집단에서는 기부한 사람이 30%밖에 되지 않았다. 이유 있는 기부였다. 그러니까 훼손된 자아상을 회복시키기 위한 투자였던 것이다.

이와 같은 형태의 감가상각은 우리 일상에서도 발견할 수 있다. 안 그래도 방금 무임승차를 해서 양심의 가책을 느끼고 있던 터에 마치 부르기라도 한 듯 내 쪽으로 거지가 다가온다. 그러면 우리는 50센트를 기부하고 양심의 가책을 떨쳐버린다. 이제 다시 완벽해졌어! 내 돌봄이 필요한 이모를 방문하지 못한 지 너무 오래되었다. 내가 이모를 보러 고향에 갈 때마다 이모는 무척이나 기뻐한다. 게다가 이모는 어릴 적 나를 언제나 사랑으로 돌봐주셨다. 나는 나쁜 사람인 걸까? 그때 시각장애인이 횡단보도를 건너기 위해 기다리고 있다. "혹시 도움이 필요할까요?" "어, 괜찮은데, 그래도 도와주신다면 고맙죠. 정말 친절한 분이시네요!" 이제 모든 게 다시 좋아졌다. 이런 경우도 있을 것이다. 별로 환경친화적이지 못한 쇼핑을 했다면? 계산대에서 재빨리 종이봉투를 집어 든다. 가짜 신호를 보내는 것이다. 여기 좀 보세요. 저는 비닐봉지를 사용하지 않는답니다! (물론 우리가 생각하는 것보다 종이봉투가 덜 친환경적이라는 사실은 차치하고 말이다.) 그 순간, 중요한 것은 봉투의 재질이 아니라 그 안에 들어간 내용물이라는 사실은 전혀 다른 문제가 되어버린다.

물론 우리가 집에서 챙겨온 대나무 텀블러에 테이크아웃 커피를 담아달라고 하고, 이따금 채식을 시도하는 게 잘못되었다는 것은 아니다. 하지만 실제로 어떤 마음에서 이런 행동을 하고 있는지 자문해볼 필요는 있지 않을까? 이와 같은 행동이 사실상 환경보다는 우리 자신의 이미지에 기여하는 것은 아닐지 말이다.

일상에서의 또 한 가지 예를 들어보겠다. 인도 위에서는 자전거를 탈 수 없다. 하지만 대부분 사람은 자전거를 탄 채로 인도를 지나간다. 물론 나도 그중 한 사람이다. 그러던 내가 최근 인도에 들어서자마자 자전거에서 내린 적이 있다. 나는 스스로에게 물었다. '그런데 왜 갑자기 자전거에서 내린 거야?' 나는 이유를 알고 있었다. 담배를 사러 가게에 가는 길이라서 그랬던 것이다. 나는 담배를 피우지 말아야 한다는 걸 알고 있고, 담배를 피운다는 고백이 가끔은 내 자아상을 훼손한다는 것도 잘 안다. 이럴 때는 내가 원래는 아주 좋은 사람이라는 인식이 큰 도움이 된다. 인도에서는 자전거를 타지 않고 내려서 끌고 가는, 그런 좋은 사람 말이다. 하지만 약국에 가는 길이었다면 어땠을까? 주말 장터에 가는 길이었다면, 혹은 그냥 장을 보러 가는 길이었다면 말이다. 아마도 나는 자전거를 탄 채로 인도를 지나갔을 것이다.

우리는 자신과의 작은 협상을 통해 회계 장부에서 우리의 도덕에 너무 큰 차변이 발생하는 것을 막는다. 좋은 의도를 가진 작은 선행들로 우리가 원래는 아주 괜찮은 사람이라고 우리 자신을 설득한다.

모르고 그랬다는 거짓말

도덕적 불신으로부터 우리의 자아상을 지키는 또 다른 중요한 장치는 바로 몰라서 그랬다는 주장 또는 확신이다. "나는 아무것도 몰라요!"라고 하는 것이다. 우리 자신과 다른 사람들에게 할 수 있는 아주 멋진 말이다. 물론 우리가 다른 사람들에게서 자주 듣는 주장이기도 하다. 뭐, 맞는 말이긴 하다. 아무것도 모른다는 사람에게 무슨 수로 책임을 묻는단 말인가? 하지만 문제는 도덕적 관점에서 이 변명이 통하지 않는다는 데 있다.

낯선 도시를 방문했다고 가정해보자. 나는 지금 A에서 목적지 B로 가려는 중이고, 티켓을 구입하기 위해 발권기 앞에 서 있다. 이 무인발권기의 일반 요금과 특별 요금에 대한 분류가 투명하지 않고 논리적이지도 않다는 것과는 별도로, 1구역(근거리) 티켓을 구입해야 하는지, 2구역(중거리) 티켓을 구입해야 하는지, 혹은 3구역(장거리) 티켓을 구입해야 하는지는 기본적으로 어렵지 않게 알아낼 수 있다. 하지만 나는 급했고, 주소를 잘 몰랐으므로 1구역 티켓을 끊고 지하철을 탔다. 물론 가는 길에 맞는 티켓을 구입했는지 의문이 들기는 했다. 어쨌거나 지금 벌써 여덟 정거장 이상을 지나왔기 때문이다……. 하지만 뭐, 누가 알겠는가? 혹시 티켓을 확인하는 사람이 오더라도 이렇게 말하면 그만이다. "오, 그래요? 몰랐어요." '어떤 측면에서는' 몰랐다는 게 사실이기도 하니까.

이와 같은 생산적 지식의 부재는 마트에서도 나타난다. 예컨대 과일의 무게를 잴 때 말이다. 서류의 빈칸을 채우거나, SUV가 연료 소비를 할 때도 그렇다. "오, 전혀 몰랐어요!" 자, 우리 솔직해져 보자. 정말로 보스코프 품종의 사과가 엘스타 품종 사과보다 비싸다고 생각했는가? 이와 같은 지식의 부재 덕에 우리의 자아상은 여전히 긍정적 평가를 받는다. 모르는 건 부끄럽지 않다는 논리가 작용하기 때문이다.

무지의 변명하는 힘은 사람들이 왜 사실을 외면하고 알려 하지 않는지를 설명한다. 아마도 우리는 도덕적으로 의심되는 행동이 어떤 결과를 가져올지 알고 있을 때가 더 많았을 것이다. 진실을 외면하기 위해 눈을 감는 쪽을 선택했을 뿐이다. 어떤 일이 일어날지 아주 쉽게 알아낼 수 있는데도 자기 자신에게, 그리고 다른 사람에게 몰라서 그랬다고 주장하기 위해 스스로 창조한 사실의 공백 속으로 들어가버린 것이다.

하지만 이게 정말 가능한 일일까? 진실을 외면하기로 결정하고, 몰라서 그랬다고 변명하면서 정말로 우리 자신을 위로한다는 게 가능하냔 말이다.

이를 연구한 실험이 있다.[17] 이번에도 독재자 게임이다. 이 독재자 게임에서 '독재자'는 자신에게 무엇이 유리한지를 알고 있다. 하지만 자신의 선택이 다른 참여자, 즉 수신자들에게 어떤 영향을 미치는지는 알지 못한다.[18] 이 실험의 핵심은 여기에 있었다. 자신의 선택이 수신자들에게 미치는 영향을 알려줄지 여부를 독재자의 재량에 맡긴 것이다. 이 사실을 알 경우, 독재자는 자신에게 유리한 선택이 전반적으로 불공정한 결과를 낳는다는 것을 깨달을 수도 있었다. 그렇다면 독재자 입장에서는 차라리 모르는 게 더 낫지 않을까? 각각의 선택지가 가져올 결과를 모른다면, 자신에게 유리한 선택이 수신자들에게도 좋은 결과를 가져다줄 것이라고 자신을 설득할 수 있을 테니 말이다.

실제로 자신의 선택이 어떤 결과를 가져오는지 알려달라고 한 독재자는 절반을 겨우 넘었다. 나머지는 모르는 척 시치미를 떼며 자신에게 유리한 선택을 하기로 했다. 하지만 이로써 나머지 독재자는 수신자들이 돈을 적게 받게 하고, 전체적으로 불공정한 구조를 만들고 말았다. 뭐라고? 나는 전혀 몰랐어!

알지 않으려는 마음은 대체 무엇을 의미할까? 이것은 우리가 이따금 의도적으로 우리의 행동이 가져오는 결과에 눈을 감아버린다는 것을 보여준다. 이렇게 하면 자신의 이익을 극대화하면서 동시에 좋은 자아상을 유지할 수 있기 때문이다. 어쨌거나 자신한테 득이 되는 행동이 실제로 다른 사람에게 불이익을 가져왔는지를 알 턱이 없는 것은 사실이니 말이다. 그러니 괜찮을 것이다. 그냥 눈 딱 감고 해!

이와 같은 무지의 주장이 가장 안타까운 형태로 나타난 것이 바로 제2차 세계대전 이후에 이어진 집단 합리화였다. 나치의 만행을 몰랐다는 주장들이 이어진 것이다. 유대인에 대한 박해 사실을 몰랐다는 건 동시대를 살았던 증인들이 내세운 변명 중 가장 흔한 것이었다. 물론 오늘날 이 변명이 거짓이라는 사실은 모두 증명되었다. 수많은 편지와 목격자 진술이 명백한 증거를 제공했기 때문이다.[19] 실험에 참여한 독재자들과 마찬가지로 이들 또한 모르는 쪽을 택했을 뿐이다. 모든 게 구체적으로 알려지지는 않았다는 사실이 눈을 질끈 감을 수 있는 불확실성과 신뢰성의 작은 여지를 허용한 것이다.

독일이 처음 홀로코스트 청산에 어려움을 겪은 것도 이 때문이었다. 무지를 근거로 무고함을 주장하는 집단이 과거사 정리를 방해했던 것이다. 상황을 잘 알았다거나 충분히 알 수 있었다는 사실이 분명해지면, 무지를 무기 삼아 숨어 있을 때보다 개인의 책임이 더 무거워질 수밖에 없다. 나치에 저항한 이들이 미움을 받은 이유도 여기에 있었다. 나치의 만행을 잘 알고 있었으며, 이에 맞설 선택권이 있었다는 사실에 대한 증거였기 때문이다. 저항 행위는 무지라는 변명을 무력화할 증거인 것이다.

회피 전략

정보 회피 전략과 비슷한 것이 행동 회피 전략이다. 내가 시내의

텅 빈 광장을 아무 생각 없이 산책하다 20미터쯤 떨어진 곳에서 모금 활동 중인 국제 구조 단체를 발견했다고 치자. 나는 무심결에 더 오른쪽으로 치우쳐서 가야겠다고 생각한다. 그래야 활동가들과 최대한 간격을 두고 지나갈 수 있을 테니 말이다. 가능하다면 이들을 지나칠 때 오른쪽을 쳐다보는 것이 좋겠다. 물론 오른쪽에는 지금까지 살면서 단 한 번도 관심을 가져본 적 없는 물건들이 진열되어 있지만 말이다(이를테면 핸드백 매장이라고 해보자).

회피 전략은 애초에 도덕적 갈등을 차단하려는 목적을 가지고 있다. 구호 단체 부스에 가까이 다가가면 기부해야 할 것만 같은 느낌을 받을 게 분명하다. 어쩌면 선량한 활동가 중 한 명이 나에게 다가와 시리아 감옥에서 고문당한 사람들의 사진을 보여주며 도움을 요청할지도 모른다. 불편한 일이다. 그렇게 되면 결국 얼마를 기부하게 되거나, 아니면 기부하지 않은 데 대한 양심의 가책을 느낄 게 뻔하기 때문이다. 이 곤궁에서 나를 구하기 위해, 나의 도덕적 행동을 요구하는 상황을 피하기 위해 나는 부스를 중심으로 크게 곡선을 그리며 걷는다. 그렇게 해서 기부를 요청받는 곤란한 상황에 빠지지 않을 수 있다. 그러기에는 내가 너무 멀리 있기 때문이다. 그 누구도 말을 걸 수 없을 만큼 충분히 멀리 말이다.

이것은 의도적으로 도덕적 의사 결정 상황을 회피하는 전략을 분명하게 보여주는 사례다. 여기서 우리가 피하는 것은 정보가 아니라 '시험'이다. 하지만 이것은 자기 부정 행위에 불과하다. 오른쪽으로 치우쳐서 가는 것, 즉 활동가들에게서 거리를 두려는 시도는 결과적으로 기부하지 않겠다는 의미이기 때문이다. 이렇게 보면 회피 행동은 결국 도덕에 반하는 결정이라고 할 수 있다.

　물론 피하지 않고 기부하지 않는 것보다는 피하고 기부하지 않는 편이 더 나을 것이다. 후자의 경우, 부스에서 멀리 떨어져 있었기 때문에 기부할 수 없었다고 변명할 수 있기 때문이다. 이렇게 하면 자신의 유형(도덕적인 사람인가, 이기적인 사람인가)에 대한 평가도 훨씬 쉬워진다. 긍정적 자아상이나 다른 사람 앞에서 긍정적 이미지를 유지하려는 욕구에 부합하는 행위인 것이다. 스스로 회피하고, 등한시하고, 억누르고, 잊어버리는 것은 동기화된 인식, 선택적 주의 또는 안정감을 위한 재해석 같은 개념으로 설명할 수 있는 심리적 능력이다. 모금 부스의 사례에서 어쩌면 우리는 무의식적으로 원래 핸드백에 관심이 있었다거나, 안 그래도 연인에게 핸드백을 선물할 생각이었다고 확신했을 수도 있다. 그러니까 갑자기 가던 길을 오른쪽으로 바꿔 진열된 가방들을 더 자세히 살펴볼 '좋은' 이유가 만들어진 것이다. 사실, 저 핸드백이 예쁘긴 하잖아……

　일상에서만이 아니라 통제된 실험 조건에서도 행동 기피 현상을 발견할 수 있다. 피해를 감수하면서라도 도덕적 행동을 요구받을 수 있는 상황을 피하려는 의지를 드러내는 것이다. 예컨대 어떤 피실험자들은 독재자 게임에 참여해 돈을 나눠줘야 하는 상황을 피하기 위해 돈을 포기하는 쪽을 선택했다.[20] 그들은 10유로를 마음대로 배분할 수 있는 독재자 역할을 맡는 대신 평균적으로 8.2유로를 받는 쪽을 선호했다. 독재자 게임에 참여하면 아무런 조건 없이 10유로를 받을 수 있는데도 말이다. 구호 단체의 부스를 피하려고 걷는 방향을 바꾸는 것과 마찬가지로, 애초에 자신을 도덕적 시험대에 올리지 않기 위해 독재자 게임을 거부하는 것이다.

또 다른 실험에서는 시카고 인근에 있는 복지 단체를 위한 모금이 이루어졌다.[21] 가정을 방문해 지원을 요청하는 경우, 어떤 차이가 있는지를 확인하는 실험이었다. 핵심은 이랬다. 어떤 가정에는 방문 전날 전단지를 통해 단체에서 방문할 거라는 사실을 알렸고, 어떤 가정에는 사전 예고 없이 초인종을 눌렀다. 결과는 어땠을까? 사전 예고를 받은 가정의 현관문이 덜 열렸다. 아마도 이들은 도덕적 시험을 피하고 싶었을 것이다. 그래서 집에 아무도 없는 척을 한 것이다.

기부를 부탁받는 일이 불편한 것은 사실이다. 보스턴 인근의 어느 마트 앞에서 구세군의 도움을 받아 현장 실험을 진행한 연구팀이 이를 밝혀냈다.[22] 이 실험에서 활동가들은 두 개의 출입문 가운데 한 곳 혹은 두 곳 모두에 자리를 잡고 모금 활동을 펼쳤다. 그리고 별말 없이 조용히 서 있는 경우와 적극적으로 모금 활동을 벌이는 경우, 그러니까 마트를 찾은 사람들에게 말을 걸고 기부를 요청하는 경우로 나누어서 실험을 진행했다.

결과가 시사하는 바는 매우 컸다. 먼저 활동가가 수동적으로 모금 활동을 할 경우, 출입문 선택에는 별다른 차이가 없었다. 구세군 활동가가 출입문 두 곳에 자리 잡고 있든, 한 곳에만 있든, 사람들은 개의치 않고 양쪽 출입문 모두를 이용했다. 이는 한 곳에만서 있을 때보다, 두 곳에 서 있을 때 기부액이 늘어나는 결과로 이어졌다. 반면, 활동가가 적극적으로 사람들에게 다가가서 직접 기부를 부탁하는 경우에는 어떤 결과가 나왔을까? 사람들은 활동가들이 모여 있는 출입문을 피하기 시작했다. 기부를 부추기지 않는 출입문 쪽을 선택한 것이다! 자신을 도덕적 시험대에 올리지 않고 '몰래' 마트에 들어가 장을 보려고 한 셈이다.

이 책이 던지는 질문, '선한 사람이 되는 것은 왜 이토록 어려운 가'에 좋은 이미지를 갖고 싶은 마음이 의미하는 바는 크게 두 가지다. 긍정적 자아상을 갖고 싶은 마음, 그리고 다른 사람에게 좋은 이미지로 남고 싶은 마음은 선행을 장려한다. 우리는 인정과 칭찬받기를 좋아하고, 그래서 도덕적 가치에 따라 행동하기 때문이다. 하지만 바로 이 마음 때문에 우리는 사실을 대면하지 않으려 하고, '모르는 척' 행동하고,[23] 외면하고, 눈을 질끈 감기도 한다. 그리고 이 마음 때문에 우리는 도덕적 요구를 받는 상황을 적극적으로 회피하기도 한다. 순간적으로 이기적인 행동을 하면서도 좋은 이미지를 유지하기 위한 시도들이다. 이렇게 하면 몰랐다는 변명이나 비도덕적인 행동을 하지 않았다는 변명 뒤에 자신을 감출 수 있다. 눈을 가리고 원래 나는 괜찮은 사람이야, 라고 자신을 설득하는 것이다. 그리고 이 과정을 돕는 장치가 또 하나 있다. 바로 잊어버리는 능력이다.

내러티브: 우리에게 유리하게 지어낸 이야기

"몰랐어요."

"바빴어요."

"지시를 따랐을 뿐입니다."

"다른 사람이 할 줄 알았습니다."

"이런 일이 일어날 거라고 생각하지 못했습니다."

"왜 항상 제가 해야 하지요?"

"완전히 깜빡했어!"

"다른 사람들도 나만큼은 할 거야. 아니, 오히려 더 잘할걸?"

"솔직히 말하면 자처한 일이지 뭐."

"내일인 줄 알았어."

"다른 사람들도 다 그러던데."

한 번쯤 해본 말 같지 않은가? 꽤 자주 쓰는 말 아닌가? 다른 사람이 이렇게 말하는 걸 들은 적은 없는가? 이 외에도 우리가 만드는 내러티브는 수없이 많다. 인간은 본래 '내러티브의 선수'이기 때문이다. 그리고 내러티브는 우리에게 작은 기적을 가져다준다. 긍정적 자아상에 상처를 입히지 않고도 잘못된 일을 할 수 있게 해주기 때문이다.

내가 내게는 다소 과분한 SUV에 관심이 있다고 가정해보자. 그냥 이런 차가 좋아서건, 자랑할 수 있어서건, 둘 다이건 어떤 이유이든 간에 말이다. 그런데 SUV를 산다면 다른 사람들에게 기후를 생각하지 않는 사람으로 보일 수도 있다. SUV는 그야말로 휘발유 괴물이기 때문이다. 이 생각은 SUV를 사지 않는 것으로 이어질 수도 있고, 그게 아니더라도 최소한 양심의 가책을 불러일으킬 것이다. 적절한 내러티브를 찾아야 하는 순간이다. '깨끗한' 디젤을 사용할 예정이니 SUV를 사도 괜찮지 않을까? 게다가 전기 자동차의 배터리도 환경에 유해하다고 하던데. 전기 자동차야말로 환경 파괴의 주범 아닌가? 안 그래도 독일에서는 전기를 생산할 때 재생에너지를 거의 쓰지 않잖아. 더욱이 아이들의 안전을 고려한다면 역시 SUV가 나을지도 모르지. '안전하게' 학교에 데려다주려면 말야. 가만있어 봐. 자동차 산업은 독일의 '핵심 산업'이기도 한데, 구매자가 줄면 일자리 문제에도 영향이 가지 않을까? 그리고 기본적으로 SUV를 탄다고 해서 무책임하다고 말할 수는 없잖아?

우리 안에서는 언제나 선과 악이 싸운다. 우리는 우리 자신과 다른 사람들 앞에서 좋은 사람이기를 원한다. 하지만 악한 마음이 온갖 것을 동원해 우리를 유혹한다. 돈이나 물질적인 이득, 직장에서의 특권, 사회적 지위, 그 밖의 편리한 무언가를 가지고 말이다. 선함 그리고 도덕의 비용은 바로 여기에서 발생한다. 이와 같은 이점들을 포기해야 하기 때문이다. 하지만 옳은 것, 바람직한 것, 도덕적인 것이 무엇인지를 어떻게 확신한단 말인가? 결국 그것은 시각이나 해석에 따라 달라질 수도 있는 문제가 아니냔 말이다. 옳고 그름을 늘 정확하게 분별할 수 있을까? 우리가 요구받는 바람직한 태도가 무엇인지에 대해서도 서로 다른 시각과 견해가 존재하는 것은 아닐까?

이 사소한 불확실성 안에 고약한 잠재력이 숨어 있다. 이제 내러티브의 시간, 해석과 재해석의 시간이 된 것이다. 이른바 옳다고 여겨지는 것이 사실 의심의 여지가 있으며, 심지어 잘못되었다는 것을 설명할 수 있다면, 나 자신과 다른 사람 앞에서 이른바 잘못된 행동을 하는 걸 정당화할 수 있다. 이기적이라는 평가를 받거나, 그런 사람으로 보이지 않고 이기적으로 행동할 수 있도록 온 세상을 해석할 수만 있다면, 이것이 바로 우리가 앞에서 언급한 기적으로 이어진다. 그러면 우리가 사는 곳이야말로 가장 살기 좋은 곳이 될 테다. 내 이미지를 손상하지 않고 양심의 가책 없이 이기적인 행동의 이점을 누릴 수 있으니까.

내러티브는 지극히 인간적이다. 우리는 우리의 경험과 우리의 존재를 해석하기 위해 우리 자신에게 그리고 타인에게 내러티브를 전달한다. 내러티브는 현실에 대한 견해를 얻는 데 도움을 준다.[24] 내러티브가 없으면 우리는 의미를 찾거나, 우리가 사는 세상에서 중심을 잡을 수 없을 것이다. 내러티브는 우리가 어디에서 왔고, 무엇을 원하며, 어떤 사람인지에 대한 개념을 만든다. 내러티브가 개인의 정체성에 절대적 요소라고 주장하는 심리학자도 있다.[25]

우리 삶의 내러티브는 우리가 자신을 어떤 사람으로 생각하는지를 좌우한다. 다르게 표현하면, 우리가 자신의 내러티브를 묘사하는 방식이 우리를 결정한다. 신분 상승에 대한 이야기("그릇 닦던 사람에서 시장이 되었어요"), 힘들었던 어린 시절에 대한 이야기("전쟁이 끝난 후였죠"), 불리했던 환경에 대한 이야기("부모님은 나를 조금도 돌봐주지 않았어요. 내가 어떤 사람이 될지는 아무도 몰랐죠"), 혹은 직업적 경험에 대한 이야기("저는 독일의 공무원입니다")는 우리 자신에 대한 우리의 생각을 형성한다.

내러티브는 문화적으로도 중요하고 특별한 역할을 한다. 특징과 문화적 정체성, 소속감을 확인하는 목적으로 만들어지기 때문이다.[26] 모든 문화에는 기원이 있고, 신화가 있다. 동화도 있고, 전설이 있으며, 영웅담이 있다. 종교적인 이야기에 등장하는 플롯과 중심인물들은 도덕적으로 의심스러운 일을 하는 데 이용되기도 한다.[27]

이 책의 주제와 관련해서도 내러티브는 중요한 역할을 한다. 내러티브가 친사회적 행동에 영향을 줄 수 있기에 그렇다.[28] 도덕적 행동을 할 때 우리는 거기에 따라오는 비용과 유익을 계산한다. 우리는 다른 사람을 돕고 협력하는 것, 즉 선행을 통해 만족감을 얻는다. 하지만 이 과정에는 비용이 든다. 돈의 형태이든, 관심이든, 시간이든 선행을 위해 무언가를 포기해야 한다. 내러티브는 이 서로 다른 입장에 힘을 싣는다. 도덕적인 행동이 가져오는 유익이 '사실은 그리 크지 않다'고 우리를 설득하기도 하고, 도덕적 행동을 위해 지출해야 하는 비용이 '감당하기 어려울 정도로 크다'고, 그래서 그 누구도 우리가 이렇게 행동하기를 기대하지 않을 것이라고 생각하게 만들 수도 있다.[29]

이것이 잘못된 행동을 하고서도 우리 자신에게 그리고 다른 사람들에게 잘 보이기 위해 만들어내는 모든 내러티브의 역할이다. 내러티브는 도움을 필요로 하는 사람들이 사실은 도움이 필요하지 않을 것이라 이야기하고, 자기들이 자초한 일이라거나 그들 스스로에게 책임이 있다고 말한다. 도덕적 행동에 대해서는 어차피 영향력이 없을 거라거나 할 수 있는 일이 없어서 해봤자 의미가 없다고 이야기한다. 혹은 감당할 수 없을 정도로 비용이 커서 정당하지도, 저렴하지도 않다고 말한다.

이 내러티브의 출처는 과연 어디일까? 내러티브는 우리가 스스로 만들어내는 이야기다. 세상을 우리에게 이로운 방식과 방법으로 해석하고, 읽는 것이다. 인간은 정보를 선별적으로 활성화하고 기억함으로써, 즉 현실을 미화함으로써 올바른 행동을 했다고 확신한다. 하지만 내러티브는 정치인, 로비스트, 이익집단에 의해 만들어지기도 한다. 특정 행동을 부추기거나 억제할 목적으로 해석의 규범을 정립하는 것이다. 지난 수십 년간 담배업계에서 어떤 캠페인을 벌여왔는지 기억하는가? 이들은 담배가 건강을 해치지 않는다고 광고해왔다. 지식을 방해하는 행위다. 동물 복지, 친환경이라는 키워드로 소설을 만들어 이 식품들을 기어코 우리 식탁 위에 올리는 농축산업 관계자들은 또 어떤가? 석유, 석탄 로비스트들은 오래전부터 지구온난화가 자연스러운 현상이라며 사람들을 설득해왔다. 셸Shell이 바로 그 증거다.[30] 마찬가지로 대중의 지식 확장을 가로막는 행위다. 전문 지식으로 위장할 때가 많은 이런 내러티브는 잘못된 것을 미화하고 정당화하기 위해 의도적으로 유포된다.

이러한 내러티브는 사람들이 그것을 믿는 걸 넘어(이를 믿는 것은 결코 어렵지 않다. 우리의 잘못된 행동을 정당화해주기 때문이다) 퍼뜨릴 때 비로소 성공을 거둘 수 있다. 이는 아주 중요한 부분이다. 대화를 통해서건, SNS를 통해서건 우리는 친구와 지인들에게 이와 같은 내러티브를 전달한 것에 대한 책임이 있다. 이 내러티브는 다른 사람들 앞에서 나의 좋은 이미지를 유지하는 데 도움을 줄 것이다.

하지만 더 나아가 그것을 들은 사람들이 그들의 잘못된 행동을 정당화하게 만드는 요인이 될 수도 있다. 이 경우, 내러티브는 이들을 통해 또 다시 확산할 것이다. 이렇게 들불처럼 번져 공익을 위협한다.[31]

이와 같은 내러티브는 객관적으로 잘못되었다. 왜곡하거나 창작한 것이거나 거짓이기 때문이다. 하지만 '그럴싸'하고, 사실일 '수도' 있고, 쉽게 언급할 수 있으면 그것으로 충분하다. 그럴싸하려면 이야기에 핵심이 있어야 한다. 화자를 반대 의견을 가진 사람들과 동등한 수준으로 끌어 올려줄, 어느 정도 객관성을 가진 레퍼런스가 필요하다. "나는 다르게 생각해" 혹은 "나는 그게 이상하다고 생각해" 정도만으로는 충분하지 않다는 뜻이다. 허술해 보여도 내러티브에는 근거가 필요하다. 그래서 원하는 행동을 끌어낼 수 있어야 한다. 상상력에는 한계가 없고, 취향도 없으며, 정직함도 없는 법이다.

(마음대로 만들어낸 게 대부분인) 수치나 '사실' 혹은 잘못 해석한 통계 같은 것들이 내러티브의 근거로 아주 인기가 많다. '전문가'("아무개 박사가 그랬어") 혹은 '연구 결과' 등을 증거로 제시하는 것이다. 이러한 사례 가운데 하나가 바로 아이들이 예방접종을 하면 자폐를 일으킬 수 있다는 '과학적' 연구다. 아마 여러분도 들어본 적이 있을 것이다. 반박을 통해 이미 거짓이라는 사실이 드러난, 이미 철회된 연구 결과이지만 예방접종 반대자들은 여전히 이를 인용하고 언급한다. 이 연구가 과학적으로 잘못되었음을 증명했다는 사실을 또 다른 음모론으로 가공하는 사람들도 있다. "권력

이 연구를 타락시켰다!" 말하자면 뭐, 그런 음모다. 그러면 또 다른 내러티브가 탄생한다. "좋은 의견이지만, 매수된 소수 학자의 생각일 뿐이야!"

어떤가? 우리 주변에도 예방접종을 둘러싼 혼란과 거짓이 만연하지 않은가? 하지만 이것이 다 헛소리이고, 의미 없는 주장이라는 걸 과연 누가 믿겠는가? 이와 같은 내러티브가 얼마나 큰 영향력을 가지고 합리적인 코로나19 대응 방안을 가로막았는지 그 누가 기억하겠느냔 말이다.

부정과 진정鎭靜, 비방의 내러티브는 방어와 정당성이 필요한 곳에서 만들어진다. 대표적인 사례가 기후 보호다. 기후변화로 인해 전 세계가 받는 위협과 그것을 막기 위해 드는 막대한 정책 비용을 고려하면 왜 거짓 주장으로 이를 반대하는 사람들이 있는지도 알 수 있다. "지구온난화에 대한 책임은 인간이 아니라 태양 활동에 있다(그러니까 나한테도 책임이 없단 소리다). 지구의 이산화탄소 총량을 측정했을 때, 인간이 배출한 양은 많지 않아서 기후에 전혀 영향을 줄 수 없다. 그리고 빙하기, 간빙기 같은 기후의 변화는 인간의 개입 없이도 늘 있었다. 그러니까 기후변화는 자연스러운 현상이다."**32**

'인간이 기후변화를 일으켰다는 사실을 믿지 않는 사람이 어디 있어?' 어쩌면 여러분은 이렇게 생각할지도 모르겠다. 그래서 이러한 내러티브에도 전혀 흔들리지 않을 것이라고 말이다. 하지만 여론조사 기관 인프라테스트 디맵이 조사한 결과에 따르면, 그렇지 않았다. 독일인의 무려 11%가 기후변화의 책임이 인간에게 있지 않다고 믿었기 때문이다. 아주 유의미한 소수다. 더욱이 이들은 목소리가 큰 소수이기도 하다. 여기에 기후변화가 아예 일어나지 않았다고 믿는 2%가 더해진다.[33] 미국의 경우, 기후변화를 믿지 않는 사람은 15%였으며, 기후변화가 나타났다 하더라도 인간에 의한 것은 아니라고 믿는 사람이 30%에 달했다.[34] 이를 전 세계적으로 비교한 설문 조사 결과도 있다. 이에 따르면 기후변화 회의론자들은 특히 미국에서 가장 많은 지지를 받는 것으로 나타났다. 이 부분에서 독일은 평균 수준에 머물렀다.[35]

다소 원시적인 내러티브 외에도 기후변화 회의론자들의 관점에서 조금 더 생산적인 증명이 가능한 내러티브도 있다. 예컨대 기후변화가 가져올 기술혁신에 대한 내러티브가 그렇다. 물론 기후변화를 막을 수 있는 기술혁신에 반대하는 사람은 아무도 없을 것이다. 하지만 미래의 기술적 해법에 대한 언급은 당장 오늘 손을 내려놓고 있어도 되는 이유로 오인받기 쉽다. 이산화탄소 배출을 크게 줄이는 기술적 방법은 지금도 이미 존재한다. 예컨대 자동차 생산업체들이 더 작고 가벼운 저전력 엔진에 집중하면, 이동성을 크게 제한하지 않고도 연료 소비를 크게 줄이는 자동차를 만들 수 있다. 이것은 기술적인 문제가 아니라 경제적인 문제다.

국제적 해법의 필요성을 강조하는 내러티브도 마찬가지로 책임을 전가하는 역할을 한다. 실제로 영향력이 있는 내러티브이기도 하다. 국제적 해결책이 필요하다는 것은 본질적으로 옳은 주장이기 때문이다. 문제는 이것이 책임 전가로 이어진다는 사실이다. 여러 나라가 협조를 약속할 때까지 그냥 기다리자는 소리이기 때문이다.

하지만 가장 많이 들리는 내러티브는 도덕적으로 옳은 행동을 '의미 없는 일'로 만들어버리는 개인의 한계에 대한 것이다. '어차피 늦었어' 혹은 '어차피 혼자서는 해결할 수 없어'라는 생각. 이 논리대로라면 우리는 국회의원 선거를 할 필요가 없다. 하지만 그렇게 생각하지 않는다. 기후 문제에 있어서도 마찬가지여야 한다.

현재의 국가별 이산화탄소 배출 목표를 충족했을 때 추가로 배출된 이산화탄소가 가져올 피해를 예측해볼 수 있다. 이 경우 이산화탄소 1톤당 $8m^2$의 식물이 위험해진다.[36] 이산화탄소 1톤은 생각보다 빠르게 배출할 수 있다. 비행기로 프랑크푸르트에서 리스본까지 가는 것으로 충분하다. 그뿐만 아니라 개인 행동의 영향력은 매우 크다. 우리 모두는 친구와 지인, 동료 그리고 그 외 사람들의 행동을 변화시킬 수 있는 승수다. 육류 섭취를 줄이거나 채식주의자가 된 사람은 알 것이다. 그렇기에 개인의 기여를 과소평가하는 것은 잘못이다. 아주 작은 배출량도 결정적 역할을 한다!

기후변화가 과학적으로 증명되지 않았다는 내러티브도 자주 등장한다. 그러므로 군이 행동을 바꿀 필요가 없다는 것이다. 경험적 학문은 확률만을 제시할 수 있기 때문에 그런 측면에서 보자면 맞는 말이다. 하지만 그에 따른 행동의 결과는 터무니없다. 어쨌거나 기후변화에 있어서는 학계의 의견이 거의 일치하기 때문이다. 기후 연구자들의 97% 이상이 기후변화의 결정적 책임이 인간에게 있다고 주장한다. 이는 80개국의 연구소와 수많은 대학 그리고 독립 연구소들이 뒷받침하는 사실이다. 이 정도의 높은 합의를 이루는 일은 극히 드물다. 그런데도 우리는 가능성이 더 낮은 쪽에 서서 변명을 하고 있는 것이다.

만일 어느 주식이 10배로 뛸 확률이 97%이고, 떨어질 확률은 3%라고 해보자. 이 사실을 알고 있다면, 우리는 분명 이 주식에 투자할 것이다. 주식이 오를 확률이 97%밖에 되지 않는다고 주장하지는 않을 것이란 얘기다. 그런데도 변명을 할 때는 바로 이 '확실성의 결여'가 기능한다. "증명된 건 아니잖아!" 뭐, 그런 식이다. 이때 과학적 합의는 중요하지 않다. 중요한 것은 내가 무엇을 믿고 싶은지다. 그래서 포퓰리스트들은 언제나 사실을 왜곡한다. 모든 것이 불분명하고 증명되지 않으면, 결국에는 모든 것을 믿게 만들 수 있기 때문이다. 사이비 학문이나 잘못된 것으로 밝혀진 연구 결과를 열심히 제시하는 사람들이 정작 광범위한 과학적 합의, 즉 수백 개의 논박할 수 없는 연구 결과를 부인한다는 게 참 놀라운 일이지 않은가? 이들은 이해와 설명을 위한 노력 없이 과학을 그저 갈등의 개념으로 사용할 뿐이다.

올바른 행동을 불가능한 것으로 보이게 만드는, 상황의 어려움에 대한 내러티브도 꽤나 인기가 많다. 여기에서 가장 흔히 언급되는 것이 통근자 혹은 사회적 약자들이다. 참 신기한 일이다. 기후 보호에 반대하는 일이라면 갑자기 사회적 양심이 발동하는 정치인들이 있는 것 같다. 그도 그럴 것이 사회정책을 펴고 불평등을 위해 싸운다는데, 이들을 말릴 사람이 과연 어디 있겠는가? 하지만 이것은 기후변화와 아무런 상관이 없다. 이산화탄소가 어디에서 배출되느냐는 중요하지 않다. 운전자가 부유하든 가난하든, 이산화탄소 배출이 기후에 미치는 영향은 똑같기 때문이다. 흥미롭게도 근현대사에서 가장 큰 규모의 상향식 재분배가 이뤄졌던 2008년 금융 위기 때는 거의 무제한에 가까운 자금이 지원되었다. 사회적 문제가 '은행 구제 금융'에 아무런 영향을 미치지 않은 것이다. 물론 사회정책은 필요하다. 하지만 이것을 기후 정책과 뒤섞는 순간, 기후 보호를 위한 목표 달성은 위협을 받을 수밖에 없다. 기후 친화적인 이산화탄소 가격제는 사회적 반박이나 사람들의 현재 상황으로 인해 무너져서는 안 되는 것이다.

장기적으로 생각하고 역학적 조정을 고려해야 한다. 기후에 해로운 가스의 실제 비용을 반영하는 현실적인 가격 책정 없이는 우리에게 필요한 혁신과 행동의 변화에 결코 이를 수 없다. 게다가 소득 기준의 탄소세가 오히려 소득에 따라 달라지는 배출량으로 인해 불평등을 줄여준다는 연구 결과도 있다.[37] 그리고 사회적 불평등을 주장하는 사람들에게 말하고 싶다. 기후변화로 인해 가장 큰 고통을 받는 사람들은 결국 가난한 나라 국민이라는 사실에 결코 침묵해서는 안 된다.

가장 터무니없는 것은 경멸하는 내러티브다.[38] 이것은 다른 사람의 도덕적 청렴을 끌어내리려는 시도다. 다른 생각을 가진 이들을 '현실을 모르는 원칙주의자' '사회와 동떨어진 엘리트' '기후 나치' '에코 파시스트' 등으로 묘사하면서 이들이 혼란을 퍼뜨리고, 그렇기에 이들에게 반박해야 한다고 하는 경우가 여기에 해당할 것이다. 명예훼손을 통해 환경친화적인 아이디어와 사람들을 부정하고 폄하하는 것이다. 결국 이런 유언비어에 대한 저항은 진보적인 서구 국가를 구원하는 행위가 된다. 선한 사람을 악의 암호로 만드는 것이 대체 어떤 사회인지 나는 자문한다. 선한 일을 위해 노력하는 것, 거기에 대체 어떤 잘못이 있단 말인가?

언어가 감추는 진실

내러티브는 현실을 속인다. 책임과 고통을 부인하거나, 상대방을 마땅한 희생자로 격하시키거나, 우리가 가지고 있는 행동 능력을 부인함으로써 우리의 인식에서 행동과 (도덕적) 결과의 인과관계를 파괴한다. 이러한 내러티브는 대부분 우리가 선한 사람이 되는 것을 어렵게 만든다.

게다가 내러티브는 단순한 의미의 변화나 잘못된 언어 사용을 통해 현실을 숨긴다. 나치들 역시 악의적으로 언어를 만들어냈다. '해충' 또는 '하류인' 같은 용어로 수백만 명의 유대인을 폄하한 것이다. '최종 해결' '특수 치료' 같은 단어로 자신들의 만행을 무해한 것으로 미화하기도 했다. 역사학자이자 홀로코스트 연구자인 라울 힐베르크는 수만 건의 나치 문건 가운데 '죽이다'라는 단어를 한 번도 발견하지 못했다고 했다. 이 단어를 사용한 것은 딱 한 번, 개를 죽이라는 지시를 내릴 때였다. 나치 친위대ss에는 살인을 대신해 사용하는 단어가 따로 있었다. 바로 '관리'라는 단어였다. 1942년 8월 3일에 작성된 무장 친위대의 '활동 보고서'에도 이렇게 쓰여 있다. "유대인 이송 차량은 정기적으로 민스크에 도착했고, 우리의 관리를 받았다. ······ 그래서 우리는 이미 ······ 다시 ······ 수용소에 구덩이를 파는 작업을 하고 있었다."[39]

내러티브 그리고 단어 창조를 통한 비인간화[40]는 나치가 통치하는 기간에 특히나 끔찍한 결과로 이어졌다. 하지만 언어를 이용한 격하는 오늘날에도 이어지고 있다.[41] 정치와 군대가 그렇다. 의심스럽지 않은 용어를 사용함으로써 잔혹함을 미화하기 때문이다. 이로써 군사 공격은 민간인에 대한 '부적절한 피해'를 가져오는 '깨끗한 외과적 개입'이 된다. 민족 전체를 말살하고 추방하는 것은 '민족 청소'라고 한다. 이러한 형태의 단어 창조는 도덕적 행동이 낳는 비용과 유익의 균형을 뒤집어놓는다. 이를 통해 악은 새 이름을 갖게 되고, 이로써 부정적 효과가 (겉으로 보기에) 줄어들며, 부정적 행동이 더 쉬워진다.

이처럼 노골적인 형태는 아니지만 우리의 일상에서도 언어는 사실을 감춘다. 도널드 트럼프 전 미 대통령이 아니라 사실 그 전에 이미 리처드 닉슨이 사용한 '대안적 사실alternative facts'이라는 용어 역시 이러한 방식으로 명성을 얻었다. 완곡한 표현도 여기에 기여한다. 뚱뚱한 사람을 '적절하게 체격이 있다'라고 표현한다든지, 티켓 값이나 세금 인상을 '금액 조정'이라고 한다든지, 범죄를 '과실'이라고 표현하는 것 등이 여기에 해당한다. 완곡법은 특정 현상의 이름을 바꾸고, 이것이 불러오는 감정적 효과를 불분명하게 함으로써 '진정' 효과를 만들어낸다. 도덕적으로 볼 때 실제로는 질적으로 바뀐 게 하나도 없는데, 행동의 결과와 희생자로부터 거리를 둠으로써 도덕적 감각을 무디게 하는 것이다. 병을 치료하지 않고 고통을 완화시키는 것과 같다고 할까?

사소한 의미 차이가 우리의 도덕적 감정과 행동에 어떤 영향을 주는지 연구한 학자들이 있다. 행동경제학의 창시자 대니얼 카너먼과 아모스 트버스키는 '구조된 사람' 혹은 '사망자 수'라는 표현 가운데 어느 쪽을 사용하는지에 따라 결과가 달라진다는 것을 밝혀냈다.[42] 가상 실험에서 참여자들은 특정 질병과 싸우기 위해 고안된 두 개의 건강 프로그램 중 하나를 선택해야 했다. 이 질병으로 600명이 목숨을 잃게 될 것이라는 설정하에, 프로그램 A는 200명을 살리고, 프로그램 B는 3분의 1의 확률로 600명을 살리고 3분의 2의 확률로 아무도 살리지 못할 것이었다.

응답자의 압도적 다수가 프로그램 A를 선택했다. 200명이 확실하게 질병에서 살아남는 쪽을 선택한 것이다. 반면, 위험 부담이 큰 프로그램 B는 거의 지지를 받지 못했다. 이어진 설문에서 참여자들은 A와 B를 프로그램 C, D와 비교했다. 프로그램 C를 선택하면 400명이 사망하고, 프로그램 D를 선택하면 3분의 1의 확률로 아무도 사망하지 않고 3분의 2의 확률로 600명이 사망할 것이었다. 이때 응답자 대부분은 프로그램 D를 선택했다. 이번에는 위험 부담이 더 큰 쪽을 선택한 것이다.

프로그램 A와 C 그리고 B와 D의 결과가 근본적으로 같다는 사실(생존자 200명 대 잠재적 희생자 400명)을 감안하면 놀라운 결과다. 왜 한 번은 A를, 또 한 번은 D를 선택한 것일까? 다시 말해, 무엇 때문에 선호도의 역전 현상이 일어난 것일까? 이 질문에 대한 답은 바로 표현의 차이에 있다. 첫 번째 질문(A와 B)에서는 생명을 구하는 데 초점을 맞춘 데 반해, 두 번째 질문(C와 D)에서는 사망자 수를 강조했기 때문이다. 처음에는 '이익'을 강조한 것이고, 그 다음에는 '손실'을 강조한 셈이다. 이득 앞에서 인간은 위험을 피하려는 경향이 있는 반면, 손실 앞에서는 위험을 감수하는 데 더 적극적인 경향이 있다.

결국 같은 이익과 손실을 다르게 평가한다는 것이 카너먼과 트버스키의 획기적인 발견이었다. 이것이 우리의 주제와 관련해서도 중요한 이유는, 아주 작은 표현의 차이가 도덕적 평가에 큰 영향을 줄 수 있다는 사실을 시사하기 때문이다. '목숨을 구하는 것'보다 죽음을 생각할 때 그 죽음의 위험을 직면하기가 더 쉽다. 이와 같은 표현의 효과는 우리로 하여금 옳은 일을 하게 하거나 하지 않게 하는 데 쉽게 사용되고 있을 것이다. 우리는 사소한 표현의 효과에 취약하지만 그 사실을 인식하지 못하기 때문이다.

행동이 방관보다 나쁠까?

표현이나 의사 결정 구조에서 행동에 초점을 두느냐, 방관에 초점을 두느냐에 따라서도 놀라운 효과가 나타난다. 결정을 통해 적극적으로 행동의 결과를 끌어냈는가, 개입하지 않고 그냥 내버려 뒀는가에도 차이가 있다는 뜻이다. 일반적으로 우리는 적극적인 행동보다 관망하는 편이 도덕적 측면에서 더 낫다고 느끼는 경향이 있다. 결과가 같은 경우라도 말이다. 이러한 도덕적 행동의 동인을 조금 더 자세히 살펴보자.

이렇게 상상해보자.[43] 당신은 테니스 치는 것을 아주 좋아하는 사람이다. 게다가, 우리끼리 하는 말이긴 하지만, 자랑스럽게도 지역 테니스 클럽에서도 같은 나이대 가운데 최고의 실력자로 인정받고 있다. 테니스 클럽 창립 100주년을 맞아 클럽 운영진은 과거 스웨덴의 테니스 스타였던 비에른 보리를 토너먼트 경기에 초대했다. 나이가 들어 예전만큼은 못하지만 어쨌거나 보리는 큰 어려움 없이 결승전에 진출했다. 문제는 상대가 당신이라는 것이지만 말이다! 이번에야말로 테니스 클럽 친구들 앞에서 당신의 능력을 보여줄 절호의 기회다. 우승을 하면 당신의 이름은 클럽 역사에 영원히 남을 것이다(그리고 물론 당신이 그토록 좋아하는 크리스도 그 장면을 보게 될 것이다). 하지만 문제가 하나 있다. 비에른 보리가 당신보다 테니스를 잘 친다는 사실이다. 내일 보리는 당신을 패배자로 만들 가능성이 무척 크다.

결승전 전날 저녁, 당신은 보리와 저녁 식사를 하기로 했다. 그런데 한 소식통을 통해 보리에게 땅콩 알레르기가 있다는 얘길 들었다. 당신은 샐러드드레싱에 견과류가 들어간다는 걸 알지만, 보리는 이 사실을 모른다. 이것은 행운이다. 만일 보리가 드레싱을 뿌린 샐러드를 먹으면 내일 복통을 앓을 테고, 어쩌면 당신은 승리의 기회를 갖게 될지도 모르니 말이다.

자, 여기 두 개의 시나리오가 있다.

시나리오 1. 비에른 보리에게 드레싱을 뿌린 샐러드를 주문하라고 적극 권한다(당신이 권하지 않는다면 그는 샐러드를 주문하지 않을 것이다).

시나리오 2. 비에른 보리가 드레싱을 뿌린 샐러드를 주문하고, 당신은 그것을 막지 않는다. 즉, 견과류가 들어간다는 사실을 말하지 않는다.

결과로만 보면, 두 시나리오는 근본적으로 같다. 드레싱을 뿌린 샐러드를 주문해 먹으면 (예상대로) 알레르기 반응이 일어날 것이다(이로 인해 경기에서 이길 수 있을지 여부는 당신의 상상에 맡긴다). 이두 시나리오에 대한 당신의 생각은 어떤가? 시나리오 1이 시나리오 2보다 더 큰 비난을 받아 마땅하다고 생각하지 않는가? 분명 대부분의 사람이 이렇게 생각할 것이다. 이는 실제로 한 연구에서 참여자들에게 주어진 사례였다. 연구 결과, 압도적인 다수가 적극적인 행동보다 방관하는 게 도덕적으로 덜 나쁘다고 생각하는 것으로 나타났다. 적극적인 개입보다 방관을 덜 비난한 것이다.

왜 그런 걸까? 여기에 대해서는 논란의 여지가 있고, 설명하기도 쉽지 않다. 다만 의도의 차이를 가장 많이 언급할 뿐이다. 그러니까 방관과 비교해서 적극적인 행동은 (악하든 선하든) 더 확실한 의도에서 비롯된다고 생각하는 것이다. 물론 이렇게 설명할 수 있는 사례가 많긴 할 것이다. 하지만 샐러드드레싱의 경우에는 이와 같은 효과를 설명한다고 보기 어렵다는 게 내 생각이다. 두 경우 모두 '결정'의 시점에 나의 행동 혹은 나의 방관이 어떤 결과로 이어질지 알고 있기 때문이다. 의도의 차이를 구분하는 것은 매우 쉬운 일이라는 얘기다. 적극적인 행동이 특정한 결과에 대한 유일한 혹은 적어도 분명한 이유이기 때문에 그렇다고 설명하는 이들도 있다. 방관은 그렇지 않을 때가 많다. 방관의 경우, 이론적으로 다른 원인과 이유가 있을 수 있기 때문이다.

그러니까 의심스러운 결과가 나의 행위 없이도 일어났을 수 있는 것이다. 내가 아예 그 자리에 참석하지 않았더라도 부정적인 결과가 생겼을 수 있다. 비에른 보리가 혼자 식사를 하러 갔다가 드레싱을 뿌린 샐러드를 주문할 수도 있는 것 아닌가? 내가 적극적으로 개입했다면 이런 변명은 하지 못할 테지만 말이다.

우리가 행동과 방관을 왜 다르게 평가하는지에 대해서는 철학자들 사이에서도 의견이 분분하다. 왜 우리는 굶어 죽는 사람들을 위한 기부를 적극적으로 거부하는 이들을 이기적이라고 생각할까? 우리 모두가 언제든 이들을 돕기 위해 기부를 할 수 있었지만 하지 않았는데 말이다. 우리가 매일 방관함으로써 사람들이 죽어간다는 것은 모두가 다 아는 사실이다. 하지만 법도, 우리의 도덕적 인식도 이를 그리 안타깝게 여기는 것 같지는 않다.

이유야 어쨌든 간에 우리가 알 수 있는 사실은 같은 결과가 나오더라도 의도에 따라 도덕적 평가가 달라질 수 있다는 것이다. 적극적으로 선택했느냐, 방관의 책임이 있느냐에 따라 우리는 다른 평가를 받는다. 우리의 자아상에 상처를 덜 입히는 쪽은 방관이다. 어쨌거나 아무것도 하지 않았고, 내가 행동하지 않아도 그 일은 일어날 것이라는 위로로 자아상에 덜 '손상을 입고' 빠져나올 수 있기 때문이다. 다른 사람들이 보기에도 마찬가지다. 아무것도 하지 않는 것이 문제가 되는 행동에 적극적으로 개입하는 것보다 도덕적으로 덜 나쁘게 보인다.

진실을 다루는 방법도 마찬가지다. 우리는 '진실이 아닌 것'과 '거짓'을 다르게 인식한다. 말하자면 이런 뜻이다. "맞아. 하지만 나는 거짓말을 하지 않았어." 주차된 자동차를 빼다가 실수로 옆에 있는 차량을 긁었다고 치자. 하지만 당신은 아무런 메모도 남기지 않고 자리를 떠났다. "내 차를 긁은 사람이 당신입니까?"라는 피해자의 질문에 아니라고 거짓말하는 것과는 왠지 다르다고 생각되지 않는가? 침묵하고 아무것도 말하지 않는 게 적극적으로 거짓말을 하는 것보다 덜 나쁘다고 생각하는 것이다. 결과적으로는 똑같은데 말이다.

사과의 힘

자신과 타인 앞에서 흠잡을 데 없는 사람으로 보이고 싶은 마음은 또 다른 맥락에서 우리의 주제와 중요한 관련이 있다. 바로 이 마음 때문에 우리는 실수를 고백하길 꺼리거나, 나의 불법 행위로 인해 피해를 본 이들에게 사과하길 망설인다. "내가 잘못했어요." "미안합니다." "안타깝게 되었어요." 왜 이 문장들을 입에 올리기가 이토록 어려운지. 내가 잘못했다는 사실을 분명하게 알고 있는데도 말이다. 대체 왜 그런 걸까? 이것은 내가 오랫동안 품어온 질문이기도 하다. 사실 사과라는 것은 받는 사람에게도, 하는 사람에게도 좋은 일인데 말이다.

사과는 기적을 만든다. 잘못된 행동으로 망가지거나 위협받은 관계를 치유하기 때문이다. 그뿐만 아니라 사과는 긴장 관계를 풀어주고, 갈등을 해결하며, 과거의 잘못으로부터 자유롭게 만들고, 수치심과 죄책감을 극복할 수 있게 돕는다. 더 나아가 사과는 용서의 전제 조건이다. 가해자는 사과를 통해 자신의 실수를 만회하고 상대와 화해할 수 있다. 하지만 사과는 가해자만 돕는 것이 아니다. 피해자 역시 이를 통해 피해자의 역할에서 자유로워지고, 자신이 겪은 부당함에 대한 집중과 집착에서 벗어날 수 있다. 지나간 사건이 정체성과 의미를 잃으면서 새로운 출발의 문이 열리는 것이다.

감정적인 긴장 관계를 풀어주고 잘못된 행동으로 위협받던 관계를 회복하는 데 도움을 주는 사과는 친구나 지인 관계를 넘어 경제 관계에서도 중요한 역할을 한다. 나의 전 박사과정 학생인 요하네스 아벨러는 이베이eBay의 보상 방식을 통해 이 사실을 입증했다.[44] 이베이는 한 달에 1만 개의 상품을 판매하는 글로벌 기업으로, 이 연구에서 부정적인 고객 평가에 다양한 방법으로 대응하고 그 결과를 지켜보았다. 연구의 목적은 어떤 대응이 고객들의 부정적 평가를 철회하게 만드는지 알아보는 것이었다. 이베이에 주어진 대응 방식은 세 가지였다. 첫 번째, 공식적인 사과. 두 번째, 소정의 금전적 보상(2.50유로). 세 번째, 비교적 액수가 큰 금전적 보상(5유로). 공식적으로 사과하는 경우, 회사는 잘못을 분명하게 시인하고, 유감을 표하며 용서를 부탁했다. 그리고 모든 경우에 부정적인 평가를 철회해줄 것을 요청했다.

결과적으로 사과를 받은 고객 가운데 45%가 부정적 평가를 철회했다. 놀랍게도 이는 금전적 보상(물론 이것도 암시적이지만 사과의 형식이긴 하다)으로 대응한 경우보다 두 배나 높은 수치였다. 다시 말해, 사과가 맘몬Mammon, 즉 물질의 신을 이긴 것이다.

　사과가 이토록 좋은데, 대체 왜 우리는 사과할 용기를 내지 못하는 걸까? 이 질문을 던질 때마다 나는 이것이 자아상 그리고 다른 사람들 앞에서의 이미지와 관련이 있을 것이라고 결론 내렸다. 자신이 잘못했고, 후회하고 있으며, 용서를 바란다고 말하기란 결코 쉽지 않다. 사과한다는 것 자체가 자신은 좋은 사람이 아니라는 (혹은 아니었다는) 사실을 적극적으로 인정하는 셈이고, 자신은 좋은 사람이라는 환상에 대한 직접적이고도 분명한 공격이기 때문이다. 어떤 의미에서 자신의 긍정적 자아상을 적극적으로 무너뜨리는 행동은 위에서 언급한 외면하고, 회피하고, 밀어내는 것과 정반대되는 행동이라고도 볼 수 있다. 이것은 곧 긍정적인 자아 인식과 묘사의 완전한 붕괴를 의미한다. 더 나아가 이것은 자신의 불완전함에 대한 인정이고, 항상 좋은 자아상을 유지하려는 마음과 극단적으로 대치되는 행동이다.[45]

　하지만 사과에 힘이 있는 이유는 바로 여기에 있다. 행위자에게 심리적 비용을 요구하기 때문에 사과는 효과적이고, 피해자에게도 통한다. 다만 소통은 소통하는 사람의 비용과 연결되어 있을 때에만 신뢰를 얻을 수 있다(이것이 바로 미시경제학의 포괄적인 관점이다). 진실되고, 거짓 없고, 완전한 사과만이 긍정적인 결과를 얻을 수 있는 이유다. 말뿐인 사과는 아무런 효과가 없다. 오히려 그

반대다. 자신의 잘못을 시인하지 않으면서 겉으로만 시인하는 척하고 의도를 감추는, 부정직한 사과는 오히려 상황을 악화시킨다. 정치적 맥락에서 이런 사과를 자주 듣지 않는가? "그렇게 느꼈다면 사과드리겠습니다." 다른 사람과 그의 반응에 책임을 떠넘기는 사과다.

"우리의 진술이 부정적 감정을 일으킨 데 대해 유감을 표합니다." 예컨대 인종차별적 발언에 대해 이렇게 사과하는 것은 아무런 의미가 없다. 듣는 사람의 감정이 어땠느냐가 중요한 게 아니라, 인종차별적인 발언 자체에 대해 사과해야 한다. 그게 아니라면 하지 않는 편이 낫다. 사과의 조건은 잘못 인정, 유감 표명, 용서 구하기, 바로 이 세 가지다. 이 세 가지가 조화를 이룰 때 사과는 영향력을 발휘한다. 자아상을 위해 세 번 고개를 숙이자. 그것이 유일한 방법이다.

인정 욕구가 독이 될 때

인간은 사랑받기를 원한다. 그리고 관심받고, 칭찬받고, 인정받기를 원한다. 주변 사람들에게는 물론이고 자기 자신에게도 말이다. 이처럼 인정받고 싶은 마음이 선행에 날개를 달아준다는 것에 대해서는 앞에서도 이야기한 바 있다. 하지만 인정받고 싶은 욕구가 반대로 선행을 방해할 수도 있을까? 긍정적 자아상을 유지하려는 우리의 노력이 비도덕적 행동을 오히려 장려할 수도 있는 걸까?

이 질문에 대한 대답은 우리가 어떤 형식과 방법으로 좋은 자아
상을 얻느냐에 따라 달라진다. 도덕적으로 흠잡을 데 없는 행동은
좋은 자아상을 만드는 데 당연히 중요한 역할을 할 것이다. 하지
만 이것이 우리 자아상의 전부일까? 우리의 자아상이 과연 그렇게
일차원적이어서 도덕성에 따라 행동하는 것만으로 결정될까? 전
혀 다른 동기가 개입하지는 않을까? 학자로든, 언론인으로든, 정치
인으로든, 기업 대표로든 자신의 일을 잘하고 싶은, 성공하고 싶은
그런 마음 말이다. 내가 속한 영역에서 진정한 전문가이자 스페셜
리스트로 보이고 싶은 마음도 있지 않을까? 위대하고 존경할 만한
사람이라는 평가를 통해서도 기쁨을 느끼니 말이다. 물론 그렇다.
그렇다면 이런 경우에는 어떨까? 일을 잘하고 싶은 욕구가 도덕적
으로 바람직한 행동과 상충된다면? 야망과 허영이 도덕적으로 의
심되는 행동을 하게끔 만든다면?

어쩌면 여러분은 이런 궁금증을 가져봤을 수도 있다. "과학자들
을 움직이게 하는 것, 이들이 꿈꾸는 것과 간절히 바라는 것은 과
연 무엇일까?" 대부분 학자에게는 위대한 발견을 하고 싶은 꿈이
있다. 질병을 물리치는 것이든, 평화와 번영을 위한 것이든, 복잡
한 사회적 혹은 물리적 법칙을 탐구하는 것이든, 단순히 사람들에
게 자신을 드러내고 싶은 것이든, 어쨌거나 세상을 변화시킬 위대
한 아이디어를 만드는 게 학자들의 동기인 것이다.

이런 연구자가 있다고 상상해보자. 젊고, 능력 있고, 야망이 넘
치는 사람이다. 1942년 미국의 장군 레슬리 R. 그로브스가 이 연
구자에게 결코 뿌리칠 수 없는 제안을 한다. 인류 역사상 가장 큰

규모의 예산을 가진 연구 단체의 운영을 맡아달라고 한 것이다. 이 단체에는 가장 똑똑하고 최고로 손꼽히는 물리학자, 수학자, 화학자, 기술자 들이 모여 있다. 그들은 지금까지 단 한 번도 들어보지 못한 무언가를 만들려 한다. 바로 원자폭탄이다.

인간의 지성이 얼마나 대단한지를 세상에 보여주는 게 이 연구자에게는 아마도 엄청난 유혹이었을 것이다. 그래서 로버트 오펜하이머는 제안을 받아들였고, 수백 명의 열정적이고 천재적인 연구자들과 함께 기술적 걸작을 만들어냈다(이들은 이것을 '가제트'라고 불렀다). 그리고 나머지는 우리가 아는 역사 그대로다. 수십만 명의 어린이, 어머니, 아버지가 사망하거나 방사선에 노출되었다. 에놀라 게이라는 이름의 폭격기에서 버튼 하나로 작동된 '리틀보이'가 야기한, 그야말로 인간이 만든 지옥이었다.

히로시마와 나가사키에 원자폭탄이 떨어진 지 약 40년 후, 미국 출신 연구자 로버트 리프턴과 그레그 미첼은 과거 맨해튼 프로젝트에 함께했던 직원들을 인터뷰했다.[46] 그리고 이 가운데 많은 이들이 정신적 문제로 고통받고 있다는 사실을 알아냈다. 특히 나가사키에 대한 플루토늄 폭탄 공격은 연구자들의 눈에 정당해 보이지 않았고, 이는 도덕적 갈등을 불러일으켰다. 그리고 이것이 우울증과 죄책감, 공포와 충격으로 이어졌다.

엄청난 폭탄 개발에 함께하게 된 동기에 대해 연구원들은 위대한 것을 만들고 싶었다는 답변을 남겼다. 역사를 통틀어 가장 중요한 개발에 일조하고 싶은 욕망이 맨해튼 프로젝트에 참여한 동기였던 것이다. 전 세계적으로 유명한 물리학자 리처드 파인먼도 맨해튼 프로젝트에 대해 이렇게 쓰고 있다. "우리는 선한 동기에서 프로젝트에 참여했습니다. 그리고 위대한 업적을 이루기 위해 열심히 일하기 시작했죠. 그것은 기쁨이고, 열정이었습니다. 그래서 그것에 대해 생각하는 걸 멈추었습니다. 여러분도 알다시피 그냥 멈춘 겁니다." 호주 출신 물리학자 마크 올리펀트 역시 비슷한 말을 했다. 전쟁 중에 연구자들이 어떤 사람인지를 배웠다고 말이다. "일에 열정을 가지고 있는 사람은 무슨 일이든 하게 되죠." 올리펀트는 이렇게 말을 이었다. "의사들에게 화학무기를 다루게 하고, 물리학자들에게 원자폭탄을 만들게 하는 것"은 어려운 일이 아니라고 말이다. 그렇다면 로버트 오펜하이머는 뭐라고 말했을까? "기술적으로 '달콤한' 무언가가 눈앞에 있으면 무작정 그 일을 시작하는 겁니다."

맨해튼 프로젝트에 참여했던 이들을 도덕적으로 비난하려는 것이 아니다. 이들에 대한 정치적 평가는 복잡하며, 관련 문서도 많다. 이 책에서 이야기하고자 하는 것은 좋은 이미지를 갖고자 하는 시도와 긍정적인 도덕적 정체성에 대한 욕망 그리고 자신의 일을 잘하고 싶은 욕망, 빛나고 싶고 최고가 되고 싶고 똑똑해지고 싶고 성공하고 싶은 욕망 사이에 존재하는 잠재적 갈등에 관한 것이다. 영국 철학자 제러미 벤담은 우리가 능력 있는 사람, 자신의 일을 '잘하는 사람'으로 보이는 걸 즐거워한다는 사실을 이미 증명한 바 있다. 벤담은 그의 유명한 '14가지 쾌락'에서 이를 '기술의 쾌락'이라고 묘사하면서, 이것이 무언가를 성취하고 자신의 능력을 확인하는 것과 관련된 기쁨이라고 설명했다. 경제학자 앨프리드 마셜은 이를 조금 더 단순하게 표현한다. 바로 '마스터리 모티브Mastery Motive'다.

도덕적으로 좋은 사람이 되고 싶고, 동시에 뛰어난 사람이 되고 싶은 마음은 그 자체로만 보면 인간의 행동에 있어 매우 중요하고 생산적인 동기라고 할 수 있다. 하지만 이 두 가지 마음이 갈등을 일으키면 도덕성에는 과연 어떤 변화가 일어날까?

나는 실험을 통해 이 갈등을 설명해보고 싶었다. 긍정적 자아상에 대한 욕망이 실제로 도덕적 가치를 손상시킬 수 있는지, 만약 그렇다면 얼마나 쉽게 손상되는지 알아내기 위한 실험이었다.[47] 이 가설을 확인하기 위해서는 먼저 좋은 행동 혹은 나쁜 행동을 할 수 있는 의사 결정 환경이 필요하다. 또 한편으로는 참여자들이 자신의 능력을 증명함으로써 '기술의 쾌락'을 얻을 수 있도록 다양한 가능성을 열어주어야 한다. 이 실험에서 참여자들이 결정해야 하는 것은 매우 이례적이었다. 말 그대로 생사, 그것도 쥐의 생사가 걸린 문제였기 때문이다. 여기에 대해서는 잠시 후 더 구체적으로 설명하도록 하겠다.

나는 독일 대학교의 학생들로 구성된 참여자들을 무작위로 두 그룹으로 나누었다. 두 그룹에게는 광범위한 IQ 테스트를 수행하는 과제가 주어졌다. 참여자들은 한 조각이 빠져 있는 추상적 패턴을 이해하고 빠진 (올바른) 조각을 보기에서 선택했다. 쉬워 보이지만 실제로는 그렇지 않았다. 우리가 사용한 객관식 문제들은 인지 능력을 측정하기 위해 만든 것들이었다. 실험에서 참여자들에게는 총 52개의 패턴이 주어졌다.

앞에서도 언급했지만 참여자들은 두 그룹으로 나뉘었고 똑같은 IQ 테스트, 그러니까 똑같은 과제를 받았다. 다만 한 가지 차이가 있었다. 한 그룹에는 IQ 테스트를 볼 것이라고 말해주었고, 다른 그룹에는 설문지를 작성한다고만 말한 것이다. 다시 말해, 한 그룹은 문제의 정답률이 자신의 지능지수를 나타낸다는 것을 알았고, 다른 그룹은 단순히 설문지를 작성하는 것으로만 이해했다.

이것이 도덕과 무슨 관계가 있느냐고? 아직은 없다. 하지만 이제 쥐가 등장하면서 이야기는 달라진다. 도덕성 문제를 다루는 연구자로서 나는 늘 비도덕적 행동이라는 정의에 부합하는 의사 결정의 패러다임을 찾고 싶었다. 비도덕적 행동, 즉 앞 장에서 언급한 바와 같이 의도적으로, 정당한 이유 없이 어떤 생명에게 고통이나 해를 가하는 행동의 의도가 궁금했다. 나는 참여자들을 다음과 같은 선택지 앞에 세워두면 좋겠다고 생각했다. (a) 동물의 목숨을 구하는 것, 혹은 (b) 돈을 받고 동물의 죽음을 선택하는 것. 돈이냐 목숨이냐를 선택하게 한 것이다. 도덕이라는 정의를 매우 정확하게 반영하는 의사 결정의 충돌이라고 할 수 있다.

하지만 동물을 죽인다는 죄책감 없이 결정을 하게 하려면 어떻게 하는 것이 좋을까? 고민 끝에 나는 연구용으로 사육했지만 더이상 연구에 필요하지 않은 '남은' 쥐들을 사용하기로 했다. 동물실험 보고서에 따르면, 이 쥐들은 쥐를 사용한 실험이 이루어지는 전 세계 어디에서나 유지비 문제로 안락사를 당한다(이러한 관행은 이 자체로 도덕적 문제를 제기하기 때문에 우리 실험에 대한 언론 보도는 동물 보호 활동가들로부터 오해와 비판의 대상이 되었다. 하지만 우리 실험은 실험실 쥐의 안락사를 장려하는 것이 아니라, 오히려 실험실 쥐를 최대한 많이 살리기 위한 것이었다. 무엇보다 동물 보호 단체 페타PETA의 대표들과 대화를 나눈 후, 이들은 우리의 연구를 공개적으로 지지했다).

그래서 나는 실험을 위해 쥐를 '생산'하고 남는 쥐들을 안락사시키는 연구실을 찾아 나섰다. 그리고 그 연구실과 남는 쥐를 일부 구입해서 안락사로부터 보호하겠다고 합의했다. 그 쥐들의 수는 실험 참여자의 선택에 달려 있었다. 이를 통해 내가 구입한 실험실 쥐들은 다른 쥐들과 함께 수의사의 돌봄 아래, 알레르기를 일으키지 않는 자재로 만든 보금자리에서, 즉 최적의 조건 속에서 남은 생을 보낼 수 있게 되었다. 원래 안락사당할 뻔했던 쥐들 가운데 우리의 실험을 통해 목숨을 구한 쥐는 수백 마리에 이른다.

다시 실험으로 돌아가보자. 두 그룹의 모든 (IQ 테스트를 풀거나 설문지를 작성한) 참여자에게는 질문에 대한 답에 따라 자신에게 주어진 쥐가 죽을 수도 있다고 설명했다. 조금 더 구체적으로 설명하면, 정답 하나를 맞힐 때마다 쥐가 죽을 가능성이 0.9%씩 높아졌다. 예컨대 10개를 맞히면 쥐가 죽을 가능성은 9%, 30개를 맞히면 27%가 되는 식이다.

자신에게 맡겨진 쥐가 죽을 가능성을 0%로 만들 방법도 있다고 설명했다. 항상 '모름'에 체크하는 것이다. 하지만 정답을 맞힘으로써 쥐가 죽을 가능성이 0% 이상이 되는 경우, 특정 장치가 무작위로 쥐의 생사를 결정하게 된다. 참여자들은 이렇게 자신의 선택이 어떤 결과를 가져올지에 대해 구체적으로 설명을 들었다. 참여자들에게는 이런 말도 해주었다.

그림 3 실험 안내에서 사용한 사진

"당신에게 쥐 한 마리의 목숨이 달려 있습니다. 건강하고 어린 쥐입니다. 이 쥐는 다른 쥐들과 함께 작은 무리를 이루어 살고 있습니다. 이 쥐의 기대 수명은 약 2년입니다. 특정 장치가 무작위로 쥐의 죽음을 결정할 경우, 당신의 쥐는 독가스로 죽음을 맞이하게 됩니다. 가스는 밀폐된 케이지 안으로 서서히 들어와서 호흡곤란을 일으킬 것입니다. 쥐가 더 이상 숨을 쉬지 않으면, 당신의 쥐는 10분 더 케이지 안에 두었다가 이후 폐기할 예정입니다."

실험의 구성에 대한 일말의 의구심도 남기지 않기 위해, 우리는 가스로 쥐를 죽이는 다큐멘터리 영상까지 보여주었다. "당신의 쥐도 같은 방법으로 죽게 될 겁니다"라는 설명과 함께.

자, 당신이 설문지 작성 집단에 속해 있고, 죄 없는 쥐를 죽이는 것은 잘못된 행동이라고 생각한다고 가정해보자. 당신은 어떻게 하겠는가? 설문지를 작성해야 한다는 사회적 압박을 받을 수는 있겠지만, 솔직히 '모름'을 클릭하지 않을 이유가 전혀 없을 것이다.

하지만 IQ 테스트 집단에서는 다른 양상이 나타날 것이다. 이 집단에 속한 참여자들은 정답이 높은 인지 능력을 반영한다는 것을 안다. 그러니 만일 야망이 있고, '기술의 쾌락'을 느끼고 싶은 사람이라면 자신의 인지 능력이 어느 정도인지 궁금할 것이다! 바로 이것이 우리 실험의 논리다. 과연 이 참여자들은 자신에게 지적인 모습을 보이기 위해 도덕적 기준을 외면할 것인가? 같은 테스트이지만 설문지를 작성하는 줄 알고 있는 참여자들에 비해 더 높은 정답률을 보일 것인가? 다시 말해, 과연 허영심이 우리를 도덕적으로 타락시킬 수 있을까?

정확하게 같은 테스트였음에도 IQ 테스트 그룹의 정답률은 설문지 그룹보다 평균적으로 22% 더 높게 나타났다. 이는 IQ 테스트 조건에서 더 많은 쥐가 죽는 결과로 이어졌다. 쥐들이 죽은 이유는 단 하나였다. 자신이 똑똑하다는 사실을 보여주고 싶은 인간의 욕구 때문이었다.

이것은 긍정적 자아상을 향한 열망이 도덕적으로 올바른 것에 반하는 행동들로 강화될 때마다 나타나는 긴장 관계를 보여준다. 놀라운 것은 사람들이 잘못된 행동을 하도록 만드는 일이 무척이나 쉽다는 사실이다. 그뿐인가? <u>스스로 도덕적 행동을 하는 게 얼마나 어려운지</u>, 이 또한 놀라운 일이 아닐 수 없다. 인터넷에서 클릭 한 번만 하면 IQ 테스트를 할 수 있는 시대인데, 조금 더 참았다가 나중에 다른 테스트를 하는 것이 뭐 그리 어려운 일이란 말인가! 더욱이 테스트 결과는 다른 참여자들에게 알리지도 않았다. 다시 말해, 어떠한 사회적 혹은 도구적 동기부여도 없었다. 자신이 똑똑하다는 사실을 다른 사람에게 증명하거나, 고용주 혹은 파트너를 설득해야 하는 상황도 아니었다. 테스트 결과를 참여자 본인에게만 알려주었기 때문이다.

나는 여기에서 설명하는 도덕성과 야망 사이의 긴장 관계가 우리에게도 결코 낯설지 않을 것이라고 생각한다. 우리는 빛나고 싶은 유혹을 거부하지 못할 때가 많다. 예컨대 과학계에서 잠재적으로 해로운 결과를 가져올 수 있는 연구를 수행하거나 이러한 결과를 감출 때마다 그렇다. 유명한 저서를 출간하기 위해, 커리어를 쌓기 위해 데이터를 조작하거나 과학적 표준을 위반하는 사례를 생각해도 마찬가지다.

이를 보여주는 인상적인 사례로 네덜란드 사회심리학자 디데릭 스타펄Diederik Stapel을 들 수 있다. 스타펄은 빠른 속도로 커리어를 쌓아가며 2006년 틸뷔르흐대학교의 교수가 되었고, 자신의 연구소를 설립하고, 마침내 사회행동과학대학의 학장이 되었다. 그때까지 20명의 박사과정 학생들을 개인적으로 지도하며 이들과 함께 논문을 발표했다. 스타펄의 연구 중에는 외국인 혐오나 괴롭힘, 편견, 체중 감량 망상 같은 특히나 흥미롭고 논란이 많으며 이해하기 쉬워서 대중에게도 큰 주목을 받는 것들이 적지 않았다. 그중 하나를 예로 들면, 실험에서 '미래' '우리' 같은 용어를 들은 참여자들이 일반 초콜릿보다 공정 무역 초콜릿을 더 많이 선택했다고 한다. 저명한 학술지 〈사이언스〉에 실린 스타펄의 또 다른 연구에서 참여자들은 설문지를 작성하기 위해 앉을 자리를 선택했다. 앞줄에는 여섯 자리 중 다섯 자리가 비어 있고, 여섯 번째 자리에는 흑인이나 백인이 앉아 있는 상황이었다. 이 연구는 주변에 '쓰레기가 있는' 경우 참여자들이 흑인에게서 멀리 떨어져 앉는 경향이 있다는 사실을 '보여주었다'. 그러니까 쓰레기와 암묵적 인종차별주의의 관계를 뒷받침하는 실험이었다.

스타펄의 연구 결과는 계속해서 인용되고 언론으로부터 찬사를 받았지만, 공동 연구자와 연구소 직원들은 데이터의 정확성을 의심하기 시작했다. 하지만 저명한 연구자이자 현직 학장의 호의를 잃고 싶은 사람은 아무도 없었다(이것 역시 이 책의 주제에 속하는 중요한 동기 중 하나다). 그러다 마침내 2010년, 박사과정 학생 중 한 명이 다른 교수에게 의구심을 털어놓았다. 안 그래도 스타펄의 모든 연구가 어떻게 그토록 위대한 데이터들을 만들어낼 수 있는지 의심하고 있던 교수였다. 이 교수는 데이터를 구체적으로 조사한 끝에 수많은 모순을 찾아냈다. 동시에 그 박사과정 학생 역시 복사 및 붙여넣기를 통해서만 나올 수 있는 두 개의 동일한 데이터 시리즈를 발견했다. 대학 당국의 조사 결과, 스타펄이 대규모로 데이터를 조작한 사실이 드러났고, 스타펄 역시 잘못을 시인했다. 스타펄은 무려 수십 개에 달하는 연구와 자신이 지도한 박사 학위 논문에서 데이터를 조작하거나 위조하고, 원하는 결과가 나오지 않으면 그냥 삭제하기도 했다. 위에서 소개한 빈자리 실험에서도 스타펄이 알아서 설문지를 작성한 사실이 드러났다. 심지어 스타펄은 새로운 변명과 거짓 이야기로 공동 연구자들까지 속였다.

조사가 끝난 후 스타펄은 모든 직함을 박탈당한 것은 물론, 모든 직책에서 해고되었다. 스타펄의 연구 가운데 58개가 공식적으로 철회되었고, 그가 받은 과학상도 취소되었다. 법정에서 스타펄은 120시간의 봉사 활동을 선고받았다. 이후 그는 자서전(《가짜 과학: 사기 학문의 진짜 이야기Faking Science: A True Story of Academic Fraud》라는 제목이 무척이나 의미심장하다)을 쓰고 자신의 경험에 대한 강연을 이어 갔다. 사람들에게 위대한 연구자로 인정받고 싶은 욕망이 사기와 기만으로 이어진 슬픈 이야기다. 이후 네덜란드에서는 스타펄의 이름을 딴 '에인 스타펄티어 둔een stapeltje doen'이 '상류층 사기'라는 의미로 쓰이고 있다.**48**

야망과 도덕성의 긴장 관계는 과학계에만 있는 것이 아니다. 이를 대표하는 사례가 언론계에도 있었다. 바로 클라스 렐로티우스Claas Relotius 스캔들이다. 독일 시사지 〈슈피겔〉의 젊은 스타 기자 렐로티우스는 훌륭한 르포르타주로 명예와 인정을 둘 다 거머쥔 인물이었다. 저널리즘의 꽃이라고 할 수 있는 르포르타주에서 가장 중요한 것은 섬세한 장면 묘사와 주관적 감정 그리고 개인의 운명을 통해 독자들을 사건 현장으로 데려가는 것이다. 하지만 팩트의 충실성을 검증하기 어렵기 때문에 르포르타주는 위조와 조작에 노출되기 쉽다. 렐로티우스 역시 이를 광범위하게 이용했다. 예컨대 상까지 받은 렐로티우스의 르포르타주 〈어린이 놀이〉는 장난 때문에 내전이 발생했다고 믿는 한 시리아 소년에 대한 것으로, 실제 사실과 창작한 장면, 인용문, 왜곡된 사실 그리고 다른 매체에서 베낀 문단이 뒤섞여 있다. 렐로티우스는 정교함과 매력, 가짜 출처를 가지고 〈슈피겔〉 내부의 보안 메커니즘을 속임으로써 자신의 르포르타주에 대한 의구심을 뿌리째 뽑아버렸다. 하지만 편집부의 반대에도 끈질기게 조사에 나선 렐로티우스의 동료 후안 모레노는 세부 사항을 살핀 끝에 렐로티우스의 대담한 조작을 밝혀냈고, 그제야 거짓으로 쌓아 올린 명성은 마침내 붕괴되었다.

〈슈피겔〉의 철저한 규명은 독일 언론 역사상 가장 큰 스캔들의 추악한 얼굴을 고스란히 보여주었다.[49] 렐로티우스는 21개의 저널리즘상과 그 밖의 다른 상들을 받았고, 무려 네 번이나 독일기자상을 수상했다. 물론 렐로티우스는 이 모든 것을 반납했다. 인정을 얻기 위한 욕구가 모든 억제를 없애버린 한 기자의 말로였다.

인정받기 위해 노력하는 과정에서 도덕적 잘못을 저지르는 것은 흔한 일이다. 스포츠, 과학, 언론뿐만 아니라 경제와 행정, 정치 분야에서도 마찬가지다. 기술을 통해 실현 가능한 것이 무엇인지 보여주고 싶은 엔지니어는 지뢰나 화학무기의 개선 혹은 가짜 디젤 차단 장치를 개발한다. 이 모든 일은 회사에서도 이루어진다. 비용을 통제하고 시장에 진출할 수 있으며, 우수한 인재를 개발할 수 있다는 걸 보여주려는 리더들을 통해서 말이다. 관료와 행정직 공무원 역시 야망과 도덕성의 불화를 경험한다.

인정을 위한 노력이 도덕적으로 의심스러운 행동을 요구할 때, 긍정적 이미지를 갖고 싶은 마음은 덜 친사회적인 행동으로 이어진다. 이러한 상황에서 어떤 사람이 되느냐를 결정하는 것은 전적으로 우리의 몫이다.

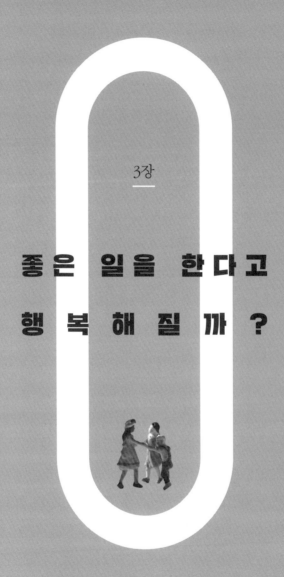

3장

좋은 일을 한다고
행복해질까?

"우리는 우리의 행동에 정당한 이유가 있다고 생각한다.
하지만 아무래도 이성이 언제나 우리의 주인은 아닌 것 같다.
우리의 행동을 인도하는 것이 기분이나 흥분,
감정일 때가 많기 때문이다."

그것에 대해 우리 대부분은 아마도 복합적인 감정을 떠올릴 것이다. 필요할 때는 늘 누군가가 사용하고 있거나, 누군가가 문 앞에서 기다리고 있거나, 동전을 먹어버리거나 했을 테니까. 맞다! 그 옛날의 공중전화 부스에 대한 이야기다! 하지만 전화 부스는 동시에 큰 깨달음을 주는 실험 현장이기도 했다.

예전의 공중전화에는 동전을 넣는 투입구만 있는 게 아니라 반환구도 있었다. 사용하지 않은 동전이 다시 나오는 곳이다. 그야말로 실험을 하기에 아주 적합한 장치다. 그래서 유명 심리학자 앨리스 아이센은 연구 팀과 함께 반환구를 이용하기로 했다. 연구 팀은 쇼핑몰 근처에 반환구가 있는 공중전화 부스를 설치했다.[1] 이 실험에서 공중전화 부스를 찾은 41명 가운데 절반은 반환구에서 10센트를 발견했고, 나머지는 평상시처럼 아무것도 발견하지 못했다. 실험의 핵심은 지금부터다. 공중전화 부스를 나온 피실험자들 앞에서 한 여자가 많은 서류를 떨어뜨린 것이다. 누가 봐도 도움이 필요한 상황이다!

예기치 않게 반환구에서 돈을 주운 건 분명 기분 좋은 사건이었을 것이다. 그렇다면 이 작은 감정의 변화가 '불행한' 여자를 도와주려는 마음에도 영향을 미칠 수 있을까? 정답은 '그렇다'이다. 예상치 않게 10센트를 주운 사람들은 반환구에서 아무것도 발견하지 못한 사람들에 비해 더 친사회적인 행동을 보였다. 도움을 주기 위해 여자에게 다가간 것이다.

공중전화 부스 실험은 여러 버전으로 계속되었고, 그때마다 실험 상황의 조작(공중전화 부스에서 돈을 줍는 것)은 그대로 유지하되 친사회적인 행동의 유형은 다양하게 제시했다. 물론 실험 버전에 따라 전체적으로 결과가 뒤섞이기는 했다.[2] 하지만 일반적으로 기분이 좋을 때 도움을 주려는 의지와 친사회적 성향이 커진다는 사실이 명백하게 밝혀졌다. 기분이 좋은 사람들은 친사회적인 행동을 하는 경향이 강하다는 다른 많은 연구 결과들도 이를 뒷받침했다. 그러니까 다음에 누군가에게 중요한 부탁을 할 일이 있으면, 그 사람의 기분이 좋은지 나쁜지를 사전에 살피란 얘기다. 당신의 부탁을 들어줄지 여부가 그 사람의 기분에 달려 있을지도 모르니 말이다.

기분의 영향력을 다룬 또 하나의 실험이 있다. 이 실험에서 참여자들은 유명한 영화 두 편의 일부 장면을 보았다.[3] 장면에 따라 기분을 좋게 또는 다소 가라앉게 해서 이 기분이 친사회적인 행동에 어떤 영향을 주는지 관찰하는 실험이었다. 참여자들은 약 5분간 각각 스티븐 스필버그 감독의 〈쉰들러 리스트〉(크라쿠프에 있는 유

대인 게토가 '청소'되는 괴로운 장면)와 찰리 채플린의 〈시티 라이트〉
(찰리 채플린이 우스꽝스럽게 복싱 선수를 흉내 내는 장면)를 감상했다.

결과는 예상했던 그대로였다. 어떤 영화를 보았는지에 따라 참여자들의 기분에도 변화가 나타났다. 밝은 영화를 본 참여자들은 슬픈 장면을 본 참여자들에 비해 평균적으로 더 기분이 좋았다. 하지만 무엇보다 눈에 띄는 것은 이 기분의 차이가 서로 다른 행동으로 이어졌다는 사실이다. 기분이 좋은 참여자들은 우울해진 참여자들에 비해 더 대범한 행동을 보였고, 그 결과 더 많은 액수를 기부했다. 부정적 감정(분노)과 긍정적 감정(기쁨)이 협조하려는 의지에 어떤 영향을 주는지 관찰한 또 다른 실험이 있다.[4] 이번에도 참여자들의 감정을 뒤흔든 것은 영화였다. 긍정적 감정에 영향을 준 것은 〈미스터 빈의 홀리데이〉였고, 부정적 감정을 일으킨 것은 〈마이 보디가드〉에서 괴롭힘을 당하는 매스꺼운 장면이었다. 기분이 좋은 참여자들은 분노에 찬 참여자들에 비해 더 잘 협조했고 평균적으로 더 많은 돈을 벌었다. 분노는 결코 이득이 되지 못하는 것이다.

위 사례들은 감정이 친사회적 행동에 결정적 영향을 미친다는 사실을 보여준다. 우리는 우리의 행동에 정당한 이유가 있다고 믿는다. 다시 말해, 장단점을 충분히 고려한 후 이성적으로 행동한다고 생각하는 것이다. 하지만 아무래도 이성이 언제나 우리의 주인은 아닌 것 같다. 우리의 행동을 인도하는 것이 기분이나 흥분, 감정일 때가 많기 때문이다. 이는 지난 25년 동안의 광범위한 연구가 증명한 사실이기도 하다.[5] 행동 효과는 협상이나 주식시장,[6] 소비와 저축 사이에서의 결정, 위험과 불확실성 등 아주 다양한 상황 속에서 나타난다.

친사회적 행동과 관련해서 보면, 감정은 우리가 원래는 전혀 원하지 않았을 수도 있는 행동을 하게끔 만든다. 그리고 이성은 시간적으로도 행동보다 늦게 작동할 때가 많다. 행동한 후에야 그걸 정당화하고, 거기에 의미를 부여하기 위해 노력하는 것이다. 행동할 때는 나의 감정 상태가 어떤 역할을 한다는 사실을 인지하지 못하기 때문에 그렇다. 우리는 늘 돌이켜 생각해보고서야 그 사실을 깨닫고 화들짝 놀란다. "사소한 일에 내가 왜 그렇게 격하게 반응했지? 정말로 '바보'라는 말을 했을까? 설마, 사장님이 그 말을 듣지는 않았겠지? 그 말을 할 때 쾅 소리가 날 정도로 사장실 문을 세게 닫았으니까 말이야"라면서 말이다.

하지만 기분은 도덕적 가치관에도 영향을 미친다. 한 심리학자 그룹이 다양한 방법과 방식, 예컨대 악취탄(정확히 말하면 방귀 스프레이)을 통해 형성된 역겨움이라는 감정을 연구했다.[7] 또 다른 실험 조건에서 참여자들은 청소하지 않은 더러운 공간에 들어가거나, 자신의 역겨운 경험을 글로 쓰거나, 비위를 상하게 하는 영화를 감상했다. 이어 참여자들은 특정 행동의 도덕적 적합성을 평가했다. 예컨대 한 가족이 키우던 개가 자동차 사고로 죽었는데, 그들이 저녁으로 그 죽은 개를 먹었을 경우, 이러한 행동이 도덕적으로 올바른지를 평가했다. 감정의 상태가 도덕적 가치관에 영향을 준다는 사실을 보여주기 위한 실험이었다. 역겨운 감정 상태에 있는 참여자들은 도덕적 평가에서 더 극단적인 태도를 보였다. 구

체적으로 말하면, 더 비판적인 평가를 하는 경향이 있었다.[8]

기분과 흥분은 가장 추악하고 비도덕적인 행동이라고 할 수 있는 성폭력에 대한 의지에까지 영향을 미치는 것으로 나타났다. 안타깝게도 가정 폭력은 어느덧 우리 사회의 일상이 되어버린 것 같다. 독일연방 가족노인여성청년부에 따르면, 파트너에 의해 신체적 혹은 성적 폭력을 경험한 여성이 4명 가운데 1명꼴이라고 한다.[9] 한편 버클리대학교의 남학생들을 대상으로 아주 도발적인 실험이 진행되었다. 성적 흥분도와 성폭력 사이의 연관성을 구체적으로 연구하기 위한 실험이었다.[10] 이 실험을 불쾌하게 생각하는 사람들도 분명 있을 것이다. 하지만 이 실험의 결과는 시사하는 바가 무척 컸다. 참여자들은 두 그룹으로 나뉘어 자신의 성적 취향과 행동에 대한 여러 질문에 답을 했다. 이 가운데 한 그룹은 질문에 대답하기 전 자위를 하라는 지시를 받았다. 단, 조건이 있었다. 오르가슴을 느끼기 직전에 멈출 것.[11] 반면, 다른 그룹은 성적으로 흥분하지 않은 상태에서 질문에 답을 했다.

연구자들은 성관계를 할 목적으로 여자에게 사랑한다고 말할 수 있느냐고 물었다. 자위를 하지 않은 그룹의 경우, 30%가 그렇다고 답했다. 성적으로 흥분한 그룹은 어땠을까? 이들 가운데 51%가 그럴 수 있다고 답했다. 한 발 더 나아가 이번에는 비도덕적이고 처벌받을 수 있는(!) 행위까지도 가능한지를 물었다. 예컨대 여자와 섹스를 하기 위해 음료에 마약을 탈 수 있느냐는 질문이었다. 역시 성적으로 흥분한 그룹의 응답률이 더 높았다(5% 대 26%). 여자가 '싫다'고 말해도 섹스를 시도하겠느냐는 질문도 있었다. 이번에도 20% 대 45%로 결과는 같았다. 나는 성적 흥분도와 처벌받을 수 있는 비도덕적 행동 사이에 연관성이 있다는 결과를 보고도 놀랐지만, 무엇보다 성적으로 흥분하지 않은 상태였던 참여자들의 답에도 큰 충격을 받았다.

노벨상 수상자 데이비드 카드와 그의 동료 고든 달의 연구 논문은 부정적 감정이 (가정) 폭력에 대한 의지를 어떻게 증가시키는지를 보여준다.[12] 아주 유명한 논문이다. 진술의 신빙성을 높이기 위해서는 부정적 감정의 원인이 무엇인지를 측정하고, 이를 폭력에 대한 통계와 연결해야 한다. 카드와 달은 자신이 좋아하는 스포츠 팀의 패배가 극도로 부정적인 감정을 불러일으킨다는 미국 남성들의 특성을 이용했다(하지만 이는 분명 미국 남성들에게만 해당하는 이야기는 아닐 것이다).

두 사람이 세운 가설은 이랬다. 내셔널 풋볼 리그NFL에서 응원하는 팀이 예상치 못하게 패배해 팬들에게 분노와 좌절을 일으키면, 이들은 파트너와의 다툼에서 폭력을 사용할 가능성이 높아질 것이다. 이 가설을 증명하기 위해 두 사람은 지난 12년간 750개 도시에 들어온 가정 폭력 신고 건수를 NFL 일요일 경기 결과와 연결했다. 풋볼 팀이 예상치 못하게 패배한 경우, 그러니까 좋아하는 팀이 실력이 떨어진다고 여겨지는 팀을 상대로 패배한 경우, 해당 NFL 팀의 주변 도시에서 폭력 사건이 약 10% 증가했다. 또한 파트너에 대한 폭력은 경기 종료 휘슬이 울린 후부터 비교적 짧은 시간 안에 집중적으로 늘어났다.

감정이 우리 일상의 사회적 행동에 미치는 영향을 알아내기 위해 지역 팀의 (예기치 못한) 패배나 승리를 활용한 연구들은 또 있다. 연구 결과, '자신이' 다녔던 학교의 풋볼 팀이 패배하면 판사는 청소년들을 더 엄중하게 처벌한다는 사실이 드러났다.[13] 그뿐만 아니라 지역 축구 팀의 승패에 따라 해당 도시의 폭력 범죄가 증가 또는 감소한다는 것도 연구를 통해 밝혀졌다.[14]

악의 연료, 질투심

이번에는 모두가 알고 있지만, 선뜻 언급하고 싶지 않은 감정에 대해 이야기해보자. 교황 그레고리 1세(540~604)가 인간의 파멸과 치명적인 죄악 목록에 이 감정을 괜히 넣은 게 아닐 것이다. 바로 질투심에 대한 이야기다.

질투심은 강력하고 파괴적인 감정이다. 이것은 일종의 불쾌감으로, 다른 사람은 가지고 있는, 탐나는 무언가를 갖고 있지 못할 때 나타난다. 수입, 자동차, 집 혹은 더 나은 직업 같은 물질적인 것이든 사회적 지위, 아름다움, 지성, 달변 혹은 처세술 같은 비물질적인 것이든 말이다. 우리가 아는 사람 중에는 어떤 점에서든 더 나은, 더 부유한 혹은 더 매력적인 누군가가 꼭 있다. 그리고 이를 이유로 우리는 그 사람을 질투한다. 그뿐만 아니라 우리는 사회적으로 대우받는 성공한 사람들에 대해서도 질투를 느낀다. 특히 자신이 소외되었다고 느낄 때, 뒤처졌을 때, 또는 불리하다고 여길 때 그렇다.

세상에는 우리를 질투하게 만드는 무언가가 언제나 존재한다. 만일 당신이 과학자라면 당신의 이웃이 더 큰 정원을 가졌다거나, 더 멋진 자동차를 타고 다니는 걸 질투하지는 않을 것이다. 하지만 당신보다 능력이 없는데 연달아 과학상을 받고, 대학에서 더 나은 제안을 받고, 논문이 더 자주 인용되고, 트위터의 팔로도 더 많고, 무엇보다 당신보다 돈을 더 많이 버는 동료가 있다면 어떨까?

왜 하필이면 내 옆에 앉아 텔레비전만 보는 카우치 포테이토couch potato 따위가 내가 그토록 그리는 완벽한 몸매를 가지고 있는 걸까? 매일 조깅을 하는 당신의 몸무게는 정작 줄어들 생각조차 하지 않는데 말이다. 왜 매번 당신이 아닌 당신의 동료가 의회 선거에서 더 높은 순위를 차지하는 걸까? 그 인간이 얼마나 허풍쟁이인데! 겉만 번지르르하고 실속은 없는데 말이다. 또 있다. 대체 왜 북해로 휴가를 떠날 때마다 꼭 비가 오는 걸까? 당신의 친구는 야자수 아래에서 햇살을 맞으며 찍은 셀카를 계속 보내고 있는데 말이다.

질투심은 악의 연료다. 질투는 좌절이 되고, 좌절은 공격성으로 이어진다. 물론 항상 그런 것은 아니다. 그래서 심리학자들은 '좋은' 질투심과 '나쁜' 질투심을 구분한다. 전자의 경우, 질투는 자신도 그 질투의 대상에 도달하려는 긍정적 동기의 행동으로 표현된다. 더 노력하고, 더 인내하고, 자신을 더 통제하는 식이다. 그래서 질투가 전반적인 번영과 발전을 촉진한다고 주장하는 사람들도 있다. 하지만 그것은 다른 문제다.

안타깝게도 질투의 사악한 변종은 좋은 변종만큼이나 흔하게 나타난다. 나쁜 질투는 다른 사람만큼 성공하기 위해서, 부러워하는 대상과 같은 능력을 얻기 위해서 과연 내가 무엇을 할 수 있는지에 대해 묻지 않는다. 나쁜 질투는 그 질투의 원인을 파괴하는 데 목적이 있다. 1970~1980년대 서독 좌익 청년들의 스폰티 운동Sponti-Bewegung의 모토를 재해석해 질투를 묘사하자면 이렇게 표현할 수 있을 것이다. "너를 망가뜨리는 것을 망가뜨려라." 포르쉐를 긁고, 이웃집의 예쁜 푸들을 독살하고, 경쟁자를 비방하고, 성공한 동료를 상사 앞에서 비방하고, 멋진 펜트하우스에서 요란한 소리가 나면 즉각 경찰에 신고하는 게 나쁜 질투의 목표다.

다른 말로 표현하면 이렇다. 질투는 내가 원하지만 나에게는 없는 무언가를 가진 사람들에 대한 공감 능력을 축소시킨다. 공감 능력이 부족하다는 것은 다른 사람의 안녕을 신경 쓰지 않는다는 걸 의미하며, 심지어 그 반대의 경우도 개의치 않는다는 뜻이다. 한 발 더 나아가 공감 능력 부재는 친사회적 행동의 감소로 이어진다. 간단히 말해, 질투는 우리를 비도덕적으로 만든다.

질투가 우리를 비도덕적으로 만든다고? 꽤 그럴싸한 가설이다. 하지만 어떻게 해야 이를 증명할 수 있을까? 나는 이를 실험할 방법은 한 가지밖에 없다고 생각했다. 의심의 여지 없이 비도덕적이라고 할 수 있는 전기 충격을 이용하는 것이다. 그렇다면 질투심은 어떻게 유발하지? 전문가들에 따르면 질투를 유발하는 가장 큰 요인은 성적 매력이라고 한다.[15] 유성번식을 하는 개체에게는 성공적인 짝짓기가 진화의 핵심이기 때문이다.[16] 따라서 성적 성취에 대한 욕망만큼이나 성적 성취의 실패 또한 우리의 감정을 크게 좌우할 것이다. 나는 이 특성을 이용하기로 했다.

참여자의 관점에서 이 실험을 설명하자면 이렇다.[17] 당신이 이 실험에 참여하게 되었다고 상상해보라. 몇 주 전, 당신은 '잘 나온' 사진을 보내달라는 부탁을 받고 당신의 사진을 실험실로 보냈다. 이 사진이 어디에 쓰일지 모른 채로 말이다. 그리고 지금 당신은 2인 1조로 실험실의 한 장소에 앉아 있다. 실험 안내서를 자세히 읽어 내려가던 중 당신은 상대에게 의학적으로 문제는 없지만 고통을 일으킬 수 있는 전기 충격을 주어야 한다는 걸 알게 된다. 더 정확히 말하면, 추가로 돈을 받을 수 없는 선택지 A와 돈을 받을 수 있는 선택지 B 가운데 하나를 선택해야 한다.

B에 대한 설명은 이랬다. "B를 선택하면 당신은 10유로를 더 받게 됩니다. 하지만 당신의 선택은 또 다른 결과를 가져올 것입니다. B를 선택할 경우, 상대가 고통스러운 전기 충격을 받게 됩니다. 상대는 팔 아래쪽에 부착된 전극판 두 개를 통해 전기 충격을 받을 것입니다." 이와 함께 당신은 전기 충격이 건강에 전혀 해롭지 않다는 정보도 받는다(사실이다). 이 실험의 목적에 대한 의구심을 완전히 차단하기 위해 다음과 같은 설명도 제공된다. "이 실험에서 당신의 선택은 당신이 돈을 위해 다른 사람에게 고통을 줄 수 있는지를 보여줄 것입니다."

다음으로, 당신은 곧 상대에 대한 정보를 얻게 되리라는 사실을 전달받는다. 당신이 남자라면 상대는 남자일 것이고, 당신이 여자라면 상대도 여자일 것이다. 여성 참여자의 입장에서 실험을 계속 이어가보자(남성의 경우에도 성 역할만 달라질 뿐 모든 조건은 동일하다). 당신은 실험이 있기 몇 주 전, '잘 나온' 자신의 사진을 보냈다는 사실을 상기한다. 그리고 당신의 상대인 여성 참여자 역시 자기 사진을 보냈으며, 매력적인 세 남자가 당신과 상대의 사진을 보며 서로 비교했다는 사실을 알게 된다. "우리는 세 남자에게 두 사람, 그러니까 당신과 상대 참여자 가운데 어느 쪽을 더 매력적이라고 생각하는지 물었습니다."

조금 더 자세히 설명하면, 두 여자의 매력을 평가하기 위해 동원된 세 남자는 세 가지 질문에 답을 했다. 첫 번째 질문은 이랬다. "두 여자 가운데 누구의 외모가 더 아름답고 전체적으로 더 매력적이라고 생각합니까?" 이런 질문도 있었다. "당신에게 선택권이 있다면, 두 여자 가운데 누구에 대해 알아보고 싶습니까?" 그리고 마지막 질문은 다음과 같았다. "두 여자 가운데 은밀한 관계를 맺고 싶은 사람은 어느 쪽입니까?" 이제 당신은 세 남자가 세 가지 질문에 동일한 선택을 했다는 사실을 알게 된다. 경우의 수는 세 가지였다. 당신이 더 매력적이라고 답한 경우, 상대가 더 매력적이라고 답한 경우, 그리고 둘 다 매력적이라고 답한 경우. 다음 화면에서, 당신은 남자들이 어떤 선택을 했는지 알게 될 것이다.

모든 정보를 파악하고 준비를 마친 당신은 계속해서 마우스를 클릭한다. 그리고 이제 결정적인 화면이 등장한다. 모니터에 적힌 내용은 이렇다.

그리고 질문이 이어진다. "당신은 A(전기 충격 없음)와 B(전기 충격) 중 무엇을 선택하겠습니까?"

물론 당신은 모든 하찮은 동기를 멀리하고 있을 수도 있다. 절대로 B를 선택하는 일은 없을 거라면서 말이다. 하지만 내가 아닌 다른 여자가 성적으로 더 매력적이라는 사실은 질투심을 유발하기에 충분하고, 더 나아가 예컨대 다음과 같은 생각을 정당화할 수도 있다. '내가 왜 저 여자한테 친절해야 하지? 저 여자는 분명 오만할 거야.'

참여자들의 머릿속을 들여다볼 수는 없지만, 이들의 행동을 관찰하는 것은 가능하다. 그리고 결과는 분명했다. 둘 다 매력적이라고 답했다는 사실을 알게 되었을 경우, 그러니까 질투를 하지 않는 상황에서 상대에게 전기 충격을 준 참여자는 29.6%였다. 이 수치만으로도 여러분은 당황할 수 있을 것이다. 전기 충격에 대한 안내를 확실히 했고, 자신의 선택이 어떤 결과를 가져올지 분명하게 주의를 주었기 때문이다. 하지만 놀라지 마시라. 이것은 시작에 불과하다. 더 매력적인 여자로 내가 아닌 상대를 선택했다는 사실을 알게 된 참여자들의 무려 70% 이상이 B를 선택했다. 이 극적인 수치 상승은 악의 연료로서 질투의 기능을 정확하게 증명한다. 즉, 내가 갖지 못한 것을 다른 사람은 가지고 있다. 나는 그 사람을 질투한다. 그러므로 그 사람은 피를 흘려야 한다. 게다가 이 결과는 남자와 여자 모두에게 동일하게 나타났다. 물론 여자의 경우 남자에 비해 전기 충격을 덜 선택하긴 했지만, 질투라는 반응은 여자와 남자 모두 같았다.

부정적 감정과 폭력의 상관관계

질투심은 다른 사람에 대한 우리의 공감 능력을 감소시킨다. 하지만 공감 능력의 고장이 반드시 내가 부러워하는 대상과 독점적으로 혹은 직접적으로 관련이 있지는 않다. 그리고 질투심은 한 사람에게만 향하는 것도 아니다. 질투심은 특정 집단을 향해 나타나기도 하며, 누적된 공격성은 다른 집단에게 표출되기도 한다.

모든 집단은 '저기 저 윗사람들', 그러니까 아름답고 성공한 사람들, 전 세계를 무대로 자신감 있게 살아가는 사람들에 대한 질투를 경험한다. 사회적으로 성공을 이룬 사람들, 큰 어려움 없이 부와 건강·권력·행복을 다 가지고 있는 것 같은 이들에 대한 부러움이다. 이것은 이른바 '추종자'들에게 부당함과 상대적 박탈감을 일으키기도 한다. 그들의 그늘에서 사는 것 같은 좌절감은 질투를 일으키고, 이것은 분노로, 심지어는 증오로까지 이어진다. 그런데 이러한 감정은 어디로 향할까?

질투에서 비롯된 증오는 자신의 실패에 대해 공동의 책임을 진 집단을 향하기도 한다. 슬로바키아에서 이루어진 한 실험 결과는 사회적 지위에 따라 다른 집단을 희생양으로 만들려는 의지가 얼마나 강한지를 보여주었다.[18] 실험에서 연구자들은 다른 사람의 잘못을 무고한 사람(희생양)에게 떠넘길 수 있는지 알아보았다. 연구자들은 희생양 역할을 하는 사람의 인종에 변화를 주었다. 그러자 실제로 다른 사람의 반사회적 행동에 대해 무고한 관찰자를 처벌하려는 의지가 인종에 따라 다르게 나타났다. 요컨대 희생양이 소수민족일 경우(실험에서는 집시들이었다) 잘못한 사람 대신 그들을 처벌하려는 의지가 두 배나 높았다.

'희생양'이라는 개념은 《성경》에 있는 모세 5경 가운데 〈레위기〉에 등장하는 단어다. 사람의 죄를 대신해 죽임을 당하는 염소(양)를 희생양scapegoat이라고 부른 것이다. 사회심리학자들은 문제의 원인인 대상을 처벌하기 어려울 때, 우리의 분노와 공격성이 희생양을 향한다고 이야기한다.[19] 그렇다면 '최적의 희생양'이 지닌 특징은 무엇일까? 내가 아는 한 여기에 대한 설득력 있고 보편적인 이론은 없다. 다만 나는 희생양에게 근본적으로 두 가지 특징이 있다고 생각한다. 첫째, 희생양이라고 여겨지는 집단에게 우리가 겪는 불행에 대해 (공동) 책임을 물 수 있어야 한다. 이 주장이 신뢰를 얻으려면 희생양 집단은 최소한의 권력을 가지고 있어야 한다. 둘째, 희생양 집단이 너무 강력해서는 안 된다. 이 경우, 희생의 대상이 될 수 없기 때문이다. 어쨌거나 우리가 바라는 것은 '승자'가 되는 것이니 말이다. 희생양은 충분히 강하되, 너무 강해서는 안 된다. 이렇게 선정된 희생양 집단은 심리학적으로 두 가지 핵심 목적을 달성한다. 한편으로는 우리가 뒤처지는 것에 대한 타당한 '근거'가 되어준다. 이를 통해 우리는 질투하는 마음에 대한 부담을 덜 수 있다. 우리 불행의 책임이 우리 자신에게 있지 않다는 것을 증명했기 때문이다. 또 한편으로 희생양은 좌절과 증오의 표적이 된다. 큰 희생 없이 '책임이 있는' 대상으로 이용할 수 있을 만큼 충분히 약하기 때문이다.

역사에서 이와 같은 목적으로 고통을 감수했던 집단이 바로 유대인이다. 유대인에 대한 박해와 폭력은 붉은 깃발처럼 유럽 역사를 관통했다. 유대인 증오의 근본 원인은 질투였고, 더 나아가 이것이 유대인을 나치의 손에 놀아나게 했다는 것은 그럴듯한 추측이다. 많은 학자는 독일 제국에서 (대부분은 동화된) 유대인이 거둔 불균형적인 성공이 반유대주의를 지지하게 만들었고, 그렇지 않더라도 최소한 이를 '쉬이' 반대하지 않게 만들었을 것이라고 주장한다. 경제, 과학, 미술 분야에서 뛰어난 유대인에 대한 질투이자 (인구수에 비했을 때) 대학 졸업자와 의사, 변호사 등이 많은 유대인의 교육적 성공에 대한 질투의 마음이 있었던 것이다.[20]

하지만 오늘날에도 사회적 소수민족에 대한 질투가 공격으로 나타나는 현상이 이어지고 있다. 외국인이나 망명자들이 공격의 표적이 된다. 질투가 인종차별주의로 인한 폭동의 유일한 이유는 아니다. 하지만 매우 중요한 이유인 것만은 사실이다. 덜 가져서, 소속되지 못해서, 제외되었다고 느껴서 질투하는 것이다. 이로 인해 누적된 절망감을 더 약한 사람들에게, 어떤 식으로든 자신이 처한 상황에 대해 공동 책임을 전가하는 것만큼 확실한 일이 어디 있겠는가? "저들이 내 일자리를 빼앗았어! '정상적인 독일 국민'은 이렇게 고통을 겪고 있는데, 저들은 국가에서 관대하게 보상을 받다니!"라면서 말이다.

동료 학자인 취리히대학교의 요제프 츠바이뮐러와 나는 극우파들의 폭력성과 실업률 사이의 연관성을 조금 더 자세히 들여다보기로 했다.[21] 연구를 위해 우리는 지난 몇 년간 연방범죄사무소에 기록된 데이터를 통해 주별 및 월별 극우 범죄와 폭력 행위를 조사했다. 국경과 시간을 넘나드는 범죄 행위의 변화는 각 주州의 실업률 변화와 관련이 있을 수도 있다. 우리는 높은 실업률이 극우주의 폭력에 긍정적 영향을 미친다는 가설을 세웠다. 한편으로는 외국인이 일자리를 빼앗는다는 이야기가 손해를 보지 않으려는 행동에 대한 '좋은' 구실이 되어주기 때문이고, 또 다른 한편으로는 이로 인해 외국인을 지지하고 이들이 침해당하는 걸 보호하려는 일반 국민의 의지가 줄어들 거란 게 우리의 추측이었기 때문이다.

물론 그렇다고 외국인에게 폭력을 휘두르는 사람은 상대적으로 많지 않을 거라고 생각한다. 하지만 이들이 폭력을 자유롭게 행사할 수 있는지 여부는 대다수 사람이 이를 기꺼이 허용하는가, 허용하지 않는가에 달려 있을 것이다. 폭력 의지를 가진 이들에게 개입하고 대화를 나눌 것인가, 아니면 알면서도 외면하고 도리어 박수를 보낼 것인가? 폭력이 나아가는 길은 사이코패스 같은 한 개인이 아니라 평범한 다수의 행동에 의해 결정된다.

조사 결과, 우리는 실업률이 극우 범죄 및 폭력에 긍정적이고 중요한 영향을 미친다는 사실을 발견했다. 이와 같은 관련성은 특히나 범죄 행위에서 더 또렷하게 나타났다. 아울러 우리는 실업률의 차이가 '동독의 사회화'뿐만 아니라 극우 폭력 문제에 있어서 서독과 동독의 차이를 결정한다는 것을 관찰했다.

나는 질투와 폭력의 상호작용이 사회적·경제적 불평등의 감소를 요구할 때의 핵심 논거라고 생각한다. 사회가 약속하는 행복과 실제 계급의 차이가 클수록 도덕적 무관심과 폭력을 예상할 수 있다. 이는 사회적 불평등과 폭력의 상관관계를 다룬 수많은 연구가 뒷받침하는 결과이기도 하다.[22] 특히 높은 실업률과 빈곤, 낮은 승진 기회, 불평등, 하우스 푸어 등은 폭력 발생의 위험 요소다. 그렇기에 갈수록 증가하는 불평등과 싸우는 것은 인류의 의무이며, 경제적·사회적 이익에도 중요한 것은 물론이고, 우리의 민주주의를 유지하는 데도 필수적이다.

그렇다면 다음 단계는 뭘까? 사람들에게 다가가야 한다. 인정받지 못해 폭력에 의지하는 사람을 개선하는 방법은 같은 폭력이 아니라 격려와 인정에 있다. 물론 이것은 범죄자를 '미개한 실패자' 혹은 '미친 사람'이라고 조롱하는 것보다 훨씬 어려운 일이다. 하지만 사회의 결속력에 진정으로 관심이 있다면, 이러한 충동을 억제하고 이들에게 긍정적인 대화를 제안하는 일에 결코 소홀해서는 안 된다(이와 관련해서는 7장을 참조하라).

　질투는 자연스럽게 일어나기도 하지만 정치적 목적에 의해 자극받고 강화되기도 한다. 오래되었지만 여전히 효과적인 정치적 수법 중 하나가 수사학적으로 문제를 부풀리고 과장하는 동시에, 문제의 가해자로 추정되는 사람들을 단호하게 물리칠 구원자이자 해결사로 자기 자신을 소개하는 것이다. 선동가들은 애초에 정치적 목적을 갖고 유대인과 소수민족, 외국인을 불행의 원인으로 지목하고 증오를 부추긴다. 이들의 '죄악'을 언급하는 것은 자신의 실패를 부인하는 것이기 때문에 심리적으로 유익하다. 그뿐만 아니라 이 희생양들은 정치적 행위에서 매우 값어치가 큰 타깃이 된다.[23]

　비방과 모욕을 통해 질투심을 불러일으키는 우익 선동가들의 속셈을 지금부터 두 개의 포스터를 통해 보여주겠다. 우리 실험에서와 마찬가지로 이들은 성적性的 경쟁이라는 자극제를 통해 질투를 유발하고 있다.

　첫 번째는 나치 선동 신문인 〈슈튀르머〉에 실린 그림이다. 나치가 반유대주의를 조장하기 위해 질투심을 어떻게 이용했는지 보여준다고 할 수 있다. 그림은 부자로 추정되는 유대인을 묘사하고 있는데, 이 그림 속 유대인은 돈이 많은 데서 그치지 않고 그것을 미끼로 여자들도 유혹한다. '치욕의 군단軍團'이라는 제목 아래에는 이렇게 쓰여 있다. "어리석게도 돈의 유혹에 넘어가 더럽혀진 몸으로 유다의 금 위에 서 있는 여자들. 영혼은 독살되고, 피는 오염되었다. 악은 여자의 자궁에 있다." 유대인의 부유함에 대한 질투뿐 아니라 '부자인 유대인'이 '독일인에게서' 여자를 '빼앗는다'

며 질투를 유발하는 것이다. 탐욕스럽고 부유한 유대인에 대한 수사학을 성적 질투를 통해 강화하고 있는 셈이다. 이는 오늘날까지도 외국인 반대 운동에서 찾아볼 수 있는 수사학적 동기다.

2019년 독일대안당AfD 유럽 선거운동 당시 사용된 포스터에는 프랑스 출신 장레옹 제롬이 1866년에 그린 그림이 실려 있다. 노예 상인이 오스만제국의 노예시장에서 여성 노예를 검수하는 모습이다. 사진을 설명하자면 "무슬림들이 우리의 여성들을 빼앗고 있다"는 것이다. 이 메시지는 특히 여성에 비해 남성 인구가 훨씬 높은 독일 지역에서 큰 효력을 발휘한다.[24] 장레옹 제롬의 원본을 전시하고 있는 미국의 클라크미술관은 즉각 이 포스터를 내리고, 그와 같은 목적으로 그림을 사용하지 말 것을 AfD에 요청했다.

그림 4 질투를 이용한 선동

—과거: 〈슈튀르머〉, 1935년 　　　　—현재: 독일대안당 유럽 선거운동, 2019년

좋은 '우리'와 나쁜 '그들'

지금까지 우리는 질투로 인해 공감 능력이 줄어들고, 심지어 사라질 수 있다는 사실에 대해 이야기했다. 하지만 질투까지 갈 필요도 없을 때가 있다. 특정 그룹에 속하지 않는다는 느낌, 그 일부가 아니라 다른 그룹의 일부라는 느낌만으로도 공감 능력에 변화가 생길 수 있기 때문이다. 독재자 게임에 참여한 쾰른 출신 사람에게 이렇게 묻는다고 가정해보자. "10유로 중 모르는 사람에게 얼마를 주시겠습니까?" 이때 그 모르는 사람이 쾰른 출신이라면? 또는 뒤셀도르프 출신이라면? 이 사람은 과연 어느 쪽에 돈을 더 많이 줄까? 쾰른 출신일까, 뒤셀도르프 출신일까?

몇 년 전 취리히에서 살며 일할 때, 나는 크리스티안 첸더와 함께 연구를 진행했다(첸더는 현재 스위스 로잔에서 일하고 있다). 돈을 주어야 하는 상대가 취리히의 어느 지역에서 왔느냐에 따라 참여자의 결정이 달라지는지를 확인하기 위한 실험이었다.[25] 게임의 규칙은 이러했다. 한 참여자에게 10프랑을 주고 다른 참여자 한 명에게 얼마를 줄지 선택하게 한다. 상대에게 돈을 맡기면 그걸 세 배로 불려주겠다고 한다. 예를 들어 8프랑을 맡기면 24프랑을 받는 식이다. 돈을 맡기고 나면 이번에는 받은 사람 차례. 그 돈을 돌려줄지, 만일 돌려준다면 얼마를 줄지 결정하도록 한다. 이것을 전문 문헌에서는 '신뢰 게임'이라고 부른다.[26] 참여자가 다른 사람에게 맡긴 금액이 타인의 공정성에 대한 신뢰도를 나타내기 때문이다. 만일 참여자가 다른 사람을 온전히 믿고 10프랑을 전부 맡긴다면, 상대가 공정할 경우, 둘은 각각 15프랑을 벌게 될 것이다. 하지만 다른 사람을 믿지 못하고 돈을 보내지 않으면 둘이 받을 금액은 처음과 똑같다(10프랑 혹은 0프랑). 물론 최악의 상황은 참여자가 믿고 돈을 보냈으나 상대가 신뢰할 만한 사람이 아니라는 사실이 드러날 때일 것이다. 참여자가 10프랑을 보냈는데 돌아온 돈이 0프랑이라면, 참여자의 손에는 한 푼도 없고, 상대는 30프랑을 손에 쥐고 집으로 돌아갈 테니 말이다.

우리는 약 1,000명의 취리히 시민을 상대로 이 게임을 진행했다. 참여자가 돈을 받을 상대에 관해 들은 정보는 단 하나, 이들이 취리히 12개 구(區) 가운데 어디에 사는지였다. 실험 결과, 취리히 시민의 66%가 상대방을 신뢰하는 것으로 나타났다. 하지만 이 신뢰도는 지역에 따라 큰 차이를 보였다. 사회적으로 약하거나 오히려 '문제가 있는' 지역으로 여겨지는 곳에서 온 사람에게는 상대적으로 적은 금액을 보냈고, 부유한 것으로 알려진 지역 출신에게는 더 많은 금액을 보낸 것이다. 그러니까 매력이 덜한 지역에 사는 사람들은 운이 좋지 않았다. 그 지역에 산다는 이유만으로 돈을 덜 받았으니 말이다. 전문 문헌에서는 이와 같은 효과를 '통계적 차별'이라고 부른다. 자, 이제 이것이 합리적인 차별이 되려면 돈을 더 많이 받은 지역의 사람들이 적게 받은 사람들보다 더 많은 돈을 돌려주어야 할 것이다.

하지만 그 전에, 이 실험을 보다 흥미롭게 만든 결과가 하나 더 있었다. 특정 지역에 대한 보편적인 신뢰도와는 무관하게 상대가 자신이 사는 지역 사람일 경우, 돈을 더 많이 보내는 현상이 나타난 것이다. '내 고향' 출신이라는 사실이 신뢰 문제에서 선불 금액을 추가한 셈이다. 결과적으로 같은 지역 출신 사람에게는 긍정적인 차별이 일어났고, 이들은 다른 지역 출신 사람들에 비해 평균적으로 10% 더 많은 돈을 받았다.

이 결과는 친사회적 행동을 결정하는 중요한 요인이 무엇인지를 보여준다. 우리는 나의 집단이냐 다른 집단이냐에 따라 행동을 달리하며, 함께하는 사람들을 '우리' 또는 '저들'로 나눈다. 그 과정에서 나의 집단으로 분류된 이들에게 더 크게 공감하며, 이들에게는 더 친근하고 친사회적인 태도를 보인다. 집단이 우리의 공감 능력과 사회적 인식에 미치는 영향은 헨리 타이펠과 존 터너가 개발한 사회 정체성 이론의 핵심이기도 하다.[27] 이것은 집단 간 행동을 개념화하고 설명하는 이론으로, 우리와 다른 사람들을 남자, 여자, 대학 졸업자, 외국인 등 끊임없이 집단별로 분류하는 인간의 행동을 근거로 한다. 또한 우리는 자신이 속한 집단과 그 집단의 구성원을 다른 집단의 구성원보다 더 긍정적으로 평가함으로써 사회적 정체성을 확립한다. 우리 자신 그리고 우리와 연결된 모든 사람을 긍정적인 시각으로 보고 싶은 것이다. 자신이 속한 집단에 대한 선호와 다른 집단에 대한 거부감은 우리의 실험에서 취리히 시민이 왜 같은 지역 출신을 더 많이 신뢰했는지 설명해준다.

놀라운 것은 이처럼 집단을 분류하는 근거가 무척 단순하다는데 있다. 티셔츠 색깔, 동전 던지기의 결과, 특정 화가에 대한 선호도만으로도 자신의 집단과 다른 집단을 분류할 수 있다는 연구 결과들이 이를 뒷받침한다.[28] 타이펠과 터너의 선구적인 연구에 기초해 첸얀과 셰리 칭 리도 이러한 '최소 집단'이 친사회적 행동에 어떤 영향을 주는지 실험했다.[29] 실험에서 집단의 정체성은 다음과 같은 기준으로 분류했다. 두 화가(파울 클레와 바실리 칸딘스키)의 작품을 보여주며 어느 쪽이 더 아름답다고 생각하는지 물었다. 그리고 참여자들을 이 답변에 기초해 '클레 그룹'과 '칸딘스키 그룹'으로 각각 나누었다.[30]

이 연구는 아무런 관련이 없는 것 같은 집단 분류가 우리의 사회적 행동에 어떤 영향을 주는지 보여주었다. 클레 그룹의 사람들은 칸딘스키를 좋아하는 사람들보다 클레를 좋아하는 사람들에게 더 관대한 태도를 보였다. 이뿐 아니라 칸딘스키 그룹에 속한 이들의 반사회적 행동을 더 강하게 비판하는 경향도 나타났다. 반면, 자기 집단에 속한 사람의 친사회적 행동을 다른 집단에 속한 사람의 친사회적 행동보다 더 크게 칭찬했다. 미술 작품 하나에 대한 평가 하나만으로 친사회적 행동에 변화가 생긴 것이다.

집단 소속에 대한 고려는 치명적 결과를 가져오기도 한다. 판사가 같은 인종 집단의 범죄자에게 더 관대한 판결을 내리거나[31] 검찰과 경찰이 전반적으로 자신의 집단에게 더 유리한 쪽으로 법을 집행하는 인종적 편견을 보였기 때문이다.[32] 당파 문제도 마찬가지다. 정치학자 샨토 아이엥거와 숀 J. 웨스트우드는 장학금 신청자 두 명 가운데 한 명을 선택하는 실험을 진행했다. 두 사람의 당 선호도에 차이가 있었을 뿐 지원서 품질은 비슷했다. 그럼에도 이들은 당 선호도에 따라 다른 결과를 맞이했다. 민주당원의 79%는 민주당을 지지하는 지원자를 선택했고, 공화당원의 80%는 공화당을 지지하는 지원자를 선택한 것이다. 심지어 다른 지원자보다 점수가 더 좋지 않은 경우에도 참여자들은 자신의 집단에 속한 지원자를 선택했다.[33]

도덕적 딜레마와 감정

감정은 도덕적 딜레마 상황에서도 우리의 결정에 영향을 준다. 이와 관련해 아마도 가장 많이 알려진 실험은 철학자 필리파 풋의 열차 딜레마일 것이다.[34] 열차가 고장나서 멈출 수가 없다. 그런데 선로에서 보수 작업을 하는 인부 다섯 명이 보인다. 당신은 옆 선로로 열차를 돌릴 수 있다. 그런데 하필이면 거기에도 인부 한 명이 서 있다. 열차를 돌리면 다섯 명을 치지 않을 테고, 모두의 목숨을 구할 수 있다. 열차를 돌려서, 즉 한 사람을 희생시켜 다섯 명의 목숨을 구하는 것. 과연 이것을 도덕적으로 정당화할 수 있을까? 어느 쪽이든 결과적으로 누군가는 죽을 것이다.

이것은 물론 사고실험이지만 현실에는 이와 같은 딜레마를 적용할 수 있는 상황이 많다. 승객을 태운 비행기가 테러리스트에게 납치되었다고 가정해보자. 테러리스트는 사람들로 가득 찬 공항에 비행기를 추락시키려 한다. 이를 막기 위한 방법이 비행기를 폭파하는 것뿐이라면, 발사 명령을 하는 게 맞을까? 여기에 대한 독일 입법부의 입장은 분명하다. 2006년 독일 연방헌법재판소는 이와 같은 발사 명령이 위헌이라고 판결했다.[35] 비행기 탑승자들의 생명권을 침해하기 때문에 헌법에 위배된다는 것이 판사의 설명이었다.

자율 주행 자동차의 프로그래밍 문제 또한 열차 딜레마에서의 도덕적 고민과 맥을 같이한다. 다른 사람들이 위험해질 가능성이 높더라도 운전자와 탑승자를 우선적으로 보호하는 알고리즘을 적용해야 할까? 만일 자율 주행 자동차를 보지 못한 한 무리의 보행자들이 가로수가 있는 길을 건너고 있고, 브레이크를 밟을 시간이 없다면? 자율 주행 자동차가 보행자들을 향해 달리도록 두어야 할까, 아니면 나무들 쪽으로 방향을 틀어 운전자와 탑승자를 희생시켜야 할까? '선택'의 상황에서 보행자가 누구인지를 고려하는 알고리즘이 필요할까? 노인이나 아이에 따라 설정을 바꾸어야 할까? 독일 연방교통국 산하 윤리위원회는 이 문제에 대해 분명한 입장을 취했다.[36] 개인적 특징이 선택에 영향을 주어서는 안 된다는 것이 윤리위원회의 견해였다.

그렇다면 '아주 평범한' 사람들은 이 질문에 어떻게 답했을까? 한 연구 팀이 전 세계 4,000만 명을 대상으로 위와 같은 상황에서 알고리즘의 올바른 작동에 대한 설문 조사를 진행했다.[37] 조사 결과, 대부분 사람은 개인의 특성을 고려한 선택을 했다. 도로 위에 어린아이가 있을 경우, 그 아이를 지키기 위해 탑승자를 희생시키는 쪽을 선택한 것이다. 노인의 경우에는 정반대 결과가 나타났다. 범죄자에게는 특별한 혐오감을 내비쳤다. 보호 대상으로서 자격이 개보다 낮게 나타난 것이다. 또한 자신에게 해당하는지 여부도 결정적 역할을 했다. 일반적으로 응답자 대다수는 환경에 상관없이 자율 주행 자동차의 탑승자를 희생시키더라도 사고로 인한 희생자 수를 최소화하는 쪽을 선택했다. 하지만 어떤 자율 주행 자동차를 사고 싶은지 묻자, 어떤 경우에도 탑승자를 우선 보호하는 차를 사겠다는 응답이 더 많았다.[38]

열차 딜레마 실험의 다른 버전이 있다. 이 역시 매우 유명한 실험으로, 여기서는 다섯 명의 인부를 구하기 위해 열차의 선로를 바꾸는(그래서 한 사람을 희생시키는) 게 아니라, 다리 난간에 서 있는 사람을 밀쳐서 열차를 멈추게 하고 승객들을 구할지 결정하는 문제를 다루었다. 선로 버전의 경우 수십 건의 연구에서 대부분 응답자가 변경을 선택했다는 걸 확인할 수 있었다. 하지만 다리 버전에서는 달랐다. 다수가 다리 위에 서 있는 사람을 쳐서 떨어뜨리지 않는 쪽을 선택한 것이다. 영향력 있는 한 실험에서는 이와 같은 차이가 '감정' 때문이라고 꼬집었다.[39] 다리 난간에 서 있는 사람을 적극적으로 치는 행위는 도덕적으로 잘못되었으며, 이를 혐오스러운 일로 분류하는 자동적인 감정 반응을 일으킨다는 것이다. 반면, '단순히' 열차의 방향만 바꾸는 경우에는 이러한 감정 반응이 더 약하게 나타났다.

이런 주장은 여러 신경심리학자의 발견을 통해서도 뒷받침되었다. 기능성자기공명영상fMRI의 도움을 받아 실험한 결과, 열차의 방향을 바꾸는, 상대적으로 '개인적이지 않은' 행위를 할 때보다, 다리 버전의 실험에서와 마찬가지로 개인적 상호작용을 할 때 감정적 반응을 담당하는 뇌의 영역이 더 활성화한다는 사실이 확인된 것이다. 이뿐 아니라 학자들은 다리 버전 실험에서 다리 위의 사람을 쳐서 떨어뜨리겠다고 답한 응답자들의 경우, 선로를 옮기겠다고 답한 응답자들에 비해 결정을 내릴 때 더 오래 걸렸다는 사실을 발견했다. 감정을 통제하는 데 더 큰 노력이 필요했다는 의미다.

물론 열차 딜레마 실험의 결과가 과연 신뢰할 만한 것인지 의문을 갖는 사람도 있을 것이다. 그것이 감정의 역할이건, 자율 주행 자동차에 대한 문제이건 간에 말이다. 결과적으로 이러한 결정 상황이 가상인 것은 맞다. 그 누구도 실제 생존과 죽음을 결정하지 않았고, 열차를 돌리지 않았으며, 비행기에 발사 명령을 내리지 않았고, 다리 난간에 서 있는 사람을 떨어뜨리지도 않았으니까. 나 역시 같은 의문을 가졌다. 그래서 나는 롤랑 베나부, 루카 헹켈과 함께 실제 사람의 목숨을 두고 실험을 해보기로 했다. 전 세계 최초로 이루어진 실제 열차 실험이었다.[40]

실험을 위해 우리는 구조자 실험의 구성을 다시금 사용했다. 여러분도 아마 기억하고 있을 것이다. 구호 단체에 기부함으로써 결핵으로 죽어가는 사람들을 구하는 실험 말이다. 거꾸로 생각하면, 기부하지 않는 것은 결국 결핵으로 사람이 죽는다는 의미이기도 하다. 이 구성을 기초로 우리는 전통적인 열차 실험에서와 똑같은 결정 상황을 만들었다. 열차 선로를 바꿔 목숨을 구하는 방법 말고, 기부 대상을 바꿔 목숨을 구하는 방법을 제시한 것이다. 결과는 열차 딜레마 실험과 같았다. 기부 대상을 바꾸지 않을 경우, 인도의 어느 주에 사는 세 사람이 결핵으로 사망한다. 하지만 개입을 결정하고 기부 대상을 바꿀 경우, 당신이 아니었더라면 살았을 인도의 또 다른 주에 사는 한 사람이 죽는다. 참여자들이 고민해야 하는 내용은 이랬다. 기부 대상을 바꿔 아무런 관련이 없는 한 사람을 사망에 이르게 할 것인가, 아니면 개입하지 않고 세 사람이 죽도록 놔둘 것인가?

이것은 열차 딜레마를 현실적으로 구현한 실험이자, 구호 단체들이 자주 직면하는 딜레마를 묘사한 실험이기도 하다. 특정 지역에 투입되어 사람들을 돕는 사이 다른 지역에서 더 끔찍한 재난이 발생할 경우, 원래 돕던 지역 사람들의 목숨은 운명에 맡기고, 더 많은 목숨을 구할 가능성이 큰 재난 지역으로 달려가야 할까?

실험에서 우리는 그림을 통해 참여자들의 선택을 도왔다(〈그림 5〉 참조). 그림 속 해골은 오른쪽 끝에 있는 세 개의 캐릭터를 향해 천천히 이동한다. 이때 참여자들은 해골이 교차로에 도달하기 전, 왼쪽에 있는 슬라이더를 아래로 당겨 기부 대상을 바꿀지 결정한다. 이를 통해 교차로가 열리면 해골은 아래에 있는 캐릭터 쪽으로 이동한다. 선택의 결과와 똑같은 상황이 펼쳐지는 것이다.

실제 결과와 연결된 이러한 선택이 단순한 가정 상황에서의 선택과 다른 감정, 다른 행동을 이끌어내는지 알아내기 위해 우리는 이 실험을 두 가지 버전으로 진행했다. 한 번은 (앞서 설명한 것과 같이) 실제 목숨이 달린 상황이었고, 또 한 번은 이것이 (전통적인 열차 딜레마 실험에서처럼) 가상 실험이라고 알린 경우였다. 그리고 실제 결과로 이어지는 전자의 경우, 우리는 실제로 기부 단체에 가입해 참여자의 결정에 따라 사람의 목숨을 살렸다.

그림 5 열차 딜레마 실험의 현실 버전

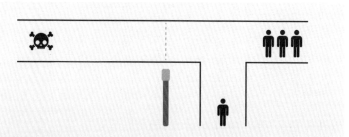

—해골은 왼쪽에서 오른쪽으로 서서히 이동한다. 교차로에서 그대로 직진한다면 세 명이 사망하지만, 슬라이더를 당기면 해골은 오른쪽으로 방향을 '꺾고' 이로써 (무고한) 한 사람이 죽는다.

자, 참여자들은 과연 무엇을 선택했을까? 가상의 조건에서는 참여자의 약 79%가 더 많은 목숨을 구하기 위해 개입해서 기부 대상을 바꾸겠다고 했다. 반면, 소수인 21%는 더 많은 사람을 구하자고 한 사람을 희생시키는 것을 정당하다고 생각하지 않았다. 자신의 선택이 실제 결과로 이어지는 경우에도 참여자들의 선택은 크게 다르지 않았다. 개입하는 쪽을 선택한 참여자는 76%, 여기에 반대한 참여자는 24%였다. 다시 말해, 실제 상황이 선택에 주는 영향은 아주 미미하며, 통계학적으로 유의미하지 않은 작은 차이에 불과했다.

가상 상황이냐, 실제 상황이냐가 선택에 큰 역할을 하지 않는 것은 분명해 보인다. 실험에서 참여자들은 전통적인 열차 딜레마 문제를 놓고도 열차의 선로 변경을 결정해야 했다. 참여자의 75%는 선로를 옮기겠다고 했다. 그러니까 두 가지 다른 버전에서와 같은 비율로 이 같은 결정을 내린 것이다.

열차 딜레마 실험은 두 가지 핵심적인 도덕적 범주를 구별하기 위해 사용된다. 결과 중심의 실용주의적 도덕관념과 칸트로 거슬러 올라가는, 결과와 상관없이 도덕적 옳고 그름을 우선시하는 의무론적 도덕관념이 바로 그것이다. 여기에 따르면, 실용주의자들은 열차 선로(혹은 기부 대상)를 바꿔야 한다. 결과적으로 볼 때, 개입하지 않을 경우 여러 사람이 죽지만, 개입할 경우 죽는 사람은 한 사람에 '불과'하기 때문이다. 하지만 칸트의 의무론적 관점에서는 개입하지 말아야 한다고 주장하는 사람이 많다. 더 많은 사람의 목숨을 구할 수 있는지와 상관없이 사람을 죽이는 것은 도덕적으로 볼 때 근본적으로 잘못된 행동이기 때문이다. 목숨에는 결코 값을 매길 수 없으며, 그 어떤 것도, 심지어 다른 사람의 목숨에 대해서도 '값어치를 따져서는' 안 된다는 주장이다.

이와 같은 칸트의 의무론적 도덕관념은 독일 연방헌법재판소나 연방교통국 산하 윤리위원회가 대변하는 것이기도 하다. 하지만 우리 실험에서 (그리고 전통적인 열차 딜레마 가상 실험에서) 대부분의 참여자는 실용주의적 도덕관념을 선택했다.

우리는 또 한 가지가 궁금했다. 과연 (기부 대상을 바꾸겠다는) '실용주의자'와 (바꾸지 않겠다는) '칸트파' 가운데 기본적으로 친사회적 혹은 이타주의적 성향을 가진 쪽은 누구일까? 이를 알아내기 위해 우리는 협조와 이타주의, 신뢰 그리고 거짓말과 관련한 행동 실험을 진행했다. 하지만 이들 사이에는 근본적인 차이점이 발견되지 않았다. 이타적이고 협조적인 행동 혹은 신뢰 및 신뢰 가능성 등과 관련해 실용주의자들과 칸트파가 매우 비슷한 성향을 보인 것이다. 이 실험에서 실용주의자들과 칸트파는 독재자 게임에도 참여했다. 20유로를 받고, 그것을 암으로 고통받는 아이들을 돕는 구호 단체와 나누는 조건이었다. 칸트파는 평균적으로 6.51유로를, 실용주의자들은 6.64유로를 나눠주었다. 요컨대 13센트밖에 차이가 나지 않았다. 협조적인 태도에서는 그 차이가 더 미미했다. 협조 실험에서는 최대 5유로까지 기부할 수 있었는데, 칸트파는 평균 2.50유로, 실용주의자들은 2.48유로를 기부했다.

도덕적 행동은 우리를 행복하게 하는가?

지금까지는 감정이 우리 행동에 어떻게 영향을 주는지에 대한 이야기를 했다. 마지막으로, 나는 인과관계를 뒤바꿔서 이 책이 던지는 핵심 질문을 다루고 싶다. 도덕적 행동은 우리를 행복하게 하는가? 지금까지 살펴본 것처럼 기분이 좋고 행복할 경우 친사회적으로 행동할 때가 많다는 이야기를 넘어서, 친사회적 행동이 우리를 (적어도 이전보다) 더 행복하게 만들 수 있는지에 대한 이야기를 하려는 것이다.

내가 이 질문을 던지는 것은 이와 같은 질문을 하는 학자가 많지 않아서이기도 하지만, 이 대안적인 시각이 이 책의 핵심 전제에 의문을 제기하기 때문이다. 첫 장에서 나는 비용이 우리의 선행을 방해한다고 설명했다. 기부를 하려면 돈을 포기해야 한다. 도움을 주려면 내 시간이 줄어든다. 편하게 자동차에 앉아 이동하는 대신

만원 지하철에서 끼어 있어야 한다. 하나같이 그리 좋아 보이지 않는 일들이다. 나의 개인적 유익을 감소시키기 때문이다. 바로 이러한 이유에서 우리는 이기적으로 행동한다. 하지만 우리가 도덕적 행동의 원인을 너무 부정적인 시각으로 바라보는 것은 아닐까? 앞에서 설명한 목적 갈등이 정말로 그렇게 클까? 현실에서는 다르지 않을까? 선행이 가져다주는 유익과 기쁨이 더 큰 건 아닐까?

만일 행복과 도덕이 결코 다르지 않고, 행복을 위한 우리의 노력이 끊임없이 선한 일을 하려는 노력과 다르지 않다면, 도덕과 자기 유익 사이의 근본적 갈등도 없을 것이다. 그리고 그 어디에서도 도덕 문제는 일어나지 않을 것이다. 선한 사람이 되기가 왜 이토록 어려운지를 이야기하는 책도 필요하지 않을 것이다.

그러므로 이번에는 심리학자들뿐 아니라 많은 대중이 좋아하는 이러한 시각에 대한 이야기를 해보자. 친사회적 행동이 인간을 행복하게 만든다는 가설과 이를 뒷받침하는 가장 유명한 실험은 '다른 사람을 위해 돈을 쓰는 것이 행복을 장려한다'라는 제목으로 〈사이언스〉에 실렸다.[41] 이 실험은 이랬다. 이른 아침, 한 대학 캠퍼스에서 46명의 학생이 연구 팀에게서 돈(5달러 혹은 20달러)을 받는다. 오늘 저녁까지 써야 하는 돈이다. 실험에 참여한 대학생들은 무작위로 두 그룹으로 나뉘었다. 한 그룹은 이 돈을 기부하거나 다른 사람을 위한 선물을 사라는 지시를 받았고, 다른 그룹은 자신을 위해 돈을 쓰라는 지시를 받았다. 이 돈으로 카드값을 갚아도 좋고, 자신을 위한 선물을 사도 좋았다. 행복의 정도를 평가하기 위해 평소 행복하다고 생각하는지도 물었다. 이 질문은 아침에 한 번 그리고 돈을 지출한 후에 한 번 더 주어졌다. 그리고 실험의 결과는 행복하냐는 질문에 대한 답의 변화와 관련이 있었다.

연구진은 다른 사람과 함께 혹은 다른 사람을 위해 돈을 지출한 사람이 자신을 위해 돈을 쓴 사람보다 훨씬 행복해하는 결과가 나왔다고 설명했다. 실제로 친사회적인 지출이 사사로운 개인적 지출보다 우리를 더 행복하게 만든다는 사실을 보여주는 결과였다. 다른 실험에서도 결과는 비슷했다. 참여자들에게 달콤한 간식이나 과일 주스를 먹을 수 있는 약 3달러 정도의 쿠폰을 지급했다.[42] 한 그룹은 쿠폰 사용 여부를 직접 결정했고, 다른 그룹은 지역 병원의 아이들을 위해 사용하라는 지시를 받았다. 아이들을 위해 쿠폰을 기부한 참여자들은 자신을 위해 쓴 참여자들보다 기분이 더 좋아진 것으로 나타났다. 여기에 다른 실험 결과들을 종합한 결과, 우리는 친사회적 행동이 '보편적으로' 우리를 행복하게 만드는 효과[43]를 가지고 있다는 것을 확인할 수 있었다.

그렇다면 결과적으로 선한 사람이 되는 것은 우리를 행복하게 만드는 일이므로, 자신의 유익과 도덕 사이의 갈등이 없다고 말할 수 있는 것일까? 많은 사람이 이 실험과 이 실험의 주장을 좋아한다. 그리고 나 역시 기꺼이 행복과 도덕의 융합이 가능하다고 이야기하고 싶고, 이를 좋아한다고 말하고 싶다. 하지만 여기에는 내가 반대할 수밖에 없는 두 가지 이유가 있다.

첫 번째 이유는 아주 단순한 질문에서 비롯된다. 만일 이 주장에서처럼 선한 것이 우리를 '보편적으로' 행복하게 만드는 게 사실이라면 왜 우리가 사는 세상의 모습은 그렇지 않을까? 왜 우리는 조금 더 서로를 배려하지 않고, 위기에 처한 사람들을 돕지 않으며, 인류와 동물 그리고 환경이 겪는 고통 앞에 눈을 감을 때가 많을까? 구조자 실험에서 목숨을 구하겠다는 사람은 왜 절반밖에 되지 않으며, 나머지 절반은 대체 왜 목숨 대신 100유로를 선택했을까? 선행이 우리를 행복하게 한다면, 대체 왜 우리는 다른 사람이 아닌 자신을 돕는 쪽을 선택하는가? 앞뒤가 맞지 않는 일이다.

두 번째 이유는 실험 자체와 관련이 있다. 나는 이 실험에 몇 가지 문제점이 있다고 생각한다. 앞서 설명한 캠퍼스 실험의 예를 들면 이렇다. 기억을 되살려보자. 실험에서 학생들은 자신을 위해 혹은 다른 사람을 위해 돈을 쓰라는 지시를 받았다. 그리고 지시를 따른 후 행복감에 변화가 나타났는지 측정했다. 나는 여기에서 세 가지 문제점을 제기한다. 첫 번째로, 실험에서 주어진 것은 상대적으로 액수가 적은 돈이었다. 과연 3달러 혹은 5달러를 어떻게 사용했는지에 따라 우리의 행복 또는 불행이 장기적으로 지속될 수 있을까? 아마도 정답은 '그렇지 않다'일 것이다.

두 번째로, 나는 이것이 특히 중요한 이유라고 생각하는데, 실험에서 참여자들에게는 선택권이 없었다. 그러니까 자신의 '결정'이 감수해야 할 비용에 대한 인식이 없었다. 만일 실험에서 친사회적 그룹으로 분류되었다면, 친사회적 목적을 가지고 지출해야 하는 돈을 받았을 것이다. 그렇다면 참여자가 감수해야 할 비용은 없는 셈이다. 어차피 내가 가지고 있거나, 나를 위해 쓸 수 있는 돈이 아니기 때문이다. 하지만 실제 일상에서는 다르다. 우리의 선택에 따른 비용이 얼마인지를 정확하게 알고 있기 때문이다. 일반적으로 우리는 우리가 무엇을 포기해야 하는지 혹은 어디에 비용이 드는지 잘 안다. 세 번째로, 실험의 타이밍에도 문제가 있다. 친사회적 행동을 선택한 순간에는 당연히 기분이 좋을 것이다. 하지만 이 감정이 과연 지속될 수 있을까? 행복이라는 감정에 나타난 견고한 변화가 아니라, 단기적인 기분 변화만을 측정한 것은 아닐까?

만일 다른 실험에서 더 많은 금액을 들여 참여자들로 하여금 자신의 선택이 감수해야 할 비용을 인식하게 하고, 장기적인 감정의 변화를 측정한다면 혹시 다른 결과가 나오지 않을까? 과거 내가 박사과정 논문을 지도했던 토머스 그래버와 함께 나는 이 질문에 대한 답을 찾아보기로 했다(현재 그래버는 하버드 경영대학원에서 일하고 있다). 이번 실험에서도 우리는 구조자 패러다임의 도움을 받았다(이와 관련해서는 1장의 첫 번째 주석을 참고하라). 실험에서 우리는 한 사람의 목숨을 구하기 위해 350유로를 쓸지, 목숨을 구하지 않고 100유로를 가질지를 선택지로 제시했다. 이는 상대적으로 큰 금액이었고, 명확하게 친사회적 선택이라고 할 수 있는 조건이었다. 도덕적 행동의 인과적 영향을 연구하기 위해 우리는 참여자들에게 두 개의 복권 가운데 하나를 뽑게 했다.

이 복권을 각각 '좋은' 복권과 '나쁜' 복권이라고 해보자(실험에서는 복권 A와 복권 B라는 단어를 사용했다). 실험의 구성은 〈그림 6〉에서 구체적으로 설명해놓았다. 좋은 복권을 뽑은 참여자는 60%의 확률로 기부를 통해 한 사람의 목숨을 구할 수 있고, 40%의 확률로 100유로를 받을 수 있다. 나쁜 복권을 뽑은 경우는 그 반대다. 기부로 목숨을 구할 수 있는 확률이 40%, 100유로를 가져갈 수 있는 확률이 60%다. 좋은 복권을 뽑은 경우, 나쁜 복권을 뽑았을 때와 비교해 선행을 할 확률이 50% 더 높은 셈이다.

그러므로 선한 행동을 하려는 사람은 좋은 복권을 선택해야 한다. 반면, 이기적인 참여자들은 나쁜 복권을 고를 것이다. 여기까지는 문제가 없다. 그런데 이 실험의 핵심은 목숨을 구할지, 100유로를 선택할지가 복권의 확률, 즉 우연에 의해 결정된다는 데 있었다. 이를 통해 우리는 참여자들이 목숨을 구하거나 돈을 받음으로써 더 행복해졌는지를 인과적으로 해석할 수 있다. 도덕적 대안이 행복감에 인과적인 영향을 가져올 수 있는지 알아내려면 단순히 참여자가 느끼는 행복감의 변화를 관찰하는 것만으로는 부족하다. 왜냐고? 이와 같은 관찰은 상관관계에 대한 귀납적 추론만을 허용하기 때문이다. 인과관계는 방향에 상관없이 성립해야 한다. 행복한 사람이 친사회적 행동을 하는 것일 수도 있다는 뜻이다.

그림 6 복권 실험

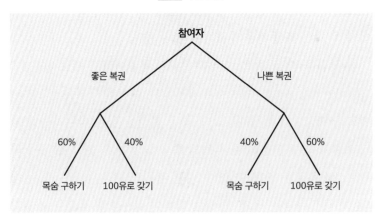

따라서 이 실험의 구성은 캠퍼스 연구와 유사하다고 볼 수 있다. 이 실험에서도 친사회적 행동을 하는 사람과 그렇지 않은 사람을 무작위로 결정했기 때문이다. 하지만 캠퍼스 실험에서와 달리 우리 실험의 참여자들은 도덕적 행위(목숨을 구하는 것)가 비용(100유로)을 수반한다는 걸 인식할 수 있었다.

실험에서는 참여자들의 행복도도 측정했다. 첫 번째 측정은 실험을 시작하기 전, 실험의 내용이 무엇인지 모르는 상태에서 이루어졌다. 두 번째 측정은 최종 결과(목숨 구하기 혹은 100유로 받기)를 통보한 다음에 이루어졌고, 장기적인 효과를 확인하기 위해 실험 4주 후 마지막으로 한 번 더 측정을 했다. 캠퍼스 실험에서와 마찬가지로 실험을 시작하기 전의 행복도에 어떤 변화가 나타났는지 확인하기 위해서였다.

그렇다면 실험결과는 어땠을까? 자신의 선택에 비용이 발생하고, 그로 인해 100유로를 포기해야 하지만 생명을 구했다는 사실을 알게 될 경우, 참여자들의 행복도에 과연 긍정적인 변화가 나타났을까?

먼저 단기적인 효과를 살펴보자. 복권 선택의 결과를 통보한 직후 나타난 행복도의 변화 말이다. 결과적으로 우리는 행복 연구에 부합하는 현상을 발견할 수 있었다. 이것이 실제로 만족도에 긍정적인 효과를 미친 것이다. (좋은 복권 혹은 나쁜 복권 가운데) 어떤 걸 선택했느냐와 상관없이 이 복권이 '목숨 구하기'를 선택했다는 통보를 받으면 참여자들의 행복 지수는 높아졌다. 하지만 효과는 미미했다. 좋은 복권에 대한 선택도 행복도에 작은 긍정적인 변화를 미쳤다(하지만 이 효과는 복권 효과와 달리 인과관계가 아니라 상관관계에 의한 것으로 평가되었다). 선택 직후 나타난 변화는 위에서 언급한 캠퍼스에서의 행복 연구 결과와 일치했다.

하지만 4주가 지난 후에는 어땠을까? 100유로를 받을 수 있었다거나, 다른 사람의 목숨을 구할 수 있었을 것이라는 생각을 떠올릴 때 참여자들은 과연 어떤 감정을 느꼈을까? 반전이 일어났다. 선택한 복권이 다른 사람의 목숨을 구하는 결과를 낳은 참여자들에게서 부정적 인과관계가 나타난 것이다.

〈그림 7〉은 실험 4주 후, 행복감의 변화를 나타낸 것이다. 왼쪽 막대기 두 개는 자신이 선택한 복권이 목숨을 구하기로 '결정한' 경우, 참여자의 행복감에 어떤 변화가 나타났는지를 보여준다.

그림 7 4주 후의 행복 지수 변화(표준편차)

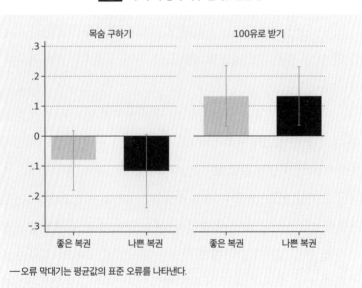

—오류 막대기는 평균값의 표준 오류를 나타낸다.

오른쪽 막대기 두 개는 자신이 선택한 복권이 100유로를 주는 결과로 이어진 참여자들의 감정 변화를 나타낸다. 회색 막대기는 좋은 복권을 선택한 사람들에게 나타난 감정의 변화를, 검은색 막대기는 나쁜 복권을 선택한 참여자들에게 나타난 감정의 변화를 보여준다.

왼쪽에 있는 두 개의 막대기는 부정적 변화를 나타낸다. 다른 사람의 목숨을 구한 참여자들의 행복도가 실험을 시작할 때보다 더 낮아진 것이다. 이와 같은 현상은 어떤 복권을 뽑았는지와 상관없이 나타났다. 회색 막대기와 검은색 막대기 모두가 아래로 내려간 것이다. 반면, 최종적으로 100유로를 받은 참여자들에게서는 정반대 효과가 나타났다. 오른쪽에 있는 막대기 두 개는 위로 올라갔다. 이는 100유로를 받은 참여자들의 경우, 실험을 시작할 때와 비교해 4주 후의 행복 지수가 높아졌다는 의미다.

왼쪽의 막대기 두 개와 오른쪽의 막대기 두 개를 비교해볼 때, 우리는 종합적으로 다음과 같은 결론을 내릴 수 있다. 어떤 복권을 선택했느냐와 상관없이 100유로를 받은 참여자의 행복도가 다른 사람의 목숨을 구한 참여자의 행복도보다 더 높았다. 게다가 (4주 후의) 장기적 효과는 단기적 효과에 비해 4배나 더 강하게 나타났다. 인과적으로 볼 때, 참여자들을 더 행복하게 만든 것은 목숨을 구하는 게 아니라 돈이었던 것이다.

흥미로운 것은 4주 전, 좋은 복권을 선택한 참여자들을 더 행복하게 만든 것이 돈이라는 사실이다. 이것을 보여주는 것이 오른쪽에 있는 회색 막대다. 어떤 의미에서 참여자에게는 최고의 결과라고도 할 수 있다. 자신의 선한 의도를 알리고 친사회적인 복권도 선택했다. 그리고 돈까지 받았다. 이보다 더 멋진 일이 어디에 있겠는가! 이사를 도와달라는 친구 혹은 지인의 부탁에 응했는데, '유감스럽게도' 이사 당일 독일철도공사가 연결 기차 운행을 취소하는 바람에 도울 수 없게 된 것만큼이나 멋진 일 아닌가. 정말 미안해. 이사를 도우러 가려고 했는데, 어떻게 이런 일이…….

요약하면 이렇다. 친사회적 행동과 도덕적 결과는 단기적으로는 많은 사람의 행복 지수에 아주 조금이라도 긍정적 영향을 미친다. 하지만 이것은 단기적으로 나타나는 감정의 효과다. 시간이 어느 정도 흐른 후에는 돈, 그러니까 이기적인 동기가 주는 만족감이 선행이 주는 행복을 이긴다. 이 결과는 우리 실험에서 좋은 복권을 선택한 사람이 왜 60%밖에 되지 않았는지를 설명한다. 만일 좋은 행동이 보편적으로 행복을 가져다준다면, 더 많은 참여자가 좋은 복권을 선택했을 것이다. 우리 실험에서처럼 쉽게 목숨을 구할 방법은 없기 때문이다.

단기 효과와 장기 효과는 반드시 구분해야 한다. 긍정적인 기분이나 자아상이 단기적으로 행복 지수에 영향을 주는 것은 분명하다. 하지만 이 효과의 수명은 짧아서 얼마 지나지 않아 돈과 소비자 이익이 가져다주는 긍정적 효과에 자리를 내주고 만다. 선행이 우리를 행복하게 만들기 때문에 우리가 선행을 이어간다는 주장은 사실이라기에는 너무 아름다운 이야기 아닐까? 어쩌면 지그문트 프로이트의 통찰력이 이 냉정한 깨달음에 위로가 되어주지 않을까 싶다. "창조 섭리에는 인간의 행복이 결코 포함되어 있지 않았다." 프로이트는 아무래도 이 진실을 알고 있었던 모양이다.

감정이 전부는 아니다

기분과 감정은 중요하다. 여기에 대해서는 의심의 여지가 없다. 하지만 나는 인간의 모든 도덕적 행동이 궁극적으로 감정에 의해 결정된다는 일부 학자들의 주장에까지는 동의할 수 없다. 도덕심리학에서 큰 지지를 받는 '사회적 직관 모델'[44]에 따르면 인간의 도덕적 평가는 '자동으로', 그러니까 별다른 노력 없이 도덕적 직관의 결과로써 이루어진다. 그래서 이 이론에서는 감정이 강력하고 정서적인 도덕적 직관으로서 핵심 역할을 한다.[45] 여기서는 도덕과 그것의 인지적 정당성 역시 주로 지금까지 늘 존재해온 타인이나 자신 앞에서의 판단을 정당화하기 위한 사후 합리화로 이해된다. 하지만 직관을 강조하는 이들도 결정적이고 적극적인 이성의 역할을 인정한다. 도덕적 평가에서 대부분은 직관이 이기고 판단을 좌우하지만, 이성이 전적으로 감정의 노예인 것은 아니라는 얘기다. 인간은 때때로 이성의 도움을 받아 직관적 판단을 수정하거나 상대의 입장을 취함으로써 의도적으로 새로운 도덕적 직관을 만들어내기도 한다.

나는 직관주의자들이 암시적으로 옹호하는 바와 같이 판단의 책임을 감정에 묻는 것은 객관적으로 의심스러울 뿐 아니라, 규범적으로도 문제가 있다고 생각한다. 감정이 중요한 역할을 하는 것은 사실이지만, 우리의 잘못된 행동에 대한 믿을 만한 설명이 될 수는 없는 것이다. 더욱이 우리 인간은 이성적 존재로서 끊임없이 생각의 균형을 맞춘다. 두 개의 기부 단체 가운데 하나를 선택할 때, 감정적으로 끌리는 쪽이 있어도 기부금의 25%를 행정과 광고에 사용한다는 작은 글씨를 발견하면 그 단체에 기부하지 않는 것처럼 말이다. 여기에 대해서는 이미 앞에서 논의한 바 있다.

행동의 비용과 유익을 결정하는 세부 사항 또한 의사 결정에 큰 영향을 미친다는 것 역시 많은 연구가 뒷받침하는 사실이다. 그뿐만 아니라 나의 선택이 결과에 미치는 영향이 어느 정도냐에 따라서도 선택은 달라질 수 있다. 이 고도로 인지적인 고민에 대해서는 뒤에서 더 자세히 다룰 예정이다.

도덕과 관련한 우리의 수많은 결정은 결코 즉흥적이지 않으며, 이는 몇 시간, 몇 달, 몇 년간 지속되기도 한다. 우리는 즉흥성과 감정을 혼동할 때가 많다. 시속 100km로 국도를 달리고 있는데 갑자기 10m 앞에 도로로 뛰어든 노루 한 마리가 보인다면 침착하게 멈춰 서서 어떻게 할지 고민하는 게 불가능할 것이다. 당연하다. 하지만 신중한 계획을 통해 '쿰 - 엑스Cum-EX'(한 차례 지급되는 배당에 대해 몇 번이고 세금 환급을 받는 방식으로 유럽 각국 정부의 세금 수입에 거액의 피해를 입혔다 ─ 옮긴이) 수법으로 세금을 빼돌리거나 체계적으로 사업 파트너를 속이는 것, 무임승차를 하거나 범죄국 비밀경찰에 이웃을 밀고하는 것은 모두 깊은 고민 끝에 이루어진 계산된 행동이다. 이것은 최대한의 이성적 사고를 필요로 하는 일이므로 감정과 즉흥적 결정에 책임이 있다는 주장은 신뢰하기 어렵다.

물론 즉흥적인 감정도 유용할 때가 있다. 신체의 자동 반응은 생존을 위해서도 중요하다. 하지만 당장 월급을 올려주지 않는다고, 혹은 동료에게 특혜를 준다고 상사에게 소리를 지르는 것은 결코 좋은 방법일 수 없다. 잠시 내려놓고 시간을 두어야 한다. 진정하고, 고민해야 한다. 그러고 나서 행동해야 한다. 진정하는 시간을 갖는 것은 거의 항상 그럴 가치가 있다. 보다 합리적이고, 우리의 가치에 부합하는 결정과 결과로 이어지도록 도와주기 때문이다.[46] 이는 연구를 통해서 증명된 사실이기도 하다.

조언자 역할을 너무 길게 해서는 안 될 것이므로, 짧게 정리하겠다. 감정은 우리의 행동과 우리의 도덕적 행동에 매우 중요하다. 옳고 그름에 대한 균형과 고민을 대체할 수는 없지만, 선행을 장려하거나 방해할 수 있기 때문이다. 그러므로 도덕적 영향력이 큰 결정을 해야 한다면, 감정 상태를 명확하게 파악하고 있는 것이 좋다.

그리고 나중에 크게 후회하지 말고, 셋까지 세기를 조언한다. 결정은 그다음에 하라.

Warum es so schwer ist,
ein guter Mensch zu sein

4장

오 는 게 있 어 야
가는 게 있지 않을까?

"신뢰는 임신과도 같다. 조금만 임신한다는 것은 불가능하다.
그래서 누군가에게 '어떤 상황에서는 당신을 신뢰하지 않지만,
그 외에는 당신을 믿습니다'라고 말할 수는 없다."

남자는 친구에게 친구가 되어주고, 선물은 선물로 갚아야 한다.

사람은 미소에 미소로 대하고, 거짓은 배신으로 갚아야 한다.

-《에다》, 13세기 북유럽의 신화와 영웅 전설을 모아놓은 책

몇 년 전, 나는 모금 활동을 하기에 적기인 크리스마스를 맞이해 한 복지 단체와 함께 방글라데시 거리의 아이들을 돕기 위한 기부 요청서 1만 장을 취리히와 인근 지역에 발송했다.[1] 사실 내게는 알고 싶은 게 있었다. 작은 선물 하나가 우정을 지키는 역할을 하듯, 기부하려는 마음에도 긍정적 영향을 주는지 확인하고 싶었던 것이다.

  실험을 위해 우리는 세 종류의 편지를 무작위로 발송했다. 첫 번째 유형은 기부의 목적만 언급하며 기부를 부탁하는 편지였다. 두 번째 유형에는 수신자가 간직할 수 있는 엽서 한 장도 들어 있었다. 아이들이 직접 그린 그림엽서였다. 세 번째 유형에는 이러한

엽서 네 장을 넣어 발송했다. 우리가 비교할 수 있는 시나리오는 세 가지였다. 선물이 없는 경우와 작은 선물을 함께 보낸 경우, 그리고 비교적 큰 선물을 보낸 경우.

편지 유형에 따라 나타난 기부 행위의 변화는 인상적이었다. 선물을 보내지 않았을 때 12%에 불과했던 기부 의지가 작은 선물을 보내자 14%로 증가했고, 큰 선물을 보낸 경우에는 21%까지 늘어난 것이다. 선물이 없는 경우와 엽서 네 장을 보낸 경우를 비교하면, 기부 의지가 무려 75%나 증가한 셈이다. 선물이 없을 때 총 1만 7,000유로였던 기부금 총액도 2만 8,000유로로 늘어났다.

친절함의 형태를 갖춘 작은 선물이 영향력을 발휘한다는 것은 사실 우리가 식당에 갈 때마다 주기적으로 경험하는 일이기도 하다. 팁에 대한 이야기다. 형편없는 서비스에 불친절한 직원. 당신은 팁으로 얼마를 주겠는가? 다정한 미소와 손님에 대한 집중, 전문적이고 친절한 서비스에 대해서는? 이 경우라면 반올림이 훨씬 쉬워질 것이다.

이 사실을 증명한 사람은 심리학자 케이시 L. 티드였다.[2] 23세의 티드는 시애틀의 어느 칵테일 바에서 서빙을 하며, 말하자면 자신의 직장에서 실험을 진행했다. 시사하는 바가 많은 실험이었다. 티드는 (입꼬리는 당기되 입은 벌리지 않는) '최소한의' 미소로 손님을 대하거나, (입꼬리를 세게 당기고 치아가 보이는) '환한' 미소로 손님을 맞이했다. 티드의 친절은 말 그대로 제값을 했다. 친절한 미소로 손님을 응대한 경우, 남자는 물론이고 여자들도 상당히 많은 팁을 주었다. 최소한의 미소를 보였을 때는 남자의 경우 평균 4.75달러, 여자의 경우 평균 4.65달러를 팁으로 주었다. 하지만 티드가 환한 미소를 지으며 응대하자 여자는 평균 9.05달러, 남자는 무려 14.15달러를 주었다. 거의 세 배나 많은 액수였다.

이제 인간의 중요한 행동 방식 하나에 대해 이야기할 때가 된 것 같다. 바로 호혜성이다. 누군가에게 착하고 친절하며 협조적인 태도를 보였을 때, 상대도 나를 공정하고 친절하게 대하는 것을 우리는 긍정적 호혜성이라고 한다. 부정적 호혜성도 있다. 나를 불친절하고 부당하게 대하는 사람을 제지하고 처벌하는 행동이다.[3] 이와 같은 호혜성은 조건부 행동의 원인이다. 다른 사람을 통해 경험하고 체험한 것에 대한 반응을 행동으로 나타낸다는 의미다.

인간이 과연 어떤 조건에서 협조적이고 공정하며 도덕적으로 행동하느냐에 대한 우리의 질문에 이를 적용해보면, 협조적이고 공정하며 도덕적인 행동에 또 한 가지 핵심 조건이 있다는 결론을 내릴 수 있다. 우리의 행동이 이웃의 행동에 좌우된다는 것이다. '다른 사람이 어떻게 하는지'를 묻지 않는 무조건적 이타주의와 달리 호혜성은 언제나 우리가 다른 사람에게서 경험한 것, 최소한 다른 사람에게 기대하는 것에 대한 반응으로 나타난다. 이와 같은 호혜성으로 인해 다른 사람에게 공정하고 친절하며 협조적으로 대하려는 마음은 부당하고 불친절하며 비협조적으로 대하려는 마음보다 더 쉽게 무너질 수 있다. 동시에 우리는 (식사 초대 같은) 타인의 친절한 태도에 같은 방식으로 보답해야 한다는 도덕적 압박을 받는다. 한마디로 정리하면 우리가 선하게 행동하느냐, 악하게 행동하느냐는 다른 사람이 우리를 대하는 방식에 크게 좌우된다. 나는 착한 사람이지만, 그건 다른 사람들도 착할 때에만 해당하는 일인 것이다.

나는 에른스트 페어, 우르스 피슈바허와 함께 실험을 진행했다.[4] 실험에서 참여자 A와 참여자 B는 스위스프랑으로 특정 금액을 받았다. 첫 번째 단계에서 A는 B에게 돈을 줄 것인지, 뺏을 것인지 선택했다. 즉, 공정한 행동 또는 불공정한 행동 중 하나를 선택하게 한 것이다. 두 번째 단계에서 B에게는 A의 행동을 보상하거나 처벌할 기회가 주어졌다. 여기에서 보상은 B가 자신이 가진 돈의 일부를 A에게 주는 것이었고, 처벌은 A에게서 돈을 빼앗는 것이었다. 이 경우엔 B도 어느 정도 대가를 치러야 했다.

B 역할을 맡은 참여자는 과연 어떤 선택을 했을까? 만일 첫 번째 단계에서 A가 B에게 돈을 주었다고 가정해보자. 그것은 친절한 행동이다. B는 과연 이 행동을 보상했을까? B가 이기적인 사람이 아니라면 아마도 그랬을 것이다. 어쨌거나 보상하는 데는 돈이 들기 때문이다. B의 선택 이후 게임이 지속되는 것은 아니므로, 전략적으로 볼 때 B가 A에게 반드시 보상할 필요는 없다. 하지만 B가 호혜성을 중시하는 사람이라면 비용을 감수하고서라도 A가 베푼 친절함에 보상하려는 마음이 있었을 것이다(이것이 바로 긍정적인 호혜성이다).

그렇다면 첫 번째 단계에서 A가 B의 돈을 빼앗은 경우, 그러니까 A가 B에게 불공정한 행동을 했을 때 B의 선택은 어떻게 바뀔까? B는 이 행동을 처벌할까? 만일 B가 이기적인 사람이라면 굳이 A를 처벌하지 않을 것이다. 처벌을 하는 데도 돈이 들기 때문이다. 이익의 극대화가 목적이라면 처벌은 의미가 없다. 하지만 B가 호혜성을 중시하는 사람이라면, 비용을 감수하고서라도 자신이 불공정하다고 인식한 A의 행동을 처벌할 것이다(이것이 바로 부정적인 호혜성이다). 그렇다면 B의 선택을 통해 우리는 호혜성의 효과를 확인할 수 있을 것이다. 호혜성이 작용한다면 B는 비용이 들더라도 A의 공정한 행동에 보상할 것이고, 불공정한 행동은 처벌할 것이기 때문이다.

결과는 긍정적 호혜성과 부정적 호혜성의 핵심을 뒷받침했다. A가 B에게 돈을 많이 보낼수록 평균적인 보상 금액이 높아졌다. 공정한 행동은 이에 상응하는 보상으로 이어지는 셈이다. 동시에 불공정한 행동에는 처벌이 이루어졌다. A가 B를 통해 자신의 배를 더 많이 불릴수록 이 행동에 대한 처벌은 더 강력해졌다. A가 B에게서 돈을 너무 많이 뺏으면, 결과적으로 처벌을 통해 처음 가지고 있던 돈보다 더 적게 갖게 되었다. B 역할을 맡은 참여자들의 호혜성을 고려하면 공정하게 행동하려는 A의 노력은 평균적으로 헛되지 않았음이 드러났다. 그에 반해 불공정한 행동은 값어치가 적었다. 예컨대 A를 맡은 사람이 매우 불공정한 사람이어서 최대 금액인 6스위스프랑을 뺏은 경우, 실험을 시작할 때 가졌던 금액보다 8스위스프랑이 줄어든 결과로 이어졌기 때문이다. 반면 A가 B에게 최대 금액을 나눠준 경우, A는 처음에 비해 평균적으로 6.5스위스프랑을 더 갖고 게임을 마칠 수 있었다. 절반 이상을 나눠준 경우에는 심지어 9스위스프랑 혹은 그 이상의 수익을 얻기도 했다.

이것은 우리의 행동이 호혜성에 의해 결정된다는 것을 실험을 통해 증명한 수많은 연구 가운데 하나일 뿐이다. 호혜성만큼이나 인간의 행동에 강력하고 보편적인 영향을 주는 것은 없다. 호혜성은 협상이나 시장, 개인적 관계와 같은 다양한 맥락에서 우리의 행동에 영향을 미친다. 앞으로 더 살펴보겠지만, 이와 같은 호혜성은 모든 문화권에서 발견되는 것이기도 하다. 문화에 따라 약간의 차이는 있지만 말이다.

이제부터 호혜성에 의한 행동이 우리 관계에 어떤 영향을 미치는지 알아보자. 하지만 그 전에 호혜성의 개념을 먼저 설명할 필요가 있을 것 같다. 이 책에서 말하는 호혜성이란 친절한 행동을 보상하고, 전략적으로 내게 이득이 되지 않더라도 불공정한 행동을 처벌하려는 인간의 동기를 의미한다. 위에서 소개한 실험을 예로 들면, A의 공정한 행동을 칭찬하거나 처벌한다고 해서 B 역할을 맡은 참여자에게 금전적 이익이 돌아가는 것은 아니었다. B의 선택으로 게임은 끝이 나고, A와 B의 소통은 익명으로 이루어졌기 때문이다. 엄밀히 따져볼 때 B로서는 다음에 A의 공정한 행동을 장려할 목적으로 A와 상호작용을 할 필요가 없었다. 어차피 다음이라는 게 없으므로, 나중에 더 나은 대우를 받을 거라는 희망으로 협상에 강한 사람이라는 명성을 얻을 이유가 없는 것이다.

하지만 이와 같은 전략적 동기는 우리 일상에서는 흔히 발견할 수 있다. 다른 사람과 계속해서 상호작용이 이루어지는 상황에서는 내가 공정한 행동은 보상하고, 불공정한 행동은 처벌하는 사람이라는 신뢰를 주는 것이 이익을 가져다줄 수 있기 때문이다. 이렇게 하면 다음에는 상대가 더 나은 행동을 하게 될 테니 말이다. 계속 복도에 쓰레기를 내놓는 이웃을 질타하거나, 팀에 협조하지 않는 직장 동료를 비난하는 것은 호혜적 상호작용을 위한 동기에 또 하나의 전략적 의도가 더해진 행동이라고 할 수 있다. '다음에는 그러지 마세요. 안 그러면 문제가 커질 겁니다!'라는 신호를 보내는 것이다. 따라서 호혜성에 의한 행동은 호혜성이라는 동기와 전략적 고려라는 두 가지 다른 이유에서 이루어진다고 볼 수 있다. 상호작용이 계속되는 상황에서는 모든 구성원이 이기적이어도, 호혜의 마음이 없어도 호혜적인 행동이 나타날 수 있다. 전략적 이점을 얻기 위해 호혜적으로 행동하는 것이다. 이것은 게임이론이 아주 일찍이 발견한 사실이다.[5]

하지만 익명으로 이루어지는 일회성 상호작용 환경에서조차 대부분 사람이 호혜성을 고려한 행동을 한다는 것은 행동경제학의 중요한 발견이다. 이것은 전략적 고려와 평판 효과를 배제한 관련 실험에 기초를 두고 있다.

일터에서의 호혜성

호혜성이 적용되는 일상 가운데 가장 흥미로운 현장이 바로 일터다. 여기에는 그만한 이유가 있다. 노동시장과 조직이 어떻게 기능하는지와 관련해 가장 유명한 경제 이론 중 하나가 바로 '주인-대리인 이론Principal-Agent theory'이다. 이 이론은 (주인 혹은 상사로 대표되는) 회사와 (대리인인) 직원의 관계를 분석하는 것으로, 간단히 말하면 이해 충돌에 관한 것이라고 할 수 있다. 한편에는 이익의 극대화라는 관점에서 직원이 최대한 많은 일을 하되, 임금은 적게 가져가길 바라는 상사가 있다. 임금을 많이 줄수록 이익이 줄어들기 때문이다. 하지만 다른 한편에는 적게 일하되, 돈은 많이 벌고 싶은 직원이 있다. 원칙적으로 이와 같은 이해 충돌은 무엇을, 언제, 어떻게 해야 하며, 그 대가로 무엇을 지불해야 하는지를 명시한 완전한 형태의 고용계약을 통해 해결할 수 있다.

하지만 문제는 고용계약이 본질적으로 불완전하며, 적절한 작업량을 대략적으로만 명시하고 있다는 데서 발생한다. 계약서가 불완전할 수밖에 없는 이유는 여러 가지다. 예컨대 작업 프로세스는 복잡할 때가 많아서 고용계약 체결 시점에는 이것을 알 수 없거나, 부분적으로만 알 뿐이다. 정확한 작업량 또한 분명하게 알 수 없다. 회사가 각 직원의 성과를 완벽하게 측정할 수 있다 하더라도, 법정에서 업무 능력의 부족을 입증해야 하는 법적 문제가 남는다. 불가능하지는 않아도 결코 쉽지 않은 일이다. 파업과 같은 극단적 형태를 제외하면 고용주로서는 직원의 업무 의지가 부족하거나 충분히 노력하지 않았다는 사실을 증명하기 어렵기 때문이다.

고용계약을 근거로 한 고소와 법적 처벌은 제한적이고, 그 결과 회사는 직원의 자발적 업무 수행 또는 협조에 의존할 수밖에 없다. 물론 근무시간을 확인할 수 있고, 지각이나 업무 거부에 대한 대략적인 제재도 가능하다. 하지만 회사의 문제를 자신의 문제로 여기고 자발적으로 해결책을 찾도록 동기를 부여하는 것은 결코 고용계약을 통해 강제할 수 없는 부분이다. 직원들의 협조 의지를 높이고, 이를 꾸준히 유지하는 기업과 조직만이 성공할 수 있다. 결국 기업은 직원들이 원하는 만큼만 운영되고 성장할 수 있다는 오랜 마르크스주의자들의 생각이 틀리지 않은 것이다.

이를 동기부여의 문제라고도 한다. 어떻게 해야 직원들의 협조 의지와 업무에 대한 동기를 높일 수 있을까? 이에 대한 경제학자와 컨설턴트들의 대답은 꽤나 단순하다. "돈을 주면 됩니다. 이 돈이 성과 관리, 인센티브 계약, 해고 위협과 연결되어 있으면 가장 좋겠죠." 업무에 대한 동기부여가 물질적 인센티브에 의해 가장 크게 좌우된다는 전제에 기반을 둔 권고라고 할 수 있다. 그리고 이는 사실이기도 하다. 이것은 매우 중요하다. 여기에 또 다른 전제가 있을 거라고 믿는 것은 순진한 생각이다. 하지만 물질적 자극만으로 모든 걸 해결할 수는 없다.

당신이 지급한 돈을 당신한테 돌려줄 직원은 아무도 없을 것이다. 하지만 당신이 인간으로서 한 직원에게 보여준 존경과 인정은 돌아올 것이다. 일찍이 1964년에 이 사실을 알고 있던 직업사회학자 P. M. 블라우는 이렇게 말했다. "오직 사회적 교류만이 개인적 의무와 감사, 신뢰의 감정을 만들어낼 수 있다." 찬송가 가사처럼 들릴지 모르겠지만, 이는 경험적으로도 증명이 가능하다.

노동시장에서 호혜성의 역할에 대해 조금 더 자세히 들여다보도록 하자. 먼저 큰 영향력을 미쳤던 '선물 교환 게임'에서부터 시작하자. 이것은 오스트리아의 세 경제학자 에른스트 페어와 게오르크 키르히슈타이거 그리고 아르노 리들이 진행한 실험으로, 이

후 다양한 형태로 이어졌다. 행동경제학의 고전이라 할 수 있는 실험이다.[6]

실험의 설정(〈그림 8〉 참조)은 위에서 언급한 이해 충돌과 그에 따른 동기부여의 문제를 정확하게 반영한다. 실험에서 고용주는 자신이 지급할 의향이 있는 임금을 정해 직원에게 제안한다. 그러면 직원은 이 제안을 받아들일지 결정해야 한다. 제안을 받아들일 경우, 직원은 자신이 받을 임금을 고려해서 자기가 회사를 위해 실제로 얼마나 일할지를 결정한다.

직원 입장에서는 더 높은 성과를 낼수록 노동의 비용도 높아질 것이다. 업무에 대한 의지가 더 커지고, 노동시간이 더 길어지며, 더 많은 노력을 해야 한다는 뜻이다. 간단히 말해, 더 나은 업무를 위해 필요한 모든 수고가 더해진다. 직원이 더 높은 성과를 선택할 경우, 수입은 상대적으로 줄어든다.[7] 반면 고용주 입장에서는 정반대다. 임금을 많이 줄 경우 수익은 줄어들고, 업무 성과가 높을 경우 수익이 늘어나기 때문이다. 전통적인 이해 충돌의 상황이다.

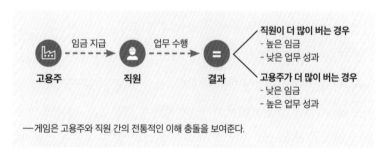

그림 8 선물 교환 게임

— 게임은 고용주와 직원 간의 전통적인 이해 충돌을 보여준다.

이 상황에서 이기적인 직원이라면 언제나 가장 낮은 업무 성과를 선택할 것이다. 일을 많이 한다는 것은 결과적으로 노동비용이 높아지고, 받은 임금과 상관없이 수익이 줄어든다는 뜻이기 때문이다. 그렇다면 실제로 다수의 직원은 어떻게 행동할까? 이번에도 데이터는 아주 명확하게 이야기한다. 평균적으로 근로자들은 긍정적인 호혜성을 보여주었다. 더 높은 임금을 받을수록 더 많은 일을 한 것이다. 회사의 우호적이고 관대한 조치에 높은 업무 성과라는 자발적 협조로 보상을 한 셈이다. 하지만 잘 생각해보라. 회사는 결코 물질적 인센티브만 주지 않았다. 업무 성과에 따라 임금을 준 것이 아니라 오히려 그 반대, 그러니까 먼저 임금을 지급하고 업무 성과가 따라왔기 때문이다.

이와 같은 선물 교환은 고용주-근로자라는 상호 관계에서만 관찰되는 것이 아니다. 근로자와 고용주가 좋은 일자리와 직원을 놓고 경쟁하는 노동시장에서도 같은 현상을 발견할 수 있다. 1999년, 나는 에른스트 페어와 함께 이를 증명했다.[8] 내가 특별히 연도를 강조한 것은, 당시에는 컴퓨터를 갖춘 실험실이 없었기 때문이다. 당시 우리는 노동시장을 시뮬레이션하기 위해 컴퓨터를 프로그래밍하는 대신 약간의 품을 들여야 했다.

먼저 방 두 개를 만들었다. 하나는 고용주를 위한 방이고, 다른 하나는 근로자를 위한 방이었다. 방에는 칠판을 각각 두 개씩 설치하고, 이 칠판 앞에 도우미를 세워두었다. 임금을 제안하고 싶은 고용주는 손을 들어 원하는 액수를 말한다. 고용주가 50이라는 수치를 말하면, 이를 고용주의 방에 설치된 칠판과 근로자의 방에 설치된 칠판에 각각 적는다. 이를 위해 칠판 앞에 서 있는 도우미는 근로자의 방에 서 있는 도우미와 통화를 한다. 당시는 핸드폰이 없던 때였으므로, 우리는 전화선이 달린 군용 전화를 빌려 두 방을 연결했다. 근로자도 원하는 임금을 제안할 수 있었다. 근로자가 제안한 임금은 근로자의 방에 있는 칠판에 기록되고, 도우미들의 통화로 고용주의 방에 있는 칠판에도 기록된다. 이런 방식으로 노동 시장 참여자들은 유효한 임금 제안을 실시간으로 볼 수 있었다.

근로자든 고용주든 임금 제안을 받아들이고 싶은 시장 참여자는 손을 들고 그 내용을 알린다. 그러면 각 방에 있는 또 다른 도우미가 스위치를 돌리고, 빨간 램프가 들어오면 협상이 일시적으로 중단된다. 누가 누구에게서 어떤 제안을 받아들였는지 정확하게 확인하고 그걸 기록하면, 도우미는 다시 스위치를 돌리고 녹색 램프가 켜진다. 그리고 협상은 다시 시작된다.

이 실험에는 총 11명의 근로자와 7명의 고용주가 참여했다. 라운드마다 단 한 번만 임금 제안을 수락할 수 있었기 때문에 항상 근로자가 더 많이 공급되었다. 7건의 계약이 성사되었고, 이어 고용계약을 한 근로자는 자신의 노동력을 얼마나 투입할지 결정할 수 있었다. 실제 삶에서도 그렇듯, 이 실험에서도 근로자의 높은 성과는 더 높은 노동비용을 의미했다. 따라서 단순히 물질적인 부분만 고려하면 근로자는 최소한의 성과를 선택할 것이다.

하지만 결과는 그렇지 않았다. 여기에서도 호혜성이라는 행동의 동기가 작동했던 것이다(〈그림 9〉 왼쪽 표 참조). 합의된 임금이 높을수록 근로자들은 더 많은 노동을 선택했다. 공정한 임금을 높은 성과로 보상한 것이다! 더욱이 더 적은 임금을 제안할 수 있었음에도 고용주들이 평균적으로 관대한 임금을 제안한 것은 놀라운 일이었다. 근로자의 과잉 공급은 임금 경쟁에 큰 압력으로 작용했고, 근로자들은 자신이 받고 싶은 임금을 경쟁적으로 낮춰 불렀다. 그럼에도 고용주들은 낮은 임금이 아니라 상대적으로 높은 임금을 받아들였다. 고용주에게 높은 임금은 높은 임금 비용으로 이어짐에도 말이다. 왜 그랬을까? 더 높은 임금을 지급할 경우, 임금과 노동력 사이의 긍정적 관계를 통해 회사의 이익을 높일 수 있기 때문이다(〈그림 9〉의 오른쪽 그래프 참조).

그림 9 1999년 페어와 필자의 노동시장 실험 결과

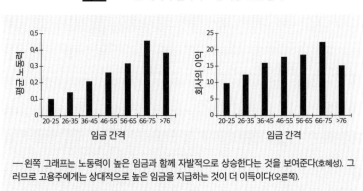

— 왼쪽 그래프는 노동력이 높은 임금과 함께 자발적으로 상승한다는 것을 보여준다(호혜성). 그러므로 고용주에게는 상대적으로 높은 임금을 지급하는 것이 더 이득이다(오른쪽).

다른 말로 하면, 과잉 공급으로 인해 근로자들이 자신을 과소평가한다는 사실을 악용하지 않고, 정당한 임금을 지급한 것이 이익을 가져왔다는 뜻이다. 고용주의 이러한 관대함은 호혜성을 통해 보상으로 돌아왔다. 그러므로 호혜성은 시장의 총수익에도 영향을

미친다. 하지만 이것은 호혜의 기회가 있을 때 이야기다. 노동시장 같은 불완전한 계약 시장에서는 호혜성이 결과에 영향을 줄 수 있지만, 완전한 계약 시장에서는 불가능하다.[9]

이를 증명한 사람이 미국 경제학자 트루먼 F. 뷸리다. 뷸리는 그의 저서 《불황에도 임금이 떨어지지 않는 이유Why Wages Don't Fall During a Recession》에서 미국의 인사관리자들을 상대로 1990년대 경기 침체 시기에 왜 직원들의 임금을 삭감하지 않았는지 물었다.[10] 이들의 대답은 이랬다. 임금 삭감은 근로자들의 직업윤리를 위협하고, 기업을 위해 노력하고자 하는 의지를 꺾는다는 것이다. 그러므로 임금을 삭감하는 것은 더 비싼 돈이 드는 일이고, 임금 삭감으로 인해 근로자들을 분노에 직면하게 하는 것보다 해고하는 것이 더 낫다는 게 이들의 설명이었다. 호혜성은 실험실에서뿐 아니라 실제 노동시장에서 실업률이 높은 위기의 시기에도 정작 임금이 줄지 않은 이유였던 것이다. (물론 이와 유사한 설문 연구들이 많지만) 뷸리는 실험실 연구 결과뿐 아니라 권위 있는 실업 이론 중 하나로 꼽히는 조지 애컬로프와 재닛 옐런의 이론[11]도 증명했다. 참고로 재닛 옐런은 현재 미국의 재무장관으로서 기업에 세계 최저 세금을 부과하기 위해 노력하고 있다.

선물 교환에 대해 이야기하고 싶은 것이 하나 더 있다. 공정한 대우와 동기부여의 생산적 순환이 이루어지기 위해서는 '선물', 그러니까 공정한 대우가 실제로도 공정한 대우로 인식되는 것이 중요하다. 일상적인 노동에서 공정한 대우는 물질적인 것, 무엇보다 임금이 핵심이다. 하지만 이것이 다는 아니다. 유연한 근무시간을 도입하고, 직원들의 업무 계획을 돕고, 자녀 지원과 같은 가족 친화적 서비스를 제공하고, 매력적인 근무 환경을 만들고, 편안하고 다정한 기업 분위기를 만드는 것 역시 공정한 대우일 수 있다. 직원들의 성과와 헌신을 진심으로 인정해주는 것도 잊지 말아야 한다. 공정성은 여러 얼굴을 가지고 있다. 결과적으로 공정성에 가장 결정적인 역할을 하는 것은 선물을 통해 드러나는 직원에 대한 관심과 존경이다. 좋은 의도가 없거나 입으로만 하는 칭찬에 불과할 경우, 선물 교환은 이루어질 수 없다는 뜻이다.

선물에 대한 인식이 사람마다 얼마나 달라질 수 있는지를 보여준 실험이 있다. 이 실험에서 학생들은 도서관의 장서를 확인하는 일을 하기로 했다.[12] 그런데 이들에게 원래 약속했던 수고비에 더해 예상치 못한 깜짝 선물이 주어졌다. 일부는 7유로를 더 받았고, 일부는 예쁘게 포장된 텀블러를 선물받은 것이다. 이 두 그룹에 속한 학생들은 추가 선물을 받지 못한 세 번째 그룹의 학생들에 비해 더 많은 장서를 정리했다. 하지만 이 두 그룹 간에도 큰 차이가 있었다. 텀블러를 선물받은 학생들은 텀블러에 눈에 띄게 7유로라는 가격을 표시해놓았는데도 아무 선물도 받지 못한 학생들에 비해 30% 더 많은 일을 했다. 반면 7유로를 받은 그룹의 경우에는 아무 선물도 받지 못한 학생들에 비해 약 6% 더 많은 일을 했다.

텀블러를 받은 학생들이 (가격표가 붙어 있음에도) 텀블러를 '더 비싼 것'으로 여긴 것 아니냐고 이의를 제기할 수도 있을 것이다. 하지만 그렇지 않다. 텀블러와 7유로 중 무엇을 갖고 싶은지 다른 참여자들에게 묻자 분명한 결과가 나왔기 때문이다. 참여자의

92%는 텀블러가 아닌 돈을 선택했다.

선물에 대한 우리의 인식에는 단순한 물질적 가치 외에도 감정적 요소가 중요한 역할을 하는 것 같다. 선물 포장을 한 텀블러의 경우, 중요한 것은 그 물질적 가치가 아니었다. 텀블러는 누군가가 받는 사람을 기쁘게 만들기 위해 노력했다는 상징이었다. 이것이 바로 호혜성에 의한 동기부여다. 다른 사람을 위해 좋은 일을 하려 한다는, 진심으로 그렇게 한다는, 상대를 생각하고 있다는 걸 정직하게 보여주는 것이다. 크리스마스 선물로 전 세계 상점에서 파는 표준화된 상품을 받아본 사람은 이게 무슨 뜻인지 이해할 것이다.

올바른 선물을 주는 것은 예술이다. 잘못된 선물을 주는 것은 역효과를 낳을 수도 있다. 그래서 돈은 특히나 개인적 관계에서 큰 문제를 일으킬 수도 있다. '로맨틱한 밤'을 보낸 후, 상대에게 50유로의 가치를 지닌 꽃다발 대신 50유로가 든 돈 봉투를 선물했다고 생각해보라……. 선물의 유형은 관계를 정의한다. 그것이 사적인 관계인지, 공적인 관계인지를 말이다.

신뢰한다면 보답한다

우리는 앞서 호혜성을 중시하는 직원들을 공정하게 대하는 것이 상사들에게 이익이 될 수 있다는 걸 살펴보았다. 하지만 직원들을 믿는 문제는 어떨까? 직원들에게 자율권을 주고 결정권을 넘기면, 이들이 자신에게 부여된 신뢰를 남용하지 않을 것이라고 기대할 수 있는가? 타인에 대한 우리의 행동, 예를 들어 상사에 대한 행동은 우리가 신뢰를 선물받을 경우, 더 친사회적이고 협조적으로 변할 수 있을까? 아니면 신뢰가 좋은 것은 맞지만 통제가 더 낫다는, 유명하고도 악명 높은 명언(그 출처는 아마도 레닌일 테지만[13])이 진실이라고 봐야 하는 걸까?

나는 독일 프랑크푸르트괴테대학교의 미하엘 코스펠트와 함께 신뢰와 통제의 상관관계를 조금 더 자세히 들여다보기로 했다.[14] 신뢰와 달리 통제는 어떻게 인식될까? 신뢰의 부족은 자발적인 협조에 대한 의지를 감소시킬까? 아니면 결국 우리의 행동을 좌우하는 것은 탐욕과 이기심일까? 그렇다면 타인을 신뢰하는 것은 정말로 어리석은 생각인 걸까?

실험의 설정은 단순했다. 참여자들에게는 고용주 혹은 근로자 역할이 주어졌다. 고용주는 근로자를 업무에 투입하기 전, 그를 신뢰할 것인지 혹은 통제할 것인지 결정한다. 전통적인 이해관계의 충돌을 일으키기 위해 우리는 다음과 같은 원칙을 적용했다. 노동력을 투입할수록 고용주는 유리해지고, 더 큰 이익을 얻을 수 있다. 동시에 근로자에게 더 많은 노동력은 더 높은 노동비용을 의미한다. 예컨대 업무의 질을 더 높이거나, 더 오래 일을 해야 하는 것이다. 실험에서는 노동력을 점수로 나타냈다.

구체적으로 설명하면, 근로자는 독재자 게임에서와 비슷하게 자신과 고용주가 120점을 어떻게 나눌지 결정해야 했다. 하지만 이 실험의 핵심은 근로자가 결정을 내리기 전에 고용주가 먼저 근로자의 재량권을 제한할 것인지 결정할 수 있다는 데 있었다. 고용주가 재량권을 주면 근로자는 0~120 사이의 점수를 고용주에게 줄 수 있지만, 고용주가 재량권을 제한하는 경우에는 10~120 사이의 점수만을 줄 수 있는 것이다(최소 10점을 포기). 여기서 재량권에 제한을 두지 않는 것은 신뢰의 행동이라고 간주할 수 있다. 근로자가 10점 이하의 점수를 줄 수도 있는 위험을 감수했기 때문이다. 반면 통제는 재량권을 제한하는 것이고, 이를 통해 근로자에게 최소 10점을 보장받는다는 뜻이었다.[15]

다시 말해, 여기서 신뢰란 니클라스 루만의 정의[16]와 같이 그 자체로 '중요한 선행'인 셈이다. 다른 사람을 신뢰한다는 것은 자신의 신뢰가 실망으로 이어질 수 있고, 신뢰하지 않았을 때보다 더 나쁜 상황이 벌어질 위험을 무릅쓰는 일이기 때문이다.

그림 10 신뢰 실험

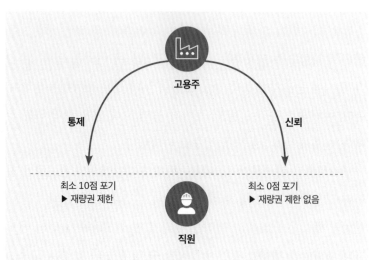

하지만 자발적으로 이러한 위험을 무릅쓰지 않는 한 신뢰는 존재할 수 없다. 그리고 바로 이 위험 때문에 신뢰를 주는 사람은 긍정적으로 상호작용을 하는 사람에 의해 보상을 받는다. 신뢰라는 행위는 타인에 대한 긍정적인 기대를 내포하기에 그렇다. 결과적으로 우리는 신뢰할 만하다고 여기는 사람들만을 신뢰한다. 그리고 상대는 그것을 이해한다.

이와 정반대되는 것이 누군가를 신뢰하지 않고 통제하는 것이다. "나는 네가 자발적으로 협조할 거라고 생각하지 않아. 그리고 너에게서 기대되는 행동을 얻으려면, 그걸 강요하거나 물질적인 자극 또는 협박으로 이끌어야 한다고 생각해." 뭐, 말하자면 이런 얘기다. 이렇게 보면 누군가를 불신하는 것은 결국 그 사람의 태도나 인격에 대한 부정적 기대의 표현인 셈이다. 그리고 호혜성을 중시하는 사람은 자신에 대한 불신을 상황에 따라 처벌할 수도 있을 것이다.

몇 년 전, 툴루즈경영대학원에서 열린 학회에서 이 실험에 대해 설명하고 있을 때였다. 내가 이와 같은 대가의 법칙을 이야기하자, 저명한 이론가 한 명이 손을 들고 발언했다.[17] 그는 이렇게 단순하고 명백한 실험에 돈을 쓰는 것 자체를 비난했다. 나는 잠깐 말문이 막혔지만, 이내 되물었다. "좋습니다. 너무나 당연한 실험이라면 어떤 결과가 나왔을지 맞혀보세요." 그러자 이론가는 자기 이익을 추구하며 합리적인 호모 오이코노미쿠스Homo oeconomicus, 즉 '경제적 인간'에 대한 전형적인 분석을 이어갔다. "근로자는 당연히 최소한의 점수를 선택하겠죠. 근로자에게 자율성이 주어지는 경우(신뢰의 경우) 0점을 주었을 것이고, 자율성에 제한이 있는 경우(통제의 경우) 10점을 주었을 겁니다. 이것을 예측한 고용주는 10점을 포기하고 근로자를 통제했을 거고요. 이상입니다."

내가 하는 일을 정말로 재미있게 만드는 순간들이다. 나는 이 '당연한' 예측을 염두에 두고 데이터와 비교해보자고 대답했다.

그리고 이 데이터는 이론가의 예측을 뒤집어엎었다. 실험에서 통제를 받는 근로자들이 고용주에게 10점을 준 것은 맞았다. 하지만 신뢰를 받는 근로자들은 0점이 아니라 20점을 주었다. 통제를 받는 경우에 비해 두 배나 높은 점수였다. 이렇게 되면 평균적으로 고용주는 신뢰 상황에서 더 많이 번다는 뜻이다. 물론 근로자를 신뢰하는 모든 고용주가 더 많은 돈을 벌 수 있는 것은 아니다. 근로자 중에는 신뢰를 보상하지 않고 0점을 주는, 말 그대로 이기주의자도 더러 있었기 때문이다. '자기 손해지 뭐.' 이들은 아마도 이렇게 생각했을 것이다. '나를 믿는 게 명청한 건데, 내가 무슨 상관이람.' 앞서 말했듯이, 신뢰는 위험을 무릅쓰는 일이다. 바로 위와 같은 이기주의자들을 만날 위험이다. 만일 모든 사람을 100% 신뢰할 수 있다면, 신뢰라는 개념은 필요 없을 것이다.

하지만 신뢰를 받은 다수의 근로자는 여기에 긍정적인 반응을 보였고, 이에 따라 근로자를 신뢰한 고용주는 평균적으로 더 많은 점수를 얻을 수 있었다. 그럼에도 통제하는 쪽을 선택한 고용주는 30%나 되었다. 이유가 무엇일까? 근로자들이 내가 툴루즈에서 만난 동료 학자의 예측처럼 행동할 것이라고 생각했기 때문이다. 근로자의 어떤 행동을 기대하는지 묻자 통제를 선택한 고용주의 경우, 통제를 통해 더 많은 점수를 받을 것이라고 믿고 있음이 드러났다. 반면 근로자를 신뢰하는 고용주들은 정반대였다. 그러니까 결국 양쪽 모두 자신들이 기대하는 바대로 행동한 것이다. 다만 근로자를 신뢰한 고용주들의 기대가 옳았고, 통제한 고용주들의 기대는 틀렸을 뿐이다.

게다가 흥미로운 것은 이 두 경우 모두가 직원들의 행동을 통해 증명되었다는 사실이다. 근로자를 신뢰한 고용주들은 평균적으로 더 많은 점수를 받았고, 통제한 고용주들은 부정적인 기대에 맞게 최소한의 점수를 받았으니 말이다. 어쩌면 개중에는 결과를 이렇게 해석한 고용주도 있었을 것이다. '이럴 줄 알았어! 근로자들은 꼭 해야 할 일만 한다니까! 통제를 선택한 건 정말 다행이야. 근로자를 통제하지 않았더라면, 분명 1점도 받지 못했을 거야.'

이를 통해 우리는 친사회적 행동의 본질과 관련해 두 가지 중요한 통찰을 얻을 수 있다. 첫째, 상호주의에 대한 인간의 의지로 인해 두 경우 모두 기대가 '자기 충족적 예언'을 이끌어낸다는 사실이다. 내가 부정적 기대를 갖고 있고, 그로 인해 상대를 신뢰하지 않으면, 상대 역시 신뢰할 수 없는 행동을 돌려준다는 뜻이다. 암묵적으로 신뢰하지 않는다는 메시지를 보내는 사람에게 협조적일 필요가 어디 있겠는가? 반대로 긍정적 기대를 가지고 상대를 신뢰하는 사람에게는 믿을 만한 보상이 돌아온다.

둘째, 이 결과는 우리의 행동을 한 번쯤은 바꿔볼 필요가 있다는 통찰을 제공한다. 실험 삼아 평소와 다른 방식으로 사람을 대해볼 가치가 있다는 뜻이다. 인간은 스스로 만든 사회적 우리에 갇힐 수 있다. 반작용적인 상황에 대한 기대가 틀렸음에도 모든 게 자신의 기대와 일치할 거라고 착각할 수 있기 때문이다. 자신이 틀릴 수 있다고 생각하지 않는 것이다. 이와 같은 잠금 효과는 왜 기업이나 작업 그룹의 리더 교체가 극적인 효과를 가져올 수 있는지 설명해준다. 팀장이 툭하면 의심을 하는 등 조직 문화가 감시를 바탕으로 이뤄진다면, 이런 팀과 기업에서 자발적인 협조는 거의 기대할 수 없을 것이다. 내가 나쁜 놈이라고 생각하는 상사에게 뭐하러 잘하겠는가? 이때 리더를 교체하거나, 리더가 태도를 바꾸면 어떻게 될까? 비협조적인 신뢰의 균형이 아마도 협조적인 신뢰의 균형으로 발전할 것이다. 휼렛패커드의 설립자 데이비드 패커드가 자신의 회고록에서 묘사한 것도 바로 이와 같은 생각이었다.

1930년대 후반에 나는 제너럴일렉트릭GE에서 일했다. 회사는 직원들이 아무것도 훔치지 못하도록 도구와 예비 부품을 지키는 데 특히나 열심이었다. 회사의 노골적인 불신을 직면한 직원들은 가져갈 수 있는 모든 것을 도둑질함으로써 불신을 정당화하기 시작했다. (생략) 휼렛패커드를 시작할 당시 나는 제너럴일렉트릭에서의 기억을 생생하게 간직하고 있었다. 이에 나는 도구와 예비 부품을 넣어둔 창고를 항상 열어놓기로 했다. 이 결정은 두 가지 측면에서 휼렛패커드에 유리했다. 첫째, 쉬운 접근은 제품 디자이너나, 집에서 혹은 주말에 새로운 아이디어를 시도해보고 싶은 직원들에게 매우 편리한 제도였다. 둘째, 열려 있는 창고는 직원들에 대한 신뢰의 표현이었고, 이는 중요한 장점이었다.

무엇보다 나는 특히 제너럴일렉트릭의 직원들이 자신에 대한 불신을 '정당화'했다는 데이비드 패커드의 표현이 마음에 든다. 호혜성을 보여주는 좋은 사례다.

실험 후에 미하엘과 나는 보다 현실적인 환경에서 우리의 이론을 검증하기 위해 설문 조사를 진행했다. 우리는 항상 두 가지 조건(한 번은 통제, 한 번은 신뢰) 속에서 다섯 개의 일상적 업무 상황을 설명하고 응답자들에게 이렇게 물었다. "당신의 업무 동기는 얼마나 높습니까?" 두 그룹 모두 일터에서의 초기 상황은 동일했지만 상사가 신뢰를 하느냐, 통제를 하느냐에 따라 차이를 보이기 시작했다.

한 가지 시나리오를 예로 들면 이렇다. "당신은 휴가를 맞이해 마트에서 아르바이트를 시작했습니다. 당신의 업무는 저녁에 계산대를 확인하는 것입니다. 계산대의 금액이 장부에 기록된 금액과 일치하는지 확인해야 합니다. 원칙적으로 당신은 계산대에서 돈을 빼내 자신의 배를 불릴 수 있습니다. 하지만 당신은 양심적으로 계산대를 확인하고, 그 결과를 정직하게 보고했습니다." 여기까지는 두 그룹 모두에 해당하는 공통된 출발점이다. 신뢰의 조건에서는 이렇게 계속된다. "당신의 보고를 받은 점장은 계산대를 다시 확인하지 않습니다." 반면 통제 상황에서는 이렇다. "집으로 돌아가는 길에 당신은 우산을 놓고 왔다는 걸 떠올렸습니다. 그래서 다시 마트로 돌아갔더니 점장이 계산대를 확인하고 있었습니다." 이어서 우리는 각 상황에서의 업무 동기를 물었다.

다른 네 개의 시나리오도 비슷하게 구성되었다. A는 업무 시간의 준수 문제(통제: 구속력 있는 진술서 작성, 신뢰: 부탁), B는 고용 면접 과정에서 추천서 누락을 확인한 상황(통제: 추천서 검색, 신뢰: 추천서를 확인하지 않고 지원자 고용), C는 개인 용도로 복사기 사용을 금지하는 상황(통제: 복사기가 있는 방을 잠가놓고 복사기를 사용하려면 키를 가져와야 함, 신뢰: 규칙을 지키라고 지시한 후 방을 열어놓음), 그리고 D는 개인 용도로 인터넷 사용을 금지하는 상황(통제: 특수한 소프트웨어를 사용해 감시, 신뢰: 지시만 하고 감시하지 않음)을 각각 다뤘다.

다섯 개의 시나리오 모두 같은 결과로 이어졌다. 통제하는 상황에서보다 신뢰를 얻는 상황에서 업무에 대한 동기부여가 전반적으로 높았던 것이다. 통제 상황에서의 업무 동기는 아주 낮았고, 높은 경우는 극히 드물었다.

당연한 일이다. 복사실이 잠겨 있고 직원들이 '업무를 할 때마다' 열쇠를 가지러 가야 한다면 일정 비용을 절약할 수는 있을 것이다. 하지만 과연 이러한 통제가 직원들에게 어떤 메시지를 보낼까? '나를 못 믿는 건가? 그리고 왜 복사기 사용을 제한하는 거지?' 이것은 아주 중요한 측면이다. 신뢰는 임신과도 같다. 조금만 임신한다는 것은 불가능하다. 그래서 "복사할 때는 신뢰하지 않지만 그 외에는 당신을 믿습니다"라고 말할 수는 없다. 신뢰 혹은 불신은 똑같은 한 사람에게 적용되고, 그는 어떤 상황에서도 언제나 같은 사람이기 때문에 개별 영역으로 분리될 수 없다. 그래서 아무리 사소한 상황에서 불신을 표현했다 하더라도, 그러한 불신을 받은 사람의 동기부여는 전반적으로 모든 영역에서 약화된다. 또 한 가지 중요한 것은 신뢰를 쌓는 일에는 많은 시간과 진정성이 필요하다는 사실이다. 반면 신뢰를 무너뜨리는 것은 순식간이며, 무너진 신뢰를 다시 쌓는 것은 매우 어렵다.

비용 절감에 대한 이야기를 해보자. 군사 병역 대체 근무 시절, 나는 베르기슈글라트바흐에 있는 지역 병원에서 중환자실 환자들을 돌봤다(좋은 일이었다). 수술이 끝나면 산부인과 의자도 닦아야 했고, 그때마다 용제와 세정제를 사용했다(별로 좋지 않은 일이었다). 하지만 무엇보다 별로인 것은, 병원의 먹이사슬 가장 아래에 있는 우리 간호조무사들의 근무가 새벽 6시에 시작된다는 사실이었다. 아침 식사를 하며 휴식할 수 있는 7시 전까지 우리는 침대를 정돈하고, 신장 트레이를 비우고, 인공호흡기를 청소하며 첫 번째 투어를 마쳐야 했다. 고맙게도 병원에서는 모든 병동과 병원 직원들에게 무료로 빵을 제공해주었다. 그런데 어느 날, 아마도 심리학적 재능이 무척이나 없는 게 분명해 보이는 어느 경영 컨설턴트의 기발한 아이디어로 빵이 사라져버렸다. 비용 절감을 위한 결정이라면서 말이다. "여기는 병원이지 빵집이 아니지 않습니까? 우리는 커피를 마시면서 쉬기 위해 이곳에 온 것이 아니라 일하려고 온 거고요."

병원의 이러한 결정은 완곡하게 표현하자면, 그리 좋게 받아들여지지 않았다. 예를 들어 간호사나 간호조무사가 교대 근무 때마다 병원의 재료와 장비를 얼마나 조심스럽게 다룰지 결정할 수 있다는 사실을 고려한다면, 병원의 이 같은 조치는 정말 가치가 있었을까? 모든 병동에 공급하는 아침용 빵을 다 합친 것보다 훨씬 더 비싼 재료와 장비를 다루는 사람들인데 말이다. 새로운 지시 때문에 더 오래 근무해야 하는 상황을 고려한다면 어떨까? 크리스마스 근무를 자원하는 문제를 생각한다면? 병원의 조치는 정말로 가치 있는 일이었을까?

나는 빵값을 절약하기 위해 기업 분위기를 망치고, 직원들의 충성도를 떨어뜨리는 것은 나쁜 거래라고 생각한다. 호혜성을 크게 해치는 것이기 때문이다.

또 한 가지 짧은 사례를 언급하고자 한다. 이번에는 패션업계 이야기다. 캐나다 출신의 심리학자 서브리나 도이치 샐러먼과 샌드라 L. 로빈슨이 한 소매 체인과 협력해 신뢰가 직원과 판매량, 그리고 궁극적으로 고객 만족도에 어떤 영향을 끼치는지 연구했다.[18] 해당 소매 체인은 주기적으로 약 6,000명의 직원을 상대로 다양한 주제에 대한 익명의 설문 조사를 진행했다. 실험을 위해 연구진은 여기에 두 가지 질문을 추가했다. 첫째, 연구진은 회사 경영진이 직원들을 얼마나 신뢰한다고 생각하는지 물었다. 그리고 둘째, 각 지점의 경제적인 성공에 어느 정도 책임감을 느끼고 있는지 물었다. 과연 각 지점에서 진행한 설문 조사 결과와 각 지점의 매출 사이에는 연관성이 있었을까?

대답은 '그렇다'이다. 전반적으로 경영진이 직원들을 신뢰하고 있다고 생각하는 지점의 경우, 평균적으로 다른 지점에 비해 매출이 높았고, 더 나아가 지점의 성공에 대해 직원들이 느끼는 책임감 또한 더 높게 나타났기 때문이다.

신뢰의 문제는 재택근무 논쟁에서도 빠지지 않는 주제다. 오랫

동안 많은 리더가 '신뢰 근무시간Vertrauensarbeitszeit'이라는 개념을 자극적인 단어로 여겼고, 심지어 재택근무에 대해서는 통제력 상실의 전형이라고 생각했다. 분기별 수치를 확인하는 동안, 책상 위에 편하게 두 발을 올려놓거나 넷플릭스를 보고 있다면 어떻게 한단 말인가! 코로나19 팬데믹으로 재택근무가 의무화되고 나서야 비로소 회의론자들은 재택근무로도 회사를 운영할 수 있다는 걸 깨달았다. 심지어 회사에 출근할 때보다 집에서 일하는 게 더 낫다는 사실을 깨달은 리더들도 있었다. 사실 이를 뒷받침하는 증거는 이미 오래전부터 있었다. 스스로 결정한 일이 생산성에 도움이 된다는 연구 결과들 말이다. 이 가운데 가장 유명한 연구가 몇 년 전, 중국의 한 콜센터업체에서 진행한 실험이다.[19]

스탠퍼드대학교의 경제학자 니컬러스 블룸은 동료 연구진과 함께 이 회사에서 9개월간 재택근무할 직원을 무작위로 선정했다. 실험 결과, 사무실에서 일한 직원들에 비해 재택근무한 직원들의 업무 실적이 무려 13%나 증가했다는 사실이 드러났다. 재택근무하는 직원들의 경우 커피를 마시며 쉬는 시간이 더 적었고, 아프다고 하는 경우도 더 드물었으며, 주어진 업무 시간 안에 더 많은 전화 상담을 처리했다. 이뿐 아니라 재택근무한 직원들의 직업 만족도 역시 사무실에서 근무한 직원들에 비해 더 높게 나타났다. 그리고 이들은 평균적으로 더 오랜 기간 회사에 충실했다.

더 많은 신뢰와 더 적은 통제는 고용주에게 말 그대로 이익이다. 물론 모든 직업이 재택근무하기에 적합하지는 않을 것이다. 특히 동료들과의 상호작용이 중요한 업무의 경우라면 신뢰 근무시간이 단점이 될 수도 있다.[20] 하지만 다음의 조건을 충족하는 한 더 많은 유연성을 허용하는 것은 일반적으로 회사와 직원, 양측 모두에 윈-윈이 된다. 자신들에게 주어진 자율성을 사무실 공간 절약이나 직원들에게 비용을 전가하는 조치로 여기지 않고, 자신들에 대한 신뢰의 증거로 받아들인다는 조건 말이다.[21]

자, 지금까지 우리는 신뢰에 대한 찬미 이야기를 나눠보았다. 하지만 이번에는 와인에 약간의 물을 부을 차례다. 위에서 언급한 이야기들을 토대로 신뢰가 통제보다 무조건 낫다는 결론을 내리는 것은 위험한 일이다. 이 책에서도 인용한 레닌의 문장을 반反레닌 문장으로 읽고 싶지 않은 이유 또한 여기에 있다. 솔직히 말하면, 나는 핵탄두를 탑재한 대륙간탄도미사일 미니트맨 3나 토폴이 엄격하게 감시 및 통제되며, 해당 기지의 지휘관들이 개방적인 정책을 시행하지 않는 걸 무척이나 다행으로 생각한다. 현 미국 대통령이나 러시아 대통령이라 불리는 한 사람에게 세상을 파괴할 권리가 주어지지 않는 것에 대해서도 마찬가지다. 신뢰를 이렇게까지 적용해서는 안 되기 때문이다.

특히나 민감한 영역의 경우에는 반드시 통제가 필요하다. 일터에서도 마찬가지다. 첫 출근을 한 은행 인턴에게 금고 열쇠를 맡기거나, 부조종사도 없이 초보 조종사에게 승객으로 꽉 찬 항공기를 맡기는 것은 있을 수 없는 일이다. 하지만 통제가 필요한 곳에서는 언제나 소통이 중요한 역할을 한다. 통제가 개인에 대한 불신을 의미하는 게 아니라, 자신과 직원 모두에게 피해를 입히지 않기 위한 각 조직의 지침이라는 걸 분명히 해야 하는 것이다. 중요한 것은 뉘앙스다. 그러므로 통제라는 단어 대신 '논의'나 '피드백 프로세스'라는 단어를 사용하는 것이 도움을 줄 수 있다. 그리고 인간은 그렇게 멍청하지 않다. 때때로 어느 정도의 통제가 필요하다는 것은 누구나 안다. 그저 그것을 과장하는 사람은 금방 우스꽝스러운 사람이 되고, 동기부여를 방해할 뿐이다.

해를 끼친다면 복수한다

하지만 호혜성은 우호적인 행동에 대한 보답으로만 나타나지 않는다. 불공평함에 대해 보복이나 사보타주, 파괴로 대응하는 것도 호혜성이기 때문이다. 그렇다면 이번에는 호혜성의 어두운 면, 즉 부정적 호혜성에 대해 조금 더 자세히 살펴보도록 하자. 부정적 호혜성은 긍정적 호혜성만큼이나 강력하기 때문에 이것이 우리의 적이 되는 걸 가만히 지켜보고만 있어서는 안 된다. 이것은 왜 인간이 '부도덕하게' 행동하는지를 설명하는 또 하나의 근거이기도 하다. 부당한 대우를 받은 것에 대한 대응으로서 우리는 부도덕한 행동을 하기 때문이다.

부정적 호혜성이 존재한다는 것을 보여주는 가장 유명한 실험실 연구로는 '최후통첩 게임'을 꼽을 수 있다. 이 실험은 학계에 지속적으로 영향을 주고 있다.

이 게임을 가장 먼저 시도한 것은 1982년, 베르너 귀트의 연구팀이었다.[22] 게임의 규칙은 다른 실험들과 마찬가지로 단순하다.

먼저 돈을 가진 분배자가 있다. 그에게는 모든 유형의 분배가 허용된다. 돈을 혼자 가질 수도 있고, 다 줄 수도 있고, 50:50으로 나눌 수도 있다. 다음으로 수신자가 있다. 그는 자신이 받은 몫이 얼마인지 알고, 이를 수락할지 말지를 결정한다. 분배자의 제안을 수락할 경우, 돈은 그 제안에 따라 나누어진다. 하지만 수신자가 수락하지 않을 경우에는 이야기가 달라진다. 양측 모두 한 푼도 받지 못하기 때문이다.

실험 결과, 연구진은 수신자가 돈을 아예 포기하는 한이 있더라도 분배된 금액이 적을 경우, 이를 거부하는 결과가 주기적으로 나타난다는 걸 확인할 수 있었다. 예컨대 100유로 중 자신에게 배분된 금액이 10유로인 경우, 대부분의 수신자는 이를 수락하지 않았다. 분배자 혼자 90유로를 가져가는 것이 부당하다고 느꼈기 때문이다. 다르게 표현하면, 수신자는 분배자의 이기적인 행동에 보복하기 위해 10유로를 기꺼이 포기할 의사가 있는 것이다. 이것이 바로 부정적 호혜성이다.

최후통첩 게임은 수백 번 복제되어 가능한 모든 변형 버전으로 연구에 활용되었다. 하지만 핵심에는 늘 같은 그림이 있었다. 분배된 금액이 불공정하다고 여길 경우, 탐욕스러운 분배자를 처벌할 수 있다면 주기적으로 수락을 거부하는 결과가 나온 것이다.

왜 우리는 다시는 만나지 못할 모르는 사람을 처벌하려고 하는 것일까? 그 처벌로 인해 무언가를 포기하거나, 손실이 발생하거나, 많은 비용이 들 수도 있는데 말이다. 앞으로 다시 상호작용할 가능성이 있는 사람을 처벌하려는 것은 이해할 수 있다. 이것은 나의 명성을 관리하는 일이기 때문이다. '나한테는 안 통하지!' 하지만 모르는 사람을 군이? 근본적으로 그 이유는 알 수 없다. 다만 진화적 관점에서 볼 때 확실한 방법으로 자신을 방어하는 게 유리했을 것이라고 추측할 뿐이다. 가령 내가 매머드 고기 배급에 이의를 제기할 경우, 동료가 미쳐 날뛰면서 내 머리를 때릴 거라고 생각한다면 결코 반대 의견을 내지 못할 것이다. 이것은 동료에게 이점이 될 테고 말이다. 이 맥락과 관련해서는 6장에서 흥미로운 가설을 다뤄보도록 하겠다.

어쨌든 인간의 뇌는 호혜의 원칙에 따르도록 프로그래밍된 것 같다. 불공정한 행동에 대한 처벌은 보상을 책임지고 섹스와 초콜릿에 반응하는 측좌핵 같은 뇌 영역의 직접적인 활성화로 이어지기 때문이다.[23] 복수는 달콤하다고 말할 수 있는 것이다. 그리고 긴 여정의 끝에 영화 속 악당이 마침내 죽임을 당할 때의 희열을 모르는 사람은 결코 없을 것이다. 영화 〈옛날 옛적 서부에서〉에서 하모니카를 부는 남자(찰스 브론슨)가 결투 끝에 악당 프랭크(헨리 폰다)를 쏘는 장면에서의 그 희열을 말이다! 선과 악이 싸우는 모든 영화는 이런 식이다. 끝내 악당이 처벌받고, 파괴되며, 무너지는 희열의 순간을 위해 우리를 90분 혹은 120분간 끌고 간다.

처음에 나는 누군가로부터 파괴적인 행동을 유도하는 가장 좋은 방법은 그 사람을 부당하게 혹은 무례하게 대하는 것이라고 설명했다. 미국 출신 경제학자 앨런 B. 크루거와 알렉산더 마스는 사례 연구를 통해 이와 같은 원칙이 기업에서는 어떻게 나타나는지 알아냈다.[24] 2000년 8월, 미국의 타이어 제조 회사 파이어스톤은

1,400만 개 넘는 자동차 타이어 리콜을 실시했다. 전례 없는 리콜이었다. 이유는 심각한 품질 문제에 있었다. 특히 고온과 고속에서 해당 모델의 트레드가 분리되는 현상이 나타나면서, 전속력으로 달릴 때 타이어가 터질 위험이 있었기 때문이다. 미국 연방도로교통안전청에 따르면, 이 결함으로 파이어스톤 타이어는 많은 사고를 일으켰고, 이로 인해 총 271명이 사망한 것으로 알려졌다. 리콜조치 발표 이후, 파이어스톤과 모회사인 브리지스톤 주식의 시가총액은 167억 달러에서 75억 달러로 곤두박질쳤다. 회사는 '파이어스톤'이라는 회사명을 포기하기로 결정하고 최고경영진을 모두 교체했다.

크루거와 마스는 왜 이와 같은 결함이 발생했는지 찾아 나섰고, 그 결과 결함을 가진 대부분의 타이어가 1994~1996년 사이에 생산되었다는 것을 알아냈다. 더욱이 해당 모델의 타이어는 대부분 디케이터에 있는 공장에서 생산되고 있었다. 1990년대 중반까지 역사상 가장 격렬한 노동 투쟁이 벌어진 바로 그 지역이었다.

1994년 4월, 브리지스톤과 미국고무노동자연합URW의 단체협약이 만료되었다. 회사는 이를 기회로 삼아 신입 사원의 임금을 30% 삭감하고, 고령 직원들의 경우 휴가를 2주 줄이고, 교대 근무 시간을 8시간에서 12시간으로 늘리겠다고 했다. 갑작스러운 근로 조건 악화였다. 미국고무노동자연합은 파업으로 대응했다. 그러자 브리지스톤은 임시직 근로자를 고용했고, 이들에게 노조원보다 30% 적은 임금을 지급했다. 1995년 5월, 미국고무노동자연합은 결국 큰 성과 없이 파업을 끝냈다. 하지만 파업이 끝난 후에도 브리지스톤은 임시직 근로자들을 계속 고용할 것이며, 파업 참가자들은 필요한 경우에만 복직시키겠다고 통보했다. 결국 원래 직원들은 1996년 12월이 되어서야 모두 일터로 돌아갈 수 있었다.

노조 문서가 사실이라면, 기업은 더 나아가 복귀한 직원들에게 파업의 대가를 치르게 했다. 최악의 성능을 가진 기계를 다루게 했고, 교대 근무 팀장은 이들을 무자비하게 괴롭혔다.

연구진의 조사 결과, 디케이터 공장에서의 이 심각한 품질 문제는 바로 이 노조 투쟁이 끝난 직후에 발생한 것으로 드러났다. 1994~1996년 해당 공장에서 생산한 제품이 브리지스톤의 다른 공장에서 생산한 것보다 최대 15배까지 많은 컴플레인으로 이어졌기 때문이다. 연구진은 노사 간 갈등이 이 문제를 일으킨 결정적 원인이었을 가능성이 높다고 판단했다. 부당하다고 여겨지는 임금 삭감과 전반적인 업무 조건 악화로 직원들 사이에 체계적인 동기 상실이 발생한 것이다. 그리고 이는 회사와 직원뿐 아니라 고객들에게까지 치명적인 결과를 안겼다.

하지만 임금 삭감이라고 다 같은 것은 아니다. 임금 삭감 자체보다 그 이유가 근본적으로 더 중요하기 때문이다. 일자리나 회사를 지키기 위한 임금 삭감의 경우, 직원들은 오히려 이를 감수하려는 의지를 보였다. 하지만 경영진의 연봉이나 대표·주주들의 배당금을 높이기 위한 목적의 임금 삭감인 경우에는 저항과 동기 상실 그리고 그 밖에 다른 형태의 부정적 호혜성으로 대응했다. 동기와 의도는 매우 중요하다. 한 기업의 고용주 혹은 대표가 친사회적으로 행동하느냐가 매우 중요한 결정적 요소라는 뜻이다.

나는 에른스트 페어, 우르스 피슈바허와 함께 부정적 호혜성에 의한 행동의 규모를 결정하는 의도에 대해 연구하기로 했다.[25] 이를 위해 우리는 최후통첩 게임을 변형해 실험을 진행했다. 이 실험의 아이디어는 상대방의 특정한 행동을 공정 또는 불공정하다고 인식하느냐는 질문이 그 사람의 대응에 어느 정도까지 영향을 미치는지 확인하는 데 있었다. 〈그림 11〉의 도표를 참조하길 바란다.

그림 11 미니 최후통첩 게임

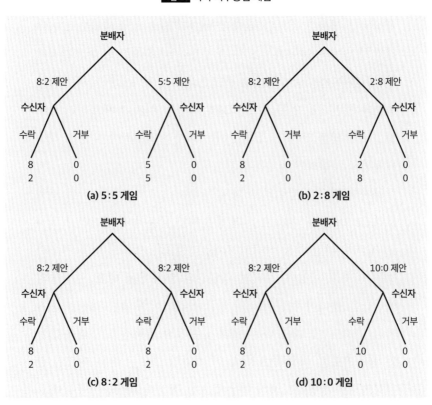

참여자들은 총 네 개의 '미니 최후통첩 게임'을 했다. 모든 게임에서 분배자는 제시된 두 가지 방법 중 하나를 선택해 10유로를 분배해야 한다. 단, 두 번째 방법은 게임마다 달라진다. 수신자는 분배자의 제안을 수락하거나 거부할 수 있다.

먼저 (a) 버전부터 시작해보자. (a)에서 분배자는 2유로를 제안하고 8유로를 갖거나(왼쪽 제안), 5유로를 제안하고 5유로를 가질 수 있다(오른쪽 제안). 이 제안을 수락할 경우, 수신자는 2유로 혹은 5유로를 받게 될 것이다. 반면 제안을 거부하면 분배자와 수신자는 모두 한 푼도 받을 수 없다. 물론 2유로를 제안하는 것은 결코 공정하다고 볼 수 없다. 케이크의 무려 80%를 분배자가 갖는 셈이기 때문이다. 더욱이 분배자에게는 5유로를 제안할 선택권이 있다. 공정하게 문제를 해결할 기회가 있는 것이다. 그렇다면 2유로 제안은 불공정한 것으로 인식될 것이다. 그래서 이 경우, 수신자 대부분은 8:2 제안을 거부했다. 당연한 결과였다.

이제 나머지 세 개의 버전(b, c 그리고 d)을 살펴보자. 세 경우 모두 분배자는 불공정한 8:2 제안을 선택할 수 있다. 다만 두 번째 선택지가 바뀐다. (b)는 2:8이라는 선택지를 제시했다. 수신자에게 8유로를 주고 자신은 2유로를 갖는 것이다. 이 경우, 첫 번째 선택지인 8:2 제안은 어떻게 인식될까? 분배자와 수신자 모두가 공정한 결과를 얻을 수 있었던 5:5 버전에서처럼 부당하다고 느껴지는가? 아마도 그렇지 않을 것이다. (b)의 경우 분배자에게는 공정한 분배를 선택할 기회가 없기 때문이다. 분배자는 자신이 유리한 쪽(8유로를 갖는 것)과 수신자에게 8유로를 주고 자신은 2유로를 갖는

쪽, 이 두 가지 제안 중에서 선택해야 했다. 이런 상황에서 분배자가 자신에게 불리한 쪽으로 선택하기를 기대할 수 있을까?

(c)는 첫 번째 제안이 불공정한지 여부를 판단하기가 어렵다. 분배자에게는 선택권이 없기 때문이다. 분배자는 무조건 8:2를 제안해야 한다. '불공정한' 분배를 선택할 수밖에 없는 상황에 놓인 것이다.

(d)는 더 극단적인 상황으로 치닫는다. 8:2 제안과 10:0 중 하나를 선택해야 하기 때문이다. 분배자는 수신자에게 2유로를 주거나 0유로를 주거나 둘 중 하나를 선택해서 제안해야 한다. 이 경우, 8:2 제안은 심지어 상대적으로 공정한 제안이 될 수 있다.

우리는 네 개의 버전에서 '불공정한' 8:2 분배가 가장 많이 거부된 경우를 찾아보았다. 그리고 그 결과 5:5 버전에서 거부 횟수가 가장 많았다는 것을 알 수 있었다. 그 뒤를 따른 것은 2:8 버전이었고, 그다음이 8:2 그리고 마지막이 10:0으로 거부 횟수가 매우 낮았다. 8:2 제안의 결과와 물질적 대가가 네 버전 모두 같은데도 불구하고 수신자들은 분배자에게 주어진 대안에 매우 민감하게 반응했다. 분배자에게 공정하게 행동할 기회가 있을 때는 대부분이 8:2 제안을 거부했다. 하지만 분배자에게 공정하게 행동할 기회가 주어지지 않은 경우, 그러니까 8:2 버전에서처럼 아예 다른 대안이 없거나 10:0 버전에서처럼 더 부당한 선택지가 대안으로 주어진 경우에는 8:2 분배를 거부하는 수신자가 극히 드물었다.

이러한 결과가 나타나는 이유는 우리가 주로 결과가 아닌 의도를 처벌한다는 데 있다. 공정한 해결 방법을 선택할 수 있는데도 부당한 8:2 분배를 선택한다는 것은 그 사람이 좋은 의도를 갖지 않았다는 걸 의미한다. 그렇다면 그는 탐욕스러운 사람일 게 분명하니, 거부를 통해 처벌해야 하는 것이다. 반대로 상대에게 더 공정한 분배를 해줄 선택지가 없는 사람의 경우라면 처벌해야 할 이유가 사라진다. 이런 상황에 처한 사람을 나쁜 의도를 가진 사람이라고 정의할 수는 없기 때문이다.

이번 장을 시작하면서 소개한 실험의 변형 버전에서도 우리는 이와 유사한 결과를 얻을 수 있었다.[26] 이 실험에서 참여자 A에게는 B에게서 돈을 빼앗거나 B에게 돈을 줄 수 있는 선택지가 주어졌다. A와 B는 호혜적으로 상호작용을 한다. B도 처벌 혹은 보상을 통해 반응하기 때문이다. 그런데 돈을 줄지 빼앗을지를 A가 직접 결정하는 것이 아니라, 무작위 생성기를 통해 결정해야 하는 조건도 있었다. 결과적으로 지불되는 금액이 같더라도, 무작위 조건에서는 상호작용이 거의 이루어지지 않았다. 본능적으로 B는 나를 '친절하게' 대할 방법 자체가 없는 사람에게 굳이 보상을 할 (그리고 이를 통해 돈을 지출할) 필요도, 잘못에 대한 책임이 없는 사람을 굳이 처벌할 (그리고 이를 통해 돈을 지출할) 필요도 없다고 느끼는 것이다.

우리는 결과가 아니라 의도를 보고 행동을 판단한다. 다르게 말하면, 맥락과 의사 결정 상황이 다른 사람의 행동을 평가하는 데 결정적 역할을 한다. 이 안에 우리의 의도를 표현할 수 있는 여러 가지 가능성이 존재하기 때문이다. 예를 들어, 인기 없는 정책의 경우 그 실행의 책임을 담당자가 아니라 외부 상황에 물을 수 있을 때, 사람들은 이를 더 관대하게 받아들인다.

고용주들이 세계화, 예산 압박, 경쟁, 단체 임금 협약 등에 대한 이야기를 자주 하는 것도 이 때문이다. 자신의 개인적 통제 밖에 있는 이유들을 언급하는 것이다. 일상에서도 우리는 이와 유사한 현상들을 발견한다. 독일철도공사나 주유소가 가격 인상에 대한 책임을 에너지 비용 상승에 돌린다거나, 경기에서 패배한 축구 팀 주장이 경기 후 이루어진 인터뷰에서 잔디나 심판 또는 공을 탓하는 경우 등이 여기에 해당할 것이다.

그것이 정말로 사실인지 아닌지는, 그러니까 많은 사람이 인용하는 이 상황 때문에 더 나은 행동을 할 수 없었는지는 알 수 없다. 이는 또 다른 문제다. '상황' 탓을 하는 것은 독창적인 수사적 속임수일 수도 있다. 그 이면에 깔린 동기는 명확하다. 책임을 전가하고, 좋은 의도를 보여주고, 불리한 조건들을 원인으로 제시함으로써 부정적 호혜성을 피하려는 것이다.

부당한 상황이 우리를 병들게 한다

부당한 대우를 받으면 동기가 떨어지는 걸 넘어 스트레스와 질병이 발생할 수 있다. 이를 암시하는 역학 연구가 있다. 나는 최근 발표한 연구에서 공동 연구진과 함께 실험 및 현장 데이터를 조합해 부당한 태도와 질병의 상관관계를 관찰했다.[27]

실험에서는 직원과 사장이 짝이 되어 한 그룹을 이뤘다. 사장은 아무 일도 하지 않는데, 직원은 혼자 무척이나 쓸데없고 짜증나는 일을 해야 했다. 예컨대 0과 1이 적힌 종이에서 0이 몇 개인지 세는 작업이었다(1을 세라고 할 수도 있었지만, 어쩐지 나는 1보다 0을 세는 게 더 쓸데없는 일로 여겨질 거라는 생각이 들었다. 본질적으로 보람이 없는 일, 재미없는 일을 하게 만드는 것이 목적이었기 때문이다). 직원이 0의 개수를 정확하게 맞히면 종이 한 장당 3유로를 받는다. 단, 이 돈은 직원이 아니라 사장에게 전달된다. 예를 들어, 아홉 장을 정확히 계산하면 총 27유로를 받는 식이다. 근무시간이 끝나면 내내 잡지를 읽으며 쉬고 있던 사장이 그 돈을 직원과 어떻게 나눌지 결정한다.

실험이 진행되는 동안, 우리는 직원 역할을 맡은 참여자들의 심박수 변화를 측정했다. 스트레스와 심혈관 질환이 발생할 가능성을 예측하기 위해서였다. 세계보건기구에 따르면, 심혈관 질환은 전 세계적으로 질병에 의한 주요 사망 원인 가운데 하나라고 한다. 보통 우리의 심박수는 불규칙적이다. 변동성이 상대적으로 높다는 얘기다. 하지만 스트레스를 받는 상황에서는 이 변동성이 상대적으로 낮아지는데, 이는 심장병의 위험 요소로 간주되는 전조 증상이다.

사장이 얼마를 줄지 통보하기에 앞서 우리는 어느 정도가 공정하고 적절하다고 여기는지 직원들에게 물었다. 직원들은 평균적으로 총액의 3분의 2 이상을 요구했다. '노동 분배'를 고려하면 설득력 있는 액수이기도 했다. 하지만 이들이 실제로 사장에게서 받은 금액은 훨씬 적었다. 우리는 지급받은 임금과 주관적으로 공정하고 적절하다고 여기는 임금 간의 차이가 심박수의 변동성에 영향을 주는지 알고 싶었다. 특히 실제 임금과 예측했던 임금의 차이가 클수록 심박수의 변동성이 더 낮아지는지 궁금했다.

그리고 정확하게 우리가 예측한 것과 같은 결과가 나왔다. 부당한 행동에 대한 경험(적절하다고 여기는 임금과 실제 임금 사이의 차이)과 스트레스(상대적으로 낮은 심박수의 변동성) 사이의 유의미한 연관성이 관찰된 것이다. 적어도 내가 알기로는 불공정한 대우가 스트레스를 유발한다는 사실을 증명하는 최초의 심리학적 연구 결과였다.

스트레스가 수많은 질병의 원인이라는 것은 의학적으로 증명된 사실이다. 특히 심혈관 질환은 스트레스에 큰 영향을 받는다. 그렇다면 부당하다고 여겨지는 임금이 만성적 스트레스를 유발하고, 이로 인해 우리를 질병에 취약하게 만든다는 결론을 내릴 수 있지 않을까?

실제 독일 노동시장이 그러한지를 알아내기 위해 우리는 매년 17세 이상 독일인 약 2만 명을 대상으로 소셜이코노믹패널SOEP이 진행하는 설문 조사 데이터를 분석했다. 독일의 대표적인 연례 조사다. 설문 조사에서 SOEP는 소득을 어떻게 인식하고 있는지 물었다. "현재 고용주에게서 받는 임금이 공정하다고 생각합니까?" 평균적으로 응답자 가운데 37%는 임금이 부당하게 느껴진다고 답했다. 무려 3분의 1이 그렇게 생각한 것이다. 이뿐 아니라 SOEP는 건강 상태와 현재의 전반적인 상황, 그리고 특정 질병에 대한 설문도 주기적으로 진행했다.

이제 우리에게 주어진 과제는 건강과 부당하다고 여겨지는 임금 사이의 통계학적 연관성을 찾아내는 것이었다. 그리고 이에 대한 답은 명확하게 '연관성이 있다'였다. 부당한 임금이 전반적인 건강 상태에 미치는 영향은 통계적으로도 매우 중요하고 유의미하게 나타났다. 이는 거의 월 1,000유로의 임금 삭감 효과와 같은 영향을 미쳤다.

이러한 효과는 소득과 연령의 영향을 고려해도 동일하게 나타났다. 연령과 소득이 같은 근로자들이라도 임금을 공정하다고 여기느냐, 부당하다고 여기느냐에 따라 질병에 걸릴 위험도가 달라졌다는 뜻이다. 조금 더 자세히 설명하겠다. 만일 부당한 대우를 받았다는 인식이 건강 측면에서 특히 스트레스를 유발하는 원인이라면, 스트레스와 관련된 질병에서 그 증거를 찾을 수 있어야 할 것이다. 이를 위해 우리는 특정 질병에 관한 설문들을 자세히 살펴보았고, 이를 통해 실제로 선택적 연관성이 있음을 발견했다. 이 효과는 특히 심장병과 우울증, 편두통, 천식, 암, 당뇨병 같은 질병에서 가장 두드러지게 나타났다.

하지만 각자가 적절하다고 여기는 임금 수준은 지극히 상대적이고 주관적이다. 지난 몇 년간 내가 받는 임금에 크게 만족했더라도 똑같은 일을 하는 동료가 나보다 임금을 더 많이 받는다는 걸 아는 순간, 부당하다고 느낄 것이다. 이 효과를 증명하는 뇌생리학적 증거도 있다. 이를 위해 우리는 실험 참여자들을 대상으로 브레인 스캔을 진행했다.[28]

우리는 스캐너 두 개를 나란히 놓고, 그 안에서 같은 과제를 수행하는 두 참여자의 뇌를 관찰했다. 이때, 과제는 같았지만 정답에 대해 가끔씩 서로 다른 금액으로 보상했다. 예상대로 보상 체계는 자신의 임금이 줄어들수록 더 크게 활성화되었다.

흥미로운 것은 같은 일을 하고도 다른 사람이 자신보다 더 많은 돈을 받을 때였다. 이 경우, 주어진 임금에 대한 활성화가 급격히 떨어졌다. 그러니까 같은 일에 대한 서로 다른 보상이 우리 뇌에 '부당하며' 보람이 적은 것으로 기록된다는 얘기다. 임금(및 기타 결과)의 공정성을 평가할 때, 우리는 특정한 기준점을 둔다. 브레인 스캔 실험에서와 마찬가지로, 예컨대 동료가 받는 임금이 기준점이 될 수 있다.

그림 12 브레인 스캐너로 들어가는 참여자

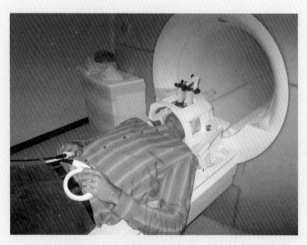

—참여자는 '안경'을 통해 게임 진행 상황을 보고, 손잡이로 자신의 의사를 표현할 수 있다.

이를 생생하게 보여주는 것이 〈뉴요커〉에 실린 한 삽화다. 사장에게 임금 인상을 요구했다가 해고당한 직원이 이런 제안을 한다. "그러면 내 임금을 올려주는 대신 파커슨 씨의 임금을 삭감하는 것도 안 되나요?" 다른 사람의 임금이 아니라 과거 자신이 받았던 임금이 기준점이 될 수도 있다. 이를 통해 임금 인상 또는 삭감에 대한 강력한 동기부여가 발생할 수 있는 것이다. 임금 추세에 대한 기대도 마찬가지다.[29] 작년보다 임금이 더 높아지는 것, 즉 지금보다 더 많이 받는 것은 긍정적 영향을 주지만, 기대했던 것보다 더 적게 받는 것은 부정적 영향을 준다.

어느 직원이 약 1,000유로의 임금 인상을 기대하고 있는 데 반해 그의 동료는 임금 인상을 전혀 기대하지 않았다면, 임금이 500유로 올랐을 때 두 사람의 반응은 다르게 나타날 것이다. 전자는 부당하다고 생각할 테고, 후자는 만족할 것이다. 다시 말해, 기준점은 사회적 비교에서도 비롯될 수 있지만 현재 상태와의 비교 혹은 개인의 기대치에 따라서도 달라질 수 있다. 그렇기에 기업은 균형 잡힌 임금 체계와 현명한 기대 관리를 유지하는 것이 매우 중요하다.[30] 온갖 것을 약속해놓고 지키지 않으면 부정적 영향을 줄 수 있기 때문이다. 기업은 실제로 가능한 것만을 약속해야 한다.

부당하다고 여겨지는 행동은 동기를 낮출 뿐 아니라, 행복과 건강에도 부정적 영향을 미친다. 동기부여와 행복의 커다란 잠재력을 파괴하는 것이다. 이것이 기업과 조직에 던지는 메시지는 명확하다. 직원을 공정하게 대하고 존중하는 것은 품위 있는 일일뿐더러 경제적으로도 합리적인 전략이다. 일부 경제학자들의 주장처럼 분배와 효율성의 문제를 그렇게 명확하게 분리할 수 없다는 뜻이다. 공정성의 문제는 효율성의 문제다.

예컨대 최후통첩 게임에서의 낮은 제안이나 부당한 임금 같은 불공정한 일이 일어나면 분배할 수 있는 케이크는 사실상 더 작아진다. 경제적 불평등이 왜 큰 문제인지를 설명하는 또 다른 이유다. 1995년 이후, 억만장자들이 가진 전 세계 부의 몫은 1%에서 무려 3% 이상으로 증가했다. 전 세계 인구의 절반에 해당하는 가난한 사람들이 2%의 부를 나누어 가지고 있는데 말이다.[31] 독일경제연구소DIW에 따르면 독일의 경우 2020년을 기준으로 상위 1%가 전체 순자산의 약 35%를 가진 것으로 나타났다.[32] 이는 가난한 성인 인구의 75%를 합친 것과 같은 수치다. 이와 같은 불평등은 불쾌할 뿐 아니라 비효율적이기까지 하다. 독일은 물론이고 전 세계에서 인간의 복지 수준을 떨어뜨리기 때문이다.

협력은 왜 실패하는가?

협력하는 능력은 공익의 중요한 전제 조건이다. 크든 작든 모든 인간 집단의 성공을 좌우하기 때문이다. 인간에게 협력하는 능력은 필수다. 역사를 돌이켜봐도 그렇다. 수렵·채집 시대에 한 집단이 공동으로 사냥할 때도 그랬고, 마을 끝자락에서 공동으로 경작할 때도 협력이 필요했다. 오늘날 스타트업 기업에서의 팀워크도 다르지 않다. 파업을 유지하거나, 해안 지역의 어업 문제 혹은 현대사회의 세금 수익 역시 모두 협력의 문제다. 인류 전체를 포괄하는 집단의 문제도 있다. 지구온난화나 코로나19 팬데믹 극복 같은 문제가 여기에 해당할 것이다.

협력의 형태와 특징은 맥락에 따라 다르지만 그 본질은 항상 같다. 협력이란 자기 이익과 집단 이익 사이에서 발생하는 긴장 관계의 문제다. 개인적 관점에서 협력은 비용이 많이 들지만, 긍정적 외부 효과를 만들어내기 때문에 집단 관점에서는 이익이다. 따라서 협력은 집단의 이익을 개인의 이익보다 우선시하는 특정한 형태의 '선한' 혹은 도덕적으로 바람직한 행동이라고 특징지을 수 있다. 하지만 바로 이것이 문제다.

얼마 전, 나는 취리히대학교의 미시경제학 입문 강의에서 700여 명의 학생을 대상으로 실험을 진행했다. 먼저 학생들에게 1스위스프랑을 공동 계좌에 넣을지 말지 선택할 수 있게 했다. 그리고 이렇게 모인 금액을 배로 불려 모든 학생한테 동일하게 배분할 것이라고 했다. 우리는 모든 자리에 강의를 시작하기 전 빈 봉투를 올려놓았다. 여기에 1스위스프랑을 넣었고, 학생들은 원하는 대로 자유롭게 이를 그대로 두거나 꺼낼 수 있었다. 휴식 시간에 학생들은 강당 출입문 앞에 있는 커다란 상자에 봉투를 넣었다. 봉투 안에는 1스위스프랑이 들어 있을 수도, 없을 수도 있었다. 우리는 모인 금액의 두 배를 모든 봉투에 똑같이 넣은 다음 이를 학생들에게 나눠주었다.

만일 모든 학생이 자신에게 할당된 1스위스프랑을 봉투에 넣었다고 가정해보자. 이 경우 모든 학생은 2스위스프랑(!)을 받을 것이다. 요컨대 투자한 금액이 두 배가 되어 돌아오는 것이다. 이렇게 따지면, 모든 학생이 공동 계좌에 기꺼이 돈을 넣는 게 합리적이다. 하지만 개인의 관점에서 보면 다른 문제가 생긴다. 개인적 관점에서는 이런 의문이 생기기 때문이다. 나에게 주어진 1스위스프랑의 가치는 얼마인가? 내가 그것을 공동 계좌에 넣을 경우, 1스위스프랑의 가치는 어떻게 달라지는가?

물론 공동 계좌에 넣지 않고 1스위스프랑을 가지고 있을 경우, 그것의 가치는 정확하게 1스위스프랑일 것이다. 하지만 이를 투자할 경우 두 배가 될 것이고(이는 좋은 일이다), 그렇게 불어난 돈을 나를 포함한 700명의 학생이 똑같이 나눠 가질 것이다(이는 그리 좋은 일이 아니다). 이 경우의 가치는 정확히 $\frac{2}{700}$ 다. 약 0.003스위스프랑, 즉 0.1스위스프랑도 안 되는 것이다! 그래도 어쨌든 내가 투자한 1스위스프랑이 700명의 학생 모두에게 0.003스위스프랑의 가치로 분배되는 것은 좋은 일이다. 하지만 나머지 699명이 나와 무슨 상관이란 말인가? 다른 학생들이 협조를 하든 말든 계산은 항상 똑같을 텐데 말이다.

내 입장에서 보면, 1스위스프랑은 내가 그냥 가지고 있을 때 가치가 더 크다. 이는 다른 모든 학생에게도 마찬가지일 것이다. 그렇다면 과연 다른 학생들도 1스위스프랑을 투자할 거라고 혹은 협조할 거라고 믿을 수 있을까? 물론 가장 좋은 결과는 다른 학생들은 모두 협조하고, 나는 안전하게 내 몫을 챙기는 경우일 것이다. 이렇게 되면 나는 거의 3스위스프랑(!)을 벌 테니 말이다 $\left(1+699\times\frac{2}{700}=2.997\right)$. 반대로 아무도 협조하지 않으면 나는 1스위스프랑을 갖고, 다른 학생들도 모두 각각 1스위스프랑을 갖는다.

여기까지가 개인적 관점에서 본 계산이다. 내 기억이 맞는다면, 그날 취리히대학교 강당에서 학생들이 보여준 협력률은 약 70%였다. 이후 매우 감정적이고 계몽적인 토론이 이어졌다("대체 얼마나 비사회적이면 기부를 안 하는 거지?" 대 "대체 얼마나 멍청하길래 기부를 하는 거지?"라는 입장이 충돌했다). 이것은 인간이 협력과 공익에 찬성하거나 반대하는 행동을 선택할 때, 각자의 내면에서 스스로 해결해야 하는 내적 갈등을 수면 위로 드러낸 실험이었다.

'공공재 게임'이라고 부르는 이것은 인간이 왜 협력을 하며, 인간으로 하여금 협력하게끔 만드는 근본적 이유가 무엇인지를 알아내기 위해 행동과학자들이 활용하는 실험이다. 공공재 게임은 대부분 작은 규모의 집단을 상대로 이루어진다. 〈그림 13〉에서처럼 네 명을 상대로 진행하는 식이다. 이 실험에서 모든 참여자는 각각 20점을 받고, 공공재 혹은 '공동 계좌'에 몇 점을 넣을지 결정한다.

기부는 0점부터 20점까지 할 수 있다. 공동 계좌에 모인 점수는 두 배로 늘어난다. 그리고 공동 계좌에 기부를 했는지, 했다면 몇 점을 했는지는 상관없이 참여자 모두가 똑같은 점수를 나눠 갖는다.

요약하면, 각 참여자에 대한 지급 공식은 다음과 같다.

$$\text{지급액} = 20 - \text{공동 계좌에 대한 기부} + 2\left(\frac{\Sigma\text{공동 계좌의 총액}}{4}\right)$$

그림 13 공공재 실험

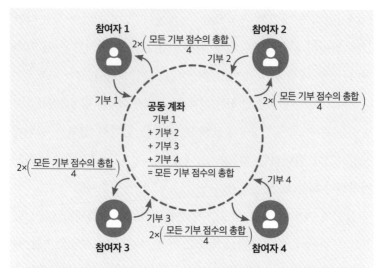

─모든 참여자는 자신이 가지고 있는 점수 중 공동 계좌에 몇 점을 기부할지 결정할 수 있다. 자신이 기부한 것과 상관없이 모든 참여자는 공동 계좌에 들어온 점수를 동일하게 나눠 갖는다.

지급 공식으로 보면, 공공재에 기여하지 않는 것이 모든 참여자에게 유리하다는 결론이 나온다. 참여자는 공동 계좌에 1점을 기여하지만, 돌아오는 것은 0.5점이기 때문이다.

하지만 공익의 관점에서 보면 모든 참여자가 온전히 기부를 했을 때, 가장 큰 유익이 발생한다. 한 참여자가 기부한 점수로 전원이 이익을 얻기 때문이다. 이 경우 모든 참여자는 40점을 얻게 되지만 모두가 0점을 기부했을 경우, 각 참여자에게 돌아가는 이익은 고작 20점밖에 되지 않는다. 개인의 관점에서는 다른 참여자가 모두 기부를 하고, 자신은 기부하지 않는 게 가장 좋을 것이다. 이 경우 자신은 50점을 갖지만 다른 세 참여자는 각각 30점만 가져갈 수 있기 때문이다.

그러므로 이 실험은 협조의 문제를 야기한다. 개인의 관점에서는 점수를 기부하지 않는 것이 최고의 전략이지만, 집단의 관점에서는 비효율적인 결과를 낳기 때문이다. 이것이 바로 사회적 딜레마다. 이 실험은 시간이 흐름에 따라 집단 협력이 어떻게 발전하는지를 보기 위해 계속해서 이뤄지고 있다.

과거에 내가 처음으로 참여했던 실험도 바로 이 공공재 게임이었다(당시 나는 박사과정 초반이었다). 이 실험은 컴퓨터 없이 총 10번에 걸쳐 진행되었는데, 나는 지도 교수인 에른스트 페어와 내 멘토인 지몬 게히터를 보조하는 역할을 했다. 그래서 한 라운드가 끝날 때마다 모든 참여자에게 가서 그들이 공동 계좌에 몇 점을 기부했는지 적어놓은 종이를 훔쳐봐야 했다.

그 진행 과정이 얼마나 매혹적이고 두려웠는지를 나는 여전히 생생하게 기억한다. 모든 참여자는 협조하는 것이 집단에 이익이라는 걸 분명하게 알고 있었다. 하지만 그 어떤 집단도 결코 협력을 지속할 수 없었다. 첫 라운드에서부터 모든 구성원이 20점을 기부하지는 않았다는 사실을 확인하고, 나는 적잖이 놀랐다. 그리고 기부 점수는 라운드가 계속될수록 점차 0을 향해 내려갔다. 한 라운드가 끝나고 다음 라운드를 시작하기 전, 참여자들의 자리로 가서 기부 총액을 기록할 때마다 나는 참여자들의 긴장감과 좌절감을 고스란히 느낄 수 있었다. 라운드가 이어질수록 점수는 낮아졌다. 그리고 나는 이 작은 집단을 통해 우리가 사는 커다란 세상이 왜 이런 모습인지를 이해할 수 있었다. 작은 집단에서조차 협력적인 결과를 얻는 게 사실상 불가능하다는 걸 깨달은 것이다.

이 실험을 통해 얻은 첫 번째 발견은 이러했다. 즉, 반복된 공공재 게임에서 참여자들은 평균적으로 약 60~80%의 협력률을 가지고 게임을 시작했지만, 라운드가 이어질수록 협력률은 계속 떨어졌다. 이와 같은 양상은 실험을 통해 수백 번, 수천 번도 더 증명된 사실이다. 슬프지만 뼈아픈 진실인 것이다.

심리학자와 경제학자들은 60년이 넘는 기간 동안 다양하게 변형된 공공재 게임을 진행하며 협력적인 태도와 관련한 동기들을 분석했다. 그리고 나는 협력적인 태도의 가장 중요한 동기는 '조건부 협력'이라는 결론을 내렸다. 호혜성의 한 형태, 즉 다른 사람이 기여하는 만큼 나도 기여하겠다는 태도다.

조건부 협력이란 내 주변 사람들이 얼마나 협조하느냐에 따라 협조에 대한 나의 의지가 달라진다는 것을 의미한다. 기여하는 사람이 많으면 나 자신의 이익을 억제하는 게 상대적으로 더 쉽다. 하지만 기여하는 사람이 적거나 아무도 기여하지 않는 경우라면 나도 기여하지 않는다. 혼자만 '바보'가 되라는 법이 있나? 아무도 기여하지 않는데 나만 기여하는 것만큼 최악이 또 있을까?

바로 이런 조건부 협력을 뒷받침하는 연구는 수없이 많다. 예컨대 다른 사람들이 기여한다는 조건하에서 참여자가 어떤 선택을 하는지 알아보는 실험이 있었다. "다른 참여자들이 평균적으로 20점을 기부한다고 가정하면, 당신은 몇 점을 기부하겠습니까?" "만일 참여자들이 평균적으로 19점을 기부한다고 가정하면, 당신은 몇 점을 기부하겠습니까?" 이렇게 0점까지 이어지는 식이다.

그러니까 내가 속한 집단의 평균에 의존해 자신의 기여를 결정하는 설정인 것이다.

이러한 설정에서, 인간은 조금 단순화하자면 언제나 두 부류로 나눌 수 있다.[33] 하나는 다른 이들의 기부액이 평균적으로 높을 경우, 자신도 더 많이 기부하는 다수의 사람들이다. 또 다른 하나는 다른 이들이 어떻게 행동하든 자신의 물질적 이익을 극대화하고 아무것도 기부하지 않는, 소수이지만 매우 중요한 이기주의자들이다. 얍삽한 자들, 교활한 자들 말이다. 마트에서 과일 무게를 속이거나, 보험회사에 카메라를 '도난'당했다고 거짓 보고하거나, 계산원이 거스름돈을 더 주었을 때 기뻐하는 사람들. 다른 이들을 희생시켜 자신의 배를 불리는 사람들. 자신은 기여하지 않으면서 문제가 생기면 가장 먼저 불평하는 사람들.

하지만 여기서 일단 우리는 조건부로 협력하는 다수를 살펴볼 것이다. 동료의 생일이나 결혼식을 위해 돈을 모은다고 가정해보자. 여기에 속하는 사람들은 아마 하나같이 이런 궁금증을 가질 것이다. 다른 사람들은 얼마를 낼까? 10유로, 20유로? 아니면 50유로? 이런 사람들에게 다른 이들의 평균은 기준점을 넘어 거의 마법과도 같은 최고치를 의미한다. 절대로 평균보다 더 많이 내지는 않는 것이다. 이 경우에는 오히려 더 적게 낸다. 그리고 무조건적으로 협력하는 사람은 하나도 없다. 다른 사람이 협력하지 않는데도 혼자 협력하지는 않는다.

자신의 협력적 태도를 다른 사람들의 태도에 의지하고 절대 그 이상은 협력하지 않으려 하는 성향이 이토록 강한 것은 혼자만 바보가 되는 것을 꺼리는 감정적 혐오감, 더 나아가 두려움에서 기인한다. 혼자만 화장실에서 변기를 닦고, 식기세척기를 정리하고, 친구들을 초대하고, 요리하고, 클럽 파티에 샐러드를 가져가고, 인도에 쌓인 눈을 쓸고, 티켓을 구입한 후 버스를 타고, 계단을 청소하고, 분리수거를 하고, 위생 규정을 준수하는 사람이 되고 싶지는 않은 것이다. 자신이 '옳다'고 여기는 행동은 결코 훌륭한 칸트파로서의 자부심과 위엄 때문에 나오는 게 아니라, 다른 사람들이 하기 때문에 혹은 하지 않기 때문에 나오는 것에 불과하다.

이 실험을 통해 얻은 두 번째 발견은 이렇다. 즉, 인간은 태생이 비협조적인 소수(일반적으로 약 20~30% 정도)의 이기주의자와 조건부로 협조하는 다수로 나뉜다.

이러한 발견을 바탕으로 우리는 일반적으로 뛰어난 지능을 갖춘 인간이 왜 이토록 작은 집단에서조차 협력하지 못하는지를 설명할 수 있게 되었다. 이 설명은 조건부 협력과 기대라는 두 가지 요인에 근거를 두고 있다. 다시 실험으로 돌아가보자. 공공재 게임의 첫 번째 라운드에서 조건부로 협력하는 참여자들은 이렇게 생각했을 것이다. '다른 사람들은 몇 점을 기부할까?' 집단의 이익을 생각하면 모든 참여자가 협조하는 게 이상적이므로, 모든 사람이 20점을 공동 계좌에 넣을 것이다. 아니, 점수를 전부 다 기부하지 않는 사람도 분명 있을 것이다. 참여자들이 17점 정도를 기부한다고 가정해보자. 그렇다면 조건부로 협력하는 참여자는 이런 고민을 할 것이다. '다른 사람들이 17점을 기부하는 거면 그 이상을 기부하진 말아야지. 조금 덜 기부하는 게 좋겠어. 그래야 내가 바보가 되지 않을 테니까. 15점 정도가 적당하겠다.' 이런 고민 끝에 조건부로 협력하는 사람은 15점을 공동 계좌에 넣을 테고, 비협조적인 사람은 늘 그렇듯 단 1점도 기부하지 않을 것이다. 이 말은 조건부 협력자들의 기대와 달리 평균적인 기부 점수가 17점이 아니라 13점일 것이란 뜻이다. 그리고 이어서 다음 라운드가 시작된다. 이렇게 반복하다 보면 어느 순간, 협력을 의미하는 점수는 0까지 추락한다.[34]

그러니까 조건부 협력에 사실상 '선한 의지'가 포함되어 있음에도, 참여자들은 높은 수준의 협력에 도달할 만큼 협조하지 못했다. 물론 이것은 기부를 거부함으로써 집단 전체의 협력 수준을 하향 평준화한 이기주의자들의 잘못이기도 하다. 제아무리 큰 집단이라도 이기적 성향을 가진 소수에 의해 협력적인 분위기를 망칠 수 있기 때문이다.

그러므로 우리의 세 번째 발견은 기대와 조건부 협력, 그리고 이기적인 개인의 상호작용을 통해 협력이 실패한다는 사실이다. 기대와 달리 실망스러운 결과로 이어진 이전 라운드에 반응하기 때문이다.

그렇다면 인간은 아무것도 할 수 없는 걸까? '공유지의 비극'(사적 이익을 추구하는 시장의 기능에 공동체의 자원을 맡겨두면 남용으로 인해 자원이 고갈될 위험이 있다는 이론 — 옮긴이), 즉 인간의 협력은 실패할 수밖에 없는 일일까? 솔직하게 대답하자면, 그렇다. 행동을 규제하는 더 이상의 메커니즘이 나타나지 않는다면 말이다. 자발적 협력을 기대한다면 우리는 결국 실망하고 말 것이다.

학자들은 연구를 통해 협력의 문제를 최소한으로 줄일 수 있는 다양한 메커니즘을 발견했다. 이 가운데 하나가 바로 우리가 2장에서 이야기한 이미지 효과다. 집단 구성원이 자신의 행동을 관찰하고 있거나 집단에 속한 개인이 자기 자신의 행동을 인식하는 경우, 협력에 대한 의지가 높아진다는 것이다.[35] 또 하나의 메커니즘은 우리의 행동을 더 좋은 쪽으로 향하도록 도와줄 사회적 규범의 도입이다. 시카고 출신 사회학자 제임스 콜먼은 사회적 규범이 협력의 문제를 해결하기 위해 만들어진다는 가설을 세웠다. 사회적 규범을 통해 바람직한 행동을 요구하고, 바람직하지 않은 행동은 부정적인 가치로 여겨진다는 것이다.[36]

사회적 규범에 대해서는 여러 가지 정의가 있지만, 모든 정의의 핵심은 특정한 상황에서 어떻게 행동해야 하는지에 대한 사회적 합의가 존재한다는 데 있다. 예컨대 독일의 경우, 누군가가 다른 사람의 집 정원에 오줌을 싸거나, 숲에 가정의 쓰레기를 버리거나, 버스의 장애인 좌석을 차지하는 것은 사회규범적으로 용인되지 않는다. 이러한 유형의 규범은 개인이 보다 쉽게 선하고 올바른 행동을 할 수 있도록 돕는 역할을 한다. 규범은 내면화되어 죄책감이나 수치심을 불러일으키거나, 다른 사람에 의해 강요되기 때문이다. 예를 들어 버스에서 자리를 차지하고 앉아 있는 사람에게 "노부인을 위해 자리 좀 양보하시죠"라고 요구하거나, 잘못된 행동을 사회적 배척이나 추방을 통해 처벌 또는 제재하는 것처럼 말이다. 공개적으로 인종차별주의적 발언을 한 이웃을 파티에 초대하지 않는 것도 마찬가지다.

협력의 규범을 시행하는 데 있어 처벌이 가지고 있는 힘은 실험을 통해 구체적으로 연구되었다. 수없이 인용되고 있는 에른스트 페어와 지몬 게히터의 연구는 공공재 게임에서 아주 작지만 근본적인 세부 규칙을 보완한 실험이었다.[37] 원래 공공재 게임에서는 네 명의 구성원이 각자 기부를 하고, 서로가 얼마를 기부했는지 확인한 다음, 그다음 라운드로 넘어가는 식이었다. 두 학자는 여기에 한 단계를 추가했다. 다른 사람에게서 돈을 빼앗음으로써 그를 처벌할 수 있게 한 것이다. 물론 이 처벌에는 실제 우리네 삶이 그러하듯 처벌하는 사람의 희생도 따랐다. 어쨌거나 다른 사람의 잘못된 행동을 지적하는 것은 불편한 일이고, 심지어 위험할 수도 있지 않은가? 그래서 이렇게 생각하는 사람들도 있다. '내가 왜 굳이?'

나에게 돌아오는 이득이 없는데 꼭 처벌을 할 필요가 있을까? 다른 말로 하면, 규범을 실행하는 것은 (잘못된 행동을 처벌하므로) 그 자체로 협력적인 행동이지 않은가? 맞다. 실제로 그렇다. 그리고 만일 모든 사람이 이기적이라면, 협력을 하지도 않을 테고, 협력하지 않은 데 대해서도 처벌하지 않을 것이다. 노래는 끝났다. 하지만 바로 여기에서 떠오르는 개념이 하나 있을 것이다. 바로 부정적 호혜성이다! 그리고 우리 인생에서 무언가를 믿을 수 있다면, 그것은 바로 부정적 호혜성일 것이다.

그렇다면 이제 이렇게 상상해보자. 당신을 포함한 참여자 세 명이 온전한 협력을 통해 20점을 모두 공동 계좌에 기부했다. 하지만 네 번째 참여자, 즉 교활한 이기주의자는 단 1점도 기부하지 않았다……. 이 경우 당신의 기분은 어떻겠는가? 당신의 협력으로 당신보다 더 많은 돈을 갖게 된 이 이기주의자에 대해 당신은 어떤 감정을 느끼겠는가?

기본적인 공공재 게임에서는 다음 라운드 때 더 적게 기부하는 것이 당신의 분노를 표출할 수 있는 유일한 방법이었다. 이는 우리가 앞서 살펴보았듯이 실제로도 이루어졌고, 끝내 협력의 하향 평준화를 낳았다. 그렇다면 처벌이 선택지에 추가된 경우에는 어땠을까? 이제 무임승차한 사람에게 한 방을 날릴 기회가 찾아왔다. 실제로 참여자들은 세게 한 방을 날렸다. 그것도 무자비하게. 마찬가지로 우리의 삶에서도 사회적 규범을 크게 벗어난 행동은 더 강력한 처벌을 받는다. 이를 실험에 적용해 이어가보자. 만일 협조한 세 사람이 공동으로 이기주의자를 처벌할 경우, 이기주의자는 큰 불편함을 느낄 것이다. 그리고 이기주의자가 얻게 될 이익은 기부할 때보다 협력하지 않을 때 더 줄어들 것이다. 더 나아가 이기주의자의 모든 관심은 자신이 얻게 될 이익에 있기 때문에, 자신이 처벌받을 수 있다는 실질적인 위협 상황에 직면했을 때 좋든 나쁘든 협조하게 될 것이다.

따라서 규범과 협력의 실행은 이기적인 행동의 처벌 가능성을 통해 더 높아질 수 있다. 실제로 실험에서 우리는 처벌할 수 있을 때 협력률이 더 높게 나타나는 것을 관찰했다. 조건부 협력과 부정적 호혜성이 동시에 기능함으로써 협력을 안정화한 데서 기인하는 현상이었다. 하지만 이 메커니즘은 규범을 벗어난 행동이 관찰되고, 개별적으로 처벌 가능하다는 전제하에서만 작동한다. 나쁜 짓을 저지른 사람을 식별하고, 개별적으로 책임을 물 수 있어야 조건부 협조자들이 비협조자들을 통제할 수 있는 것이다. 물론 이러한 조건은 규모가 큰 익명의 집단에서보다 상대적으로 작은 집단에 더 잘 확립되어 있다. 우리가 가족이나 친구, 이웃, 단체, 직장, 커뮤니티 등에 비해 규모가 큰 사회적 맥락에서 덜 협조하는 이유도 바로 여기에 있다. 상대적으로 큰 규모의 집단은 비협조적인 행동에 매우 취약하다. 그래서 법이나 통제, 처벌이라는 형태의 국가적인 추가 조치가 필요한 것이다.

규범을 위반할 경우 가하는 제재는 이기적인 행동을 징계하는 데에만 효과가 있는 게 아니라, 규범의 타당성과 그 존재를 강조함으로써 협력을 촉진하는 효과도 가져온다. 예컨대 사소한 위반 행위를 용인하면 '깨진 유리창의 법칙'[38]으로 이어질 수 있다. 불법운전이나 공공 기물 파손 등의 사소한 위반이 그 이상의 더 심각한 범죄로 이어지거나, 심지어 이를 부추기는 원인이 될 수도 있는 것이다.

로버트 치알디니와 공동 연구진은 공공장소의 외관과 규범·규칙을 지키려는 의지의 상관관계를 연구하기 위해 현장 실험을 진행했다.[39] 바닥에 쓰레기가 많이 버려져 있는 환경에서, 사람들이 과연 쓰레기를 더 쉽게 버리는지 알아보는 실험이었다. 이를 위해 연구진은 주차장 전체를 실험실로 바꾸었다. 먼저 주차장에 세워져 있는 차들의 앞유리창에 (자동차의 안전성과 관련되어 있는 것으로 추정되는) 전단지를 끼워두었다. 원하면 버릴 수 있는 '쓰레기'를 만들어놓은 것이다. 첫 번째 실험 환경에서는 주차장이 '깨끗'하고 주변에 버려진 쓰레기가 없었다. 반면 두 번째 실험 환경에서는 연구진이 전단지 몇 장을 바닥에 버려두었다. 마치 운전자들이 앞유리창에서 전단지를 수거해 그냥 바닥에 던져버린 것처럼 만든 것이다. 이제 주차장은 '오염'된 상태가 되었다.

그리고 일어날 일이 일어나고야 말았다. 운전자들은 깨끗한 주차장에서보다 이미 오염된 주차장에서 전단지를 더 버리는 경향을 보였다. 주변 상태가 규범과 규칙의 적용 그리고 준수에 대한 강한 신호를 보낸 것이다. '다른 사람들도 쓰레기를 버렸는데, 나라고 못 할 건 없지. 다 그렇게 하는 것 같은데, 뭘.' 반면 규칙을 철저하게 준수하는 분위기가 지배적인 상황에서 운전자들은 규범에 맞는 행동을 했다.[40]

그러니까 규범의 준수는 언제나 표현적 가치를 가지고 있다. 다른 사람으로 하여금 사회적 합의의 존재와 그 타당성을 떠올리게 만들고, 기대에 협조하도록 하기 때문이다. 더 나아가 우리는 타인의 행동에 대한 기대에 우리의 행동을 맞춘다. 여기에는 '선한' 기대와 '나쁜' 기대의 균형이 존재한다. 모두가 규칙을 지킬 거라는 기대가 실제로 규칙을 지키게 하는 역할을 하고, 모두가 규칙을 지키지 않을 거라는 기대가 규칙 위반으로 나타나면서 결과적으로 기대에 부응하는 상황으로 이어진다. 이와 같은 메커니즘이 예컨대 기후 보호라는 문제에서 어떻게 작동하는지는 마지막 장에서 자세히 설명하겠다.

이 장을 마무리하면서 나는 핵심 주제로 한 번 더 돌아가고자 한다. 지금까지 언급한 증거들은 다른 사람이 우리를 선하게 대할 때 우리는 '좋은 사람'이 되기 쉽고, 다른 사람이 우리를 부당하거나 비협조적으로 대할 때 우리는 '좋은 사람'이 되기 어렵다는 사실을 뒷받침한다. 우리는 다른 사람이 우리를 친절하게 대할 때 더 일을 잘하고, 기부를 더 잘하며, 더 많은 팁을 준다. 동시에 실험실에서건 직장에서건 우리는 우리를 부당하게 대하는 사람들을 처벌한다. 그래서 공정과 신뢰는 아주 중요한 행동의 동기이며, 현명한 경영진이라면 이 사실을 항상 인식하고 있어야 하는 것이다.

원칙적으로 우리는 모두 협력적인 행동을 할 수 있다. 하지만 협력적인 행동에 대한 의지는 근본적으로 우리의 이웃이 어느 정도까지 협력할 것인가에 대한 우리의 기대에 달려 있다. 그 누구도 혼자만 바보가 되고 싶어 하지는 않기 때문이다. 협력에 대한 우리의 의지는 협력하지 않는 사람들을 처벌할 수 있을 때, 그리고 우리 주변의 사회적 규범이 온전할 때, 더 나아가 그것이 실제로 시행될 때 더 높아진다. 이 사실을 기반으로 우리는 어떻게 하면 우리의 사회적 규범을 현명하게 관리할지에 대한 답을 찾을 수 있다. 여기에 대해서는 뒤에서 다시 이야기하겠다.

Warum es so schwer ist,
ein guter Mensch zu sein

5장

왜 굳이 내가
해야 하나?

"책임 소재가 불분명해지면 도덕도 사라진다.
방글라데시에서 내 티셔츠를 꿰매는 사람과 같은 조건으로
누군가를 내 차고에서 일하게 할 수 있을까?
돼지고기를 먹자고 정원에서 돼지를 키워 직접 도살할 수 있을까?"

도덕은 긴 수도관을 흐르는 물과 같아서 가끔 중간에 사라지기도 한다. 어찌 된 일인지 A에서 B로 가던 중 어딘가에서 물이 새서 원래 공급된 것보다 덜 나온다. 조직과 시장에서의 도덕성도 바로 이와 같다. 아무도 책임감을 느끼지 않아 혼란에 빠지기 때문이다. 우리는 지시를 따르고, 책임을 위임하기에 조직과 시장에는 언제나 나 말고도 문제를 해결할 다른 사람이 있다. 분산된 생산, 국제적 유통, 공급 및 무역 관계, 그리고 셀 수 없을 정도로 다양한 소비 상품이라는 복잡한 구조 속에서 개관을 잃는 것도 문제다.

업무를 분산하는 다양한 형태의 조직은 책임의 분산을 야기한다. 그래서 리더든, 직원이든, 소비자든 간에 우리 자신에게 기대했던 수준에 미치지 못하는 도덕적 행동이 나오는 것이다. 이 장에서 우리는 위임자와 권위의 역할, 집단과 시장에서 나타나는 책임의 분산에 대한 이야기를 하고자 한다.

위임: 책임 떠넘기기

이번에도 기업 컨설턴트들이 해냈다. 몇 주 동안 회사에 자리를 잡고 앉아 부지런히 내부 문서를 만들고, 직원들을 인터뷰하고, 대차대조표를 조사하고, 회사의 캐시카우(고수익 상품 또는 사업)와 잠재력을 연구하고, 비용 함정과 적자가 발생하는 사업 영역을 골라내면서 그야말로 회사 전체를 머리에서부터 발끝까지 뒤집어엎더니 말이다. 경영진은 컨설턴트의 조언을 받아들여 구조 조정과 비용 절감, 정리 해고라는 새로운 영업 전략을 공표했다. 컨설턴트들에게 주어진 초인간적 능력과 권위로 보아 위임자로서 경영진은 마치 손과 발이 묶인 것 같아 보인다. 그러니 어쩌겠는가? 달갑지 않은 회사의 결정에 대한 책임이 컨설턴트들에게 있는 것을.

외부 컨설턴트나 감독관을 임명하는 것은 아주 인기가 많은 책임 전가 형태다. 행정기관이나 기업은 조직을 새롭게 보고, 새로운 전략을 개발하기 위해서만 외부의 지원을 받는 것이 아니다. 컨설턴트에게는 그에 못지않게 중요한 다른 역할도 주어진다. 오래전에 세운 전략을 정당화하고 실행하는 역할이다. 컨설턴트는 나쁜 소식의 제공자이자 전달자이며, 화풀이의 대상이자 희생양이다.

하지만 정말 그럴까? 대리인을 세우면 경영진의 책임이 사라지고, 대리인을 세우지 않았더라면 발표하기도 쉽지 않을 전략을 실행으로 옮길 수 있는 걸까? 이렇게 쉽게 다른 누군가의 손에 책임을 맡겨도 되는 것일까?

뵈른 바르틀링과 우르스 피슈바허는 아주 단순한 실험을 통해 임무의 위임이 책임의 이동으로 이어질 수 있는지 연구했다.[1] 연구는 인기가 없거나 불공정한 행동을 위임하는 것은 책임자 입장에서 가치가 있다는 전제하에 시작되었다. 임무 위임을 통해 부정적 결과에 대한 책임이 위임자에게서 실행자에게로 이동하기 때문이다. 실험을 위해 연구진은 독재자 게임을 변형했고, 네 명의 참여자를 한 그룹으로 묶었다. 한 명은 대표, 한 명은 대리인, 나머지 두 명은 수신자가 되었다.

그림 14 위임 실험

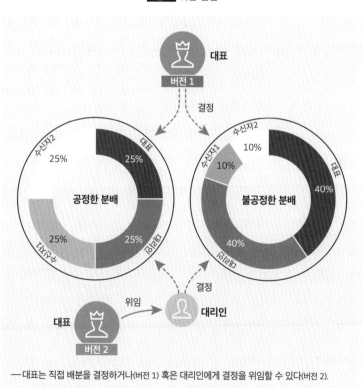

—대표는 직접 배분을 결정하거나(버전 1) 혹은 대리인에게 결정을 위임할 수 있다(버전 2).

대표가 직면한 문제는 다음과 같다. 대표는 두 가지 중 하나를 선택해 돈을 배분할 수 있는데, 하나는 공정한 배분이고, 다른 하나는 불공정한 배분이다. 전자의 경우 구성원 모두가 25%씩을 나눠 갖지만, 후자의 경우는 대표와 대리인이 각각 40%를 가져가고 수신자들은 10%씩 갖는다. 공정한 선택을 할 것이냐, 아니면 더 많은 이익을 남길 것이냐 하는 문제 앞에서 대표는 도덕적 갈등에 직면한다. 하지만 실험의 핵심은 이 결정을 대표가 직접 하지 않고 대리인에게 위임할 수 있도록 한 데 있었다. 이 경우 대표는 두 가지 분배 중 하나를 선택해야 하는 의사 결정의 권한과 책임을 대리인에게 넘길 수 있다. 이와 같은 책임 전가를 수신자들이 어떻게 인식하는지 알아내기 위해 수신자들에게도 결정권이 주어졌다. 대표 그리고/혹은 대리인에게 돌아갈 금액을 줄일 수 있게 한 것이다.

수신자들은 어떤 선택을 했을까? 먼저 공정한 분배의 경우, 수신자들은 대표도, 대리인도 처벌하지 않았다. 예상된 결과였다. 처벌할 이유가 없기 때문이다. 하지만 연구진의 관심은 불공정한 분배를 선택할 경우, 어떤 결과가 나오느냐에 있었다. 이 경우, 수신자들에게 불리한 쪽을 선택한 실제 실행자, 즉 대리인에 대한 처벌이 이루어졌다. 대표의 관점에서 보면 자신이 직접 선택하기보다 대리인에게 결정권을 위임하고, 그 대리인이 불공정한 분배를 선택하도록 하는 쪽이 처벌을 약화할 수 있는 방법일 것이다. 직접 선택할 때와 똑같은 이익을 얻으면서 더 나아가 책임까지 전가했음에도 이에 대한 처벌을 받지 않는 것이다. 반면 불공정한 분배를 직접 실행에 옮기면 대표 자신은 수신인들에게 처벌을 받았다. 이 경우 대리인에게 임무를 위임했을 때보다 세 배나 많은 돈을 돌려줘야 했다.

연구진은 또 다른 설정을 집어넣었다. 사람이 분배를 결정하지 않고, 예컨대 주사위를 던지는 등의 방식을 이용해 무작위로 분배를 결정한다면 과연 어떤 결과가 나올까? 이 경우, 대표에 대한 처벌은 크게 줄어들었다. 우연이 위임하고, 운명이 결정한 결과였기 때문이다.

이를 통해 우리는 위임이 도덕적 궁지에서 빠져나오는 데 도움이 된다는 것을 알 수 있다. 하지만 이와 동시에 위임은 부도덕하거나 불공정한 결과가 나올 가능성을 높인다. 심지어 (CRO, 즉 경영 위험 전문 관리 임원 등) '임시 관리자'의 고용을 사업 모델로 활용하는 기업들도 있다. 물론 이들이 훌륭한 경험을 갖춘 전문가인 것은 맞다. 하지만 이들을 고용하면 인기 없는 결정에 대한 책임까지도 이들에게 전가할 수 있다. 이로써 기업은 임시 관리 서비스업체들이 광고하는 효과를 얻는다. "변화는 어렵고 인기 없는 결정을 요구할 때가 많습니다. 위임 관리자를 고용하는 것은 이러한 결정의 구현과 진행을 가능하게 합니다. 위임 관리자를 통해 여러분은 손을 더럽히지 않고, 여러분의 전임자가 만들어냈을지도 모르는 부정적인 감정들로부터 부담을 느끼지 않고, 새로운 지속적인 리더십을 이어갈 수 있을 것입니다."

맞다. 그런데 이것만이 아니다. '손을 더럽히지 않고'도 자신의 이익을 위한 불공정한 행동을 위임하는 것이 가능하다면, 이 더러운 일을 처리하게 할 사람으로는 매우 순응적인(비도덕적인) 대리인을 선택하는 게 가장 이상적일 것이다. 할 거면 제대로 하겠다는 것이다. 존 해먼과 조지 로웬스타인, 로베르토 베버의 실험은 바로 이 질문에 대한 답을 찾기 위해 시작되었다.[2] 만일 '별다른 장애물 없이' 대리인 서비스를 광고할 수 있는 시장이 있다면 과연 무슨 일이 벌어질까?

연구진은 먼저 독재자 게임의 반복을 통해 대표와 수신자가 돈을 나눌 수 있는 경우, 대표들이 상대적으로 공정하게 행동한다는 것을 확인했다. 대리인이 없을 때 도덕성이 어느 정도는 유지된 것이다. 하지만 자신을 대신해 결정할 대리인을 임명할 수 있다고 하자 대표들은 결정권의 위임을 선택했다. 한편 대리인들은 분배자 역할을 맡기 위해 서로 경쟁한다. 그래야 돈을 벌 수 있기 때문이다. 그 결과 대리인들은 잠재적 위임자에게 점점 더 부당한 분배를 제안하면서 아부하고, 이는 위임자들이 특히나 비양심적인 대리인을 선택하는 결과로 이어진다. 물론 이 경우 도덕성은 자취를 감춘다. 대리인이나 위임 없이 대표가 직접 분배하는 경우와 비교할 때, 수신자가 받는 금액은 크게 줄어들기 때문이다.

말 그대로 악순환인 셈이다. 대표들은 가장 불공정한 분배를 제안하는 대리인을 선택하고, 대리인은 가장 불공정한 분배를 제안하고 이를 실현하기 위해 전력을 다한다. 대표들에게는 큰 이득이다. 무엇보다 좋은 것은 도덕성을 걱정할 필요가 없다는 사실이다. 어쨌거나 대표 입장에서는 자신이 직접 실행에 옮긴 것이 아니고, 대리인 입장에서는 그저 위임자의 지시를 따른 것일 뿐이니 말이다. 이보다 완벽한 게 어딨겠는가!

이 두 실험의 결과, 우리는 스스로 나쁜 행동이라고 생각하지 않고 다른 사람들에게서 부도덕하다는 평가를 받지 않으면서 이기적으로 행동할 수 있도록 돕는 것이 위임의 역할이라는 걸 알 수 있다. 특히 이 메커니즘은 도덕적으로 '가장 욕심 없는' 대리인을 선택할 수 있는 시장이 존재하는 경우 더 강화된다. 수많은 행위자들 간에 형성된 광범위한 대리인 관계 네트워크 속에서는 서로가 책임을 회피하기 때문이다. 실험에서처럼 대표가 한 명이고, 대리인도 한 명인 경우는 극히 드물다. 실제 노동 환경에서는 셀 수 없이 많은 의사 결정 단계에서 책임의 소재가 이곳저곳으로 옮겨가기 때문에 잘못된 행동에 대한 책임이 과연 누구에게 있는지 불분명하다.

이를 보여주는 대표적인 사례가 '디젤 게이트'다. 가솔린이 지배적인 미국 시장을 뚫기 위해 '클린 디젤'을 최대한 빨리 개발하라는 압박을 받은 엔지니어들이 주행 시험으로 판단될 때에만 디젤 배기가스 저감 장치를 작동시켜 환경 기준을 충족하도록 엔진 제어장치를 프로그래밍하자는 멋진 아이디어를 낸 것이다. 이 저감 장치가 작동하는 한 디젤은 깨끗했다. 하지만 정상적으로 작동하는 디젤 엔진의 경우, 오염 물질의 배출이 몇 배는 더 높아졌다. 이와 같은 조작을 통해 디젤 배기가스 배출 규정은 '준수'되었고, 이는 심각한 환경 및 건강 문제를 초래했다.[3] 전후戰後 역사상 가장 큰 산업 스캔들이었다.

조작 사실이 밝혀지고, 이를 조사하는 과정에서 엔지니어들은 이렇게 주장했다. 자신들은 이 문제점을 보고했으며, 상사들이 기억하지 못하거나 기억하고 싶지 않은 것일 뿐, 자신들은 그들의 계획을 실행에 옮긴 것이라고 말이다. 엔지니어들은 오히려 높은 지위에 있는 상사들에게서 이 범죄적 행위에 대한 암묵적 허락을 받았으며, 상사들이 거짓말을 하고 있다고 주장했다. 그렇다면 이 사태에 대한 책임은 누가 졌을까? 엔지니어였을까, 상사였을까, 아니면 마케팅 전략 부서였을까? 그렇다면 감독 기관은 어떤 역할을 했을까? 그렇게까지 자세히 알아보고 싶지 않아 했던 소비자는? 사람들은 서로에게 책임을 전가하기만 했다. 무언가를 알았다고 하는 사람도 없었다. 위에서 동의한 일이며, 감독관들의 지적도 없었다는 말로 빠져나갈 시도만 할 뿐이었다. 위임으로 인한 도덕의 실패를 여실히 보여준 사례라고 할 수 있다.

복잡하게 얽히고설킨 우리의 노동 환경에서는 위계질서와 팀 동료, 컨설턴트, 하청업체, 부서, 지점, 자회사 간의 긴 여정을 거치며 책임 소재가 불분명해지기 마련이다. 그리고 책임 소재가 불분명해지면 도덕도 사라진다. 위임의 가장 구체적이고 흔한 형태가 이른바 '하청 계약'이다. 동유럽 출신 외국인 노동자들을 비좁은 공간에서 함께 생활하게 하다가 결국 대규모 코로나19 집단 감염을 일으킨 육가공업체 퇴니스Tönnis의 사례가 안타깝게도 이를 잘 보여준다. 작업 안전과 작업 조건, 위생 혹은 직원들을 정당하게 대할 책임, 이 모든 것을 육가공 산업에서는 하청업체에 맡기기 때문이다.

이 상황을 조금 더 자세히 살펴보자. 구체적인 수행 업무와 관련해 도살장 운영자들은 하청업체와 도급계약을 체결할 때가 많다.

이렇게 하면 하청업체는 계약된 업무를 독자적으로 조직하고, 책임지고, 수행해야 한다. 육류 산업은 주로 하청업체가 위임업체의 사업장에서 일하는 이른바 '현장 계약'으로 운영된다. 예를 들면 하청업체가 알아서 도살해야 할 돼지의 수를 결정하는 식이다. 이에 대한 대가로 하청업체는 특정 수익을 갖는다. 위임업체와의 계약 내용을 이행하기 위해 어떤 조치를 취하느냐도 하청업체가 결정한다. 그러다 보니 하청업체는 지출을 최소화하는 데 관심을 기울이고, 이는 그에 상응하는 결과로 이어진다. 동시에 퇴니스 측은 하청업체에 책임을 전가할 수 있다. 독일노동조합연맹의 요하네스 야코프는 〈타게스샤우〉 뉴스와의 인터뷰에서 퇴니스의 경우, 사실상 모든 생산이 하청업체로 이전된 상태였다고 밝혔다. 2020년, 퇴니스의 직원 1만 6,500명 가운데 약 50%가 하청업체 소속이었다. "덕분에 퇴니스는 근로 조건에 대한 책임에서 완전히 벗어날 수 있었죠."[4] 이것이 의미하는 바는 무엇일까?

이렇게 되면 직원을 마치 '노예'처럼 부리는 상황[5]이 발생한다. 퇴니스와 도급계약을 맺은 하청업체 역시 최저임금 기준을 지키지 않았고, 노동시간을 확인하는 전자 시스템이 없어 실제 근무시간을 속일 때가 많았다. 근로자들은 백지에 서명하거나 16시간 이상의 교대 근무를 해야 했다. 휴식 시간도 주어지지 않았다. 2교대 사이에 11시간의 휴식 간격을 두어야 하지만 지켜지지 않았다. 하청업체는 임대업자이기도 했다. 하청업체가 근로자들에게 임대한 기숙사는 좁아터진 방 한 칸을 최대 여섯 명이 나눠 써야 할 정도로 열악했다. 그런데도 근로자들은 초과 임대료까지 지불했고, 이는 급여에서 바로 공제되었다.

안전 문제도 심각했다. 작업 속도를 높이기 위해 장비마다 안전 장치를 제거한 것이다. 질병에 걸린 경우, 대부분의 근로자는 임금을 받지 못했고, 치료 기간이 길어지면 해고당할 수도 있었다. 사소한 실수에도 큰 처벌이 따랐다. 작업에 필요한 도구(칼, 앞치마, 장갑 등)를 직접 구입하는 경우도 있었다. 더 나아가 하청업체는 작업 시간을 기록하는 칩chip 비용이나 휴게실 사용료 명목으로 이상한 수수료를 부과했다. 근로자 가운데는 독일어 실력이 부족한 사람이 많았고, 고향에 있는 가족에게 돈을 보내야 하는 부담을 안고 있었기 때문에 하청업체는 그리 어렵지 않게 이들을 착취할 수 있었다.

도급계약은 산업에서 매우 흔히 볼 수 있는 경영 방식이다. 유럽경제연구센터ZEW의 조사에 따르면, 독일 기업의 약 90%는 적어도 한 개 이상의 하청업체를 두고 있는 것으로 나타났다.[6] 도급계약을 맺은 근로자의 비율이 가장 높은 분야는 식품·섬유·의류·가구 산업이며, 건축·커뮤니케이션·정보 산업의 경우도 마찬가지였다. 그래서 2021년 1월 1일부로 육류 산업 핵심 분야, 즉 도축과 절단, 육류 가공에서 도급계약을 금지하는 산업안전관리법이 시행된 것은 매우 반가운 일이 아닐 수 없다.[7] 이제 이것이 성과로 이어지기를 바랄 뿐이다.

요약하면, 위임은 한 사람의 책임을 다른 사람에게 전가한다. 대표나 위임자는 자신이 직접 '한' 일은 하나도 없다고 발뺌할 수 있고, 실행자는 그저 지시에 따랐을 뿐 결과적으로 책임은 대표 혹은 위임자에게 있다고 주장할 수 있기 때문이다. 임무를 위임할 때 언급하는 타당한 근거는 무수히 많다. 예컨대 경제학적 관점에서 보면, 전문화나 정보 균형의 장점을 들 수 있다. 하지만 자신의 잘못이나 수치심을 다른 사람에게 전가할 수 있다는 것 또한 이들이 생각하는 위임의 장점일 것이다.

명령 그리고 죽음

위임 관계는 위임자와 대리인 사이의 관계에 따라 결정된다. 지금까지 살펴본 사례들에서는 민간 경제에서 나타나는 자발적 약속이라는 위임 관계의 전형적인 형태를 다뤘다. 이 경우, 대리인은 과제와 함께 그에 대한 책임도 위임받을 수 있지만, 이것이 의무는 아니다. 하지만 위임자와 대리인이 권한 관계에 있는 경우, 즉 법적 지시 관계에 있는 경우에는 근본적으로 달라진다. 이와 같은 형태의 위임이 가장 분명하게 나타나는 곳이 바로 군대다. 군인은 사령관이 시키는 대로 한다. 대리인이 어떤 상황에서 어떤 업무를 위임받는지 계약으로 정하는 것과 달리, 권위를 가진 사람이 부하에게 무조건적 복종을 요구하는 관계인 것이다. "이거 해, 저거 해" 이런 식이다. 바로 이 메커니즘은 대리인 문제를 더 악화할 수 있고, 심각한 민족 박해의 원인이 될 수도 있다.

군인들은 '비상사태'를 이유로 대량 학살을 비롯한 잔학 행위들을 저질렀다. 제2차 세계대전 때는 당시 보안경찰과 보안정보부, SS 특공대뿐 아니라 전방을 지원하던 독일 국방군 병사들까지도 무수히 많은 민간인을 학살하고, 전쟁 포로를 굶기고, 문화 엘리트들을 죽음으로 내몰았다. 이는 특히 동유럽에 집중되었다. 수많은 범죄 명령이 내려졌다. 육군 최고사령부는 소련을 침공하기 위한 바르바로사Barbarossa 작전 당시 소련공산당 간부들과 적군赤軍의 고위급 장교들에 대해 체포 즉시 처형하라는 '정치장교 지령Kommissarbefehl'을 내렸다. 이 명령으로 처형당한 사람만 수천 명이었다. 보복과 징계를 위한 '속죄 명령'도 내려졌다. 1941년, 독일 국방군 최고사령부는 소련 빨치산에게 죽임을 당한 독일군 1명당 50~100명의 민간인을 사살하라는 명령을 내렸다. 1942년 에는 체포된 연합군 지휘 부대를 '처리'하라는 '특공대 명령'도 내려졌다.

그림 15 1941년 9월, 소련 빨치산들을 사살하는 나치 병사들

오늘날 우리는 조사를 통해 바르바로사 작전 당시 독일 국방군이 나치와 야합하고 여기에 적극 가담했다는 사실을 분명하게 알고 있다. 국방군의 지원이 없었다면, 민간인과 전쟁 포로에 대한 조직적인 살인과 학대는 사실상 불가능했다. 소련 침공을 시작할 당시의 목표였던 '말살전'과 관련한 대량 학살도 마찬가지였을 것이다.

물론 일반 병사들로서는 명령을 공개적으로 거부하는 것이 결코 쉽지 않았을 테고, 때로는 목숨의 위협을 느꼈을 수도 있다. 하지만 저항할 방법이 아예 없는 것은 아니었다. 역사학자들은 당시 병사들에게 상당한 수준의 개인적 재량권이 있었다는 사실을 밝혀냈다. 그것이 사살 명령이든, 강제수용소에서의 '협조' 문제이든 간에 말이다. 예컨대 광범위한 문서들은 함부르크경찰대 101 소속 경찰들이 집단 처형에 대한 참여 여부를 자유롭게 선택할 수 있었다고 기록하고 있다.[8] 그럼에도 불구하고 이 경찰들은 최소 3만 8,000명의 유대인을 사살하는 데 적극적으로 협조했다.

명령을 거부한다고 해서 처벌이나 다른 형태의 부정적 결과가 이어지는 것도 아니었다. 역사학자 슈테판 회르틀러는 슈투트호프를 비롯한 다른 지역 강제수용소의 경우, 나치 친위대 소속 경비원들에게 근무지를 변경할 기회가 주어졌다는 사실을 증명했다.[9] 강제수용소에서 일하는 대신 이전 근무지로 돌아가거나, 내근직으로 바꿀 수 있었던 것이다. 근무지를 변경한다고 해서 불이익이 돌아오는 것은 아니었으므로, 이 가운데는 실제로 근무지를 변경한 경비원들도 있었다.[10] 강제수용소 수감자들을 적극적으로 도와주다가 적발된 경우라도(당시 SS는 이를 '수감자 비호'라고 표현했다) 처벌은 대부분 3~6개월의 징역형에 그쳤다. 이후 이들은 다시 사회로 돌아갈 수 있었고 말이다.[11]

나치 시대의 여성 전범들에게도 재량권이 있었다. 강제수용소 시스템에서 여성 감독관과 나치 친위대 여성 요원들은 주로 정보부에서 일했는데, 이는 자발적인 지원이었다. 전쟁 초반에는 원하면 언제든 복무를 중단하고 다시 민간인으로 복귀할 수 있었다.[12]

그러니까 종합해보면, 사살 명령 거부는 목숨을 위험에 빠뜨릴 정도로 위험한 결정이 아니었던 것이다. 그런데도 전쟁 이후, 전범으로서 재판정에 선 수많은 피고는 '주관적인 비상사태'를 주장했다. 객관적으로 강요받은 것은 아니지만 목숨이 위험할 수도 있다는 주관적 느낌을 그런 행동의 근거로 든 것이다. 실제로 많은 판사가 피고들의 이런 주장을 받아들였고, 특히 1950년대와 1960년대에는 이 주장이 이들에 대한 무죄 판결로 이어졌다.

1944년 7월 20일, 반反나치 인사들이 일으킨 쿠데타 역시 당시 사람들이 자신의 행위에 대한 혐오감을 인식할 수 있었으며, 기름칠 잘된 기계처럼 명령과 복종에 의해 움직이는 것이 다가 아니라 다른 선택권도 있음을 인식했다는 사실을 증명한다. 조금이라도 재량권이 있었다면, 그저 명령에 따랐을 뿐이라는 변명은 도덕적으로 설득력이 없는 것이다. 한나 아렌트가 요아힘 페스트와의 인터뷰에서 "그 누구에게도 복종할 권리는 없습니다"라고 말한 것 역시 같은 맥락이라고 생각한다. 한나 아렌트의 이 발언은 좋은 의도로 많은 곳에서 인용하고 있는, 상징적인 철학적 문장이 되었다.[13]

사람들은 이와 같은 끔찍한 행동으로부터 등을 지고 서서 자신이라면 그 어떤 경우에도 이들처럼 행동하지 않을 거라고 쉽게 확신하는 것 같다. 지시나 명령을 받았다고 다른 사람을 고문하거나 학대하지는 않을 것이라고 말이다. 하지만 과연 그럴까?

많은 논란이 있기는 했지만, 미국 사회심리학자 스탠리 밀그램의 실험은 이와 관련해 가장 중요하고도 통찰력 있는 결과를 제시했다. 이 실험은 아주 작은 권한만으로도 우리 가운데 최소한 일부를 악의 하수인으로 만들 수 있다는 사실을 증명했다. 1963년 밀그램은 권한을 가진 엘리트의 명령에 복종할 의지를 가진 충분히 호의적인 사람들, 즉 아주 평범한 사람들이 있었기 때문에 제2차 세계대전 당시의 범죄가 가능했다는 가설을 세웠다.[14]

밀그램은 처벌이 학습 성공에 주는 영향이라는 주제로 실험 참여자를 모집했다. 교사가 되어 학생들에게 단어 순서를 가르치는데, 반드시 필요할 경우 전기 충격으로 학생을 처벌하는 설정이었다. 전기 충격은 15V의 '약한 충격'에서부터 시작해 15V씩 증가하면서 '강한 충격'(135~180V), '위험: 대량 충격'(375~420V)에까지 이르렀다. 레벨이 가장 높은 435V와 450V는 'XXX'로 표시했다. 교사 역할을 맡은 참여자들은 학생이 한 번 틀릴 때마다 레벨을 한 단계 높이라는 지시를 받았다.

사실 전기 충격은 속임수였다. 하지만 참여자들은 이 설정이 가짜라는 것도, '학생'들이 실험을 위해 뽑힌 전문 배우라는 것도 몰랐다. 학생 역할을 맡은 배우들은 사전에 정해진 대본에 따라 연기를 했다. 300V까지는 전기 충격에 대해 항의하지 않았지만, 그 이

상부터는 큰 고통을 느끼는 것처럼 벽에 몸을 부딪치기 시작했다. 그리고 더 이상 아무 대답도 하지 못했다. 연구진은 대답하지 않는 것도 오답으로 간주하라고 했다. 교사 역할을 맡은 참여자들은 머뭇거렸지만 계속 전기 충격을 주어야만 했다. 참여자들이 거부할 경우를 대비해, 연구진은 계속할 것을 강력하게 지시했다.

40명의 참여자 가운데 300V 이전에서 멈춘 사람은 한 명도 없었다. 학생 역할을 맡은 배우가 벽에 몸을 부딪치기 시작하자 5명은 300V에서 멈췄다. 그 이후 단계에서도 총 9명이 전기 충격을 멈추었다. 이렇게 특정 단계에서부터 거부 의사를 밝힌 참여자는 전체의 35%였다. 그렇다면 나머지 65%는 어떻게 된 것일까? 참여자의 65%는 최대 충격인 450V에 이를 때까지 전기 충격을 멈추지 않았다.

모든 게 의심스러운 상황에서조차 복종하는 마음은 과연 어디에서 비롯된 것일까? 대체 왜 모든 참여자가 자리를 박차고 일어나 "이봐요! 나는 이런 정신 나간 일에 관여할 수 없습니다! 만약 이 모든 실험이 설명대로 진행된다면, 당신을 폭행죄로 기소하겠어요. 학교 측은 이 사실을 알고 있습니까? 근본적으로 잘못되고 통제 불가능한 일이라고요, 이건!"이라고 소리치지 않은 것일까? 오히려 대부분의 참여자는 도덕적 양심을 억누르면서까지 이른바 권위를 통해 내려진 명령에 복종했다.

장소와 제도적 상황이 연구진에게 어느 정도 권위를 준 것은 확실하다. 어쨌거나 연구진은 중요한 현상을 연구하는 과학자들이었다. 이것은 실험의 신뢰성과 심각성을 나타냈다.[15] 더욱이 참여자들은 이것이 연구 공동체의 규칙을 위반하지 않는 지극히 정상적인 과학 실험이라고 여겼다. 그렇지 않았다면 이 실험을 할 수 없었을 테니 말이다.

밀그램의 실험에 대해서는 다양한 목소리가 존재한다. 여타 실험과 달리 대중에게까지 널리 알려졌기 때문이다. 물론 정당한 비판도 있었다.[16] 이 실험의 명백한 모순을 가장 먼저 지적한 사람은 미국 심리학자 다이애나 바움린드였다.[17] 바움린드는 실험실에서 얻은 참여자들의 부정적인 심리적 결과가 이 실험을 통해 얻은 학문적 결론을 정당화할 수 없다고 비판했다. 다이애나의 비판은 실험에서의 도덕적 규칙에 대한 논쟁을 불러일으켰고, 1973년 심리 실험에 대한 새로운 지침 마련으로 이어졌다.

명심해야 할 것이 있다. 위임과 권위, 명령은 도덕에 불리한 환경을 만든다.[18] 상사가 부하에게 예컨대 일부 부도덕한 절차의 수행을 지시할 경우, 도덕성이 쉽게 사라지는 것이다. 일단 행동을 취하고 나면 상사는 자신은 '한 것'이 없고, 전부 부하가 한 것이라고 주장할 수 있다. 반면 부하는 자신은 지시를 따랐을 뿐 도덕적 책임은 상사에게 있다고 주장할 것이다. 이렇게 되면 1+1이 2가 되지 않는 결과로 이어진다. 나는 이런 현상을 바로 도덕의 저가산성subadditivity(전체의 확률이 부분의 확률을 합한 것보다 작다고 판단하는 경향 — 옮긴이)이라고 부른다.

집단과 책임의 분산

우리는 혼자가 아니라 다른 사람들과 그룹이나 팀의 형태로 함께 결정해서 결과를 낼 때가 많다. 심지어 행정기관이나 조직, 기업에서는 집단 지식이 원칙이다. 하지만 집단에 의한 결과는 도덕적 측면에서 굉장히 위험하다. 각 개인은 자신의 행동이 결정적 역할을 하는지, 중요한지 확신할 수 없기 때문이다. 이것이 '책임의 분산'이다.

이를 잘 설명해주는 사례를 함께 살펴보자. 아마 당신도 한 번쯤은 궁금했을 것이다. 총살을 집행할 때 사수는 왜 한 명이 아니라 늘 여러 명일까? 기술적 측면에서 볼 때, 사수는 한 명이면 충분하다. 사수가 여러 명인 걸 넘어서 총알이 없는 총도 있다. 대체 이유가 무엇일까? 사수 입장에서 생각해보자. 범죄자가 무방비 상태로 당신 눈앞에서 쓰러져 죽은 모습이 보인다. 하지만 괜찮다. 이 범죄자를 죽음에 이르게 한 것은 내 총이 아닐 수도 있으니. 분명 다른 총에 맞아 죽었을 테고, 내 총에는 심지어 총알이 없었을 것이다. 이런 생각을 통해 사수는 책임감을 덜 수 있고, 이로써 도덕적으로 문제 있는 행동을 하는 것에 대한 심리적 거부감도 줄지 않겠는가?

이 사례는 집단 안에서의 행동은 자기 책임의 분산을 야기하기 때문에 도덕적으로 의심스러운 행동에 특히나 취약하다는 도덕 연구의 핵심 인식을 보여준다. 왜 하필 내가 도와야 하지? 다른 사람이 하면 안 되는 건가? 이게 나랑 무슨 상관이람?

집단으로서 인간은 결코 품위 있고 책임감 있는 행동을 할 수 없다는 사실을 증명해준 사건은 1964년으로 거슬러 올라간다. 무척이나 유명한 이 사건은 집단의 도덕성과 관련해 집중 연구 대상이 되었다. 1964년 3월, 뉴욕에 살던 이탈리아 출신 젊은 여성 키티 제노비스가 잔인하게 살해당하는 사건이 발생했다. 사건 발생 2주 후 〈뉴욕타임스〉에 충격적인 기사가 하나 실렸다. 키티 제노비스가 살해당할 때, 무려 38명이 소리를 듣거나 현장을 목격했지만 개입하지도, 경찰에 신고하지도 않았다는 기사였다.

기사는 당시 현장의 공포를 묘사하고 있다. 뉴욕 퀸스, 중산층 동네, 새벽 3시 20분, 키티 제노비스는 주차를 마친 후 집으로 향하고 있었다. 그때, 칼을 든 한 남자가 갑자기 그녀를 공격했다. 주변에 있던 집의 불이 켜지고, 창문이 열렸다. 키티 제노비스가 소리쳤다. "오, 하나님, 세상에! 이 남자가 저를 찔렀어요! 도와주세요! 도와주세요!" 한 주민이 외쳤다. "여자를 내버려두시오!" 그러자 범인은 키티에게서 떨어져 도망쳤다. 주변 집들의 불이 꺼졌다. 하지만 잠시 후, 두 번째 공격이 이어졌다. 그사이 키티 제노비스는 칼에 찔린 채 자신의 아파트 근처까지 갔고, 범인은 쓰러져 있는 그녀를 다시 칼로 찔렀다. 키티가 소리쳤다. "나 죽어요, 나 죽어요, 나 죽어요!" 이웃집 불이 켜지고, 창문이 열렸다. 범인은 차를 타고 도망쳤다. 3시 35분, 범인은 다시 돌아왔고, 세 번째로 키티 제노비스를 찌른 후, 강간한 끝에 죽음에 이르게 했다. 3시 50분, 경찰은 첫 신고 전화를 받았고, 잠시 후 사건 현장에 도착했다. 경찰이 도착했을 때, 키티 곁에 있는 사람은 주민 세 명이 전부였다. 그로부터 6일 후, 경찰은 범인인 윈스턴 모슬리를 체포했다.

〈뉴욕타임스〉의 기사에 많은 이들이 충격을 받았다. 이웃 주민들이 조금만 더 일찍 경찰에 신고했더라면 키티 제노비스는 죽음을 면했을 수도 있다. 대체 왜 아무도 개입하지 않은 걸까? 목격자들은 책임을 회피하는 진술로 일관했다. 이들의 변명은 "모르겠습니다"에서부터 "피곤해서 그랬어요" "남편이 사건에 개입하는 걸 원하지 않았어요"에 이르기까지 다양했다. 오늘날 〈뉴욕타임스〉의 이 기사는 범행 방식이나 목격자 수, 범행 정보와 관련해 일부 과장되고 오류가 있다는 사실이 드러났다. 그럼에도 키티 제노비스 사건은 인간의 중요한 행동 양식, 즉 '책임의 분산'에 대한 학문적 논쟁을 불러일으켰다.

이를 최초로 연구한 심리학자는 존 M. 달리와 빕 라타네였다. 이들은 이 주제를 가지고 일련의 실험을 수행했다.[19] 첫 번째 실험에서 연구진은 제노비스 사건과 유사한 상황을 재현해 목격자의 수가 의학적 응급 상황이 발생했을 때 도움을 주려는 개인의 의지에 영향을 주는지 알아내고자 했다(참고로 응급 상황은 설정이었고, 전문 배우를 투입했지만 참여자들은 이 사실을 몰랐다). 실험 결과, 연구진은 집단의 규모가 클수록 도우려는 의지가 줄어든다는 중요한 결론을 얻었다. 피해자와 단둘이 있을 때는 도우려는 의지를 보였지만, 여섯 명으로 구성된 집단의 일원인 경우, 도우려는 의지가 62%에 그친 것이다.

도덕적 행동에 대한 인간의 의지는 대체 왜 집단 안에서 더 떨어지는 것일까? 이를 설명하는 이유는 많다. 먼저 경제적 측면에서 보면, 자신이 '중심축'인지 여부가 행동의 중요한 동기로 작용한다. 즉, 자신의 행동이 사건의 해결 방향에 결정적 역할을 하는지 따져보는 것이다. 예를 들어 피해자를 도우려는 다른 사람이 있다면, 내 도움은 필요하지 않거나 결정적 역할을 하지 못할 것이다. 내 도움을 추가한다고 해서 별 차이가 생기지는 않는 것이다. 이 경우, 나는 중심축이 아니다. 이렇게 되면 도움을 주는 과정에서 조금만 비용이 들어도 내 도움은 의미가 없을 거라고 자신을 설득할 수 있다.

이와 같은 '결과주의적 사고'와 도덕적 행동에 어떤 관련이 있는지 우리는 실험을 통해 알아보기로 했다.[20] 실험에서, 각 참여자는 단독으로 혹은 집단 안에서 쥐의 목숨을 놓고 결정을 내린다. 그리고 중심축이 되고자 하는 마음이 실제로 개인의 행동을 결정할 수 있는지 알아내기 위해 참여자들의 기대치를 이용했다. 야망과 도덕성을 주제로 한 실험에서와 마찬가지로(2장 참조) 참여자들에게 주어진 선택 조건은 돈을 위해 쥐 한 마리를 죽일 수 있느냐였다. 위에서도 설명했지만, 이와 같은 설정은 도덕의 정의에 부합한다. 특별한 이유 없이 누군가에게 고통을 가하는 행위는 비도덕적이고, 죽음은 당연히 그러한 행위에 포함되기 때문이다. 기억하겠지만, 우리의 쥐들은 실험을 위해 길러졌지만 사용되지 않고 '남은' 것들이었다. 무조건 안락사를 당해야 하는 쥐들을 살리기 위한 실험이었던 것이다.

당신에게 다음과 같은 선택권이 있다고 상상해보라. 당신은 정해진 죽음으로부터 쥐를 구하는 대신 돈을 받지 못한다(선택지 A). 아니면, 쥐를 죽게 놔두는 대신 10유로를 받는다(선택지 B). 이 상황에서 당신은 온전한 중심축이다. 쥐의 목숨이 오로지 당신 손에 달린 것이다. 이제 당신은 돈과 생명 중 하나를 택해야 한다(〈그림 16〉 위 참조).

이번에는 실험의 설정이 다르다. 당신은 일곱 명의 다른 참여자와 함께 여덟 명으로 구성된 한 집단을 이루고 있다(〈그림 16〉 아래 참조). 이번에는 쥐 여덟 마리의 목숨이 집단의 선택에 달려 있다. 당신은 도덕적인 선택을 해서 돈을 포기하거나(선택지 A), 쥐를 희생시키는 대신 10유로를 받을 수 있다(선택지 B). 하지만 집단 조건에서 선택의 결과는 조금 다르다. 모든 참여자가 A를 선택할 경우, 쥐 여덟 마리는 모두 구조된다. 하지만 한 명이라도 B를 선택할 경우, 쥐 여덟 마리는 모두 죽임을 당한다. 한 사람이든, 두 사람이든, 세 사람이든, 혹은 여덟 사람 전부든 B를 선택한 사람이 있으면 무조건 모든 쥐가 죽는 것이다. 참여자들은 서로의 선택을 알 수 없도록 동시에 결정을 내렸다.

자, 이제 참여자들의 머릿속에서는 어떤 일이 일어날까? 분명 다른 일곱 명의 참여자 모두가 A를 선택할 가능성이 얼마나 될지 계산하기 시작할 것이다. 그래야만 자신이 중심축이 되어서 자신의 선택(A 혹은 B)으로 최종 결과가 달라질 수 있기 때문이다. 하지만 모두가 A를 선택할 가능성이 과연 그렇게 클까? 자기 이익을 위해서 B를 선택하는 사람이 (적어도) 한 명은 있지 않을까?

그림 16 집단 실험

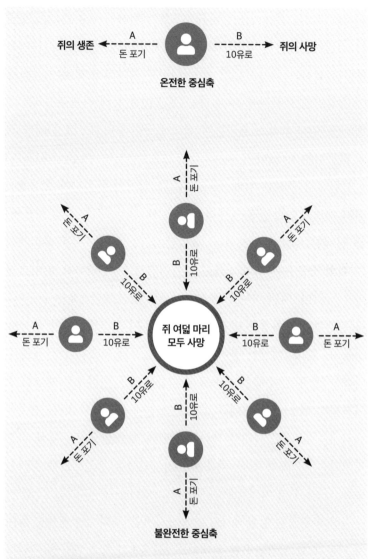

쥐의 생존 ←--- A
돈 포기

B ---→ 쥐의 사망
10유로

온전한 중심축

A
돈 포기

B
10유로

B
10유로

A
돈 포기

A
돈 포기

B
10유로

쥐 여덟 마리
모두 사망

B
10유로

A
돈 포기

B
10유로

A
돈 포기

A
돈 포기

B
10유로

B
10유로

A
돈 포기

불완전한 중심축

—위는 개별 참여자가 중심축이 되는 상황을, 아래는 다른 일곱 명 모두가 A를 선택해야만 참여자가 중심축이 될 수 있는 상황을 나타낸다.

그러면 참여자는 이렇게 생각할 것이다. '그럼 내가 중심축이 될 순 없는 거네. 내가 A를 선택하든 B를 선택하든 쥐들은 어차피 죽는 거잖아? 그러면 나도 B를 선택해서 10유로나 챙겨야지. 어느 쪽을 선택하든 차이는 없으니까.' 이러한 생각의 문제점은 모든 참여자가 이런 고민을 할 수 있다는 것과 이를 통해 실제로도 B를 선택하는 것이 적어도 결과론적 관점에서는 도덕적으로 문제가 되지 않는다는 데 있다.

실험에서 관찰한 결과는 이랬다. 즉, 참여자가 온전한 중심축이 되어 개별적으로 결정을 내리는 첫 번째 설정에서는 쥐의 죽음(B)을 선택한 사람이 46%였다. 하지만 집단 조건(두 번째 설정)에서는 쥐의 죽음을 선택한 비율이 높아지면서 무려 60%에 달하는 결과를 낳았다. 이뿐 아니라 중심축이 될 가능성을 낮게 여길수록 B를 선택하려는 마음은 더 커졌다. 예컨대 자신이 중심축이 될 가능성을 0~3%로 예상한 참여자들의 경우, 무려 80%가 B를 선택했다. 하지만 자신이 중심축이 될 가능성을 36% 이상으로 예상한 참여자들의 경우, B를 선택한 비율은 20%에 불과했다. 다른 참여자들의 행동에 대한 기대가 자신의 선택에 매우 중요한 역할을 하는 것이다. 내가 속한 집단 구성원의 친사회성을 부정적으로 평가할수록, 나 역시 더 이기적으로 행동하기 쉽다는 뜻이다.

일상의 수많은 상황에서도 마찬가지지만, 우리 실험에서는 참여자 가운데 한 사람만 B를 선택해도 모든 쥐가 죽기 때문에 집단의 규모가 커질수록 이와 같은 비관주의 역시 더 강해지는 것을 확인할 수 있었다. 집단의 규모가 커질수록 비도덕적인 결과가 나올 가능성도 커지는 것이다.

이제 결과를 이야기해보자. 쥐들은 끝내 어떻게 되었을까? 참여자가 온전한 중심축이 되는 설정에서는 54%가 살아남았다. 하지만 집단 조건 설정에서는 한 집단도 빼놓지 않고 모든 쥐가 죽임을 당하는 결과가 나왔다. 분산의 힘이다.

나는 우리 실험에서 확인할 수 있었던 생각의 흐름이 키티 제노비스의 불행을 야기했을 것이라고 판단한다. 키티 제노비스의 이웃들은 이렇게 생각했을 것이다. '내가 왜? 왜 하필 내가 희생하면서 도움을 줘야 하지? 내가 다칠 수도 있어. 게다가 밖에 나가서 위험을 알리는 건 어쩐지 불쾌하고 부끄러운 것 같아. 내가 착각한 걸 수도 있잖아. 그러면 얼마나 멍청한 모습으로 서 있겠어.' 이러한 비용을 떠올린 후, 이어서 다음과 같은 생각이 들었을 것이다. '어차피 누군가는 경찰에 신고할 거야. 여기는 사람이 많이 사는 곳이니까. 내가 듣고 보는 걸 사람들도 듣고 보겠지. 분명 누군가가 나설 거고, 분명 누군가가 벌써 경찰에 신고했을 거야. 나는 이 일에 끼어들고 싶지 않아. 화를 당하고 싶지도 않고. 창문 닫고, 잠이나 자자.'

이 중심축 현상을 보다 자세히 밝히기 위해 우리는 한 번 더 실험실 쥐 실험을 진행했다. 이번에도 혼자 있을 때와 집단의 일원일 때로 실험 조건을 구성했고, 친사회적인 선택지 A와 자기 이익을 도모하는 선택지 B를 마련했다. 하지만 이번에는 쥐의 목숨을 구하는 것이 목적이 아니었다. A를 선택한 참여자는 암으로 고통받는 아이들과 그 가족이 질병을 이겨낼 수 있도록 돕는 단체에 15유로를 기부할 수 있었다.

참여자가 온전한 중심축이 되는 개별적 설정에서는 15유로를 자신이 갖지 않고 기부하는 것이 친사회적 결정(A)이었다. 반면 선택지 B는 10유로를 자기가 갖고, 고통받는 아이들을 위해 기부하지 않는 결정이었다. 집단 설정에서는 책임의 분산이 이루어졌다. 참여자는 다른 일곱 명의 참여자와 한 집단을 이루었다. 모든 참여자는 기부할지(A), 자신의 이익을 챙길지(B)를 선택할 수 있다. 단, 집단 구성원 중 한 명이라도 B를 선택하면 8×15유로, 즉 120유로는 기부할 수 없다.

실험실 쥐 실험에서와 유사하게 집단 조건에서는 거의 60%가 B를 선택했다. 기부하지 않는 쪽을 선택한 것이다. 이는 기부하지 않은 참여자가 40%였던 중심축 조건에서보다 확연하게 높은 비율이었다. 무려 47%나 높아졌다! 이로써 중심축 조건에서 암으로 고통받는 아이들은 도움을 받을 수 있었지만, 집단 조건에서의 기부금은 훨씬 적었다. 정확히 말하면 0유로였다. 결과적으로, 기부한 집단은 하나도 없었다.

이 실험에서도 선택에 결정적 역할을 한 것은 다른 사람들이 과연 A를 선택할 것이냐에 대한 기대였다. 기부하지 않는 사람이 분명 있을 것이라고 생각하는 사람이 많을수록 기부할 확률이 줄어들었다. 상황은 더 악화했다. 한 번 더 결정할 기회를 주자 기부에 대한 의지가 더 떨어진 것이다. 첫 번째 라운드를 통해 실제로 기부하지 않은 사람이 최소한 한 명은 있었다는 사실을 알게 되었기 때문에 나타난 결과였다. 이 결과는 다른 참여자들에 대한 각 참여자의 기대에 부정적 영향을 끼쳤고, 비관주의를 강화해 기부하려는 의지를 더 떨어뜨렸다.

일상의 수많은 상황에서 우리는 다른 사람들의 행동을 관찰한다. 코로나19 팬데믹 초기에 우리는 두루마리 휴지나 파스타 선반이 텅 비어 있는 광경을 통해 일부 국민이 얼마나 비협조적인지를 눈으로 확인할 수 있었다. 다른 사람의 이기주의에 대해 아는 것은 책임의 분산과도 관련이 있다. 다른 사람의 잘못된 행동을 통해 내가 중심축이 아니라는 것을 알 수 있기 때문이다. '내가 지금 두루마리 휴지를 쟁이지 않으면 다른 사람이 쟁일걸? 어차피 차이는 없어!'

이러한 직관을 검증하기 위해 우리는 집단 조건에서의 실험을 한 번 더 진행했다. 하지만 이번에는 설정을 조금 바꾸었다. 동시에 선택하는 게 아니라, 순차적으로 선택하게끔 한 것이다. 이 경우, 앞선 집단 구성원이 어떤 선택을 했는지 알 수 있다. 결과는 확실했다. 순차적인 선택 설정에서 기부하지 않겠다는 참여자는 무려 72%로 나타났다. 자신이 중심축이 되는 개별적 선택 조건과 비교하면 무려 82%가 증가한 수치였다. 특히 우리는 앞선 누군가가 B를 선택한 경우, 그 후로는 사실상 아무도 기부하지 않는 현상을 관찰할 수 있었다. 원칙적으로 무엇이 '옳은지'를 따지지 않고 비용과 유익만을 고려하는 결과 중심적 도덕성과 완전히 일치했다. 바로 이 결과 중심적 도덕성이 다른 사람의 행동에 대한 (정당한) 비관주의를 만날 때, 도덕은 자취를 감추는 것이다.

이는 인간을 악으로 유인하는 것이 얼마나 쉬운 일인지를 보여주는 결과이기도 하다. 실험의 설정을 조금만 바꿨을 뿐인데도 파괴적인 결과를 가져왔으니 말이다. 이 결과대로라면 도덕적 양심에 따른 저항을 무너뜨리려는 (악한) 조직들에게는 이렇게 조언해 줄 수 있을 것이다. 책임을 집단에 위임하고, 도덕적인 사람이 중심축이 되지 않게 하라. 총살을 할 때의 조건과 아주 유사한 조건을 만들면 되는 것이다.

하지만 사회적으로 책임감 있는 결과를 얻고 싶다면, 이 조직에는 정반대의 조언을 해야 할 것이다. 각 개인에게 책임을 맡겨라. 모든 구성원은 특정 업무의 성패가 자신에게 달려 있다고 인식해야 한다. 결코 다른 사람의 선택 뒤에 숨을 수 없으며, 자신이 중심축이라는 인식 속에서 행동하게끔 하라는 뜻이다. 우리 사회의 수많은 노동 분산 과정에서 야기되는 문제가 바로 의사 결정 과정이 대부분 간접적이어서 모든 걸 다른 누군가가 통제하고, 확인하고, 필요에 따라 수정할 거라고 여기는 것이다. 이와 같은 맥락에서는 결코 개인의 잘못이 드러나지 않는다. 최종적으로 '그 누구도 원치 않았던' 그리고 '그 누구도 알지 못했던' 결과가 나오는 게 당연한 상황이다.

조직에서 발생하는 수많은 문제는 책임의 분산에서 비롯된다. 미국 역사상 가장 큰 스캔들로 손꼽히는 엔론Enron 사태의 중심에는 바로 이 책임 분산의 원리를 분명하게 보여준 앤드루 패스토Andrew Fastow가 있었다. 앤드루 패스토는 1998년부터 2001년까지 미국의 에너지 및 경제 복합 기업인 엔론의 최고재무책임자CFO였다. 이 시기, 엔론의 회계장부에서 엄청난 조작이 이루어졌다. 판매율은 부풀리고 부채를 낮게 잡아 큰 성공을 거둔 기업의 이미지를 만든 것이다. 하지만 2001년 10월, 미국증권거래소가 엔론에 대한 조사를 시작하자 모든 전말이 빠르게 드러났다. 회계장부 조작 사실과 하청업체에 숨겨져 있던 수십억 달러의 부채가 밝혀졌다. 패스토는 수익과 판매율 조작 사실을 시인했다. 그리고 2001년 12월, 엔론은 파산 신청을 했다.

이러한 사기의 결과로 회사와 직원, 주주, 일반 국민이 치른 대가는 어마어마했다. 약 90달러를 기록하던 주가는 1달러 아래로 급락했고, 20억 달러에 달하던 직원 연금이 사라져버렸다. 흥미롭게도 국제 신용 평가 기관 스탠더드앤드푸어스와 무디스는 다국적 컨설팅 전문 회사 아서 앤더슨의 잘못된 감사로 인해 엔론의 높은 신용 등급을 마지막까지 유지했다. 물론 아서 앤더슨 역시 엔론 파산의 여파로 2002년 문을 닫았다.

6년 징역형을 선고받은 앤드루 패스토는 법정에서 이렇게 진술했다. "솔직히…… 내 커리어의 어느 시점에서든 '멈춰, 이건 미친 짓이야. 이런 짓은 할 수 없어'라고 말했다면, 회사는 다른 CFO를 찾아서 그 일을 했겠죠. 하지만 이게 변명이 될 수 없다는 것을 압니다. 내가 죽이지 않더라도 다른 사람이 죽일 것이므로 누군가를 죽이는 것은 괜찮다는 말과 같을 테니까요."[21]

이 인용문이 우리에게 주는 시사점은 두 가지다. 자신이 조작하지 않았더라도 어차피 같은 일을 할 다른 CFO를 고용했을 것이라는 주장은 우리가 실험에서 발견한 원리와 정확하게 일치하기 때문이다. '내가 안 해도 누군가는 하겠지. 어차피 결과는 같다. 그러므로 그냥 내가 해도 된다(그리고 물질적인 이득을 얻자).' 이러한 교환 논리는 결과론적 관점에서는 실제로 변명이 될 수 있다. 어차피 피해 혹은 부도덕한 결과가 발생하리라는 걸 아는 한 나는 기만적인 사람이 되는 것이다. 실험에서 쥐를 선택한 사람이든, 기부를 선택한 사람이든, 실제 엔론의 직원이든 결과론적으로 보면 누가 피해를 입혔는지는 중요하지 않다. 단지 그 피해가 발생했다는 사실만이 중요한 것이다.

하지만 패스토의 진술은 적어도 도덕적 감정에 있어서만큼은 누가 피해를 입혔는지에 대한 질문에 무관심할 수 없다는 것을 암시한다. 정말 나는 교환 논리 뒤에 숨어서 어차피 내가 아니더라도 다른 사람이 했을 것이라는 믿음을 갖고 도덕적 평안을 누릴 수 있을까?

결과론적 관점과 반대로, 이마누엘 칸트에 초점을 맞춘 의무론적 관점에서 생각한다면 교환 논리는 결코 변명이 될 수 없다. 의무론적 관점에서 중요한 것은 비용과 유익에 대한 고려가 아니라 옳은 행동이냐, 그렇지 않은 행동이냐에 대한 평가이기 때문이다. 이 점에서 패스토의 진술은 견고한 결과론적 논리 옆에 아주 작지만 대안이 될 수 있는 다른 도덕적 평가 논리가 존재한다는 것을 암시한다. 잘못된 행동의 결과를 바꾸지 않는다고 하더라도, 이 잘못된 행동에 대한 감정적 거부감이 존재한다는 말이다.[22]

하지만 행동의 영역으로 오는 순간, 교환 논리는 강력하게 작용한다. 무기 생산업체들이 즐겨 쓰는 주장도 바로 이 논리에서 비롯된다. 어차피 우리가 조달하지 않아도 다른 업체가 할걸? 이와 같은 패턴의 정당화는 무기 생산과 수출이 억제되기는커녕 오히려 증가하는 도덕적 근거로 작동해왔다. 이를 확실하게 보여주는 사례가 바로 여기에 있다. 2016년, 당시 영국 외무부 장관이던 보리스 존슨은 사우디아라비아에 대한 영국의 무기 수출을 정당화했다. 이는 큰 논란으로 이어졌다. 당시 영국에서 수출한 무기가 예멘에서의 전쟁 범죄에 사용되었기 때문이다. 보리스 존슨은 의원들을 향해 이렇게 외쳤다. 무기를 수출하지 않으면 '정치적 공백'이 생길 것이 명백하며, 어차피 다른 서구 국가들이 기꺼이 그 공백을 채울 테고, 이는 국제법상으로 전혀 다를 것 없는, 똑같이 부정적인 결과를 가져올 것이라고 말이다.[23]

스포츠 선수들의 도핑 문제도 마찬가지다. 공개적으로는 모두가 깨끗하다고 주장하며, 공정한 스포츠를 원한다고 말한다. 하지만 도핑 문제는 끊이지 않고 이어진다. 사이클링과 육상을 비롯해 그 어떤 신체 종목이든 간에 말이다. 도핑은 스포츠의 전반적인 평판을 해치는 일이지만, 개인적 관점에서는 안 할 이유가 없다. 다른 선수들과 경쟁해야 하는 모든 선수는 딜레마에 빠지지 않을까? 다른 선수들은 다 도핑을 하는데 나만 안 하는 것이라면? 다른 선수들이 정말로 규정을 지킬 것이라고 확신해도 되는 걸까? 깨끗한 건 나밖에 없고, 다른 선수들은 명예와 돈을 얻는다면? 이런 것을 도덕적이라고 설명할 수 있을까? 아니, 그냥 멍청한 것 아닐까? 다른 선수들이 모두 도핑을 할 거라고 생각하는 선수가 도핑이라는 주제 앞에서 느끼는 도덕적 장애물은 상대적으로 낮아질 것이다. 이렇게 생각하는 선수가 많아질수록 도핑은 더 늘어나고, 도핑에 대한 도덕적 장애물은 낮아지는 악순환이 이어진다.

"내가 아니어도 다른 사람이 할 거야"라는 변명은 인류 역사의 중대한 범죄자들 입을 통해서도 들을 수 있다. 아우슈비츠 하역장에 도착한 유대인 가운데 즉시 처형할 사람과 일단 수용소로 보낼 사람을 분류하던 의사들의 이야기다. 미국 출신 정신과 의사 로버트 리프턴은 전쟁이 끝난 후 수행한 연구에서 아우슈비츠 하역장에서 근무한 의사들을 인터뷰했다.[24] 이 의사들의 주장 가운데 하나는 자신들이 (그러니까 질문을 받은 의사들이) 그런 결정을 했건 안 했건 '차이는 없었을 것'이라는 변명이었다. 어차피 다른 의사들이 대신 같은 일을 했을 테니, 결과적으로 아무것도 바뀌지 않았을 거라는 얘기였다.

시장과 책임의 철저한 분산

2020년 10월 출간된, 형제애와 사회적 우애에 관한 회칙 〈모든 형제들〉[25]에서 프란치스코 교황은 이례적으로 '시장'을 비판했다. 교황은 이렇게 썼다. "우리가 이러한 독단적인 신자유주의 신념을 따르라는 요청을 아무리 많이 받더라도, 시장만으로는 모든 문제를 해결할 수 없습니다." 글은 이렇게 계속된다. "이러한 빈약하고 반복적인 사상은 어떠한 도전에도 언제나 똑같은 방안을 제시합니다." 신자유주의는 '마술'과 같은 이론에 기대어 사회문제를 해결하고 있다는 것이다. 그는 시장을 "사회구조를 위협하는…… 폭력"으로 묘사했다. "지배적인 경제 이론의 독단적 방식이 그 결점을 드러냈다"면서 말이다. 그리고 "금융 원리에 종속된" 사회를 비판하며 이제는 "인간 존엄을 다시 중심에" 둬야 한다고 썼다.

의도치 않게 공산주의에 동조하는 '돈 까밀로'(소설가 조반니 과레스키가 쓴《돈 까밀로》시리즈의 주인공. 이탈리아 시골 마을을 배경으로 가톨릭 신부 돈 까밀로와 공산당원 읍장 뻬뽀네의 대립과 화해가 해학적으로 그려진다 — 옮긴이)의 논쟁적인 방식 면에서, 프란치스코 교황은 결코 유일한 비판자가 아니다. 시장에 대한 비판은 훨씬 더 오래전으로 거슬러 올라간다. 시장이 도덕성을 훼손하고 있다는 사실은 특히나 카를 마르크스와 프리드리히 엥겔스 그리고 이들의 후계자들에 의해 대체 경제 질서의 주요 개념으로 거듭 강조되어왔다. 시장에서의 가치는 교환가치로 평가되어버린다는 것이다. 마이클 샌델 같은 유명한 정치학자 역시 시장이 갈수록 인간 삶의 모든 영역으로 깊이 침투하고 있으며, 시장에서의 교환은 우리의 가치와 원래 상품, 서비스의 진정한 의미에 의문을 제기하기 때문에 우리는 "어디에 시장이 필요하고, 어디에 필요하지 않은지를" 자문해야 한다고 비판한다.[26]

시장은 시장에서 적극적으로 활동하지 않는 제삼자에게도 주기적으로 피해를 입힌다. 사실상 시장에서 이루어지는 상품의 생산과 거래는 모두 이와 같은 부정적 외부 효과를 야기한다고 볼 수 있다. 그것은 열악한 작업 조건으로 인한 건강 문제일 수도 있고, 알맞은 방법으로 사육하지 못해 발생하는 동물들의 고통일 수도 있고, 독성 물질을 토양과 바다 그리고 공기 중에 방출함으로써 일어나는 환경오염일 수도 있다.

끝도 없이 나열할 수 있는 이런 사건들 가운데 하나가 바로 일본의 화학 그룹 신일본질소주식회사(줄여서 '칫소'라고 부른다)의 경우다. 칫소는 화학물질을 생산하는 과정에서 엄청난 양의 수은이 함유된 폐수를 충분히 정화하지 않고 공장 인근과 하천, 바다로 방류했다. 그 결과 약 30년에 걸쳐 공장 주변에 살던 주민 가운데 1,784명이 수은 중독으로 사망했고, 1만 7,000명 이상이 신경 계통에 크게 손상을 입었다.[27]

방글라데시 수도 다카에서 발생한 섬유 공장 화재도 마찬가지였다. 2012년 11월 26일, 〈차이트 온라인〉은 이와 관련해 '죽음의 옷'이라는 제목으로 다음과 같은 기사를 실었다. "방글라데시의 공장 화재는 저렴하면서도 공정하게 옷을 생산할 수 있다는, 부유한 나라들의 말이 거짓임을 보여주었다. 일꾼들은 일요일 내내 공장에서 자루를 질질 끌어냈다. 검게 그을린 시체가 담긴 흰색 자루는 월요일까지 120개가 넘었고, 그 정확한 개수는 여전히 알려지지 않았다. 일요일 밤, 다카 북쪽, 화염에 휩싸인 섬유 공장 타즈린 패션 앞에는 형체를 알아볼 수 없을 정도로 훼손된 시신들이 쌓여 있었다."[28] 소화기는 작동하지 않았고, 비상 탈출구는 잠겼거나 애초에 없었다. 하지만 공장주에 대한 기소는 한참이 지나서야 이루어졌다. 타즈린 패션은 다국적 패션 브랜드 C&A에 제품을 공급하고 있었다. 그리고 서구 기업에 대한 법적 혹은 재정적 처벌은 전혀 이루어지지 않았다.

시장이 정말 우리의 도덕성을 망가뜨리는 주범일까? 만일 그렇다면, 우리는 이 사실을 그냥 받아들여야 하는 걸까, 아니면 우리에게도 무언가 이 문제를 해결할 방법이 있을까? 모든 상품과 서비스에 대한 가격을 시장에서 매기고, 시장에서 거래해야 할까? 아니면 시장에서 우리의 가치와 존엄이 위험에 처할 거라는 우려는 정당한 것일까?

시장의 도덕적 무관심에 대한 비판은 철학과 경제 그리고 다른 사회과학 분야에서도 격렬한 토론 주제가 되고 있고, 정치권에서도 시장에 찬성하는 정당과 반대하는 정당이 치열하게 부딪친다. 하지만 상대적으로 우리는 시장에서의 상호작용이 우리의 도덕적 판단과 결정에 어떤 인과적 영향을 가져오는지 잘 모르는 것 같다. 일차적으로는 시장이 어디에나 존재하고, 그로 인해 반작용적인 상황에서의 행동을 관찰하기 어렵다는 데 그 이유가 있다. 특히나 시장을 좋게 생각하는 사람과 시장을 거부하고 그걸 대체할 다른 형태의 교환을 원하는 사람을 개인적으로 비교하지 않는다면 그 영향을 알기란 더욱 어렵다. 예컨대 토요일 아침, 독일 한 도시의 쇼핑몰에 들른 사람의 행동과 은둔 생활을 하는 수도승 혹은 살면서 필요한 것을 대부분 자급자족하면서 시장도, 가격도 없이 일상의 일들을 공동체 안에서 나누는 '아웃사이더'의 행동을 비교하는 것 말이다. 만일 이들에게 각자의 도덕적 신념에 대해 묻는다면 그 신념의 차이를 시장에서, 즉 누가 더 시장에 많이 가고, 덜 가느냐를 통해 추론하려는 사람은 아마도 없을 것이다.

하지만 동일한 사람이 시장에서 거래할 때와 시장이 아닌 다른 대안적 형태로 교환을 할 때 나타나는 행동의 변화를 어떻게 측정할 수 있을까? 시장에서의 상호작용이 도덕적 선택에 인과적 영향을 미치는지는 어떻게 알 수 있을까? 실험이 필요하다.

나는 동료인 노라 스체히와 함께 전 세계에서 최초로 시장이 도덕적 행동에 인과적 영향을 미칠 수 있는가를 주제로 실험을 진행했다.[29] 이것은 쥐의 목숨을 걸고 진행한 최초의 실험이기도 했다. 우리는 시장에서의 행동 혹은 시장을 대체한 다른 형태의 교환이 그 자체만으로도 교환을 하지 않는 제삼자에게 피해를 입힐 수 있다는 걸 도덕적 관점에서 보여주고 싶었다. 즉, 환경오염이나 부당하고 착취적인 근로 조건처럼 인간의 거래 행위가 가져오는 부정적 외부 효과를 보여주고 싶었다.

시장은 구매자와 판매자가 상품과 서비스를 거래할 수 있는 기관으로, 여기에서는 서로가 상대에게 가격을 제시하고 상대가 제시한 가격을 받아들인다. 구매자와 판매자가 특정 상품의 가격에 동의하면 거래는 성사 및 종결된다.

실험에서 우리는 개별적 조건, 양자간 시장 그리고 다자간 시장이라는 세 가지 유형을 분석했다. 시장이 존재하지 않는 개별적 조건에서 참여자들은 두 가지 중 하나를 선택할 수 있다. A를 선택하면 쥐를 살리는 대신 참여자는 돈을 받지 못한다. B는 참여자가 10유로를 받는 대신 쥐가 죽는다. 개별적 조건에서는 참여자가 쥐 한 마리의 목숨에 얼마의 가치를 부여하는지 거짓 없이 측정할 수 있다. 참여자는 10유로에 쥐를 죽일 수 있는가? 아니면 쥐의 목숨은 10유로만큼의 가치가 있는가? 개별적 조건은 시장에 참여하지 않고 자유롭게 결정을 내릴 때 참여자가 쥐의 가치를 어떻게 매기는지 보여줄 것이다. 그렇다면 이 결괏값을 시장에서의 결괏값과 비교해볼 수 있을 것이다.

실험의 첫 번째 조건인 양자간 시장은 이른바 양자간 이중 경매였다. 즉, 구매자 한 명과 판매자 한 명이 시장을 형성해서 양자간에 구매 혹은 판매 제안을 하는 조건이다. 이 제안은 컴퓨터를 통해 이루어졌기 때문에 시장에 참여한 두 사람은 현재 어떤 제안이 받아들여질지 정확하게 알 수 있었다. 판매자가 구매자의 제안을 받아들이면 거래는 성사되고, 받아들이지 않으면 무산된다.

특정 가격에서 거래가 성사되면, 구매자는 20유로에서 이 금액을 뺀 돈을 벌고, 판매자는 합의된 금액을 번다. 하지만 거래가 성사될 경우 또 하나의 결과가 따라왔다. 쥐 한 마리가 죽는 것이다.

그림 17 시장 실험

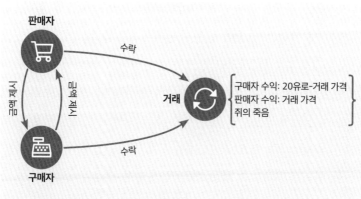

— 실험에서 구매자와 판매자는 서로 금액을 제시한다. 만일 제안을 받아들이면, 거래가 이루어진다. 거래가 성사되면 쥐 한 마리가 죽는다.

그렇다면 시장 참여자들은 쥐를 죽이는 수밖에 없는 걸까? 아니, 그렇지 않다. 거래는 한쪽이 다른 쪽의 제안을 받아들일 때에만 이루어지므로, 쥐의 죽음 역시 거래가 이루어질 때에만 발생한다. 더욱이 반드시 금액을 제시하거나, 제시된 금액을 받아들이라는 강요도 없었다. 다시 말해, 거래가 성사되지 않으면 쥐는 목숨을 구한다. 판매자도, 구매자도 돈을 벌지는 못하겠지만 말이다.

우리는 두 번째 시장 조건에서도 연구를 진행했다. 다자간 이중경매는 양자간 시장과 거의 동일하지만 구매자와 판매자가 한 명 이상이라는 차이가 있었다. 다자간 시장에서 이루어지는 모든 거래에는 일곱 명의 구매자와 아홉 명의 판매자가 참여한다. 모든 참여자는 금액을 제시하고, 제시된 금액을 받아들일 수 있다(물론 강요는 없었다). 거래가 성사될 때마다(구매자가 일곱 명이므로, 가능한 최대 거래는 7건이다). 구매자는 20유로에서 거래 가격을 뺀 돈을 벌고, 판매자는 합의된 금액을 가져간다. 거래가 성사될 때마다 쥐 한 마리가 죽는다. 즉, 최대 일곱 마리의 쥐가 죽임을 당할 수 있다.

세 가지 설정은 시장이 있는지(양자간 혹은 다자간 거래) 혹은 없는지(개별적 결정)를 제외하면 모두 동일하다. 그렇다면 시장이 있는 두 조건과 시장이 없는 조건에서의 결정을 비교하면 우리의 질문에 대한 답을 찾을 수 있을 것이다. 시장에서의 상호작용은 도덕적 가치를 낮출 수 있을까? 10유로에 (혹은 그보다 더 적은 금액에) 쥐 한 마리를 죽일 수 있는 마음이 개별적 결정의 조건에서보다 시장에 참여했을 때 더 강화될 가능성이 있는 것일까?

이 질문에 답하기 위해 우리는 10유로 혹은 그보다 더 적은 금액에 쥐를 죽이는 쪽을 선택한 참여자의 비율이 개별적 조건, 양자 간 시장, 다자간 시장에서 어떻게 달라지는지 비교했다. 개별적 조건에서 쥐의 죽음을 선택하고 그 대가로 10유로를 받은 참여자는 전체의 46%였다. 이것은 시장이 없는 상황에서의 기본적인 도덕적 태도를 나타낸다.

그렇다면 양자간 시장에서 10유로 혹은 그보다 더 적은 금액에 쥐를 희생시킬 준비가 되어 있는 판매자의 비율은 어느 정도였을까? 72.2%였다. 즉, 개별적 조건과 비교할 때 57.1%나 더 많은 참여자가 10유로 혹은 그보다 더 적은 금액에 쥐의 목숨을 희생시키겠다고 한 것이다. 다자간 시장에서는 그 비율이 75.9%까지 치솟았다. 무려 65.2%의 상승률이다. 하지만 쥐를 죽여서라도 돈을 벌겠다는 의지의 극적인 상승은 실제 가치 하락의 전체 범위를 보여주지 못한다. 다자간 시장에서 평균적으로 지불된 금액은 5.10유로였기 때문이다. 이것이 시장 참여자들이 쥐 한 마리의 목숨에 대해 매긴 '가치'였다. 이 금액이라면 개별적 조건에서는 B를 선택한 참여자들이 46%보다 훨씬 더 줄어들었을 것이다.[30] 시장에서의 거래는 라운드를 반복할수록 금액이 떨어지는 결과로 이어졌다. 마지막 라운드에서 쥐 한 마리는 평균 4.50유로에 계산대를 통과했다. 삶과 죽음의 문턱을 의미하는 그 계산대를 말이다.

이 실험은 자신의 선택에 목숨이 달린 생쥐를 보호하려는 의지로 측정할 수 있는 도덕적 가치의 인과적 저하를 입증한다. 이와 같은 결과가 나온 원인과 그 의미를 이야기하기 전에 나는 먼저 이 실험을 더 잘 이해할 수 있는 몇 가지 다른 발견을 언급하겠다.

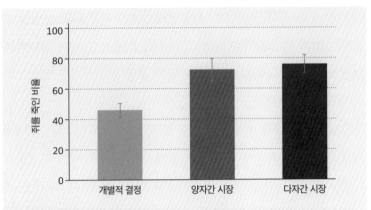

그림 18 시장 실험의 결과

— 막대기는 참여자들이 10유로 혹은 그보다 적은 금액을 대가로 쥐의 죽음을 얼마나 자주 수락
했는지 보여준다(오차 막대는 평균값의 기본 오차를 나타낸다).

 첫째, 시장 조건과 개별적 조건에서 발생한 차이는 시장에 매력
을 느낀 이기적인 개인이 시장을 지나치게 대표하게 되었기 때문
에 생긴다고 설명할 수 없다. 현실에서는 그럴 가능성이 크지만(여
러 연구자들이 예컨대 금융시장에서 이와 같은 선택의 패턴이 나타나고 있
는 것을 입증했다), 실험실에서 얻은 결과로는 이와 같은 결론을 내
릴 수 없었다. 세 가지 조건에 대한 선택은 무작위로 이루어졌고,
개인이 선택한 것이 아니었다.

 둘째, 개별 조건과 시장 조건 사이에서 관찰되는 도덕적 가치의
하락은 사용 방법의 산물이 아니다. 이를 입증하기 위해서는 과연
시장이 '정상적인 상품', 즉 비도덕적인 가치를 오히려 더 존중하
는지에 대해 질문을 던져볼 수 있다. 다르게 설명하면 이렇다. 개
별적 조건에서의 평범한 소비재가 지닌 가치를 시장에서의 소비

재 가치와 비교한다고 해보자. 이 경우, 우리는 시장 소비재의 가치가 안정적이라고 할 수 있을까? 그러니까 시장에서 '소비 가치'가 과연 유지될 수 있을까?

이것을 검증하기 위해 우리는 한 번 더 실험을 진행했다. 이번에는 도덕적 선택의 결과를 보기 위해서가 아니었다. 실험에서는 본Bonn대학교의 기념품 가게에서 사용할 수 있는 약 25유로의 가치를 가진 상품권이 등장한다. 상품권을 받은 참여자는 볼펜이나 티셔츠, 머그잔 등 25유로의 가치를 가진 상품을 살 수 있다. 개별적 조건에서 실험 참여자인 본대학교 학생들에게 이 상품권이 얼마의 가치를 가졌는지 질문하자 평균적으로 약 8유로라는 결과가 나왔다. 이제 구매자와 판매자가 상품권을 거래할 수 있는 시장이 등장한다. 우리는 시장 조건에서 이 상품권을 8유로 이하로 판매할 의향이 있는지 물었다. 학생들의 답은 '아니요'였다. 개별적 조건과 다자간 시장 조건에서 상품권의 가치는 사실상 동일하게 나타났고, 이 가치는 거래 라운드가 이어져도 하락하지 않았다. 쥐 시장에서 관찰한 결과와 마찬가지였다.

이 부분을 한 번 더 강조하겠다. 당신이 아끼는 시계의 가치에 대해 생각해보라. 예를 들어 500유로라고 치자. 당신은 이 시계를 한 온라인 판매 플랫폼에 내놓았고, 누군가가 당신에게 200유로를 제안했다. 당신이 뭐 하러 이 제안을 받아들이겠는가? 당신이 생각하는 시계의 가치보다 더 적은 금액에 시계를 파는 건 아무런 의미가 없는데 말이다. 시장에서 거래를 한다는 이유만으로 당신이 생각하는 시계의 가치가 변하는 것은 아니다. 실험에서 상품권의 가치도 그랬다. 말하자면 시장은 개인적인 재화와 서비스의 가치 평가를 존중하는 것이다. 하지만 도덕적 가치에 대해서는 다르다. 시장 참여자들은 점진적으로 자신의 도덕적 기준을 낮추기 때문이다.

우리는 시장이 도덕적 결과에 대한 평가에 인과적 영향을 미칠 수 있다는 사실을 확인했다.[31] 나는 이와 같은 현상이 시장뿐 아니라 모든 곳에서 나타나고 있다고 생각한다. 가축 사육 조건 같은 동물 복지 문제나 노동자 착취, 그중에서도 어린이 착취 문제, 환경 파괴 그리고 그로 인한 기후 문제에 대해서는 많은 사람이 도덕적 해이를 비난한다. 하지만 소비자와 시장 참여자로서 사람들은 이러한 우려를 신경조차 쓰지 않는 것 같다. 도덕적 가치를 주장하면서도 정작 시장에서는 가장 저렴한 식료품이나 의류, 전자제품을 선택하기 때문이다. 이 선택이 다른 누군가에게 그 어떤 영향도 끼치지 않는 것처럼 말이다. 하지만 이를 통해 우리는 의식적으로 혹은 무의식적으로 제삼자의 고통에 기여하는 셈이다. 그것도 원래 가지고 있던 도덕적 '기준'에 반하면서까지 말이다. 도대체 왜 이런 현상이 나타나는 걸까?

시장이 왜 우리의 도덕적 무관심을 야기하는지 이해하기 위해서는 시장이 가진 여러 가지 특성을 이해할 필요가 있다. 나는 가장 큰 문제가 생산과 유통, 구매 등의 복잡한 과정이 쌓이면서 발생하는 책임의 분산에 있다고 생각한다. 심지어 나는 시장이 책임의 완전한 분산을 야기한다고 생각한다. 당장 시장의 당사자, 그러니까 구매자와 판매자의 개별적 특성부터 분산되어 있기 때문이다.

비교적 단순한 구조의 시장 실험을 통해 이를 한눈에 살펴보도록 하자. 먼저 다자간 시장에서 판매자가 되어 쥐를 팔지 말지 선택해보자. 시장에는 아홉 명의 판매자와 일곱 명의 구매자가 있다. 이 경우, 당신이 판매자라면 과연 쥐를 선택할 수 있을까? 당신이 가격 제시를 거부하거나, 수락을 거부해도 어차피 다른 판매자의 거래가 성사되면 죽는 쥐의 마릿수에는 아무런 영향을 줄 수 없을 것이다. 적어도 다른 두 명의 판매자가 쥐를 위해 판매를 포기하지 않는다면, 결과적으로 내 선택은 아무런 역할도 하지 못한다. 다르게 표현하면 이렇다. 어차피 일곱 마리가 전부 다 죽는다면 나라고 돈을 벌지 못할 이유가 무엇인가? 내가 시장에서 거래에 참여하지 않은 유일한 사람이라면, 쥐들은 어차피 죽을 테고 다른 참여자들은 수익을 낼 것이다. 그렇게 되게 놔둘 수는 없다.

핵심은 시장에서는 개인이 절대 중심축이 될 수 없다는 사실이다. 시장에서는 내 결정이 결과의 차이를 만들어낼 수 없다. 내가 아니더라도 시장에는 개입하는 누군가와 틈새를 메울 누군가가 항상 존재한다. 내가 생산하거나 판매하지 않아도 다른 누군가가 할 것이다. 어쩌면 계산대 앞에서 소비자는 저렴하지만 비도덕적으로 생산된 돼지고기를 사면서 양심의 가책을 느낄 수도 있다. 하지만 이렇게 생각할 수도 있다. '어차피 내가 안 사도 다른 사람이 살 텐데, 뭐.' 같은 현상이 저렴한 티셔츠가 쌓인 매대나 불공정 커피가 진열된 선반, 혹은 어류의 남획을 용인하는 생선 가게 앞에서도 계속 이어진다. 똑같지만 강하고 설득력 있는 변명이 우리로 하여금 이렇게 행동할 수밖에 없게 만드는 것이다. '내가 아니더라도 다른 사람이 하겠지.' 이것이 바로 완고한 시장의 논리다.

하지만 도덕에 적대적인 시장의 특성은 결코 이것이 다가 아니다. 시장에서는 많은 사람의 상호작용이 이루어지고, 앞에서도 말했지만 집단 결정의 경우 책임이 분산된다. 시장에서의 최종 단계, 즉 구매 행위를 살펴보자. 여기에서는 적어도 당사자 두 명의 동의가 반드시 필요하다. 구매자 한 명, 판매자 한 명이다. 이 동의가 없으면 거래는 이루어지지 않는다. 그래서 의심스러운 거래에 대한 책임이 분산되는 것이다. 이것은 개인이 주관적으로 느끼는 죄책감을 낮추는 효과를 가져온다. 시장에 참여한 모든 사람은 성사된 거래에 대해 자신의 몫을 가지고 있지만, 이로 인해 제삼자가 겪는 피해에 대해서는 부분적으로만 책임을 지는 것이다.

교환에 관심을 가진 구매자와 판매자가 모이는 시장에서는 참여자의 도덕적 판단에 영향을 미치는 또 다른 무언가가 발생한다. 시장이 양산하는 '사회적 정보'다. 시장은 (일종의 거래 행위의 부산물로서) 다른 사람들이 허용 가능한 것, 정당한 것, 적절한 것으로 인식하는 것이 무엇인지를 알려준다. (나에게 정보가 없어서건 혹은 나의 도덕적 나침반이 틀어져서건) 특정 제품을 구매하는 게 도덕적으로 타당한지 확신이 서지 않을 때 다른 사람들이 거리낌 없이 그 제품을 구매하는 모습은 나의 구매를 정당화한다. 제품의 가격과 동물 복지를 지키려는 마음이 충돌할 때, 다른 사람들이 저녁에 바비큐 파티 때 먹을 고기를 저렴한 판매대에서 잔뜩 구매하는 모습이 보인다. 저렇게 많은 사람이 사는데, 과연 틀렸다고 할 수 있을까? 다른 사람들도 아무런 문제가 없는데, 이 고기를 산다고 그렇게까지 비난받을까? 내가 괜한 양심의 가책을 느끼고 있는 건 아닐까? 아니면, 내가 뭘 잘못 알고 있을 가능성은?

우리의 도덕성은 언제나 다른 사람들과의 교환을 통해 만들어지고 통용되는 사회적 규범, 즉 사회적으로 형성된 가치를 반영한다. 예를 들어 몇 년 전까지만 해도 식당이나 기차, 비행기에서 담배를 피우는 것은 문제가 되지 않았다. 하지만 오늘날 비행기나 사무실에서 담배를 입에 물면, 사람들이 믿을 수 없다는 표정으로 당신을 쳐다볼 것이다. 특정한 장소 혹은 비흡연자들이 있는 곳에서 담배를 피우는 것은 사회적으로 금지되고, 이에 따라 처벌 대상이다. 하지만 이 행동에 대한 금지는 사회가 만들어낸 것이다.

시장은 사회적인 정보를 만들고, 사회적 규범의 타당성에 대한 정보를 주는 곳이다. 이를 통해 우리의 행동에도 영향을 준다. 물론 시장은 사회적 규범의 모든 형태와 음영을 나타낼 수 있다. 하지만 나는 시장이 낮은 수준의 표준 스펙트럼을 나타내는 경향이 있다고 생각한다. 도덕적 인식이 낮은 동시대 사람들이 자신의 구매 의지를 가장 강하게 표현하기 때문이다. 반면 도덕적 기준이 높은 잠재적 시장 참여자들은 그렇게 움직이지 않는다. 그래서 시장 상황을 관찰하는 사람은 도덕적 양심이 가장 적은 사람들의 행동을 통해 규범에 대한 정보를 얻는 셈이다.[32]

현명하고 합리적인 관찰자는 시장에서 보는 사람들이 시장 참여자의 선택적 샘플에 불과하며, 현재 시장의 합의된 가격에서 기권한 사람들도 있다는 사실을 고려할 것이라고 이의를 제기할 수도 있을 것이다. 하지만 이것은 결코 쉬운 일이 아니다. 조건법적 사고, 즉 도덕적인 참여자들이 의사를 표현했다면 어떤 결과가 나왔을지에 대한 고려가 필요하기 때문이다. 현실적으로 볼 때 나는 이것이 대부분의 시장 참여자에게 너무 과도한 부담일 것이라고 생각한다. 인간은 자기가 본 것을 믿는다. 그렇다면 저렇게나 많은 사람이 저렴한 티셔츠를 파는 매대에 몰려 있는데, 이를 잘못되었다고 할 수는 없지 않을까? 만약 잘못된 것이라면 애초부터 생산자들이 티셔츠를 제공할 수 있었을까? 정말 그렇다면 저렇게 많은 사람이 서로 티셔츠를 갖겠다고 싸울까?

하지만 구매 행위가 이루어지기도 전에 시장은 도덕의 가치를 희석한다. 문제가 있는 상품의 분업 생산에서부터 도덕적 문제는 시작되며, 기나긴 공급 및 가치 창출의 사슬에서 계속 증가하기 때문이다. 노동 분리는 현대사회가 이룬 가장 중요한 업적 가운데 하나다. 분업은 생산성의 엄청난 증가와 발전을 가져왔을 뿐 아니라 전례 없는 수준의 전문화를 가능하게 했다. 글로벌 시장은 글로벌 가치 사슬을 의미한다. 상품 생산이 수많은 국가의 수많은 행위자들의 연결 고리를 통해 이루어진다는 뜻이다. 마치 거대한 퍼즐처럼, 하나의 상품은 수많은 조각으로 완성된다. 하지만 그 조각들의 출처나 생산 방법, 직원의 복지와 환경의 보호, 고통은 누구도 알지 못하게 암흑 속에 가려져 있다. 이 상품을 구매하는 그 어떤 소비자도 그 사실을 알 수 없는 것이다. 그러니 소비자가 어떻게 책임을 질 수 있으며, 더욱이 누구에 대한 책임을 져야 한단 말인가!

가치 사슬은 우리가 생각하는 것보다 훨씬 더 길고, 더 광범위하며, 더 복잡하다. 아이폰의 경우도 그렇다. 기계 외부에는 "캘리포

니아 애플에서 디자인, 중국에서 조립"이라고 쓰여 있다. 오케이! 애플은 디자인과 판매를 책임지는 거로군. 하지만 그 안에 든 부속품의 출처는 어디일까? "중국에서 조립"이라는 표현은 각각의 구성 요소를 중국에서 조립했다는 걸 의미할 뿐이다. 정확한 수는 애플의 영업 비밀이지만 아이폰 한 대를 만드는 데 약 40개국의 200곳 넘는 기업이 참여한다고 한다. 이렇게나 많은 기업이 동작 센서, 배터리, 메모리 또는 칩 같은 수백 개의 부품을 조달하는 것이다. 하지만 국제적인 상호 의존성에도 불구하고 애플이 얻는 이익의 대부분은 미국에 머문다.

첨단 기술 제품만 그런 것이 아니다. 세계화된 시장에서는 단순한 옷 한 장도 긴 여정을 거쳐 소비자에게 전달된다. 면화는 주로 중국과 인도에서 재배 및 수확된 후에야 가공과 대량 생산이 이루어진다. 이미 반半제품부터가 여러 대륙을 거쳐 수천 킬로미터를 지나온 것이다. 생산자와 공급업체, 제조사, 물류 서비스업체, 소매상은 수많은 하위 계약으로 연결되고, 이 모든 과정은 다양한 참여자들의 책임을 법적·도덕적으로 분산시킨다. 최종 결과물이 나오는 데 자신의 몫을 한 사람은 언제나 다른 시장 참여자에게 책임을 전가할 수 있는 것이다.

하지만 긴 공급망은 고통과 아픔으로부터 지리적·심리적 거리를 벌린다. 생산 과정 중에 발생한 비인간적 처우가 저기 '먼 나라'에서 일어난 일인 경우, 제품을 통해서는 이 사실을 명확하게 알 수 없다. 새하얀 티셔츠, 멋지게 포장된 아이폰 혹은 냉장 코너의 맛있어 보이는 분홍빛 돈가스에서는 생산 과정에서의 문제가 보이지 않는다. 이것은 공간적으로도, 감정적으로도 먼 나라의 이야기다.

우리는 희생자·피해자와 우리를 동일시할수록 이들에게 더 깊이 공감하는 경향이 있다.[33] 이는 연구를 통해서도 입증된 사실이다. 수많은 기부 단체가 얼굴과 이름이 알려진 구체적인 피해자를 '광고'하는 것도 이 때문이다. 우리의 마음을 움직이는 것은 통계적 수치가 아니라, 한 사람의 운명이기 때문이다. 의류 공장 화재로 자녀를 잃은 엄마의 사연은 실제 부상자와 사망자 수보다 더 크게 우리의 마음을 울린다. 하지만 시장에서의 거래는 이 고통을 익명화한다. 어떻게 보면 이 고통이 눈에 보이지 않는 것으로 바뀌고, 이로써 우리의 관심사에서 멀어지는 것이다.

과연 나라면 방글라데시에서 내 티셔츠를 꿰매는 사람과 같은 조건으로 누군가를 내 차고에서 일하게 할 수 있을까? 돼지고기를 먹자고 정원에서 돼지를 키워 직접 거세하고, 항생제를 먹이고, 도살할 수 있을까? 대량 학살을 너무나도 우습게 만들어버린 무기 기술의 발전이 아마도 가장 극단적인 사례일 것 같다. 이제 우리는 더이상 적을 무찌르기 위해 칼이나 소총을 들고 나서지 않아도 된다. 적군을 대면하고 직접 죽여서 나 자신이 내 행위의 목격자가 되는 대신 마우스 클릭 한 번으로, 조이스틱 한 번으로 드론을 날려 로켓을 발사할 수 있기 때문이다. 이로 인한 죽음은 아주 먼 곳에서 일어나며 지휘소 모니터 위에 피어오르는 발사 구름 뒤에 숨겨진다.

거리 두기라는 시장의 특성은 소비자들이 제 손을 더럽히는 수고를 덜어주었다. 이로 인한 고통을 시장은 침묵으로 덮고 있는 것이다.

시장을 없애야 하는가?

그렇다면 시장을 없애야 할까? 아니다. 그렇게 할 수도, 그렇게 할 필요도 없다. 아무리 법적으로 금지하려고 해도, 시장은 자발적으로 발전하는 특성을 가졌기 때문에 아무런 소용이 없을 것이다. 더욱이 시장을 금지할 경우, 시장은 더 악화할 것이다. 지금까지 우리는 시장의 단점을 설명하긴 했지만, 시장이 제공하는 분명한 이점도 존재하기 때문이다. 시장의 가장 중요한 기능은 가격을 통해 희소성을 보여주는 데 있다. 매우 복잡해서 그 어떤 '계획'으로도 수행하기 쉽지 않은 과제를 시장이 대신하고 있는 것이다. 시장경제는 희소성에 그 무엇보다 잘 그리고 빠르게 반응하며 (모든 형태의) 상품과 서비스를 소비자에게 유리한 쪽으로 생산하게 만든다. 이뿐만 아니라 '발견 절차Entdeckungsverfahren'로서 시장은 혁신에 우호적이고 기업의 창조적 파괴 과정을 훈련시킨다. 시장은 새로운 아이디어에 기회를 주고, 혁신을 보상한다. 경제성장의 기초는 물론이고 성장과 연결된 다양한 분야의 긍정적 발전을 가능케 하는 것이 바로 글로벌화된 시장이다.**34**

불과 200년 전만 해도 세계 인구의 4분의 3이 극심한 빈곤에 시달렸지만, 이 빈곤율은 2000년에 25%, 그리고 2018년에는 '무려' 10%까지 줄었다. 건강과 교육 문제도 부분적으로는 더 나은 쪽으로 발전했다. 가난한 국가에서 아동 사망률은 1990~2019년 18.25%에서 6.76%로 하락했고, 기본 교육을 받지 못한 아동의 비율은 1999~2019년 절반으로 줄어들었다. 한 국가 내 불평등은 증가했지만, 국가 간 불평등은 줄어들었다. 시장을 부정적으로만 보는 것은 분명 잘못된 시각이다. 시장이 주는 장점을 이용하지 않는 것도 어리석은 일이다. 이 점을 고려한다면 프란치스코 교황의 생각에도 잘못은 있다.

시장은 좋은 약과 같다. 도움이 되고 효과가 있지만 가끔은 원치 않는, 부분적으로 극심한 부작용을 일으키기도 한다. 하지만 시장의 경우, 이와 같은 부작용은 국가의 개입과 규제를 통해 최소화할 수 있다.[35] 공급망 추적법이 하나의 사례가 될 수 있을 것이다. 상품 라벨과 표시 의무제 또한 여기에 포함된다. 이를 통해 소비자는 정보를 획득할 수 있고, 이를 바탕으로 각자의 도덕적 기준에 따라 합리적인 소비를 할 수 있을 것이다. 이렇게 되면 소비자의 지출 의지도 바뀔 것이다. 예컨대 생태학적·사회적으로 용인할 수 있는 제품에 더 기꺼이 지갑을 열게 된다.

이뿐만 아니라 국가는 가격에도 직접적으로 개입해 구매 행위가 가져오는 외부 효과를 내재화해야 한다. 외부적으로 부정적 영향을 미치는 모든 상품에 세금을 부과하는 것이다. 이것을 보여주는 가장 중요한 사례가 제품에 적절한 탄소세를 매겨 기후를 보호하는 정책이다. 세금을 통해서건, 이산화탄소 할당량을 통해서건 말이다. 시장은 이 문제를 혼자 해결할 능력이 없기 때문이다.

6장

'좋은 사람'은
따로 있지 않나?

"호모사피엔스가 세상을 정복한 이후,
수천 년에 걸쳐 지속되어온 생활환경과 위기에서 비롯된
집단별 특성은 오늘날까지도 여전히 영향을 미치고 있다."

내가 태어난 라인란트에는 이런 말이 있다. "모든 코뿔소는 다르다." 그야말로 성격심리학의 핵심을 한 문장으로 정리한 표현이다. 또 '그런' 사람이란 없다는 사실을 상기시키는 표현이기도 하다. '그런' 사람은 선하다는 말은 성립하지 않는다. '그런' 사람은 악하다는 말도 틀렸다. 인간은 모두 다르다. 사회성과 일반적 성향이 다 다른 것이다. 다르게 표현하면 이렇다. 다른 사람보다 친사회적으로 행동하는 게 더 쉬운 사람이 있다. 다른 성격을 가졌기 때문에 그런 것이다. 그렇지 않고서야 모든 조건이 동일한 상황에서 서로 다르게 행동하는 것을 어떻게 설명할 수 있겠는가?

인간은 모두 다르다는 깨달음에서 우리는 이 책의 주제와 관련된 중요한 질문을 던질 수 있다. 그렇다면 우리는 서로 얼마나 다를까? 과연 이 차이는 체계적이며, 개인의 친사회성 정도를 결정하는 요소를 식별하는 것이 가능할까? 예를 들어 여자는 남자보다 더 이타적일까? 부모와 부모의 성격적 특징은 어떤 역할을 할까?

개인적 차이를 넘어 각 국가와 문화의 친사회성에도 차이가 있을까? 만일 그렇다면, 이 차이는 어디에서 비롯되었을까? 무엇보다 우리는 어떻게 지금의 모습을 갖게 되었을까? 각자의 환경과 개인적 경험은 한 사람의 이타적 혹은 이기적 성향에 어느 정도까지 영향을 미칠 수 있을까? 친사회적 성향에 긍정적 영향을 줌으로써 사회 안에서 공존의 문제를 개선할 수 있을까? 즉, '더 나은' 사람을 만들 방법이 과연 존재하는 것일까? 이제 이 질문들에 대한 답을 찾을 차례다.

상황 그리고 성향

인간의 행동은 언제나 두 가지 결정적 이유에서 비롯된다. 하나는 그 사람이 처한 상황, 그리고 다른 하나는 그 사람의 성향이다. 앞 장에서 우리는 주로 행동의 차이를 가져오는 다양한 상황과 맥락에 대해 이야기했다. 그리고 상황은 도덕적 행동이 가져오는 비용을 높이거나 낮춤으로써 친사회적 행동에 영향을 미친다는 사실을 확인했다. 돈을 더 많이 포기해야 하는 경우, 목숨을 구하겠다는 참여자의 비율이 줄어들었던 것을 여러분도 기억하고 있을 것이다. 이뿐만 아니라 상황은 우리의 행동이 결과에 미치는 효과와 정도, 즉 우리의 친사회적 행동이 다른 사람에게 미치는 외부 효과를 결정함으로써 우리의 태도를 변화시키기도 한다. 예컨대 시장이라는 상황 속에서 우리는 최종 결과에 영향을 미칠 수 없기 때문에 중심축이 아니라는 전제하에 행동한다.

인간의 친사회적 행동에서 나타나는 차이는 맥락과 상황 때문이기도 하지만, 성향의 차이에서 비롯되기도 한다. 결과적으로 한 사람이 얼마나 선한 혹은 악한 행동을 하느냐는 언제나 성향과 상황의 상호작용에 의해 결정되는 것이다. 이기적으로 행동하고 싶은 유혹이 큰 상황이라도 상대적으로 이타적인 성향을 가진 사람은 유혹을 이겨내고 품위 있게 행동하려고 노력한다. 반면 상대적으로 자신의 이익을 우선으로 생각하는 이기주의자는 제아무리 쉬운 상황에서도 도덕적인 영웅 행위를 하지 않을 것이다. 다른 사람의 안위에 아무런 관심이 없기 때문이다. 이에 반해 이타적인 성향의 사람은 자신의 행동을 통해 세상에 선한 영향을 주는 것에 큰 의미를 두기 때문에 다른 사람의 안위를 중요하게 여긴다.

여러분 앞에 시각장애인이 길을 건너는 걸 도울 수 있는 두 사람이 보인다고 해보자. 두 사람이 도움을 위해 치러야 할 '비용'은 같을 것이다. 생애를 통틀어 1분 정도가 되겠다. 하지만 이타적인 사람은 이기적인 사람보다 더 기꺼이 시각장애인을 도울 것이다. 도움이 필요한 사람이 행복해지는 것에서 더 큰 유익을 얻기 때문이다. 이타주의자는 이기주의자에 비해 자신의 행동이 시각장애인에게 가져다주는 영향을 더 긍정적으로 평가한다.

이 경우, 행동의 차이는 상황이나 맥락에서 발생하지 않는다. 이기주의자와 이타주의자는 같은 상황에 있기 때문이다. 이 차이는 두 사람의 서로 다른 성향에서 비롯된다. 수많은 장기 연구가 인간의 성향이 유년기와 청소년기에 형성되며, 이는 성인이 되어서도 비교적 안정성을 유지하며 평생 이어진다는 것을 입증하고 있다.[1] 그렇다면 성향의 차이를 보다 자세히 살펴볼 만한 가치가 있을 것이다.

모든 개인이 다르다

인간의 이타성이 각자 어떻게 다른지를 보려면 동일한 의사 결정 상황에서 인간을 지켜볼 필요가 있다. 그러면 같은 상황에서 친사회적으로 행동하는 사람을 이기적으로 행동하는 사람에 비해 친사회적 성향을 가졌다고 말할 수 있을 것이다. 실험실은 동일한 결정 상황을 만들기에 매우 적합하다. 모든 참여자가 같은 정보와 선택지를 가진 게임 및 보상 조건 속에 처하기 때문이다. 실험실에서 얻은 결과를 통해 개인의 이타적 성향의 차이를 알아보자.

여기서도 우리는 앞에서 여러 차례 소개한 독재자 게임을 활용할 것이다. 독재자 게임은 이타적 성향에 있어 개인의 차이를 측정하는 데 아주 적합한 실험이다. 실험 참여자는 돈을 받는다. 예컨대 10유로를 받았다고 치자. 이제 이 참여자는 돈을 받지 않은 참여자들에게 얼마를 나눠줄지 자유롭게 선택할 수 있다.

이기적인 참여자라면 잠재적 수신자의 유용성을 낮게 평가해 돈을 적게 주거나 아예 주지 않고 자신의 주머니에 넣을 것이다. 반면 이타적인 참여자라면 수신자가 마음에 걸릴 것이다. 그래서 단 얼마라도 다른 사람과 돈을 나누려고 할 것이다. 쉽게 말해, 참여자가 이타적일수록 돈을 더 많이 나누게 될 것이라는 얘기다.

한 메타분석 연구[2]에서 내 동료 학자인 크리스토프 엥겔은 독재자 게임과 관련된 수백 건의 기사를 종합해서 평가했다. 독재자 게임에서 이루어진 수천 건의 의사 결정을 근거로, 메타분석 연구는 참여자들이 평균적으로 가진 돈의 28%를 나누었다는 사실을 확인했다. 이뿐만 아니라 이 연구는 이타적 성향과 관련해 개인적 차이가 매우 크다는 것을 보여주었다. 참여자의 무려 3분의 1 이상이 돈을 나눠주지 않은 것이다. 또 다른 3분의 1은 50%가 되지 않는 금액을 나눴고, 17%는 정확하게 50%를 나눴으며, 50% 이상을 나눠준 참여자는 극소수였다.

그림 19 받은 돈을 나누는 독재자 게임

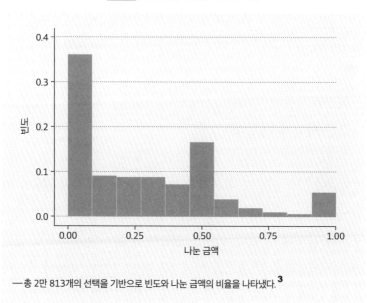

—총 2만 813개의 선택을 기반으로 빈도와 나눈 금액의 비율을 나타냈다.[3]

인간의 성향은 다른 사람에 대해 어떻게 생각하고 느끼고 행동하는지에서 차이를 보인다. 그에 따라 인간의 유형은 철저한 이기주의자에서부터 강한 이타주의자까지 매우 다양하게 나뉜다. 독재자 게임에서 나타나는 행동의 차이는 행동 실험에서 발견할 수 있는 전형적인 차이기도 하다. 내가 아는 한 모든 사람이 똑같은 행동을 한 실험은 하나도 없다. 하지만 특히 인기가 많은 논문들의 경우, 실험 결과에서 이 부분을 언급하지 않을 때가 많다. 보통 집단 간 편차(처치효과)를 발견한 것에 만족하기 때문에, 더 중요한 원인이 실제로는 개인의 편차에 근거한다는 데 대해서는 침묵하는 것이다. 물론 독재자 게임의 경우, 익명의 상황에서 선택을 내린 집단보다 제삼자가 관찰하는 상황에서 선택을 내린 집단이 돈을 더 많이 나눠준 것은 사실이다.[4] 하지만 이렇게 되면 제삼자의 존재 여부와 상관없이 개인적 선택의 차이가 매우 크며, 돈을 나누지 않은 참여자와 많이 나눈 참여자가 두 집단 모두에 존재한다는 걸 간과하게 된다.

모든 사회가 다르다

인간이 모두 다르며, 환경이 인간의 행동에 체계적인 영향을 미칠 수 있다는 단순한 사실은 학생들을 대상으로 한 실험만으로도 충분히 입증할 수 있다. 하지만 인간의 본성에 대해 신뢰할 만한 결과를 얻으려면 각 집단의 대표성을 가진 무작위 샘플이 필요하다. 즉, 전체 인구의 '보편적' 단면에 대한 연구가 필요한 것이다.

이 경우에는 학생들만을 대상으로 실험을 진행하는 것은 문제가 있을 수 있다. 연령이나 지능, 출신으로 볼 때 동일한 집단일 수도 있기 때문이다. 이렇게 되면 개인의 차이를 간과할 수밖에 없다.

그래서 지금으로부터 약 15년 전, 나는 친구이자 동료인 토마스 도멘, 데이비드 허프먼, 우베 준데와 함께 대학생들을 대상으로 한 분석을 넘어 인간을 대표하는 임의 샘플을 추출하기로 했다. 우리는 독일 국민을 대표하는 샘플에서부터 시작했다.[5] 한 나라를 대표하는 샘플을 추출할 수 있다면, 전 세계의 표본 역시 추출할 수 있지 않을까? 그래서 우리는 학계 최초로 참여자들을 선별해 분석한 끝에 이타주의 및 호혜적 태도에 대한 전 세계의 샘플을 얻는 데 성공했다.

하지만 국가별 이타주의를 보여주는 데이터는 어떻게 만드는 것이 좋을까? 우리가 사는 세상의 이타주의를 측정하겠다는 건 역시 무모한 생각이었을까? 데이터가 설득력을 가지려면 수많은 요소를 충족해야 한다. 가장 먼저 필요한 것이 실제 한 사람이 얼마나 이타적인지를 신빙성 있게 보여줄 수 있는 표준 설문지다. 이타적인 태도와 관련 있는 설문지를 만들어야 하는 것이다. 적합한 설문지를 개발하기 위해서 우리는 개별 연구를 통해 이타주의를 어떻게 생각하는지 다양한 질문을 던진 다음, 이들을 대상으로 독재자 게임을 진행했다. 그리고 독재자 게임에서 나타난 행동과 가장 관련이 깊은 설문지를 선별했다. 학문적으로 신뢰할 수 있는 답을 얻기 위해서 실험을 통해 설문지를 검증한 것이다.[6] 그 결과 설문지는 우리가 선별한 두 개의 질문으로 구성되었다.

"당신은 예기치 않게 1,000유로를 받았습니다. 이 가운데 얼마를 선한 목적으로 기부하겠습니까?"
"아무런 보상 없이 선한 목적을 위해 행동할 의사가 있습니까?"

첫 번째 질문에 참여자들은 0~1,000유로 사이의 금액으로 대답했다. 두 번째 질문의 경우에는 0~10점으로 점수를 매겼다. 이때 0은 의사가 '전혀 없음'을, 10은 의사가 '매우 큼'을 의미했다. 집중적인 사전 연구를 통해 우리는 인간의 이타적인 행동을 표현하는데 이 두 가지 질문이 매우 적합하다는 것을 확인했다. 최근에도 나는 여러 연구를 진행하며 이 사실을 확인할 수 있었다. 이 두 가지 질문에 대한 답은 돈을 위해 다른 사람에게 전기 충격을 가하거나, 돈을 포기하고 다른 사람의 목숨을 구하는 실험의 결과와 깊은 관련이 있었기 때문이다(앞 장의 실험을 참조). 이 두 가지 질문에 더 많은 금액 혹은 더 높은 점수를 준 응답자들은 상대적으로 다른 사람에게 전기 충격을 적게 가했고, 다른 사람의 목숨을 구하는 문제에서도 더 강한 의지를 나타냈다.

이타주의를 측정할 표준 설문지 개발이 끝난 다음, 우리는 이것을 100개 이상의 언어로 번역했다(이뿐만 아니라 우리는 위험 및 시간 선호도, 신뢰, 호혜성을 보여줄 수 있는 표준 설문지도 함께 개발했는데, 이에 대해서는 나중에 설명하겠다). 설문지는 필리핀에서만 무려 7개 언어로 번역되었다. 첫 번째 질문에 등장하는 금액(1,000유로)도 해당 국가의 국민총생산에 맞춰 바꿨고, 이를 통해 국가별로 비교 가능한 결정 상황이 만들어졌다. 설문지의 문화적 적합성과 이해도를 확인하기 위해 우리는 먼저 문화적 차이가 큰 26개국에서 실험을 진행했다. 드디어 본격적인 연구에 돌입한 것이다.

국제 여론조사 기관 갤럽과 함께 우리는 76개국, 약 8만 명을 대상으로 설문을 진행했다.[7] 각 국가에서 얻은 표본조사는 대표성을 갖는다. 즉, 신뢰할 수 있는 각국 국민의 표본인 것이다. 종합한 샘플은 전 세계 인구와 GDP의 90%를 대표한다. 또한 샘플들은 전 세계 주요 지역과 문화, 종교, 경제 및 사회 발전의 정도를 보여준다. 그러므로 이 데이터를 통해 최초로 국가 및 지역 간 차이를 설명하는 것이 가능해졌다.[8]

〈그림 20〉은 이타주의가 전 세계적으로 어떻게 분포되어 있는지를 보여주는 '이타주의 세계 지도'다. 짙은 색은 해당 국가의 이타적 성향이 강하다는 의미고, 연한 색은 이타적인 성향이 약하다는 의미다. 샘플을 수집하지 못한 국가의 경우는 빗금으로 표시했다.

이 비교를 통해 우리는 다양한 차이를 발견할 수 있었다. 가장 먼저 눈에 띈 것은, 이타적인 행동에 대한 의지가 문화별로 큰 차이를 보인다는 사실이었다. 76개국 모두를 국가별로 비교했을 때 약 80%가 이타주의적 성향에서 극명한 차이를 드러냈다(2,859쌍을 비교한 결과다). 유럽을 구체적으로 살펴보면, 전 세계적으로 비교했을 때 이타주의가 그리 강하지 않다는 사실이 드러난다. 전 세계 평균치를 뛰어넘는 유럽 국가는 한 곳도 없으며, 오히려 평균을 크게 밑도는 유럽 국가들도 있었다.

그림 20 이타주의 세계 지도

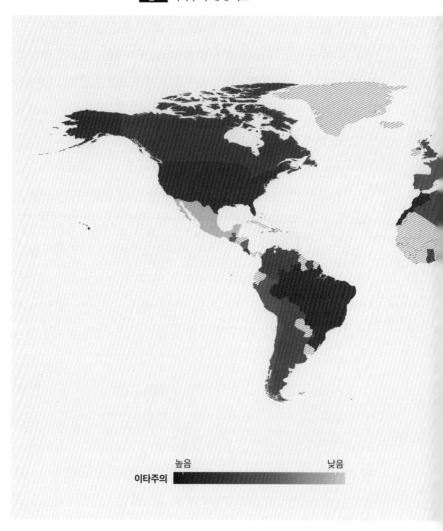

높음 낮음

이타주의

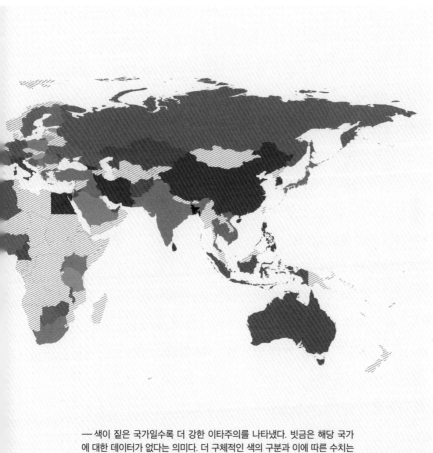

— 색이 짙은 국가일수록 더 강한 이타주의를 나타냈다. 빗금은 해당 국가에 대한 데이터가 없다는 의미다. 더 구체적인 색의 구분과 이에 따른 수치는 https://gps.briq-institute.org를 참고하라.

독일은 35위로 중간 정도에 머물러 전 세계 평균과 유사한 수준의 이타주의를 보였다. 하지만 미국이나 중국, 브라질, 방글라데시, 이집트보다는 낮았다. 서유럽 국가들의 경우 평균을 조금 밑도는 수준이었지만, 동유럽의 경우는 평균을 크게 밑돌았다. '네오유럽'이라고도 불리는 미국과 캐나다, 호주의 이타주의는 전 세계 평균치보다 훨씬 높게 나타났다. 남아시아와 동아시아는 북아프리카, 중동 국가들과 마찬가지로 평균치를 조금 웃돌았다. 하지만 남아프리카 국가들은 평균치를 크게 밑돌았다. 이타주의가 문화적, 지역적으로 큰 차이를 보인다는 증거인 셈이다.

우리는 국가별로 차이를 보이는 그 밖의 성향들도 조사했다. 이타주의는 무엇보다 신뢰, 긍정적 혹은 부정적 호혜성과 깊은 관련이 있다.[9] 그래서 우리는 앞에서 언급한 것과 유사한 과정을 통해 설문지를 개발했다. 그 결과, 이타주의와 긍정적 호혜성에 대한 의지 사이에 긍정적 상관관계를 발견했다. 이 상관관계는 국가 차원과 개인 차원 모두에서 나타났다. 즉, 이타적인 국가는 상호작용에서도 더 긍정적이며, 이타적인 사람도 상호작용에서 더 긍정적이었다. 이게 바로 우리가 기대하는 것이다. 선하고 협력적이고 우호적인 행동이 긍정적인 호혜성을 통해 보상받는 국가에서는 이타적인 행동이 더 인기가 많을 것이다. 마찬가지로 우리는 이타주의와 긍정적 호혜성이 더 강하게 나타나는 국가가 다른 사람을 더 많이 신뢰할 것이라는 결론을 내릴 수 있다. 이 또한 설득력이 있다. 친사회적이지 않은 사람을 어떻게 신뢰하겠는가?

친사회적 성향은 왜 문화에 따라 달라질까? 나는 박사과정 학생인 앙케 베커 및 벤야민 엔엥케와(현재 두 사람은 하버드대학교의 교수로 있다) 진행한 연구를 통해 이러한 성향의 차이가 아주(!) 먼 과거에서 비롯되었다는 것을 발견했다.[10] 우리의 발견은 호모사피엔스가 세상을 정복한 이후, 수천 년에 걸친 이민의 역사가 오늘날까지도 인간의 행동에 영향을 주고 있다는 사실을 입증했다. 우리 연구는 인류가 아프리카에서 시작되었다는 유명한 '아웃 오브 아프리카Out of Africa' 이론에서 출발한다. 현대인이 오랜 세월 동안 아프리카에서 다른 여러 지역으로 이주하며 정착했다는 이론이다(〈그림 21〉 참조). 이에 따르면 인류는 한 지역에서 집단의 일부가 분리되어 새로운 삶의 공간을 찾아 나서면서 전 세계로 흩어졌다.

선조들의 이민 역사와 오늘을 사는 현대인들의 행동이 무슨 상관이란 말인가? 관련이 있다. 여기에는 최소한 두 가지 이유가 있다. 첫째, 공동의 역사와 공동의 환경은 행동과 사고에 영향을 미친다. 이 공동의 역사가 길수록, 즉 다른 집단에서 분리되어 생활한 기간이 짧을수록 집단 간 유사성은 더 강해진다. 둘째, 우리의 행동에는 유전적 원인이 있다. 따라서 비교적 나중에 분리된 집단의 유전자보다 더 일찍 분리된 집단의 유전자가 더 큰 차이를 보인다. 이를 토대로 우리는 가설을 세웠다. 아주 오래전에 분리된 두 집단은 비교적 최근에 분리된 다른 두 집단보다 더 큰 차이를 보일 것이라는 가설이었다. 분리 시점은 여러 가지 근거를 기준으로 추정할 수 있는데, 유전적 차이나 언어의 역사적 발전을 보여주는 언어적 차이도 근거가 될 수 있다. 언어 차이와 유전자 차이는 수천 년의 역사 가운데 각 민족이 분리된 시점을 암시하기 때문이다.

그림 21 '아웃 오브 아프리카' 이민의 역사

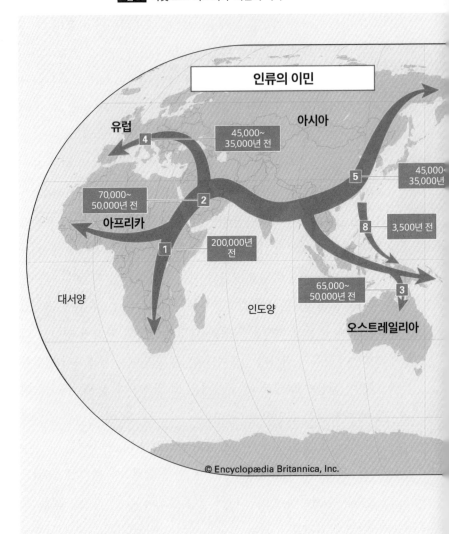

인류의 이민

유럽

아시아

45,000~
35,000년 전

4

70,000~
50,000년 전

2

아프리카

5

45,000~
35,000년

1

200,000년
전

8

3,500년 전

대서양

인도양

65,000~
50,000년 전

3

오스트레일리아

© Encyclopædia Britannica, Inc.

— 아프리카에서 출발한 호모사피엔스가 지난 수천 년에 걸쳐 언제 그리고 어떻게 지구에 흩어졌는지를 보여준다.

북극해

6

20,000~
15,000년 전

북아메리카

대서양

태평양

2,500년 전

9

남아메리카

15,000~
12,000년 전

7

남극

6장 · '좋은 사람'은 따로 있지 않나?

281

실제로 우리의 가설은 사실로 입증되었다. 두 집단의 분리가 이민 역사에서 더 오래전으로 거슬러 올라갈수록 집단 간 차이가 더 크게 벌어진 것이다. 수천 년에 걸쳐 지속되어온 생활환경과 충격적 사건, 위기에서 비롯된 집단별 특성은 그 흔적을 남겼고, 오늘날 현대인들에게까지도 여전히 영향을 미치고 있었다. 세계사적으로 볼 때 유사한 환경에 더 오래 노출된 집단은 이타주의와 긍정적 및 부정적 호혜성에서도 더 유사한 특성을 보였다. 놀라운 결과였다.

하지만 오늘날 우리가 살아가는 환경도 영향력이 있고, 따라서 과거의 환경이 현대인에게 영향을 미친다는 우리의 결론에는 의심의 여지가 있다고 이의를 제기하는 사람도 분명히 있을 것이다. 여기에 대응하기 위해 우리는 데이터에서 이민 집단의 행동을 보다 자세히 분석했다. 예컨대 나이지리아와 프랑스에서 각각 태어났지만 현재 미국에서 사는 사람들과, 미국에 사는 이탈리아인과 일본인의 차이를 연구했다. 그리고 이를 통해 우리는 오늘날 우리가 처한 (공동의) 삶의 환경이나 그 영향력과는 상관없이 역사적으로 선조들이 더 긴 시간을 함께 생활한 집단의 경우, 이민자들이 더 유사한 성향을 보인다는 사실을 또 한 번 입증할 수 있었다.

호모사피엔스의 이민 역사는 오늘날까지도 현대인의 이타주의와 호혜성에 영향을 미치고, 한 발 더 나아가 현대인의 인내심과 위험한 행동에도 영향을 미치고 있다. 선조들이 살았던 환경이 오늘날까지도 현대인의 성격 형성에 영향을 주는 것이다. 그렇다면 선조들이 살았던 환경의 특징은 무엇이었을까? 우리는 최근 발표된 논문에서 산업화 이전에 선조들이 어떻게 살았으며, 그 방식과 방법이 오늘날까지도 현대인의 호혜성에 영향을 미친다는 유명한 가설을 연구함으로써 이 민족별 환경의 차이를 설명했다.[11]

이 가설을 세운 것은 심리학자 도브 코언과 리처드 니스벳이었다.[12] 두 사람은 미국 북부에 비해 남부에서 폭력 및 총격 사고가 더 많이 일어나는 현상에 집중했다. 어쩌면 이 현상이 산업화 이전 해당 지역에서의 생활 방식과 관련이 있는 것은 아닐까? 짧게 설명하자면, 이들은 해당 지역이 주로 농사를 짓는 곳이었는지, 가축을 키우는 곳이었는지에 따라 폭력성과 복수심의 발달에 차이가 있을 것이라고 생각했다. 곡식이나 감자 농사를 짓는 것보다 소나 가축을 훔치는 것이 훨씬 더 쉽고, 수익도 더 크기 때문이다. 그렇다면 가축을 키우던 지역에서는 부정적 호혜성을 따르는 사람이라고 알려지는 게 더 유리했을 것이다. "저 사람은 건드리면 안 돼!" 그러면 잠재적인 도둑들이 두 번은 고민할 테니 말이다. 가축을 키우는 사람들에게는 농사와 목초지 운영으로 돈을 버는 사람들에 비해 자신의 소유물을 지키는 일이 더 중요했을 테고, 가축은 범죄에 더 쉽게 노출되었을 것이다. 그래서 농사를 지으며 사는 사람들에 비해 더 부정적인 호혜성을 발휘할 수밖에 없었던 것이다. 이와 같은 태도는 세대에서 세대로 이어졌을 테고 말이다. 여기까지가 코언과 니스벳의 이론이다.

이것이 사실인지 확인하기 위해 우리는 먼저 1,000개 넘는 인종의 구체적인 정보가 담긴 인종학 지도책 데이터의 도움을 받아 산업화 이전 시대에 축산업이나 농업을 한 민족을 식별했다. 추가 데이터의 도움으로 우리는 주로 축산업을 한 문화권에서 처벌이나 폭력, 보복에 대한 이야기가 더 많이 등장한다는 걸 단번에 입증할 수 있었다. 생산 유형이 문화에 영향을 미치고, 이게 전통으로 자리 잡는 연결 고리는 분명했다. 하지만 과연 이것이 상호작용의 방식에도 영향을 주었을까?

여기에 필요한 것이 바로 우리가 전 세계에서 수집한 부정적 호혜성에 대한 데이터다. 우리는 이 데이터를 산업화 이전 시대의 생산 유형과 관련한 데이터와 연결함으로써 이 가설을 입증했다. 과거 축산업을 많이 하던 지역 출신 사람들에게서 부당한 행동을 처벌하고 보복하려는 의지가 더 큰 것을 발견할 수 있었기 때문이다. 그러니까 산업화 이전 시대를 살았던 선조들의 생업이 오늘을 사는 현대인의 부정적 호혜성의 정도에도 영향을 끼치고 있는 것이다. 이 영향은 매우 광범위하게 나타난다. 가축 사육을 주로 하던 민족의 후예들은 더 부정적인 호혜성을 발휘할 뿐 아니라, 오늘날에도 싸움과 갈등에 더 쉽게 휘말리는 경향을 보였다. 그리고 이 싸움과 갈등은 국가가 주도하는 전쟁에서부터 지역 갱단 혹은 투쟁적인 단체의 폭력에까지 이른다. 다른 사람을 살해하고 죽을 때까지 때리는 것은 과거 선조들의 생산 방식에서 비롯된 결과인 것이다!

개인의 차이 들여다보기

지금까지 우리는 인간의 친사회적 태도의 정도가 문화에 따라 큰 차이가 있다는 것을 확인했다. 국가별, 지역별로 큰 차이를 보이는 것이다. 하지만 데이터를 조금 더 자세히 살펴보면, 국가 간 차이보다 한 국가 내에서의 차이가 더 큰 것을 알 수 있다. 통계적으로 국가 간 차이보다 국가 내에서의 차이가 몇 배는 더 크게 나타난다.[13] 이것은 무엇을 의미할까? 아주 단순한 사고실험을 통해 알아보자. 독일 전역을 여행하다 우연히 누군가를 만나게 되면, 여러 국가의 대표들을 만날 때보다 더 다양한 수준의 이타주의를 느낄 것이다. 정체성은 결코 국경의 문제가 아니다. 민족주의자들은 받아들이지 않겠지만, 이것은 과학적으로 입증된 사실이다.

한 국가 안에서의 차이를 묘사하고 설명할 수 있을까? 과연 그 차이는 체계적일까? 이타주의의 차이를 만드는 결정적 요인이 있을까? 어떤 측면에서는 그렇다.

먼저, 성별 차이에서부터 시작해보자. 전 세계적으로 약 8만 건의 인터뷰를 나이와 지능·지역 차이를 고려해 분석한 결과, 우리는 여성이 남성보다 평균적으로 더 이타적이라는 사실을 확인할 수 있었다. 이와 유사한 분석에서도 여성이 남성보다 더 긍정적 호혜성을 보여주며, 부정적 호혜성은 덜 보여준다는 결과가 나왔다. 이는 독일의 통계를 내기 위해 과거에 진행했던 대표적인 대규모 연구에서도 나타난 결과였다.[14]

연구실에서 실험할 때도 우리는 성별에 의한 차이를 주기적으로 관찰한다. 일반적으로 대부분의 여성 참여자는 돈을 포기하는 일이 있더라도 쥐의 죽음을 선택하지 않기 때문이다. 또한 여성은 남성에 비해 다른 사람에게 전기 충격을 가하는 횟수가 더 적었고,

더 많이 기부했으며, 독재자 게임에서도 더 많은 금액을 나눴다. 물론 그렇다고 해서 모든 여성이 남성에 비해 더 이타적이고, 더 도덕적이라고 말할 수는 없다. 내가 언급하고 있는 현상은 통계적으로 눈에 띄는 평균적인 차이일 뿐이다. 선함에서 악함에까지 이르는 도덕적 스펙트럼은 남성의 경우와 마찬가지로 여성에게서도 다양하게 나타난다. 하지만 평균적으로 볼 때 여성이 더 나은 사람인 것은 맞다. 통계적으로는 그렇게 말할 수 있다.

하지만 흥미로운 것은 남자와 여자의 차이가 나라마다 또 다르다는 사실이다. 남자와 여자의 차이가 전 세계적으로 비슷하게 나타나지 않고, 우리가 분석한 76개국에서만 해도 상당한 차이를 보였다. 물론 여성이 남성보다 더 이타적인 국가가 대부분이었지만, 모든 국가가 그렇지는 않았다. 어떤 국가의 경우 남성과 여성의 이타성에는 큰 차이가 없었고, 방글라데시·캄보디아·파키스탄의 경우에는 오히려 역전 현상이 나타났다. 이 세 국가에서는 남성이 여성보다 더 이타적인 것으로 나타난 것이다. 긍정적 및 부정적 호혜성에서도 결과는 비슷했다.[15]

성별의 차이가 국가에 따라 다른 이유는 무엇일까? 물론 우리는 이 질문도 놓치지 않았다. 그리고 그 답을 찾는 과정에서 요하네스 헤름레와 나는 놀라운 규칙을 발견했다. 하지만 그 전에, 당신에게 먼저 묻겠다. 당신은 남성과 여성의 차이가 어디에서 크게 나타날 것이라고 생각하는가? 부유한 국가? 아니면 가난한 국가? 남성과 여성의 차이는 남성과 여성이 평등한 국가와 상대적으로 그렇지 않은 국가, 어느 쪽에서 더 크게 나타났을까? 남성과 여성의 이타성 차이는 스웨덴이 더 클까, 아니면 요르단이나 케냐가 더 클까?

이제 내가 여러분이 놀랄 만한 답을 할 차례다. 남자와 여자의 차이는 국가가 부유할수록, 성 평등 지수가 높을수록 더 크게 나타났다.[16] 더 명확하게 설명하면 이렇다. 즉, 상대적으로 소득이 높은 국가와 성 평등 지수가 상대적으로 더 높은 국가에서 성별의 차이가 특히나 크게 벌어졌다. 이 결과는 물질적·정치적·문화적 자원이 각 개인의 성향에 특색 있는 차이를 만든다는 사실을 암시한다.

이 결과가 놀라운 이유는 경제 발전으로 전통적인 성 역할이 무너지면서 남성과 여성의 차이가 줄어들 것이라고 주장하는 전문가들이 많기 때문이기도 하다. 하지만 우리가 얻은 결과에 따르면, 여성에게 주어진 물질적·정치적·사회적 자원은 독립적인 발전과 성별 선호도에 제한 없는 표현의 공간과 자유를 만든다. 개인의 성향이 발전하는 데 있어 사회경제적 환경이 얼마나 중요한지를 보여주는 결과인 것이다.

이타적인 행동에 긍정적 영향을 주는 또 한 가지 요인은 지능이다. 지능이 높은 사람은 평균적으로 더 이타적인 성향을 가지고 있다. 이 또한 전 세계인을 대상으로 진행한 설문 조사 결과다. 하지만 이것은 다른 연구들을 통해서도 입증된 사실이다.[17] 지능이 높은 사람은 돈이 더 많고, 그래서 선행을 더 많이 할 수 있는 것 아니냐고 이의를 제기하는 사람도 있을 것이다. 하지만 소득을 고려하더라도 지능 효과는 여전히 유효하다. 소득은 같지만 지능이 다른 두 사람의 경우, 이타주의에서 차이를 보였기 때문이다. 통계적으로 분석했을 때 그렇다. 지능 발달이 도덕적 행동의 전제라는 것은 심리학자 장 피아제가 도덕성 발달 이론을 통해 설명한 오래된 주장이기도 하다. 선과 옳은 일에 대한 통찰력은 실제로 도덕성에 영향을 줄 수 있다. 마찬가지로 물질적 이득을 얻기 위해 비도덕적으로 행동하려는 이기적인 충동을 억제하는 데에도 인지적 능력은 필요하다.

실제로 충동 억제와 자기통제 능력은 도덕성에 큰 영향을 미친다. 우리는 지금 우리가 세운 수많은 계획을 결국에는 지키지 못하는 현상에 대해 이야기하고 있다. 담배를 끊으려고 했는데, 운동을 더 많이 하려고 했는데, 더 건강한 음식을 먹으려고 했는데, 뭐 이런 것들 말이다. 그리고 그 끝에는 늘 이렇게 말한다. "내일부터 해야지……." 자기통제 능력이 약한 사람은 모금이 마감될 때까지 기부할 수 없는 좋은 변명거리를 끊임없이 찾아낸다. 자기통제 능력의 부족은 행위의 긍정적 결과가 미래에야 나타나지만, 이에 따르는 비용은 바로 지금 치러야 하기 때문에 발생하는 문제다. 이번 여름, 수영장에서 멋진 몸을 자랑하고 싶다. 물론 근사한 일이다. 하지만 그러자고 지금 이 맛있는 감자튀김을 포기하라고? 그럴 순 없지. 오늘만 먹고, 내일부터는 샐러드만 먹을 거야! 물론 나도 건강하게 오래 살고 싶지. 하지만 지금 당장 조깅을 하라고? 그냥 내일부터 하자.

비용과 보상 사이의 시간적 거리는 도덕적 선택에도 큰 영향을 미친다. 지금 기부하는 것은 당장 비용을 지출해야 하는 불편한 감정을 동반한다. 하지만 보상은 대부분 시간이 흐른 후, 미래에나 이루어진다. 그것이 선행을 했다는 데서 비롯된 긍정적 감정이든

(자아상), 다른 사람에게 좋은 사람으로 여겨지는 일이든(이미지), 기부를 통해 의미 있는 일을 했다는 보람이든 마찬가지다. 대부분의 사람이 그러하듯 만일 우리가 현재를 더 중요하게 여긴다면, 우리는 기부하지 않는 쪽을 선택할 것이다. 기부는 선하고 올바른 일이라는 '원래' 생각과는 다르게 말이다. "오늘 할 수 있는 일을 내일로 미루지 말라"는 모토가 작동하는 것이다. 실제로 우리는 실험을 통해 행동의 결과가 먼 미래에 나타나는 경우, 친사회적 행동이 줄어드는 현상을 확인할 수 있었다(우리는 목숨을 구하려는 의지를 통해 이를 측정했다).[18] 이 같은 결과가 기후변화 문제 및 이를 해결하려는 우리의 의지와 관련해 무엇을 말해주는지는 더 자세히 설명할 필요가 없다고 생각한다.

자기통제 능력이 친사회적 행동에 미치는 영향은 다른 실험에 참여한 사람들을 통해서도 확인할 수 있었다. 자기통제 능력이 부족하다고 생각하는 참여자들은 상대적으로 덜 이타적이고, 덜 협조적이며, 덜 솔직한 모습을 보였기 때문이다. 이러한 현상의 인과적 관계는 생각하는 과제를 통해 자기통제 능력을 인지적으로 제한하는 실험에서도 확인할 수 있다.[19] 더 나아가 신경과학 분야의 실험들은 우리 뇌에 자기통제 능력을 책임지는 영역이 있다고 설명한다. 바로 배외측전전두엽이다. 이 영역은 전기 충격, 그러니까 경두개자기자극술TMS을 통해 일시적으로 기능을 차단할 수 있다. 한 신경과학 실험에서는 이 영역을 일시적으로 억제한 결과, 이기적인 행동이 더 강하게 나타난다는 걸 확인했다.[20]

친사회적 성향은 촉진할 수 있는가?

인간의 이타주의가 개인에 따라 다르다는 사실은 다음의 질문으로 이어진다. 그렇다면 개인의 이타적인 태도 발달을 촉진하거나 방해하는 환경은 무엇일까? 유년기와 청소년기의 경험이 이타성의 발달에도 체계적 영향을 미칠까? 만약 그렇다면, 이를 통해 우리는 공익을 도모하기 위한 사회·정치적 해결책을 도출할 수 있을까?

이러한 결론이 설득력을 얻으려면 먼저 환경의 변화가 개인의 이타성에 인과적인 변화를 가져온다는 사실을 입증해야 할 것이다. 하지만 이것을 어떻게 입증할 수 있을까? 실험을 통해 유년기의 환경을 변화시키려면 어떻게 해야 할까? 어떻게 하면 환경의 변화가 성향의 변화를 이끌어낼 수 있다는 인과관계를 실험을 통해 도출할 수 있을까? 이를 위해 우리가 고려해야 할 사회적 환경의 특성은 무엇일까?

약 10년 전, 이 질문 앞에서 나는 개인이 처한 환경의 특성이 특히 롤 모델과 깊이 관련되어 있을 것이라는 생각이 들었다. 한 사람을 둘러싼 환경에서 매일같이 만나는 롤 모델 및 본보기와의 갈등 혹은 이들에 대한 모방보다 개인의 발달에 더 큰 영향을 미치는 것이 또 있겠는가? 어쨌거나 우리는 관찰하고, 따라 하고, 가까운 사람의 행동을 모방하는 것으로 삶 전체, 그중에서도 삶의 시작점을 배운다. 이렇게 말하기와 걷기를 배우고, 사회적 대처 능력도 배우는 것이다. 이런 생각에서 비롯된 나의 질문은 다음과 같았다. 아이들 곁에 친사회적인 롤 모델을 두고 아이들이 어떻게 성장하는지 관찰해보는 것은 어떨까? 이 경우, 아이들은 친사회적 성향을 가진 사람으로 성장하고 그렇게 행동할까? 다시 말하면, 롤 모델은 아이들의 친사회적 태도에 긍정적 영향을 미칠까? 이 책의 출발점을 고려한다면, 이 질문에 대한 긍정적인 답은 무엇보다 중요한 의미를 가질 것이다. 이 답을 통해 우리는 개인과 사회를 보다 친사회적으로 만드는 방법을 볼 수 있을 테고, 더 선한 세상을 만들 수 있을 테니 말이다.

설득력 있는 결과를 얻으려면 아이들과 그 가정에 긍정적인 롤 모델을 제공하고, 몇 년에 걸쳐 이들을 관찰해야 할 것이었다. 고민 끝에 나는 기존에 있는 프로그램을 실험에 활용하는 것이 가장 좋은 방법이라는 사실을 깨달았다. 어린이가 있는 가정에 멘토를 제공하는 프로그램을 활용하는 것이다. 얼마 후, 나는 조사 끝에 독일에서 진행되고 있는 멘토링 프로그램을 발견했고, 이는 실험에 활용하기 매우 적절해 보였다. 프로그램 이름은 '발루Balu와나'로, 이는 러디어드 키플링의 〈정글북〉에 나오는 곰 아저씨의 이름을 딴 것이었다.[21] 크고, 사랑스럽고, 너그러운 곰 아저씨가 위험천만한 정글에서 모글리를 돌보듯, 일주일에 한 번씩 멘토들이 '멘티' 어린이의 가정을 방문해 독일의 일상 속 정글 생활을 돕는다는 취지의 프로그램이었다. 이러한 만남은 약 1년 동안 여러 차례 이루어졌다.

나의 동료 힐데르가르트 뮐러콜렌베르크Hildergard Müller-Kohlenberg가 개발한 이 프로그램의 핵심 아이디어는 비공식적인 학습에 있었다. 아이들의 학습이나 그 밖의 다른 공식적인 능력을 개발해 수학 시험을 더 잘 보고, 프랑스어를 더 잘하게 하는 것이 목표가 아니라 이야기하기, 읽기, 음악 듣기, 동물원 가기, 아이스크림 먹기, 요리하기, 그냥 함께 시간 보내기 등 공동의 활동을 통해 새로운 가능성과 경험을 제공하고, 아이들의 시야를 넓히는 것이 목표였다. 여러분도 아이가 되어 상상해보라. 한 어른이 매주 나를 만나기 위해, 나를 돕기 위해 찾아온다. 아주 근사한 경험이지 않겠는가? 무엇보다 그 아이의 일상이 거부나 무관심으로 가득 차 있다면 말이다.

이 아이디어를 실행에 옮기기 위한 첫 단계는 우리가 연구를 진행하고자 하는 쾰른과 본에서 멘토를 추가로 고용하는 것이었다. 이 프로그램의 멘토는 대부분 대학생이었으므로 우리는 인근 대학에 연락을 했고, 몇 주에 걸친 탐색 끝에 150명의 멘토를 추가로 구할 수 있었다. 이들은 '발루와 나' 프로그램에 대한 교육을 받고, 프로그램과 친숙해지는 과정을 거쳤다.

우리 팀[22]은 과학적인 부분을 담당했다. 사실 나는 처음부터 이 실험을 장기적으로 진행하고 싶었다. 그리고 아이들뿐 아니라 그 부모 또한 구체적으로 조사하고 싶었다. 우리는 유명한 조사 기관과 협력해 쾰른과 본 지역의 주민센터에 연락을 취해 2003~2004년에 아이가 태어난 모든 가정에 연락해줄 것을 부탁했다. 그렇게 우리는 1만 4,000곳 넘는 가정에 (그사이 약 여덟 살이 된) 아이를 '발루와 나' 프로그램에 참여시킬 의향이 있는지, 추가 설문에 응할 의향이 있는지를 물었다. 다양한 사회경제적 배경을 가진 1,600곳 정도의 가정이 프로그램에 관심을 보였다. 하지만 비용적인 부담과 제한된 멘토 수로 인해 우리는 모든 가정을 받아줄 수 없었고, 여기에 대해서도 모든 가정에 처음부터 양해를 구했다.

이렇게 약 700가정의 아이와 그 어머니(아버지들은 인터뷰에 동행하는 일이 거의 없었다)가 2011년 10월, 첫 인터뷰를 했다. 인터뷰 속도를 높이고 참여자의 경비를 최소화하기 위해 우리는 쾰른과 본 지역에 있는 아파트들을 몇 달 동안 임대했다. 설문 조사는 정확히 우리가 사전에 만들어놓은 양식에 따라 전문 인터뷰어들이 맡아 진행했다. 인터뷰어들은 아이와 어머니를 분리한 상태(하지만 인근에 두고)에서 아이들을 인터뷰했고, 그사이 어머니들은 자신의 성향과 가정 상황, 사회 및 경제적 배경 등 자신에 대한 정보를 제공하는 설문지를 작성했다. 인터뷰는 한 가정당 약 한 시간이 걸렸다. 아이들이 받은 질문은 얼마나 행복한지, 무엇을 좋아하고, 무엇을 힘들어하는지, 성향은 어떤지 등을 비롯해 매우 다양했다. 아이들을 대상으로는 간단한 의사 결정 실험도 진행했다. 위험에 대한 태도, 인내심, 친사회적 태도를 확인할 수 있는 실험이었다.

첫 번째 설문 조사가 끝난 후, 우리는 일부 가정을 무작위로 선정해 멘토를 배정했다. 멘토링 프로그램은 설문 조사 뒤에 바로 시작했으므로, 아이들 중 일부는 이듬해에 멘토를 갖고, 일부는 멘토를 배정받지 못했다. 멘토링 프로그램을 마무리한 다음, 우리는 모든 아이와 어머니를 다시 불러 두 번째 설문 조사를 진행했다. 그 후로도 설문 조사는 아홉 차례나 더 이어졌다. 즉, (이제는 성인이 된) 아이들과 그 가정의 변화를 약 10년간 추적할 수 있었다.[23]

이러한 실험 설정은 삶의 환경 변화가 친사회적 성향에 끼치는 인과적 영향을 연구할 수 있는 가장 훌륭하고, 전 세계적으로도 유일한 방법이었다.[24] 이 실험은 수많은 관찰과 통찰을 제공했지만, 여기에서는 우리의 주제와 관련된 결과를 중심으로 이야기를 풀어가고자 한다.

아이들과 그 부모의 친사회적 성향을 측정하기 위해 우리는 세 가지 방법을 사용했다. 첫 번째 설문 조사 때, 아이들은 '별'을 받았다. 다른 아이들과 나눠 가질 수 있는 별이었다. 이 별은 장난감으로 교환할 수 있는데, 별이 많을수록 더 멋진 장난감을 선택할 수 있었다. 아이들은 책상 위에 펼쳐진 별 중 몇 개를 가질지, 몇 개를 별이 없는 다른 아이들과 나눌지 선택했다. 나누기로 한 별은 봉투에 넣었고, 나중에 우리는 그 개수에 맞게 장난감을 나눠주었다. 아이들이 나누기로 한 별은 두 곳에 전달되었다. 같은 도시(쾰른 혹은 본)의 아이들이나 부모가 없어 한곳에 모여 사는 아프리카 토고의 아이들이 그 주인공이었다(이를 위해 우리는 토고 소재 보육원과 협력해 그곳에 장난감을 보냈다).

독재자 역할을 맡은 '우리' 아이들은 필요의 차이를 분명하게 인지하고 있었다. 아프리카 보육원의 아이들과 별을 나누는 경우, 대부분의 아이들이 더 많은 별을 포기했기 때문이다. 이러한 유형의 독재자 게임을 우리는 아홉 번의 설문 조사를 할 때마다 함께 진행했다.[25]

두 번째 방법은 간단한 질문을 던지는 것이었다. 우리는 아이들에게 다른 사람을 얼마나 믿느냐는 질문을 던졌다. 여기서는 우리가 신뢰 실험에서 연령에 맞게 수정해놓은 세 가지 질문을 사용했다. 상황에 따라 아이들은 (i) 다른 사람을 믿을 수 있는지, (ii) 다른 사람이 자신에게 좋은 의도를 가졌는지, (iii) 잘 알지 못하는 사람이라도 그 사람을 믿을 수 있는지를 평가했다. 5점을 만점으로 각 질문에 대한 동의 여부를 표현하게 한 것이다(사전에 우리는 "스파게티 좋아하니?"라는 질문으로 점수 등급을 설명해주었다).

세 번째 방법은 아이들의 답을 직접적으로 활용하지 않고, 그 어머니들의 답을 활용하는 것이었다. 우리는 아이가 사려 깊은지, 남을 돕는 것을 좋아하는지, 다른 아이들과 잘 나누는지 등 아이의 일상적 태도에 관해 어머니에게 다양한 질문을 하고, 그 답을 점수로 매겼다. 아이가 일상에서 전반적으로 친사회적인 태도를 보이는지, 그렇다면 그 성향이 얼마나 강한지를 확인하기 위한 질문들이었다.

이 세 가지 기준을 가지고 우리는 각 아이의 친사회적 성향을 보여주는 표본을 만들었다. 그리고 그 결과를 전체 척도와 비교했다. 아이의 부모에 대해서도 같은 작업을 했다.

우리는 친사회적 롤 모델의 존재가 친사회적 성향의 발달에 긍정적 영향을 미친다는 가설을 세웠다. 다르게 표현하면, 무작위 선정을 통해 멘토를 배정받은 아이들이 그렇지 못한 또래 아이들보다 더 친사회적 태도를 보일 거라고 기대한 것이다. 이 가설의 전제는 멘토가 친사회적 성향을 가진 사람이라는 것이다. 그리고 우리는 멘토가 친사회적이라는 걸 우리가 만든 척도를 통해 검증했다. 의외의 결과가 나올 수는 없었다. 멘토가 되어 다른 사람을 돕는 데 자신의 시간을 기꺼이 사용하는 것은 그 자체로 이타주의적이기 때문이다.

이 데이터는 우리의 가설을 확실하게 입증해주었다. 멘토를 배정받고 1년 동안 그 멘토와 함께한 아이들은 멘토를 배정받지 못한 비교 집단의 아이들에 비해 훨씬 더 친사회적인 태도를 보였기 때문이다. 멘토링 프로그램을 시작하기 전에는 두 집단 간에 차이가 없었지만, 프로그램이 끝나자 분명한 차이가 드러났다. 이것은 친사회성을 측정하기 위한 공동의 척도에도 해당하는 결과였고, 더 나아가 세 가지 개별적인 측면에도 적용되었다. 단순한 상관관계가 아니라 환경에서 비롯된 인과적 효과가 나타난 것이다.

그림 22 멘토링 프로그램이 어린이와 청소년의 친사회적 태도에 끼치는 단기 및 장기적 인과 효과

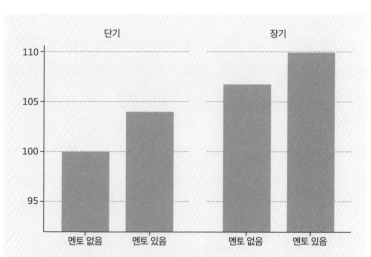

— 왼쪽은 프로그램이 끝난 직후 나타난 효과이고, 오른쪽은 2년 후에 나타난 효과다. 이 그래프는 친사회적 태도가 나이와 함께 증가한다는 것 또한 보여준다.

아마 이런 이의를 제기할 수도 있을 것이다. "뭐 좋은 결과네요. 멘토링 프로그램 직후에는 어느 정도 효과가 있을 순 있겠죠. 하지만 긍정적 변화가 빨랐던 만큼 금방 원래대로 돌아갈걸요." 아니, 그렇지 않았다! 멘토링 프로그램 종료 이후에도 우리는 해당 아이들과 그 가정을 수년에 걸쳐 관찰하면서 설문을 진행했고, 그때마다 친사회적 성향이 높아지는 결과를 통해 멘토링의 긍정적 효과가 지속적으로 유지되고 있다는 걸 입증할 수 있었다. 멘토링 프로그램을 종료하고 2년이 지난 후에도 (그리고 그 이후에도) 친사회적 태도의 차이는 계속 발견되었다. 멘토가 있는 아이들과 없는 아이들의 친사회적 점수 차이는 단기간의 경우 4.0점이었는데, 여기에서 우리는 남자아이와 여자아이의 차이도 발견할 수 있었다(여자아이들의 친사회적 점수는 남자아이들보다 4.5점 더 높았다). 2년 후에도 아이들 간의 점수 차는 여전히 3.2점이었다.

성향의 변화는 순간의 기분이 아니라, 체계적이고 지속적인 변화였다. 삶의 환경이 친사회적 성향의 발달에 영향을 준다는 분명한 증거를 얻은 것이다. 이는 한 사회의 구성원으로서 우리가 적절한 롤 모델을 활용하면 친사회적 태도의 발달에 긍정적 영향을 끼칠 가능성이 있다는 사실을 분명하게 보여주는 결과이기도 했다.

선조들의 삶의 방식이 친사회적 태도에 큰 영향을 준다면, 부모가 자녀에게 주는 영향도 살펴봐야 하지 않을까? 그렇다. 그리고 우리는 그렇게 했다. 표본 연구에서 (하지만 그 밖의 다른 연구와 표본 연구들에서도) 우리는 친사회적 태도와 관련해 세대 간의 긴밀한 상관관계를 발견할 수 있었다. 한 사람의 친사회적 태도는 통계적으로 볼 때

부모의 친사회적 태도와 비슷한 수준으로 형성된다는 것이다. 이는 사회성뿐 아니라 위험에 대한 태도 같은 다른 성격적 특성에도 적용된다. 평균적으로 볼 때 엄마가 친사회적인 사람일수록 자녀도 그렇다는 뜻이다. 비싼 대가를 치르더라도 기꺼이 다른 사람을 돕고, 곁에 있어주는 것이 옳고 일반적인 행동이라는 것을 보여주는 부모 밑에서는 자녀 역시 이러한 태도를 갖게 된다. 다른 사람에 대한 부모의 신뢰도가 높으면, 자녀 역시 다른 사람을 신뢰할 가능성이 높아진다. 심지어 이것은 '자녀'가 60세 이상이어도 적용되는 효과다.[26]

이를 통해 내릴 수 있는 결론은 '부모에게 책임이 있다'가 아니다. 우리에게는 데이터를 통해 검증해야 할 또 하나의 가설이 있었다. 멘토의 존재가 멘티의 친사회적 성향에 영향을 준다면, 가정에서 부모를 통해 친사회적 태도를 경험하지 못하는 자녀일수록 멘토를 통해 더 큰 영향을 받을 것이다. 한 아이의 어머니가 매우 친사회적인 성향을 가졌다고 가정해보자. 엄마의 친사회적 태도에서 이미 영향을 받은 아이라면, 또 한 명의 친사회적 롤 모델이 줄 수 있는 영향은 상대적으로 줄어들 것이다. 그러므로 멘토링 효과는 엄마의 친사회적 성향이 가장 낮은 자녀들에게서 가장 크게 나타날 것이다. 그리고 이 가설은 입증되었다. 엄마의 성향이 덜 이타적일수록 아이가 멘토를 통해 받는 영향은 더 커진 것이다.[27]

그래서 롤 모델은 가정 환경에서 친사회적 태도의 인풋input이 적을수록 더 중요해진다. 이는 외국어를 배우는 것과도 같다. 엄마와 아빠가 같은 언어를 사용한다면 아이는 한 언어를 배우게 되지만, 엄마와 아빠가 서로 다른 두 개의 언어를 사용할 경우 아이는 최소한 두 개 언어에 대한 기초를 쌓을 것이다. 가정에 친사회적 태도를 가진 롤 모델이 없다면, 외부에서 제공하는 친사회적 롤 모델이 아이들의 친사회적 태도에 큰 영향을 미칠 수 있는 것이다.

거짓말 실험

아이들과 가족을 대상으로 설문 조사를 할 때마다 우리는 아이의 또 다른 성향을 파악할 수 있도록 질문의 일부를 조금씩 변형했다. 멘토링 프로그램이 끝나고 약 5년 후, 나는 과거 나의 박사과정 학생이었던 파비안 코세 및 요하네스 아벨러와 함께(현재 두 사람은 뮌헨대학교와 옥스퍼드대학교 교수로 재직 중이다) 우리의 주제와 관련된 매우 중요한 성격적 특성을 조금 더 자세히 분석하기로 했다.[28] 바로 진실을 말하거나, 거짓말을 하는 이유에 대한 분석이었다.

거짓말은 우리가 비도덕적이라고 평가하는 전형적인 행동 가운데 하나다. 물론 누군가를 다치지 않게 하기 위해 거짓말을 하는 예외적인 상황이 있기는 해도 말이다. 하지만 대부분의 경우, 우리는 우리 자신의 이익을 위해 거짓말을 한다. 더 유리해지기 위해서든, 갖지 못한 무언가를 얻기 위해서든, 적을 해치기 위해서든 나에게 유리한 상황을 만들려고 거짓말을 하는 것이다. 그렇다면 멘토링 프로그램 참여와 이를 통해 친사회적 롤 모델을 경험한 일이 거짓을 말하려는 의지를 줄일 수도 있을까? 짧은 질문으로 바꾸면 이렇다. 멘토가 있던 청소년들은 거짓말을 덜 할까?

우리는 모든 참여자에게 평범한 정육면체 주사위를 주고 거짓말하는 태도를 측정했다. 먼저 머릿속으로 숫자 1~6 중 하나를 떠올리라고 했다. 일종의 '행운의 숫자'를 고르라고 한 것이다. 머릿속으로 숫자를 고른 참여자는 주사위를 던진다. 그리고 나온 결과가 자신이 고른 행운의 숫자인지를 말해야 한다. 주사위를 던져서 나온 숫자가 행운의 숫자와 일치할 경우 참여자는 돈을 받고, 일치하지 않을 경우 돈을 받지 못한다. 예컨대 참여자가 5를 행운의 숫자로 골랐고, 주사위를 던져 2가 나왔다고 해보자. 이 경우, 참여자는 행운의 숫자가 나오지 않았다고 고백해야 할 것이다. 그러면 돈을 받지 못할 테고 말이다. 하지만 참여자가 거짓말을 할 수도 있다. "네, 맞아요. 제 행운의 숫자도 2였어요." 그러면 참여자는 돈을 챙길 수 있다. 즉, 자신의 이익을 위해 한 거짓말을 분석하기 위한 실험인 것이다.

그림 23 거짓말 실험

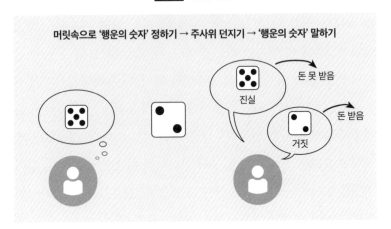

머릿속으로 '행운의 숫자' 정하기 → 주사위 던지기 → '행운의 숫자' 말하기

참여자들의 머릿속을 들여다볼 수 없으므로, 우리는 그들이 거짓말을 했는지 알 수 없다. 하지만 한 집단으로 보면 가능하다. 이들이 거짓말을 하고 있는지, 그렇다면 어느 정도인지를 확실하게 알 수 있는 것이다. 주사위를 던져 행운의 숫자가 나올 확률은 정확하게 6분의 1로, 확률로 따지면 16.7% 정도다. 주사위의 결과는 무작위이기 때문이다.

청소년들에게로 돌아가보자. 실험 결과, 상당수 청소년이 거짓말을 했다. 멘토링 프로그램에 참여하지 않은 집단의 경우, 행운의 숫자가 나왔다고 거짓말한 청소년은 64.7%였다. 통계적으로 보면, 실제로 행운의 숫자가 나왔다고 말할 수 있는 청소년은 16.7%에 불과한데도 말이다. 그렇다면 약 57.6%가 거짓말을 한 셈이다.[29] 멘토링을 통해 친사회적 롤 모델을 가졌던 집단의 경우에도 거짓말한 청소년은 있었다. 하지만 이 비율은 상대적으로 훨씬 적은 44.2%로 나타났다. 행운의 숫자가 나왔다고 거짓말한 청소년이 53.5%인 것이다. 멘토가 없었던 청소년 집단과 비교하면 무려 11.2%나 낮은 수치다. 어쨌거나 말이다!

그리고 이런 결과도 있다. 두 집단 모두, 여자아이들은 남자아이들보다 거짓말을 덜 하는 경향을 보였다. 행운의 숫자가 나왔다고 말하는 여자아이들이 훨씬 적었는데, 남자아이들과 비교하면 15.7%였다. 성별에 따라 친사회적 행동에도 차이가 나타난다는 사실을 입증하는 수많은 증거에 또 하나가 추가된 셈이다.

공감과 교류가 좋은 사람을 만든다

만일 우리가 누군가의 삶의 환경에 긍정적 영향을 미친다면, 이것은 곧 친사회적 성향의 발달로 이어질 수 있다. 그래서 무엇보다 긍정적인 롤 모델이 중요하다. 아이들은 롤 모델의 행동을 모방하기 때문이다. 인간은 롤 모델을 모방하는 것으로 특정한 행동을 연습하고, 이것이 실제 우리 삶의 일부가 된다. 그러므로 어떤 의미에서 우리가 모방하는 것과 우리가 행동하는 것이 곧 우리 자신이라고 말할 수 있다. 시간이 흐르면 이와 같은 행동 양식은 당연한 것이 되고, 이를 반복하다 보면 그것이 우리 정체성의 일부가 되고, 우리는 우리가 하는 행동과 우리라는 존재를 좋아하게 된다. 우리가 성장하는 환경의 특성은 롤 모델에 의해 결정되며, 이에 따라 우리의 성향도 발달하는 것이다.

하지만 한 사람의 성장 환경은 또 다른 방식으로 중요한 역할을 한다. 나는 여기에 대해 짧게 이야기하고 싶다. 우리가 친사회적으로 행동하기 위해서는 도움에 대한 다른 사람의 필요를 인식할 수 있어야 한다. 다른 사람한테 우리의 협조가 필요하다는 걸 보고, 배우고, 이해해야 하는 것이다. 이타적인 행동은 언제나 특정 문제에 대한 인식과 인정을 전제로 한다. 한마디로 표현하면, 이타적인 행동은 공감에서 비롯된다.

우리는 우리가 직접 경험한 일일수록 더 잘 공감한다. 특정 질병에 시달리는 사람은 같은 처지에 있는 사람을 더 잘 이해할 수 있다. 실업자가 되었거나 실직 위기에 처한 사람도 해고당한 사람들에게 특별한 감정을 갖는다. 혼자서 아이를 키우는 사람은 같은 상황에 놓인 어머니와 아버지의 필요 그리고 걱정을 더 잘 이해한다. 인도 여행을 갔다가 대도시 빈민가에서 구걸하는 아이들의 모습을 본 사람의 인식은 집으로 돌아올 때 달라지기 마련이다. 어쩌면 자신의 문제를 다른 시선으로 보게 될 수도 있다. 우리는 언제나 우리가 직접 경험한 것들을 더 친근하게 여긴다. 우리가 직접 무언가를 경험했거나 다른 사람의 고통을 직접 공유할 때, 우리의 공감 능력은 더 커진다. 경험에 의한 지식은 우리의 공감 능력을 높이고, 이를 통해 이타적으로 행동하려는 의지를 강화한다.

그렇다면 우리 사회의 조직 방법과 방식도 이와 같은 경험적 지식의 기회를 늘리거나 줄일 수 있다. 한 사회가 집단별로 더 극명하게 분리될수록 다른 입장과 필요에 대한 이해와 공감의 능력이 발달할 가능성도 줄어든다. 이를 가장 잘 보여주는 사례가 바로 독일의 교육 시스템이다. 대부분의 독일 주에서 학생들은 초등학교 4학년을 마치면 각자 다른 형태의 학교를 선택해야 한다.(일반적으로 9년제 김나지움[인문계 학교], 6년제 레알슐레[실업학교], 5년제 하웁트슐레[직업학교]로 나뉜다 ― 옮긴이) 그리고 각자의 선택에 따라 수평적인 경험을 하게 된다. 당신이 김나지움을 선택해 다녔다면, 당신 주변에 아비투어(김나지움 졸업 시험)를 치르지 않은 사람이 몇이나 있는지 살펴보라. 아마 결코 많지 않을 것이다.

일찍부터 특정 교육과정을 통해 삶의 길을 선택하는 것은 일찌감치 한 사람이 경험하게 될 직업적·사회적 기회를 결정하는 일이기도 하다. 이 결정은 특히 독일에서는 사회경제적 배경에 따른 것이다. 전 세계적으로 비교해도, 독일의 경우 김나지움에 진학할 가능성을 좌우하는 것은 부모의 경제적·교육적 배경이다.[30] 김나지움에 다니는 학생들에게는 비교육 집단의 경험이나 그들이 가진 문제와 필요를 경험할 기회가 주어지지 않는다는 뜻이다. 하지만 김나지움보다 더 포괄적인 형태의 학교를 선택한 아이들에게는 자신과 완전히 다른 배경을 가진 동급생들의 경험을 공유할 기회가 생긴다. 이 부분에 대해서는 마지막 장에서 다시 이야기하도록 하겠다.

여기에서는 학생들의 사회적 배경이 다양한 포괄적인 형태의 학교가 공감 능력과 친사회적 태도의 발달에 얼마나 큰 영향을 주는지를 입증한 한 연구를 소개하고자 한다.[31] 이 연구의 배경은 인도의 학교 시스템이다. 인도는 사회경제적 계급에 따라 학교 시스템이 나뉜다. 연구진은 만일 부유한 학생들만 다닐 수 있는 사립학교에서 가난한 학생들을 받을 경우, 부유한 학생들의 친사회적 태도에 어떤 변화가 생기는지 분석했다.

인도의 학교 시스템은 전 세계의 많은 국가와 마찬가지로 공립학교와 사립학교로 구분되어 있다. 대부분의 아이들은 공립학교나 학비가 저렴한 사립학교에 간다. 반면 사립 '엘리트 학교'는 경제적으로 부유한 가정의 아이들만 갈 수 있는 곳이다. 지난 2007년, 인도 정부는 395개 사립학교에 대해 전체 학생 수의 20%를 저소득 가정 아이들로 채울 것을 의무화했다. 대부분의 사립학교가 이 정책을 신속하게 시행했다. 하지만 일부 학교는 이를 천천히 시행하고, 아예 시행하지 않은 학교도 있었다. 연구진에게는 그야말로 이상적인 조건이었다. 분석을 할 수 있는 변별력이 생긴 것이다. 연구진은 전교생의 20%가 '가난한' 학생으로 구성된 집단과 전교생이 부유한 학생으로만 구성된 집단을 비교한 것은 물론, 정부의 정책을 시행한 학교와 그렇지 않은 학교의 학생들도 비교했다.

가난한 학생들을 받아들인 것이 과연 부유한 학생들의 친사회적 행동에 영향을 주었을까? 답은 '그렇다'이다. 가난한 학생들을 받아들인 학급의 경우, (예컨대 장애를 가진 아이들을 돕는) 공익 목적의 프로젝트를 위해 돈을 모으는 데 부유한 학생들이 더 적극적인 태도를 보였다(13% 정도 더 높은 수치였다). 다양한 독재자 게임에서도 친사회적 행동의 변화를 확인했다. 20%의 가난한 학생들과 같은 반인 부유한 학생들이 부유한 학생으로만 구성된 다른 학교의 학생들보다 가난한 학생들에게 44%나 더 많은 돈을 나눈 것이다. 흥미롭게도 이들은 부유한 학생들에게도 더 이타적인 행동을 보였다. 독재자 게임에서 익명의 상대가 부유할 경우, 가난한 학생들과 섞인 학급의 학생들은 부유한 학생들로만 구성된 학급의 학생들에 비해 24% 더 많은 돈을 주었다. 즉, 가난한 학생들을 입학시킨 것이 가난한 학생에 대한 친사회적 태도뿐 아니라 전반적인 친사회성을 발달시키는 결과로 이어졌다.

또한 연구진은 가난한 학생들을 받아들인 학교의 경우, 차별 행위도 줄어드는 현상을 발견했다. 릴레이 경주에서 가난하지만 빠른 친구, 그리고 느리지만 부유한 친구 중 어느 쪽을 선택하는지 실험해본 결과였다. (빠른 것보다 부유한 것을 선호하는) 이러한 유형의 차별은 모든 학급에서 나타났다. 하지만 가난한 학생들을 받아들인 학급의 경우, 차별 행위가 가장 적었다. 가난한 학생들과의 접촉이 영향을 준 것이다.

그러므로 실제 현실의 환경적 구성은 친사회적 성향의 발달에 결코 간과해서는 안 될 인과적 효과를 가져올 것이다. 그리고 이 문제와 관련해 우리가 긍정적 영향을 미칠 수 있는 방법은 매우 많다. 친사회적 본보기와 롤 모델을 모방하게 할 수도 있고, 다양한 환경의 사람들을 더 많이 만나게 함으로써 공감 능력을 키울 수도 있다. 우리 아이들에게 더 나은 시작의 기회를 주는 것. 여기에 얼마나 큰 사회적 잠재력이 숨어 있는지를 생각한다면, 우리가 이 문제를 회피하는 것은 정말로 무책임한 일이 아닐까?

7장

그렇다면 무엇을
할 수 있을까?

"선한 사람이 되는 게 어려움에도 '불구하고'가 아니라
어렵기 '때문에' 우리는 인간으로서 할 수 있는 것들을
시도해야 한다."

지금까지 나는 좋은 사람이 될 가능성을 높이거나 낮추는 메커니즘과 원인을 찾기 위해 노력했다. 그리고 그 결과, 우리는 좋은 사람이 되는 데에는 상황과 맥락뿐 아니라 개인의 성향도 매우 중요하다는 것을 확인했다. 전반적인 연구 상황을 볼 때, 아무래도 인간의 본성과 유혹 가능성에 대해서는 다소 비관적인 시각을 갖게 되는 것 같다. 우리의 삶은 유혹으로 가득 차 있고, 선한 마음은 언제나 이기적인 마음과 갈등하기 때문이다.

하지만 이렇게 생각해보면 어떨까? 선함을 방해하는 것이 무엇인지 설명할 수 있다면, 이를 통해 선함을 촉진할 수도 있지 않을까? 상황과 성향이 우리 행동에 영향을 미친다는 것을 알았으니, 그 상황과 성향을 공익을 위해 변화시키려고 노력해야 하지 않을까? 적어도 한 가지는 명확하다. 상황은 기본적으로 인간에 의해 만들어진다. 서로를 어떻게 대할지 결정하는 것도 우리 자신이다. 그러므로 선함이 더 많은 기회를 얻을 수 있도록 삶의 환경을 조성하는 것은 우리의 손에 달린 문제다. 마찬가지로 우리는 성향의 발달에도 영향을 미칠 수 있다.

선한 사람이 되는 게 어려움에도 '불구하고'가 아니라 어렵기 '때문에' 우리는 인간으로서 할 수 있는 것들을 시도해야 한다. 그렇다면 우리는 무엇을 할 수 있을까?

도덕적 '함정' 인식하기

행동 변화에는 중요한 전제가 따른다. 우리가 옳다고 생각하는 걸 실행에 옮기지 못하게 하는 메커니즘을 이해하는 것이다. 그래서 타고난 심리적 기질과 의사 결정의 맥락 그리고 상황적인 효과의 상호작용을 보다 잘 이해하는 것은 우리가 좋은 사람이 되는 걸 방해하는 저항 요소와 장애물이 무엇인지를 인식하는 데 도움을 줄 수 있다. 일상에서 내가 빠지기 쉬운 '함정'이 무엇인지 아는 것은 잘못된 행동을 자제하고, 부도덕한 유혹을 물리치는 데 필요한 핵심 열쇠다.

이제 이렇게 이의를 제기하는 사람들이 있을 것이다. 인식에 대한 평가와 통찰력에 대한 희망이 너무 과한 것 아니냐고 말이다. 자고로 인간이란 합리적이지 못한 특성을 가졌으며, 궁극적으로 인간의 행동을 통제하는 것은 감정이기 때문에 인식은 감정보다 뒤처질 수밖에 없다는 주장이다. 동료 학자들 중에도 이 같은 주장을 하는 이들이 있다. 하지만 나는 이것이 잘못되었다고 생각한다.

인간의 합리성에 한계가 있다는 사실을 입증하는 연구 결과들에 이의를 제기하려는 게 아니다. 인간이 가진 편견이나 인지적 왜곡과 한계를 실험한 연구들이 있다는 것은 나도 잘 안다. 우리가 복잡한 의사 결정 상황에서 때로 합리적 기준에 따라 행동하지 않는 것도, 확률이나 통계를 다루는 데 어려움을 겪는 것도, 우리의 행동을 특징짓는 것 중 하나가 편견이라는 것도 안다. 짧게 말하면, 인간은 잘못을 저지른다. 하지만 그렇다고 인간에게 옳은 일을 할 수 있는 인지적 능력이 없다고 결론 내리는 것은 치명적이다. 부랑자에게 동전 한 푼을 기부하는 데도 인지 능력이 필요할까? 협조와 정직이 필요한 상황에는 어느 정도의 인지 능력이 있으면 될까? 독재자 게임에서 돈을 나누지 않는 것은 인지 능력이 부족해서일까?

인간은 모든 제약 속에서도 놀라울 정도로 합리적이며, 자신의 제한적인 인지적 자원을 놀라울 정도로 현명하게 사용하는 존재다. 최근의 연구 결과들 또한 특히나 복잡한 의사 결정 상황에서 인간은 모든 불확실성에도 불구하고 상대적으로 건강하고 합리적인 행동을 한다는 것을 입증하고 있다. 더욱이 자신의 이익과 관련된 일이라면 우리 인간은 얼마나 많은 것들을 해내는가! 예컨대 세금을 신고[1]하거나 고용계약 문제를 협상할 때처럼 법적으로 유리한 고지를 점해야 할 경우, 인간은 놀라울 정도의 지적 능력과 집중력을 발휘할 수 있다. 인간이 합리적이지 못하다는 주장은 인간에게 자유의지가 없다고 주장하는 것과 같은 변명일 뿐이다. 더욱이 어떻게 해야 할지 알 수 없을 때, 우리는 조언을 구할 수도 있다. 도덕적 결정이라고 해서 도움을 요청하고, 조언을 구할 수 없는 것이 아니다. 도덕적 문제에서도 인간은 많은 것을 할 수 있다. 우리가 원하기만 한다면 말이다.

특히 인식은 자율적이고 책임감 있게 행동하는 데 도움을 준다는 점에서 유용하다. 소비자 결정의 예를 들어보자. 자동차의 이산화탄소 배출량과 전자기기의 에너지 소비 전력을 표시해 소비자에게 정보를 주는 것은 의무다. 하지만 한 걸음 더 나아가면 어떨까? 모든 제품에 '탄소 발자국'도 표시하도록 의무화하는 것이다. 과일 코너에 두 종류의 사과가 있는데, 이 사과들이 각각 기후에 어떤 영향을 미치는지 알 수 있다고 가정해보자. 어느 쪽을 선택하겠는가? 영상이나 인포그래픽, 광고 책자, 라벨, 포스터를 통해 고기나 옷·전자제품의 생산 과정에서 사람과 환경에 어떤 일이 있었는지 알 수 있다면, 과연 어떤 제품을 선택하겠는가? 달걀을 고르던 중 영상을 통해 '일반' 암탉의 삶과 '유기농' 닭의 삶을 비교하거나 이를 상기시킬 수 있게 한다면, 아마도 우리는 비싸더라도 더 건강한 달걀을 선택하지 않겠는가? 실제로 마트 상품에 부착하는 라벨이 기후 친화적 제품의 수요를 증가시킨다는 것은 연구를 통해 입증된 사실이다.[2]

사전 예방적이고 의무적인 제조 정보 표시는 소비자들이 개인의 도덕적 가치에 따라 행동하는 것을 도울 수 있다. 관련 산업과 단체들이 여기에 격렬하게 반대하는 것은 역으로 제조 정보 표시가 효과적이라는 사실을 입증할 뿐이다. 결과적으로 제조 정보 표시는 주권을 가진 소비자가 자유롭게 자발적으로 상품을 선택할 수 있도록 하는 자유주의에도 부합한다. 자유롭고 자발적인 선택은 다양하고 포괄적인 정보를 가지고 있을 때에만 이루어질 수 있기 때문이다. 그러므로 투명성과 정보의 강화는 '시장주의와 자유주의에 부합'하며, 합리적 의사 결정에 관심 있는 모든 사람의 지지를 받아야 마땅하다.

계몽이라는 혁신적 방법으로 행동의 변화를 이끌어낸 사례를 소개하고자 한다.[3] 에너지를 쓸 때마다 에너지 소비량을 인식하게 하는 방법으로 소비를 줄인 '온수 샤워'의 사례다. 온수 샤워는 가정에서 사용하는 단일 에너지 중 두 번째로 많은 에너지를 소비하는 것으로, 평균적으로 한 가정 내 에너지 소비량의 14~18%를 차지한다. 하지만 이런 사실을 아는 사람이 과연 있을까? 그렇다면 이 방법은 어떨까? 온수 샤워를 할 때 실시간으로 에너지 소비량을 알려주면 온수 사용이 줄어들지 않을까?

이를 실험하기 위해 한 연구진이 스위스의 636개 가정에 스마트 샤워 미터기를 설치했다. 샤워 헤드에 장착한 미터기의 작은 디스플레이를 통해 정해진 실험 조건에 따라 다양한 수치를 확인할 수 있었다. 한 그룹의 미터기에는 현재 수온만 표시했다. 그리고 다른 그룹의 미터기에는 이와 함께 소비한 물의 양을 리터 단위로, 사용한 에너지의 양을 시간당 킬로와트로 표시하고, 여기에 에너지 효율성도 덧붙였다. 실험 결과, 에너지 소비량을 확인할 수 있는 그룹의 경우, 온수 사용에 따른 에너지 소비량이 22% 감소하면서 가정의 에너지 소비율을 5% 줄이는 효과를 가져왔다. 이런 효과는 스마트 미터기 설치를 통한 '계몽'이 이루어지자마자 나타났으며, 실험을 진행한 두 달간 지속되었다.

자신에게 정직하기

이는 매우 어려운 요구일 것이다. 이기적인 행동을 하고서도 긍정적 자아상으로 죄책감을 덜어내는, 안락한 의자를 박차고 일어나자는 요구이기 때문이다. 선택적 기억과 장밋빛으로 미화된 기억, 다른 선택지에 대한 거부, 순진한 변명으로 만들어낸 긍정적 자아상에서 벗어나자. 그러기 위해서는 자신에게 정직해야 한다.

앞에서 우리는 우리의 시야를 가려 우리가 도덕적으로 행동하고 있다고 믿게 만드는 메커니즘에 대해 알아보았다. 이 메커니즘을 통해 우리는 이기적인 행동으로 이익을 챙기면서도 동시에 긍정적 자아상을 유지하고 싶은 바람을 이룰 수 있었다. 이 메커니즘에 굴복하지 않으려면 어떻게 해야 할까?

첫째, 알려고 해야 한다. 우리는 종종 우리 자신에게 그리고 다른 사람에게 몰라서 그랬다고 변명하기 위해 우리의 행동을 외면한다. 하지만 자신에게 정직한 사람은 자기 행동이 가져온 결과에 대해 알아보고, 다른 선택지와 대안을 고민한다. 물론 인간은 모든 걸 알 수도 없거니와, 더 잘 알 수도 없었을 거라는 사실을 끊임없이 인정해야 할 것이다. 하지만 모든 걸 알아야 한다고 이야기하는 게 아니다. 가능한 선에서 최대한 정보를 얻고, 외면하지 않으며, 우리의 행위가 미칠 결과에 대해 적극적으로 질문을 던지자는 얘기다.

둘째, 의사 결정 상황을 피하지 말아야 한다. 때때로 우리는 도덕적으로 도전이 되는 과제들을 아예 회피하는 경우가 있다. 가난한 사람들과 접촉하지 않으려 하고, 구걸하는 부랑자가 보이면 걷는 방향을 바꾼다. 도덕적 분열을 사전에 차단하기 위한 전략이다. 이것은 의사 결정 상황, 즉 '시험'을 피하려는 것과 마찬가지다. 하지만 이는 자신을 속이고 싶을 때 사용하는 전략이기도 하다. 걷는 방향을 바꿈으로써 의사 결정 상황을 피하는 것 역시 사실상 결정이기 때문이다. 그것도 도덕적 행동에 반하는 결정 말이다.

자신에게 정직하다는 것은 의사 결정 상황과 갈등을 회피하지 않는다는 의미다. 물론 그렇게 해서도 결국 실패하고, 부랑자에게 한 푼도 주지 않을 수 있다. 하지만 실패는 정직하다. 피하는 사람은 실패조차 할 수 없다. 언제나 선에 반하는 행동을 하기로 이미 결정한 것이기 때문이다. 가끔 '피하고' 싶은 마음이 들기는 하지만 이를 후회하거나 이 때문에 양심의 가책을 느끼는 사람들에게 몇 가지 팁을 주려고 한다. 만일 비자발적으로 기부를 요구받는 상황이 불편하게 느껴진다면, 이렇게 하는 것은 어떨까? 잠시 앉아서 고민해보는 것이다. 원래 당신은 수입의 얼마를 기부하고 싶었는가? 1%? 2%? 혹은 5%? 그리고 좋은 자선단체를 선정해 1년에 한 번 해당 금액을 기부하라. 이로써 당신은 선행을 한 것이고, 이후에는 기부 요청에 응하지 않았다고 해서 양심의 가책을 느끼지 않아도 된다.

셋째, 속임수를 쓰지 말라. 자신에게 정직하고 싶은 사람은 도덕적 회계 장부를 쓰지 않고, 그린워싱이나 미덕 과시Virtue Signaling를 하지 않는다. 사소한 행위를 도덕적 행위로 계산하거나, 어제의 선행을 과시하는 걸로 만족하지 않는 것이다. 말을 좋게 꾸미고, 상징적인 행동을 하고, 필터를 입힌 인스타그램 속 세상과 실제 삶 사이에는 간극이 있기 마련이다. 사실상 선한 행동과는 아무런 관련이 없는 것들이다. 자신에게 정직하다는 것은 자신의 기억에 대한 주권을 갖는 것이며, 결코 쉽지는 않겠지만 과거 자신의 '영웅적 행위'를 너무 장밋빛으로 기억하지 않는 것을 의미하기도 한다.

넷째, 단순한 변명은 하지 말라. 바빠서 그랬다고, 완전히 잊고 있었다고, 내일 하려 했다고 변명하지 말라. 자신에게 정직하고 싶다면 헛소리는 헛소리일 뿐이라고 인정할 수 있어야 한다. 다른 사람에게는 물론이고, 자신에게도 말도 안 되는 변명을 해서는 안 된다. 거짓말로 우리의 이기적인 행동이 사실 그렇게 나쁜 것은 아니라고 우리 자신과 다른 사람을 속일 수는 있겠지만, 이와 같은 변명을 늘어놓거나 전달하는 것은 결코 정직한 것이 아니다. 거짓말은 타인에게 영향을 줄뿐더러 '다른 사람들도 다 그렇게 이야기하는데, 맞는 말일지 몰라'라고 생각하게 함으로써 거짓말에 추가적인 정당성을 부여한다.

사회구조 안에 있는 우리는 모두 중계자다. 어떤 이야기를 할지, 우리가 들은 이야기 가운데 무엇을 전파할지 결정하기 때문이다. 우리는 SNS에서 무엇을 이야기하고, 어디에 '좋아요'를 누르며, 무엇을 공유할지 결정한다. 우리에게는 말한 것에 대한 책임이 있다. 만일 나를 변명할 목적으로 거짓을 퍼트린다면, 다른 사람들 역시 이를 변명거리로 사용할 것이다. 특히나 트위터 등을 비롯한 SNS는 변명을 바이러스처럼 퍼트린다. 우리는 거짓 이야기가 무엇인지 밝히고, 그것이 거짓임을 알리기 위해 노력해야 한다. 팩트를 체크해야 한다.[4] 계몽해야 한다. 자기비판을 해야 한다. 자신의 실수를 인정하고, 그것을 수정하고, 바로 세워야 한다. 이때 명확하고 정확한 언어를 사용해야 한다. 명확하고, 정확하게, 이것이 무엇이며, 무엇이 중요한지, 지식과 과학의 입장은 무엇인지를 명시해야 한다. 거짓과의 싸움은 힘들지만 그만큼 중요하다.

다섯째, 느끼지 말고 생각하라. 물론 우리의 감정은 기꺼이 결정에 나설 것이다. 그리고 감정에 의한 결정이 맞을 때도, 필요할 때도 있다. 하지만 자신에게 정직하려면 행동의 동기가 무엇인지 확인해야 한다. 혹시 질투 때문에 이런 행동을 하는 것은 아닐까? 나의 야망이 부도덕한 행동을 부추기고 있는 것은 아닐까? 혹시 스트레스를 받고, 긴장하고 있지는 않은가? 그렇다면 행동에 앞서 잠시 멈춰 생각하는 시간을 갖는 것이 좋다. 진정 단계를 거치는 것은 대부분의 상황에서 도움이 되며, 우리의 도덕적 가치에 부합하는 선택을 하도록 우리를 돕는다.

이 리스트는 계속 이어갈 수 있다. 우리는 워낙 우리 자신을 잘 속이기 때문이다. 하지만 솔직히 말해보자. 게으르고 말만 많은 가짜 이타주의자보다는 우리 진정한 이기주의자들이 더 낫지 않은가? 실제로 한 연구에서 이 질문을 던지고 결과를 분석했다. 그에 따르면 인간은 부도덕한 행동을 하기는 하지만 적어도 이를 고백한 사람들보다 위선자를 더 부정적으로 평가하는 것으로 나타났다.[5]

인정 욕구 자극하기

인간은 다른 사람의 평가로부터 결코 자유롭지 못하다. 우리는 모두 인정받고, 존경받고, 사랑받기 위해 노력한다. 앞에서도 설명했지만 평판 좋은, 비난할 것 없는 사람이 되고 싶은 마음은 비싼 값을 치르더라도 좋은 사람이 되려는 우리의 노력에 중요한 역할을 한다. 긍정적인 평가, 사회적으로 좋은 이미지는 더 매력적인 파트너가 될 가능성과 더 나은 직업을 가질 가능성, 그리고 그 밖의 다른 사회적 편의를 누릴 기회를 높인다. 독일연방의 공로십장 훈장, 정치인의 초대를 받은 저녁 식사 자리, 특별 클럽 회원, 유용한 인맥과 네트워크는 물론 인플루언서가 공유한 내 게시물까지 평판을 기반으로 한 이 모든 형태의 인정은 선행의 자극제이자 촉진제다. 그리고 이것은 사회적으로 활용할 가치가 있다.

익명의 행위와 달리 평판 효과는 기본적으로 어떤 행위에 대해 한 개인을 특정함으로써 긍정적 결과를 얻을 수 있다. 다른 사람이 보는 앞에서 부정한 행동을 하지 않으려는 마음이 기저에 있기 때문에 비도덕적 행동을 단념하게 되고, 다른 사람이 보는 앞에서 선행을 하고 싶기 때문에 친사회적 행동에서 더 큰 매력을 느끼는 것이다. 사회는 도덕적 행동의 동력이 되는 바로 이 평판 효과를 공익 증진에 활용할 필요가 있다.

이 효과를 보여주는 첫 번째 사례가 바로 조세 자료 공개다. 노르웨이에서는 이웃의 세금 납부 내역을 손쉽게 알 수 있다. 이웃의 이름과 생년월일, 거주지뿐만 아니라 과세 대상 소득과 세금 납부 내역까지 공개되기 때문이다. 스웨덴과 핀란드도 마찬가지다. 이와 같은 정책이 과연 조세 윤리를 높이고, 세수를 늘리는 데 도움이 될까? 세금을 적게 내기 위해 수익을 속일 경우, 적발될지도 모른다는 우려가 정직한 신고에 대한 의지를 높일 수 있을까?

여기에 대한 답을 찾기 위해 한 연구진이 조사에 나섰다. 노르웨이 정부가 인터넷을 통해 과세 정보를 공개하기 시작한 2001년 이후로 변화가 있었는지 분석한 것이다. 인터넷을 통해 세금 관련 데이터에 대한 접근이 수월해지자 데이터 확인에 대한 수요가 증가했고 세금을 조작할 경우 적발될 가능성도 커졌다. 분석 결과, 노르웨이 기업들이 신고한 수익은 약 3% 증가했고, 세수는 0.2% 증가한 것으로 나타났다.[6] 투명성과 그로 인한 평판 상실에 대한 우려가 낳은 결과였다.

나는 이것을 보며 독일 노르트라인베스트팔렌주의 은행 데이터 구입을 떠올렸다. 노르베르트 발터보리얀스 당시 노르트라인베스트팔렌주 재무장관은 탈세가 의심되는 독일 거주 고객의 과세 소득 정보가 담긴 CD를 구입했다. 스위스 은행에서 관리하고 있는 약 1억 스위스프랑 규모의 소득이 담긴 CD 11개를 구입하기 위해 노르트라인베스트팔렌주는 총 1,790만 유로를 지출했다. 노르트라인베스트팔렌 주정부 과세 당국에 따르면 이를 통해 약 50억 유로의 세수입이 발생했는데, 이 가운데 대부분은 자진 신고에 의한 세수였다고 한다. 탈세 발각과 이로 인해 발생할 법적 책임에 대한 두려움 때문이었을 것이다. 2010년 봄부터 2016년까지 자발적으로 신고서를 제출한 국민은 무려 12만 명에 달했다.[7] 투명성이 정직한 세금 신고를 촉진한 것이다.

정치인들의 추가 수익 공개도 비슷한 효과를 가져왔다. 예컨대 자신이 미국 IT 기업에 자문을 해주는 대가로 얻는 수익을 유권자에게 공개한다고 하자, 정치인들은 이를 한 번 더 재고했다. 정치인으로서 신뢰를 무릅쓸 만한 가치가 있는 수익인지를 고민하기 시작한 것이다.

투명한 공개는 온라인 포럼의 토론 문화에도 긍정적 변화를 가져왔다. 정치적 사안에 대해 공개적으로 입장을 밝혀본 사람이라면 아마 익명이라는 방패 뒤에 숨어 사람들이 당신에게 쏟아내는 증오와 비열함으로 가득 찬 댓글들을 알 것이다. 그나마 헛소리가 가장 나은 반응이었을 것이다. 이러한 반응은 토론 문화를 해치고, 더 나아가 공공의 이익을 위한 정치적 발언과 참여를 포기하게끔 만든다. 그래서 나는 실명 공개가 상처를 덜 주고, 덜 공격적이며, 사실에 기반한 의견 표출에 도움이 된다고 생각한다.

슬프게도 인종차별적·성차별적 발언이나 살해 위협, 그 밖의 다른 증오 메시지들은 어느덧 인터넷 세상의 일상이 되어버린 것 같다.[8] 온라인에서의 공격은 실제 행동으로도 이어진다. 최근에 발표된 논문을 보면, 페이스북에서 외국인 혐오 뉴스를 보는 것이 난민에 대한 증오 범죄를 일으킬 가능성을 높일 수 있다고 한다.[9] 이것을 부추기는 게 익명성이다. 자신의 실명이 아니라 '사용자647'이라는 닉네임을 사용하는 사람은 더 쉽게 살해 위협을 하거나 여성 정치인에 대해 성적 소문을 퍼트릴 수 있기 때문이다.

오해의 소지가 있을 수 있기에 덧붙이자면, 여기서 핵심은 다양한 의견을 통제하자는 게 아니라 보다 객관적인 토론 문화를 만들기 위해, 우리 사회의 더 나은 해결책을 모색하기 위해 민주적 경쟁의 전제 조건이기도 한 반대자들을 좀 더 존중하는 태도로 대하자는 것이다. 그렇다면 온라인 포럼의 (자칭[10]) 익명성이라는 것을 없애는 것만이 답일까? 그렇지 않다. 박해받거나 차별받는 집단의 경우라면, 익명성을 지켜주는 것이 매우 중요하다. 위험에 노출되지 않고 자유롭게 공개적으로 소통할 수 있도록 돕기 때문이다. 코로나19 대유행 시기에도 트위터를 통해 예방접종이나 중환자실 상황에 대한 정보를 제공하는 의사들은 익명성의 도움을 받아야 했다. 극단적 예방접종 반대자들의 폭력적인 반응에 대한 두려움 때문이었다.[11]

하지만 익명성은 줄이는 것이 바람직하다. 극단적 의견을 표현했다면, 그것이 부메랑이 되어 자신에게 돌아올 수 있다는 사실을 알아야 한다. 여기에서도 의도적으로 평판 효과를 활용하는 게 도움을 줄 것이다. 온라인 포럼에 아이디를 사용해 글을 올렸더라도, 운영자나 편집자에 한해 실명을 공개하는 것이 합리적인 해결책일 수 있다. 링크드인이나 쿼라 같은 사이트의 일부 운영진은 실명제를 주장하고 있다. 하지만 국가 차원의 압력이 없으면 인터넷 실명제는 불가능할 것이다.

마지막 사례는 사전 기금 모금에 대한 것이다. 나는 이것을 연구 지원의 측면에서 설명하겠지만, 사전 기금은 장애인이나 자연 및 환경 보호, 문화, 예술, 스포츠 등 다른 공공 분야에 대한 지원에도 적용되는 문제다.

독일 대학들은 만성적 재정난에 시달리고 있다. 학생과 교수의 비율이 맞지 않고 무엇보다 수많은 인재를 미국 대학에 빼앗기고 있는 실정이다. 미국 대학은 기본적으로 연구진에게 더 매력적인 환경을 제시하기 때문이다. 그래서 미국의 유명한 연구 기관들은 세계 최고로 인정받는다. 인력이 잘 갖추어져 있고, 무엇보다 재정이 충분한 덕분이다. 특히 미국 연구 기관들의 경우, 민간 후원자가 있다. 자신의 이름을 딴 연구소 설립을 후원하거나, 건물 의자에 이름을 새기고 후원하는 기부자들을 용인하는 것이다.[12] 안 될 이유가 무엇이겠는가? 미국의 전문 경영인들은 부자들에게 적극적으로 기부를 부탁하는 것은 물론 평판과 마케팅 측면에서 법적으로 이들을 돕기까지 한다.

반면, 독일에는 이러한 장면이 존재하지 않는다. 독일은 보통 공공 자금을 지원받는 것에 만족하고, 연구의 독립성을 강조한다. 민간의 지원을 받은 연구가 노벨상을 받으면 그 가치가 떨어지기라도 하는 것처럼 말이다. 우리는 독일 연구 분야의 성공 스토리를 낳은 카이저빌헬름학회의 설립(1911년)이 대부분 민간 자금으로 이루어졌다는 것을 기억할 필요가 있다. 학회의 지원을 받은 곳들은 전 세계적으로 인정받는 연구 기관으로 성장했다. 아울러 15개의 노벨상을 받고 알베르트 아인슈타인, 오토 한, 베르너 하이젠베르크 같은 과학계의 거물들을 배출할 수 있었다. 이러한 성공에 중요한 역할을 한 것이 은행가와 사업가, 부유한 시민들의 개인적인 기부였다. 독일의 공립 대학들이 민간 자금을 유치하고 기부받는 법을 배우지 못하는 한 순수하게 공공 자금에만 의존해 이루어지는 연구는 아마존이나 구글을 분석하는 수준에 그칠 것이다.

안타깝게도 이 영역에서 독일의 상황은 그리 좋아 보이지 않는다. 민간의 후원을 여전히 두려워하고, 여기에 소심한 태도를 보이고 있기 때문이다. 이 문제를 해결하기 위해서는 입법부 역시 투명하고 신뢰할 만한 민간 후원이 이루어질 수 있도록 법적 환경을 조성할 필요가 있다.

자신과 다른 사람에게 좋은 평판을 얻기 위해 친사회적으로 행동하는 걸 과연 바람직한 것으로 볼 수 있냐고 이의를 제기하는 사람도 있을 것이다. 물론 그 말도 맞다. 하지만 그것이 정말 그렇게 중요할까? 사회적 측면으로 보면, 선행이 이루어지는 원인보다 선행이 이루어지는 것 자체가 더 중요하지 않을까? 암 투병 중인 아이들의 고통을 조금이라도 덜어주기 위해 병동에서 연예인을 초청해 아이들을 웃게 하는 것은 어떤가? 여기에 쓰는 돈은 바람직하지 않은 것인가? 아픈 자녀를 돌봐야 하는 가슴 아픈 운명에 처한 부모들을 돕기 위해서라면? 연예인이 와서 부모들에게 심적으로 용기를 주고, 암을 이겨낼 방법을 찾을 수 있도록 용기를 주는 게 더 중요하지 않을까? 나는 다리가 없어서 한 바퀴를 빙 돌아가야 하는 길보다 기부자의 이름이 새겨진 다리가 놓인 길이 더 낫다고 생각한다. 호수가 한눈에 보이는 공원 벤치에 앉는 걸 좋아한다. 벤치에 새겨진 놋쇠 배지 하나가 이 벤치를 기부한 사람이 누구인지 알려주지만, 아무렴 어떤가? 다시 말해, 강당 의자에 기부자의 이름을 새겨 넣는 기관은 헌신적인 교육과 연구를 하지 않을 것이라고 장담할 근거가 어디에 있느냔 말이다.

이렇게 이의를 제기하는 사람도 있을 것이다. 재정을 민주적으로 정당하게 사용할 수 있도록 민간의 직접 후원을 받지 말고, 이를 공적 자금에 투입하는 것이 낫지 않을까? 민간 기부자들이 남몰래 영향력을 행사하면서 무언가 잘못된 방향으로 흘러가게 만들 수도 있지 않을까? 물론, 그럴 수도 있다. 하지만 우리가 이야기하고자 하는 것은 공공의 개입을 막자는 것도, 이익집단이 규제 없이 영향력을 행사할 수 있도록 두자는 것도 아니다. 이것은 투명하게 공개하고, 법적으로 규제할 수 있는 부분이다. 그것을 바라기만 하면 된다.

적극적 의사 결정 구조 설계하기

친사회적 행동을 할 가능성은 환경과 상황·맥락에 따라 달라진다. 우선 나쁜 소식은 대부분의 환경과 상황·맥락이 위임을 통해서든, 권한 관계를 통해서든, 집단 결정과 시장을 통해서든 책임의 분산을 야기한다는 것이다. 하지만 좋은 소식도 있다. 환경은 자연이 정하는 운명이 아니라, 인간에 의해 만들어질 수 있는 것이다. 선행을 촉진하는 의사 결정 환경을 우리가 책임지고 선택할 수 있다는 뜻이다. 이를 위한 세 가지 출발점을 지금부터 구체적으로 설명해보겠다.

먼저 개인의 책임에 대한 이야기로 시작해보자. 앞에서 우리는 행위자가 여럿인 상황에서 다른 사람이 책임질 것이라든지, 자신은 그저 지시를 따랐을 뿐이라든지 하는 변명으로 책임을 회피하는 경우가 특히 많다는 걸 확인한 바 있다. 위임과 권한, 노동의 분리는 도덕성에 있어 해로운 환경인 것이다.

공익 증진과 사회적 책임을 고민하는 기업과 행정 기관, 조직이라면 의사 결정 과정에서 책임과 담당을 명확히 하기 위해 최선을 다해야 한다. 누구에게 어떤 책임이 있는지, 조직이 잘못되었을 경우 누구에게 책임을 물어야 하는지를 명확하게 해야 한다는 뜻이다. 책임의 분산으로 여겨지기 쉬운 '집단 책임'을 개인의 책임으로 전환해야 한다. 책임에 대한 분명한 합의와 할당으로 조직에 속한 모든 개인은 그 일이 자신에게 달려 있다는 것을 확실하게 알고 있어야 한다. 모든 개인은 자신이 '발목을 잡혔으며', 결코 다른 사람의 결정 뒤에 숨거나, 다른 사람을 탓하며 변명할 수 없다는 것을 알아야 한다.

가능한 모든 영역에서 조직은 직원들이 중심축이라는 인식을 가지고 행동할 수 있도록 해야 한다. 효율을 위해 팀과 그룹 내에서 업무를 분리해야 하는 경우에도, 결과에 대한 책임이 최종적으로 누구에게 있는지를 분명하게 해야 하는 것이다. 무슨 일이 있어도 '누군가는' 한 번 더 확인하고, 통제하고, 필요한 경우 수정할 것이라고 생각하게끔 만들어서는 안 된다. 집단이나 부서 혹은 동료 중 '아무나'가 최종 책임을 지는 상황이 생겨서는 안 된다. 개인의 책임감을 강화하기 위해서는 최종 책임자에 대한 칭찬이나 보상이 적절하게 이루어져야 한다.

공익을 증진하는 조직의 두 번째 출발점은 적극적인 의사 결정을 요구하는 환경의 구현에 있다. 앞에서도 살펴보았지만, 행위의 결과가 같아도 우리 인간은 능동적인 행동보다 소극적인 행동이 도덕적으로 더 낫다고 여기는 경향이 있다. 하지만 어떤 일이 '일어나도록' 방관하는 것은 도덕적 실수 앞에 조직을 취약하게 만든다. 그래서 의사 결정 환경을 구현할 때는 적극적인 결정과 행위에 초점을 맞춰야 한다. 직원을 통한 '도덕적' 검증의 정확도를 높이기 위해 보다 적극적인 결정을 요구해야 하는 것이다. 적극적인 확인과 동의를 요구하는 업무 루틴은 수동적인 자동화 루틴과 비교했을 때 원치 않는 결과에 덜 취약하다.

의사 결정 환경의 최적화를 통해 공익을 증진하기 위한 세 번째 출발점은 기본값 혹은 사전 설정에 대한 현명한 선택이다. 이에 대해서는 내 연구를 통해 조금 더 자세히 설명하겠다.[13] 우리는 대형 기부 플랫폼과 연계해 실험을 진행했다. 기부금을 '사전에 설정'해놓는 것, 즉 온라인으로 기부할 때 단체에서 특정 금액을 눈앞에 제시하는 것이 기부 행위에 영향을 미치는지 알아보기 위한 실험이었다.

일반적으로 온라인 기부 플랫폼에서 자신이 기부하고 싶은 단체를 검색하면, 정해진 칸에 원하는 금액을 입력하고 기부 버튼을 클릭하게 되어 있다. 실험에서 우리는 다양한 금액(10유로, 20유로, 50유로) 중 하나가 무작위로 입력되고, 곧바로 기부 버튼을 누를 수 있도록 사전에 설정을 해놓았다. 하지만 이것은 그저 제안일 뿐이고, 모든 기부자는 자신이 원하는 대로 액수를 수정해 기부할 수 있었다. 우리는 이 사이트를 방문한 68만 명의 기부자와 2만

3,000건의 기부, 금액으로는 총 117만 유로를 분석했다. 그 결과, 사전에 설정해놓은 금액대로 기부한 사람이 가장 많다는 것을 알 수 있었다. 20유로가 입력되면 대부분 20유로를 기부했고, 50유로가 입력되면 대부분 50유로를 기부했다. 주목할 만한 결과였다. 아무런 구속력이 없는 사전 설정일 뿐이었고, 모든 기부자에게는 원하는 금액을 기부할 수 있는 결정권이 있었으니 말이다.[14]

구속력이 없는 사전 설정 역시 선택에 영향을 미칠 수 있다는 것은 공익과 관련한 다른 상황에서도 입증되었다. 이를 가장 확실하게 보여주는 사례가 아마도 장기 기증 활성화를 위한 제도 가운데 하나인 옵트아웃opt-out이 아닐까 싶다. 최초의 기술 연구가 입증한 결과에 따르면, 장기 기증은 장기 기증이 '기본값'인 나라, 즉 장기 기증자가 되도록 자동으로 설정해놓은 옵트아웃 제도를 가진 나라에서 가장 많이 이루어진다고 한다. 적극적으로 장기 기증 취소 옵션을 선택하지 않으면 자동으로 잠재적 장기 기증자가 되기 때문이다.[15] 모든 사람에게 취소할 자유가 있음에도, 각각의 설정은 행동에 엄청난 영향력을 발휘했다. 옵트아웃 방식을 가진 나라의 경우 장기 기증 찬성률이 거의 100%에 가까웠던 반면, 옵트인opt-in 방식을 가진 나라의 장기 기증 찬성률은 4~27%에 그쳤다. 이 수치는 다른 연구에서 다르게 나타났지만, 결과는 같았다. 사전 설정이 되어 있는 의사 결정 환경은 친사회적 행위, 즉 장기 기증 서약에 영향을 주었다.[16]

이러한 현상은 친환경 에너지 사용과 관련한 문제에서도 찾아볼 수 있다. 가정에서 에너지를 구매할 때, 사전에 설정된 에너지의 종류가 무엇이냐에 따라 선택이 달라졌기 때문이다. 내가 아는 한 독일 대부분의 도시에서 사전에 설정해놓은 에너지는 전통적인 형태의 에너지이고, 대부분의 독일 가정은 이 전통적인 방식으로 생산된 전기를 구매하고 있다. 이에 학자들은 여러 연구를 통해 사전 설정 변경 하나만으로도 재생에너지 구매율을 늘릴 수 있다는 사실을 입증했다. 한 연구에 따르면, 슈바르츠발트 산맥의 공기 맑은 휴양 마을 쇠나우는 이와 같은 사전 설정을 통해 마을 주민 99%가 녹색 에너지를 구매하게끔 했다고 한다. 심지어 당시 녹색당을 지지하는 주민이 소수에 불과했음에도 말이다.[17]

쇠나우에서 나타난 사전 설정 효과를 입증하는 연구 결과는 또 있다. 독일의 한 전기 공급업체가 학자들과 연계해 에너지 계약의 기본 설정을 변경한 결과, 녹색 전기에 대한 수요가 10배나 증가한 것이다.[18] 스위스에서도 20만 가정과 8,000개 기업을 상대로 조사해 같은 결과를 얻었다.[19] 전통적인 에너지인 전기를 기본으로 설정해놓은 지역의 경우, 97%가 전통적인 형태의 전기를 소비했다. 하지만 기본 설정을 녹색 에너지로 변경하자 전통적인 전기를 구매한 가정은 17% 이하였고, 기업의 경우는 25% 이하로 나타났다. 녹색 전기가 각각 3.6%, 14.3% 더 비싼데도 불구하고 말이다. 물론 기본 설정 변경에 대해서는 우편을 통해 자세한 설명이 이루어졌다. 소비자 몰래, 비밀리에 진행한 것이 아니라는 뜻이다. 심지어 5년이 흐른 지금까지도 이 지역 가정의 80%와 기업의 71%는 재생 가능한 에너지를 사용하고 있는 것으로 나타났다.[20]

사전 설정은 그 밖의 다른 친환경적 행동도 촉진할 수 있다. 스웨덴의 한 대학이 프린터의 기본 설정을 단면에서 양면으로 변경하는 실험을 한 결과, 종이 소비량이 약 15% 줄어들었다. 다른 사례도 있다. 라디에이터는 그야말로 엄청난 전력을 소모하는 괴물이다. 가정에서 쓰는 에너지 가운데 라디에이터로 소비되는 에너지만 해도 평균적으로 무려 73%에 이른다.[21] 그래서 라디에이터로 실내 온도를 조금만 높여도 이산화탄소 배출에 큰 영향을 줄 수 있다. 이에 한 연구진은 대형 건물에 입주해 있는 일부 사무실의 기본 설정 온도를 20도에서 19도로 낮추는 실험을 진행했고, 이는 지속적인 에너지 소비 감소로 이어졌다.[22]

사전 설정 혹은 옵트아웃 방식이 효과를 발휘하는 데는 여러 가지 이유가 있다. 한편으로 우리는 부주의하고 근시안적이고 게을러서 제시되어 있는 대로 행동할 때가 많기 때문이다. 하지만 또한편으로는 나중에 '기회가 있을 때' 설정을 바꾸겠다는 생각을 하기 때문이기도 하다. 나중에 장기 기증서를 작성하겠다거나, 나중에 다른 에너지로 바꾸겠다는 생각인 것이다. 하지만 이렇게 하면 우리는 우리 의도를 다시 뒤로 미루고, 기본값에 머무는 셈이다.

기본값은 특정 대상에 규범적 의미를 부여하거나 그게 적절한 것이라는 정보를 제공하기 때문에 효과를 발휘하기도 한다. 기부 플랫폼에서 제시하는 금액은 그 정도면 일반적이라거나 혹은 규범적으로 볼 때 바람직한 액수로 여겨지는 것이다. 하지만 이 경우, 사전 설정의 주체가 누구인지가 매우 중요하다. 공익을 지향하고 신뢰할 수 있으며 소비자 보호를 실천하는 기관의 제안이라면 기꺼이 받아들이겠지만, 이윤 추구를 우선으로 여기거나 잘 모르

는 민간 기관의 제안이라면 그렇지 않을 것이다.[23]

어느 정도의 영향력을 가진 채널이든, 우리는 사회의 의사 결정 구조를 최적으로 만들어 선택에 도움을 주어야 한다. 이것이 기본 값 조작이나 뒷거래를 야기할 것이라는 비판은 설득력이 떨어질 뿐만 아니라, 인간의 성숙함을 과소평가하는 것이기도 하다. 언제든 다른 선택을 할, 즉 사전 설정을 따르지 않을 기회가 열려 있는 아주 단순한 정책이기 때문이다. 비판하는 사람들은 기본적으로 사전 설정이 없는 세상이란 존재하지 않는다는 사실을 알아야 한다. 장기 기증자가 기본값이거나, 장기 기증자가 아닌 것이 기본값이거나 어차피 둘 중 하나다. 배중률排中律, 즉 모순 관계에 있는 두 생각이 모두 틀릴 수는 없다는 뜻이다. 무언가는 항상 기본값이 된다. 그리고 바로 그렇기에 민주적 절차를 통해 선출된 통치자와 입법부는 공익에 기여하는 행동을 촉진할 수 있는 사전 설정이 무엇인지를 고민해야 하는 것이다.

호혜성 활용하기

아무리 강조해도 지나치지 않은 한 가지는 호혜성이 인간 행동의 결정적 원동력이라는 사실이다. 다른 사람에게 공정하고, 협조적이며, 친절한 행동을 기대하는 사람은 자신부터 그렇게 행동해야 한다. 그 반대의 결과를 원하는가? 그러면 다른 사람을 경멸하고, 무시하고, 부당하고 오만하게 대하면 된다.

앞에서도 설명했지만, 호혜성을 활용해야 하는 가장 중요한 관계는 노사 관계다. 업무에 대한 동기가 높고, 성과를 위해 노력하는 직원을 원하는가? 그렇다면 직원을 공정하게 대해야 한다. 정당한 임금과 자기 계발 기회, 재량권, 좋은 근무 조건 등을 허용해야 하는 것이다. 직원이 아픈 회사, 파업하는 회사, 성과가 낮은 회사를 원하는가? 그렇다면 직원들을 압박하고, 겁주고, 착취하면 된다. 현명한 경영진이라면 긍정적 호혜성을 이용하고, 부정적 호혜성은 최대한 피하려고 노력할 것이다. 불공정한 행동은 동기에만 영향을 주는 것이 아니라, 웰빙과 건강까지도 해치면서 의욕 및 행복의 엄청난 잠재력을 꺾을 수 있기 때문이다. 이런 측면에서 볼 때, 직원들을 공정하게 대하고 존중하는 것은 경제적으로도 의미가 있다. 분배와 효율성은 결코 떼려야 뗄 수 없는 문제다. 공정의 문제는 곧 효율의 문제인 것이다.

호혜성은 친구, 지인, 이웃 등 우리의 모든 관계에 적용된다. 확고한 '기브 앤드 테이크'의 원리가 작용하는 것이다. 우정의 마음을 담은 작은 선물이나 관심, 도움, 친절은 좋은 관계를 만든다. 잘못을 인정하거나 사과하는 능력, 다른 사람을 배려하는 능력도 마찬가지다.

상대 또한 좋은 의도를 가졌을 것이라는 확신 속에 관계를 긍정적으로 시작하는 것도 중요하다. 호혜성을 통해 우리는 끊임없이 자기 충족적 예언을 하기 때문이다. 내가 누군가를 긍정적으로 대하고 처음부터 조금이라도 신뢰를 주면 나의 긍정적인 기대가 보상받는 기회로 이어지고, 이것이 우호적이고 협조적인 관계로 발전할 거라고 예측하는 것이다. 여기서 '기회'라는 단어를 사용한 것은 상대 역시 좋은 의도를 가졌으리라고 장담할 수 없기 때문이다. 그렇다면 나도 다르게 행동해야 한다. 하지만 처음부터 부정적인 기대를 안고 상대를 대하면 이 기회마저 주어지지 않을 것이다. 그야말로 가망 없는 일이 되는 것이다.

작은 집단에 적용되는 원칙은 큰 규모의 집단에도 적용된다. 사회에서 부당한 위치에 있다고 느끼는 사람은 공익에 대한 책임감을 덜 느끼고, 사회적으로 덜 생산적인 역할을 하거나 심지어 사회와 맞서 적극적으로 싸울 것이다. 정치 체계에 의문을 던지고, 민주주의와 자유주의의 가치를 비난할 것이다. 사회의 분열은 결코 간과해서는 안 되는 위험한 일이다. 특히 이러한 맥락에서, 우리는 한 사람이 부당하다는 느낌을 표현할 때 두 가지 요인을 중요하게 생각할 필요가 있다. 인정의 부족과 불평등의 증가다. 두 가지 모두 공정한 사회 분배로부터 소외당한 데서 비롯되는 감정이다. 이 감정은 거부와 폭력으로 이어질 수 있다.

인정은 모든 사람은 존중받을 자격이 있다는 인식에서 출발한다. 특정 기능의 수행자로서가 아니라, 과제를 완수해서가 아니라, 사회적 생산성을 입증해서가 아니라, 인간이기 때문에 인정을 받아야 하는 것이다. 서로에게 다가가고, 말을 걸고, 대화를 유지하는 것이 중요한 이유도 바로 여기에 있다. 사회적 결속력이 진정으로 중요하다고 생각하는가? 그렇다면 생각이 다른 사람들을 웃음거리로 만들거나 조롱하지 말아야 한다. 그리고 이들과 긍정적인 대화를 나누는 일에 지치지 말아야 한다.

이를 잘 보여주는 사례가 〈차이트 온라인〉이 갈수록 커지는 혐오를 낮출 방법을 고민하다가 고안한 '독일이 말한다Deutschland spricht'라는 프로젝트다. 이를 위해 〈차이트 온라인〉은 브릭연구소briq-Institute on Behavior & Inequality에 과학적 검증을 맡겼다.[24] 구체적으로 설명하면, 이 프로젝트의 핵심은 정치적으로 민감한 현안들에 대해 정반대 의견을 가진 사람과 대화하면 어떤 변화가 나타날지 관찰하는 데 있었다. 실험을 위해 만남 전과 만남 후, 각 참여자의 정치적 성향과 고정관념을 평가했다. 이 프로젝트에는 정치적 성향의 스펙트럼에서 극좌부터 극우까지 이르는 수천 명의 참여자가 함께했다.

흥미롭게도 실험 결과는 정확하게 비대칭을 이루었다. 정치적으로 생각이 같은 사람들끼리 대화를 했느냐, 다른 사람들끼리 대화를 했느냐에 따라 정반대 결과가 나타난 것이다. 연구진은 정치적 성향이 다른 사람과 대화를 하고 나면 고정관념이 현저하게 줄어든다는 것을 확인했다. 특히 '적'과 자신이 가진 가치와 개념이 크게 다르다는 문항이나, 적은 뭘 모르는 사람이고 일반적으로 복잡한 맥락을 이해하는 데 어려움이 있다는 문항 등에 동의하는 비율이 줄어들었다. 대화 이후 참여자들은 다른 견해와 가치를 지닌 사람을 지인으로 받아들일 수 있냐는 질문에도 더 관대한 태도를 보였다. 독일인은 신뢰할 수 있으며, 대부분의 독일인은 서로를 배려한다는 문항에 동의하는 비율도 높아졌다. 즉, 다른 생각을 가진 사람과의 대화가 사회적 결집력에 긍정적으로 작용한 것이다.

반면, 정치적으로 같은 견해를 가진 사람과의 대화에서는 고정관념에 변화가 나타나지 않았고, 다른 생각을 가진 사람을 만나보겠다는 응답률도 전반적으로 하락했다. 오히려 대화 전에도 비슷했던 정치적 견해가 더 강화되는 결과로 이어졌다.

이 실험의 결과는 자신과 다른 견해를 가진 사람을 만나는 것이 매우 중요하며, 같은 견해를 가진 사람과의 교류가 늘어날수록 다른 견해를 가진 사람에 대한 포용력이 줄어든다는 것을 보여준다. 자신의 이야기만 증폭돼 진실인 것처럼 느껴지는 '반향실'에 머무는 한 양극화는 심해질 수밖에 없다. 양극화 문제 해결에는 상대의 입장과 생각을 고려하는 태도가 필요하다. 다른 견해를 공유하거나 받아들이라는 것이 아니다. 다른 사람에게도 기본적인 입장이 있다는 것을 인정하고 존중하라는 뜻이다. 듣는 것은 말하는 것보다 더 중요하다.

나는 인터뷰를 통해 여러 차례 백신 논란과 관련한 나의 입장을 표명해왔다. 백신 거부는 사실상 협조 거부이며, 백신 접종 반대자는 자신들로 인해 발생한 사회적 비용에 대해 더 큰 책임을 져야 한다는 것이 나의 견해다. 나는 이것이 백신 반대 행위에 대한 정당한 인센티브라고 확신하기 때문이다. 그리고 이와 같은 나의 발언을 공격하는 사람들이 있었다. 그중에는 아주 못된 편지도 있었지만, 그래도 나는 거의 모든 편지에 답장을 해주었다. 하지만 나를 놀라게 한 건 따로 있었다. 나를 공격하는 사람들은 대부분 내 답장에 한 번 더 편지를 보내 자신들의 입장을 전달했는데, 두 번째 편지에서는 훨씬 긍정적인 태도를 보인 것이다. 내용은 대략 이랬다. "예전이나 지금이나 당신의 의견에는 동의할 수 없지만, 나의 편지에 답장을 보낸 당신의 태도는 매우 훌륭하다고 생각합니다. 지금까지 나는 수없이 많은 편지를 써봤지만 한 번도 답장을 받지 못했거든요." 첫 번째 편지보다 몇 배는 더 친절하고 온건하며, 가끔은 다정하게까지 느껴지는 말투였다. 나는 큰 감동을 받았다.

상호 간의 인정이 이루어지기 위해서는 사회가 다양한 사람들이 만날 수 있는 공간을 제공해야 한다. 일례로 군대나 공익 근무지를 들 수 있을 것이다. 단체나 청소년 센터, 이웃 간의 관계도 마찬가지 역할을 할 수 있다. 하지만 (코로나19 팬데믹으로 인한 제약은 차치하고라도) 우리가 사는 사회에서 만남의 기회는 갈수록 줄어드는 것 같다. 나는 갈수록 극심해지는 불평등의 원인이 바로 여기에 있다고 생각한다. 만남이 줄어든 결과, 한 사회의 삶의 형태는 계속 분열하고 있다. 도시와 시골의 차이, 젊은이와 노인의 차이, 교육을 받는 사람과 그렇지 못한 사람의 차이, 가난한 시민과 부유한 시민의 차이 등 그 격차가 계속 벌어지고 있는 것이다. 과거에는 '우연히라도' 거리에서, 광장에서, 교회에서, 술집에서, 마을 축제에서, 거리 축제에서 다양한 사람을 만났다면 현대사회에서는 우리와 비슷하고, 같은 가치를 공유하고, 이를 확인해주는 사람들과의 만남이 지배적이다. 더욱이 나날이 높아져가는 임대료는 부의 격차를 더욱 벌리고 있으며, 교육 수준 역시 독일의 경우가 그렇듯 출신 지역에 따라 크게 달라지는 실정이다.

인간에 대한 존중은 호혜를 통해 공익 증진에 기여한다. 존중은 사회의 잘못이 아닌 불평등에 맞서고, 서로에게 다가가고, 같은 국민을 인정하려는 노력이자 능력의 표현이다. 다른 사람을 존중하지 않는 것은 도덕적으로 문제가 있으며, 비생산적이다.

사회적 규범 적용하기

사회는 협력의 문제를 해결할 때 기능하고, 번영한다. 협력의 문제를 해결 못 하는 사회는 실패한다. 앞에서도 설명했지만, 협력의 문제는 사회적 규범을 통해 해결할 수 있고, 바로 여기에 사회의 존재 이유가 있다고도 할 수 있다. 사회적 규범은 사회적으로, 원칙적으로 바람직한 행동을 정의한다. 따라서 규범은 협조적인 사람들이 협조할 수 있도록 장려하고, 협조적이지 않은 사람들의 이기주의를 제한하는 역할을 한다. 협조를 처벌하는 사회, 즉 협조하지 않는 사람들을 협조하는 사람들보다 더 높이 평가하는 사회는 결코 기능할 수 없다고 나는 생각한다. 사회는 협조하는 사람에게 더 유리한 구조를 갖춰야 하고, 결코 협조하는 사람을 바보로 만들어서는 안 된다.

우리는 사회적 규범을 적용함으로써 사회적 규범과 강력한 동맹 관계를 맺어야 한다. 이를 위한 출발점은 매우 많다. 한편으로 모든 개인은 비협조적인 행동을 제재하고, 자리에서 일어나 "그렇게 해서는 안 됩니다! 그건 잘못된 겁니다"라고 말할 의무가 있다. 잘못된 행동을 잘못된 행동이라 부르고, 특정할 수 있어야 하는 것이다.

코로나19 백신 문제 사례를 한 번 더 살펴보자. 백신을 맞는 것은 협조하는 것이다. 예방접종은 개인에게도 이득이지만, 사회에도 이득을 주기 때문이다. 백신 접종은 감염을 막을 수 있을 뿐 아니라 목숨을 구하는 일이고, 사회적·경제적·심리적으로 많은 비용이 드는 록다운 조치를 해제하는 데 유익한 행위다. 더 나아가 백신 접종은 의학적인 이유로 접종을 할 수 없거나, 해서는 안 되는 사람들과의 연대 행위이기도 하다. 이를 통해 우리는 다음과 같은 결론을 내릴 수 있다. 백신 접종 거부는 비협조적이고 반사회적이며, 극도로 이기적인 행동이다. 부정부패나 불법 운전, 거짓 유포, 환경오염과 같은 다른 형태의 비협조와 마찬가지로 사회적으로 배척당해 마땅한 행동인 것이다. 백신 접종 거부는 무임승차나 다름없다.

독일인의 압도적 다수가 백신 접종을 할 생각이거나, 이미 접종했다는 사실을 기억하는 것이 중요하다. 이 사실은 사이비 과학 혹은 조야한 자유 개념을 내세워 목소리를 높이는 백신 반대자들 때문에 간과하기 쉽다. 그런데 다른 사람의 자유를 제한하는 걸 개의치 않는 자유가 대체 무슨 자유란 말인가? 이러한 자유는 경제적, 사회적, 심리적, 신체적으로도 다른 사람의 자유를 크게 제한한다. 우리는 백신 접종을 거부하는 소수에게 목소리를 내어줌으로써 대부분의 사람이 합리적이고 협조적이라는 것을 잊을 때가 많다. 우리는 이 사실을 분명하게 알고, 인식해야 한다. (앞에서 구체적으로 설명했지만) 우리 인간은 무엇보다 조건부 협조자이기 때문이다. 규범에 힘이 있다는 사실을 확신할수록, 다른 사람들이 협조적이라는 사실을 확신할수록 협조하려는 우리의 의지는 더욱 높아진다.

이것은 '기대 관리'라는 용어로 묘사할 수 있는 정책 도구에 대한 설명이기도 하다. 기대 관리란 무엇이 유효한지, 사람들이 대부분 무엇을 옳다고 여기는지 그 기대치를 명확하게 알리는 방법이다. 최근 나는 피터 앤드루, 테오도라 보네바, 펠릭스 초프라와 함께 이 기대 관리가 기후변화 문제의 해결에도 효과적이라는 사실을 입증한 바 있다.[25]

우리는 미국인 약 8,000명을 모집해 실험을 진행했다. 기후 문제 해결을 위해 노력하겠다는 다짐의 척도로 우리는 참여자들에게 450달러를 지급했다. 참여자들은 이 가운데 자신이 가질 몫과 친환경 에너지를 통해 탄소 배출량을 상쇄하는 독일의 비영리 조직 '아트모스페어atmosfair'에 기부할 금액을 결정했다. 아트모스페어에 기부하는 액수가 많을수록 기후 문제를 해결하겠다는 의지가 높다고 볼 수 있었다. 첫 번째로 우리는 이 의지를 좌우하는 요인이 어디에 있는지 분석했다. 그리고 분석 결과, 기후 문제에 대한 태도는 참여자마다 크게 달랐지만, 체계적으로 보면 이타적인 사람일수록 더 많이 기부한다는 결론을 내릴 수 있었다. 유의미한 결과였다. 기후가 지구의 공공 자원이라는 사실을 생각하면, 기후 보호를 위한 노력은 협조적인 행위이기 때문이다. 달리 말하면, 기후변화에 대응하는 것은 살아 있는 이타주의인 셈이다.

기후 친화적인 태도를 결정하는 또 하나의 요인은 인내심과 도덕적 보편주의다. 실험 결과, 인내심이 많은 참여자는 인내심이 적은 동시대 참여자보다 기후를 보호하는 문제에 더 높은 의지를 보였다. 기후 보호를 위한 활동의 결과는 지금 당장이 아니라 먼 미래에 나타나는 것이므로, 인내심이 말해주는 결과는 명확했다. 더 나아가 기후 친화적인 태도는 나를 둘러싼 환경에만 이익이 되는 것이 아니라, 지구 전체에 이익이 된다. 여기에 개입하는 것이 바로 '도덕적 보편주의'다. 도덕적 보편주의란 우리가 이타적인 행동을 할 때, 그로 인해 유익을 얻는 대상을 내가 모르는 타인에게까지 적용하는지, 아니면 내가 속한 집단의 구성원들로 제한하는지를 구분하는 태도다.[26] 그리고 분석 결과, 우리는 인류의 보편적 유익을 고려해 도덕적인 행동을 하는 사람에게서 더 적극적인 기후 친화적 태도를 발견할 수 있었다.

이 실험에서 우리는 조건부 협조를 보여주는 분명한 단서도 찾을 수 있었다. 긍정적 호혜성을 보여준 사람이 기부에도 더 적극적인 의지를 보인 것이다. 이뿐 아니라 다른 사람들도 기부할 것이라고 믿는 사람들 역시 더 적극적인 기부 의사를 밝혔다. 이와 관련해 우리는 참여자들에게 두 가지 질문을 던졌다. (a) 기후를 보호하기 위한 미국 국민의 의지가 어느 정도라고 생각하십니까?(참여자가 인지하는 다른 사람의 태도) (b) 기후변화 대응의 필요성에 대한 미국 국민의 인식은 어느 정도라고 생각하십니까?(참여자가 인지하는 사회적 규범) 그리고 분석 결과, 우리는 미국 국민의 의지를 더 높이 평가하는 참여자일수록 아트모스페어에 더 많이 기부한다는 사실을 확인할 수 있었다. 다른 사람의 태도에 대한 인식뿐 아니라 규범에 대한 인식에서도 같은 결과가 나왔다(참고로 이 실험을 통해 우리는 남성보다는 여성이, 공화당 지지자들보다는 민주당 지지자들이 더 많이 기부한다는 결과도 얻었다).

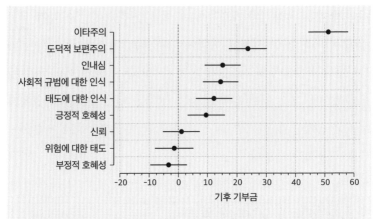

그림 24 기후 친화적 태도의 결정 요인

— 특정 성향을 가진 사람이 평균적으로 얼마나 많이 혹은 얼마나 더 적게 기부하는지를 보여주는 그래프(단위: 달러).

다시 말해, 인간은 이타적이고 인내심이 많을수록, 기후변화에 대응하려는 다른 사람의 의지를 더 높이 평가할수록 기후변화를 위해 더 적극적으로 움직인다. 하지만 안타깝게도 이 실험을 통해 우리는 다른 사람이 기후변화를 막기 위해 노력할 것이라는 인식이 평균적으로 매우 낮다는 걸 확인할 수 있었다.

이것은 아주 중요하고, 놀라운 발견이었다. 대부분의 미국 국민이 기후 보호에 대한 타인의 의지를 과소평가하고 있다니 말이다! 심리학에서는 이를 '다원적 무지pluralistic ignorance'라는 용어로 설명한다. 〈그림 25〉는 기후변화와 관련된 태도에 대한 인식(패널 A)과 사회적 규범에 대한 인식(패널 B)을 보여주는 그래프다. 실선은 평균 예상치를, 점선은 실제 비율을 나타낸다.

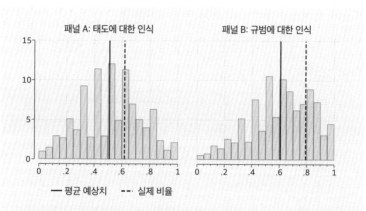

그림 25 기후변화에 대한 인식

패널 A: 태도에 대한 인식　　패널 B: 규범에 대한 인식

── 평균 예상치　---- 실제 비율

──기후 보호를 위해 행동하거나(패널 A), 행동해야 한다고 생각하는(패널 B) 미국 국민이 어느 정도인지 사람들이 평균적으로 생각하는 비율과 실제 비율.

　조건부 협력의 관점에서 보면, 협조에 대한 타인의 의지를 낮게 평가하는 것은 유감스러운 일이다. 그렇다면 이 평가가 틀렸다는 사실을 알려주는 것은 어떨까? 그러니까 실제로는 기후 보호에 대한 미국 국민의 의지가 더 크다는 것을 알려주면, 더 많은 사람이 기후 보호를 위해 더 적극적으로 나서지 않을까? 우리는 이것을 알아보기로 했다.

　이를 위해 우리는 실험 집단에 기후 보호에 대한 이웃 국민의 실제 의지가 어느 정도인지를 알려주었다. 즉, 잘못된 비관주의, 다원적 무지를 수정해준 것이다. 기후 보호를 위해 행동하는 미국인이 20~30% 정도일 것이라고 (잘못) 생각하는 참여자에게 실제로는 이 비율이 62%라는 것을 알려주었다. 기후 보호를 위해 행동해야 한다고 생각하는 미국 국민의 비율을 40%로 예측한 참여자에게도 실제 비율이 거의 80%에 육박한다고 알려주었다.

과연 어떻게 되었을까? 이와 같은 계몽과 정보 제공을 통해 아트모스페어에 대한 기부는 더 늘어났다. 기후 보호에 대한 미국 국민의 실제 태도가 어떤지를 알려주자, 기부금은 약 12달러 증가했다. 규범에 대한 잘못된 인식을 수정하자, 기부금은 평균적으로 약 16달러나 더 늘었다. 이것이 바로 기후 친화적 행동에 대한 기대 관리가 낳은 인과적 효과다. 이웃 국민의 실제 의지를 알게 된 참여자들은 아트모스페어에 더 많이 기부하려는 의지를 보였다. 이와 같은 변화는 특히 기후변화 자체를 부정하거나 회의적으로 평가해 기후를 보호하려는 의지가 약했던 참여자들에게서 더 도드라졌다.

그림 26 한 사회의 태도와 규범에 대한 정보가 갖는 인과적 효과

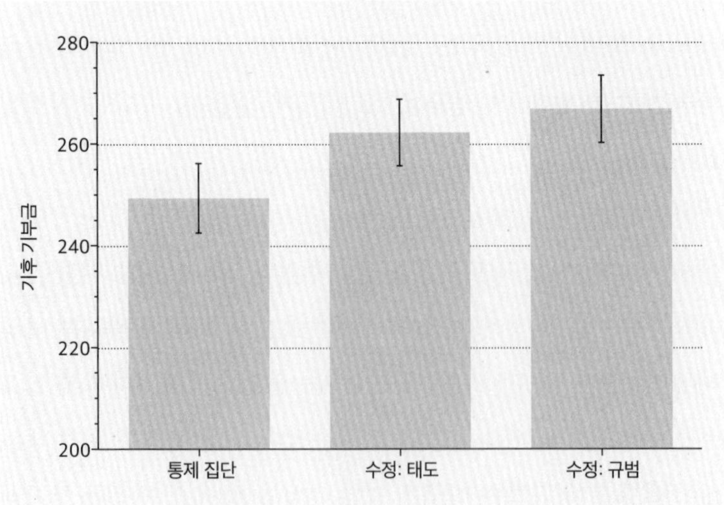

이러한 인식을 가진 사람을 설득하기가 특히나 어렵다는 점을 감안하면, 기대 관리가 얼마나 중요한지를 또 한 번 깨닫게 된다.

그렇다면 기후 보호라는 행동을 사회적 규범으로 확립할 때, 우리는 기후에 대한 행동 변화와 기후 보호 정책의 수용을 강화할 수 있을 것이다. 이를 위한 정보와 설득 캠페인은 큰 비용을 들이지 않고도 잠재적으로 큰 변화를 가져올 수 있다. 기후 보호가 사회적 규범이라는 인식이 커질수록 기후 친화적 태도는 강화될 것이고, 기후 친화적 태도가 강화될수록 이것이 사회적 규범이라는 인식이 커지면서 이 둘이 보완적이고, 자동으로 힘을 얻는 효과를 일으킬 것이기 때문이다.

우리의 연구 결과는 기대 관리를 통해 기후 보호를 생산적인 사회적 규범으로 만들 수 있다는 사실을 입증한다. 다른 사람들이 협조 의지를 갖고 있다는 사실을 알려주는 것은 협조 의지를 강화하는 데 도움이 된다. 우리는 취리히대학교에서 진행한 현장 실험에서도 이와 유사한 결과를 얻을 수 있었다.[27] 우리는 2,000명의 대학생들에게 가난한 학생을 위해 기부해달라고 부탁하면서, 이전 학생들의 기부 참여율에 대한 정보를 제공했다. 한 집단(1,000명)에는 과거의 기부 참여율이 64%라고 했고, 또 다른 1,000명에게는 기부 참여율이 46%였다고 했다(이는 거짓이 아니었다. 우리는 과거 각각 다른 시점에 진행한 실험 결과를 제시했다). 이렇게 사회적 규범에 대한 기대치에 변별력을 준 것이다. 결과는 어땠을까? 46% 조건에서보다 64% 조건에서의 기부 참여율이 더 높았다.

사회적 규범의 적용은 결코 쉽지 않다. 이를 통해 변화를 일으키고, 공익을 증진하기까지는 오랜 시간이 걸린다. 그렇기에 이 규범을 지지하고, 그 효력을 알리는 것이 매우 중요하다. 이것은 언론의 책임이기도 하다. 소수 의견이 마치 다수 의견인 것처럼 인식되는 것은 평등에 대한 저널리즘의 잘못된 이해와 적용, 즉 저널리즘의 '기계적 중립' 때문이다. 이는 소수 의견을 유효한 것으로 인식하게 만드는 악습이다. 중립을 지키지 않았다는 비난을 피하기 위해 토크쇼나 토론에서는 객관적으로 잘못되거나 소수 입장을 대변하는 의견들을 동등하게 다룬다. 하지만 이것은 소수 의견이 과학적 합의나 압도적 다수의 의견과 동등하다는 인식을 심어주기 쉽다. 이렇게 되면 중립을 지키려는 좋은 의도가 정반대 결과를 낳는다. 코로나19 백신이나 기후변화 논쟁에서 익히 봐온 것이다![28]

긍정적 롤 모델 만들기

우리는 어떻게 지금의 이 모습을 갖게 되었는가? 아마도 이는 인류가 가장 궁금해하는 질문 중 하나일 것이다. 궁극적으로 이에 대한 답은 여전히 오리무중이지만 말이다. 하지만 분명한 사실 하나는, 우리가 살고 성장하는 환경이 우리의 성격과 도덕적 성향의 발달에 엄청난 영향을 미친다는 것이다. 또 한 가지 분명한 사실은, 사회 구성원으로서 우리가 바로 이 환경에 영향을 줄 수 있다는 것이다. 우리 아이들이 사랑과 인정을 받고 있다고 느끼며 자라는 것, 상호작용의 기회를 얻고 인지적·사회적·정서적 성장에 있어 긍정적 지원을 받는 것은 부분적으로 우리 모두의 책임이기도 하다. 공익에 이바지할 책임을 통감하는 사회라면 친사회적 모델이 보다 쉽게 발달할 수 있는 환경을 만들어야 한다. 이것이 우리가 어떤 사람이 되느냐를 결정하기 때문이다. 환경이 이타적인 행동을 보다 쉽게 혹은 보다 어렵게 만드는 요인이기는 하지만, 우리의 성향도 중요한 요인이기 때문이다.

앞에서도 설명했지만, 긍정적인 롤 모델은 이타적인 성향의 발달에 아주 큰 영향을 미친다. 아이들은 모방을 통해 성장하기 때문이다. 인간은 롤 모델을 모방하는 것으로 특정한 행동 양식을 습득한다. 그리고 이것이 실제 삶을 구성하는 태도의 일부분이 되며, 결과적으로 우리 정체성의 한 부분으로 자리 잡는다. 아이들에게 긍정적인 롤 모델이 되는 것은 우리 모두의 사명이다. 언제나, 어디서나. 이는 비단 부모들에게만이 아니라 양육자, 교사, 친구, 이웃, 정치인, 예술가, 음악가, 스포츠인 모두에게 주어진 사명이다. 하지만 생각해보자. 우리는 도덕적 행동에 실패해 평범한 롤 모델로 그칠 때가 너무나도 많다. 스트레스 때문에 실패하고, 시간이 없어서 실패하고, 일상의 다른 요구들 앞에서 실패할 때가 얼마나 많은가! 쉽지 않은 일이라는 것은 나도 잘 안다.

이와 동시에 우리에게는 최대한 부정적인 롤 모델이 되지 않으려는 노력도 필요하다. 이것은 긍정적인 롤 모델만큼이나 강력한 영향력을 가지고 있기 때문이다. 이를 입증한 것이 나의 동료 니코 포이크틀렌더와 요아힘 포트의 반유대주의 연구다.[29] 두 학자는 나치가 주입한 유대인 혐오 효과의 지속성을 보여주었다. 나치 시대에 성장해 학창 시절을 보낸 독일인의 경우, 그 이전이나 이후에 태어나 사회화한 독일인에 비해 반유대주의 성향이 더 강했다.

롤 모델의 가능성과 한계에 대한 주제로는 별도로 책 한 권을 쓸 수 있다. 하지만 여기에서는 롤 모델의 효과와 효력을 가장 확실하게 입증한 방법[30] 하나를 소개하고 넘어가려고 한다. 바로 앞에서도 언급한 바 있는 멘토링 프로그램이다. 멘토링 프로그램은 아이들의 긍정적 성향 발달에 다양한 방법으로 영향을 미친다. 멘토는 오랜 시간 도움이 필요한 아동, 청소년 혹은 청년들의 곁을 지키며 롤 모델이 되어준다. 상대적으로 단순한 방식과 저렴한 비용으로 교육과 삶의 여정에 긍정적 영향을 줄 수 있는 프로그램이다. 특히 사회·경제적으로 어려운 가정에서 자라는 아이들에게 멘토링 프로그램은 큰 도움이 될 수 있다.

멘토링은 효과적일 뿐 아니라, 매우 효율적인 방법이기도 하다. 6장에서 언급한 '발루와 나' 프로그램을 기억할 것이다. 이 프로그램의 경우, 아이를 위해 1유로를 투자하면 최소 3.85유로의 부가가치가 창출되는 결과가 확인되었다. 프로그램 운영에 필요한 예산과 아이들이 더 나은 직업적 기회와 더 높은 소득을 통해 얻게 될 가치를 비교해 얻은 수치다.[31] 더욱이 이것은 이 프로그램이 아이들의 친사회성 발달에 미치는 영향만을 고려해 얻은 값이다. 아이들의 전인적인 발달에 미치는 영향을 고려하면 그 수치가 더 높아질 것이란 뜻이다. 프로그램을 통해 교육 수준과 삶의 만족도, 건강 상태가 전반적으로 향상되기 때문이다. 노벨상을 수상한 경제학자 제임스 헤크먼은 이 프로그램과 유사한 실험에서 유년기의 롤 모델을 통해 얻는 비용 편익 비율을 더 높게 측정했다. 1유로를 투자할 경우, 이를 통해 얻는 이익은 7~13유로에 달한다는 결과를 얻은 것이다.[32] 말 그대로 투자 가치가 높은 사업이다.

멘토링은 기회의 불평등을 줄이고, 사회·정서적 발달을 촉진한다. 따라서 멘토링 프로그램에 대한 지원은 공익 증진에 중요하고도 효과적인 투자다. 새로운 프로그램을 개발할 필요도 없다. 독일의 경우, 멘토링 프로그램 사업은 지난 몇 년간 크게 성장해서 이미 구조를 갖추고 있다. 멘토링 프로그램은 대부분 자발적으로 조직해 소규모 지역 단위로 운영하는 경우가 많지만, 전국 단위로 조직해 공식적으로 운영하는 경우도 있다. 지속 및 확장 가능한 멘토링 프로그램을 설계해 광범위한 경험을 수집하고, 이를 통해 전국적으로 수천 명의 아동과 청소년들을 돕는 것이다.[33]

사회는 이와 같은 프로그램들을 지원하고 강화해야 한다. 특히 학교 문이 닫히고 홈스쿨링이 지배하고 있는 시대라면 더더욱 말이다. 우리 아이들은 사회적 상호작용 결핍의 시대를 살고 있다. 물론 이것의 주원인은 코로나19 팬데믹이다. 멘토링 프로그램을 크게 확장하는 것으로 우리는 이 문제에 어느 정도 대응할 수 있을 것이다. 우리는 아이들에게 빚을 지고 있다.

인간에 대한 연구

물론 연구자로서, 연구자가 지원금을 받아야 한다고 주장하는 것이 이기적으로 보일 수도 있다. 사실이 그렇긴 하다! 하지만 나는 이렇게 말할 정당한 이유가 있다고 생각한다. 우리가 사는 지구를 지키고 싶다면 우리는 소비자, 경제 지도자, 유권자 혹은 정치인으로서 어떻게 하면 우리의 행동을 바꿀 수 있는지 알아야 한다. 이것의 전제는 인간 행동에 대한 더 나은 이해다. 그리고 이를 위해 필요한 것이 바로 연구다. 우리가 우리 자신에 대해 모른다니, 이 얼마나 우스운 일인가? 우리는 우리의 인격이 어떻게 형성되는지, 상황과 분위기에 어떻게 반응하는지를 모른다. 그뿐인가? 우리는 사회의 결집력을 강화할 방법도, 친사회적으로 행동하는 능력을 강화하는 방법도 모른다.

물론 아무것도 모르는 건 아니다. 하지만 이 시대에 주어진 도전 과제들을 고려하면, 우리는 우리 자신에 대해 모르는 것이 너무 많다. 연구진과 연구 기관에 더 많은 예산을 배정해야 하는 것도 바로 이 때문이다. 최고 수준의 연구를 할 수 있는 조건이 필요한 것이다. 우리에게는 우리 자신을 계몽할 수 있는 이론적이고 경험적인 연구들이 필요하다. 불평등과 기후변화, 착취, 빈곤, 차별, 배제라는 시대의 과제에 맞설 수 있는, 과학에 기초한 전략이 필요하다. 우리 아이들이 스스로 결정하고 자신감 있게 살아갈 수 있게 하려면 어떤 기회를 주어야 하는지 알아내야 한다. 소비자에서부터 시작해 기후 클럽이나 무역협정과 같은 정치·경제적 국제 협약에 이르는 우리 삶의 모든 영역에서 기후 친화적 행동을 이끌어 낼 수 있는 방법도 찾아야 한다.

기술적인 해결책도 중요하지만 무엇보다 중요한 것은 우리의 행동이라는 사실을 절대 잊어서는 안 된다. 가끔 나는 우리가 우리 인간의 심리보다 먼지의 구성 요소에 대해 더 잘 아는 것 같은 느낌이 든다. 그러니 부디, 인간 행동에 대한 연구를 장려하자!

더 나아가 우리에게는 과학적으로 뒷받침된 정책을 수립하는 문화가 필요하다.[34] 코로나19 팬데믹은 과학적 지식이 정책 수립에 얼마나 중요하고 생산적인 역할을 하는지 여지없이 보여주었다. 당연한 일이다. 이성적이고 효율적인 정책을 수립하는 데 가장 중요한 전제 조건이 바로 과학적 증거이기 때문이다. 이것은 결코 의학적, 자연과학적 문제에만 해당하는 것이 아니다. 사회과학적 문제를 해결하기 위한 정책에도 과학적 증거가 필요하다. '당연한 것 아닌가?'라고 생각할 수도 있겠지만, 유감스럽게도 그것은 착각이다. 특히 독일의 경우라면 말이다.

사회과학적 문제를 좌우하는 것은 대부분 '상식'이다. 하지만 아무리 좋게 말해도 이 상식이라는 것이 실제로는 건강하지 않을 때가 많다. 정치, 행정 분야에서 결정을 책임지고 있는 이들의 합리적 통찰력을 방해하는 함정들이 매우 많기 때문이다. '강력한 직관'이나 가능성, 상관관계를 인과관계로 잘못 분석한 통계자료, 선택 효과에 대한 간과, 평가 혹은 사고 과정에서의 왜곡, 결과가 가져오는 효과에 대한 과소평가, 회피 등의 함정은 사회과학적 문제 해결에서 체계적인 오류를 양산한다. 과학적 증거 부족이나 데이터 분석 오류는 잘못된 정책을 낳을 때가 많지만, 이는 오히려 정치적인 압박이나 여론, 설문 조사, 결정권자들의 과도한 자기 확신 등으로 강화되고 있다. 바로 이런 이유 때문에 좋은 의도로 만든 정책이 역효과를 낳곤 하는 것이다.

사례를 들어보겠다. 몇 년 전, 미국의 일부 연방 주들은 '박스 금지하기Ban the Box'(고용 신청서에 체크하는 난을 없애자는 캠페인의 슬로건 — 옮긴이) 운동을 펼쳤다. 직원을 채용할 때 전과 확인을 금지하자는 운동이었다. 미국 실업자와 전과자의 비율을 살펴보면, 흑인 남성의 비율이 매우 높은 것을 알 수 있다. 박스 금지하기는 바로 이러한 이유로 고용에 어려움을 겪는 흑인들을 돕기 위한 정책이었다. 하지만 이 정책의 효과에 대해서는 입증된 바가 없었다. 그리고 그 효과는 몇 년 후에야 경제학자 어맨다 애건과 소냐 스타에 의해 확인되었다.[35]

정책의 효과를 분석하기 위해 연구진은 정책 도입 전후로 총 1만 5,000건의 가짜 이력서를 기업에 전송했다. 그리고 흑인에 대한 차별 여부를 확인하기 위해 이력서에 전형적인 백인 혹은 흑인 이름을 무작위로 붙였다. 연구 결과, 박스 금지하기 정책이 시행되기 전에는 백인을 연상시키는 이름을 붙인 지원서가 약 7% 더 많은 연락을 받았다. 그런데 어찌 된 일인지 정책 시행 후에는 이 비율이 43%까지 치솟았다. 흑인 차별을 금지하기 위해 도입한 정책이 오히려 차별을 강화한 것이다. 이는 통계적 차별에 기인한 결과였다. 전과자를 고용하고 싶지는 않지만 그걸 확인할 수 없게 된 고용주들이 흑인으로 의심되는 지원자를 바로 걸러내버린 것이다.

중앙정부의 모든 정책은 학문적 검증이 필요하다. 그래야 제대로 확인도 하지 않고 그럴싸해 보이는 정책을 시행하는 불상사를 막을 수 있고, 최대한 효과적인 정책이 무엇인지를 식별할 수 있기 때문이다. 이를 가능케 하는 방법 중 하나가 행정 데이터에 대한 접근을 허용함으로써 무작위 통제 그룹 기반 연구를 통해 행정 데이터를 대규모로 분석하는 것이다. 스칸디나비아 국가를 포함한 많은 나라가 데이터 정보 보호 의무를 준수하며 이미 이 작업을 진행하고 있다. 이렇게 해야 국가의 정책이 가진 사회정치적 효과를 합리적으로 분석할 수 있기 때문이다. 하지만 독일은 그렇게 하지 못하고 있다. 독일에는 여전히 사회적 실험과 행정 데이터 활용에 대한 회의론과 관성, 편협함이 존재하기 때문이다. 그 결과, 독일은 적어도 연구 분야에서만큼은 악명 높은 미개척 국가가 되었다. 국가 위상 차원에서 볼 때 엄청난 단점이 아닐 수 없다.

여기에서도 한 가지 사례를 들어 설명해보겠다. 경제학자 라지 체티와 연구진은 연금제도 개선 방법을 연구하기 위해 덴마크 국민 총 4,100만 명의 개인연금 투자금에 대한 소득공제를 분석했다.[36] 그 결과, 연구진은 덴마크 정부의 연금 보조금 지급 정책이 효과가 없다는 결론을 내렸다. 연금 가입자들이 수정된 연금 정책에 반응하지 않거나, 하더라도 연금 계획을 바꾸지 않았기 때문이다. 정부가 1유로의 보조금을 지원할 때 개인연금 저축은 고작 1센트밖에 늘지 않았다. 보다 효과적인 정책을 고민하던 중 연구진은 임금의 일정 부분을 퇴직연금으로 적립하도록 미리 설정해놓은 기업으로 이직한 사람들의 연금 저축 태도를 분석했다. 강제하지 않는 이상 연금 가입과 납입이 이루어지지 않기 때문에 이를 미리 설정해놓은 것이다. 그리고 연구진은 이와 같은 모순된 해결책이 퇴직연금 납입액을 크게 증가시킨다는 사실을 입증했다(참고로 이것은 위에서 언급한 기본값 메커니즘의 효과를 입증하는 결과이기도 하다). 덴마크의 사례와 같은 정책 효과 분석은 대량의 행정 데이터에 대한 접근과 링크가 가능할 때에만 얻을 수 있는 결과다.

독일에는 과학적으로 뒷받침된 정책 도입 문화가 절실히 요구된다. 어쩌면 이를 위해 가장 중요한 정치적 전제 조건은 자기비판적 사고일지도 모르겠다. 정치인으로서 혹은 지도자로서 정책 효과의 과학적 시험대 위에 서는 것은 언제나 자신이 착각했을 가능성을 전제하는 일이기 때문이다. 하지만 이것은 결코 실패가 아니라, 합리적 오류이며 과학이라는 문화가 가진 특성일 뿐이다. 더 나아가 과학적 입증은 입법의 기본이자 평가 요소로 자리 잡아야 하며, 법의 효과에 대해서도 경험적 검증과 확인을 주기적으로 수행할 필요가 있다. 데이터에 대한 접근은 물론 행정 데이터에 대한 링크 역시 더 간소화해야 한다. 이 데이터는 국민과 보험 가입자의 것이고, 이들에게는 좋은 정책을 누릴 권리가 있다.

사회적 실험에 대한 거부감 또한 극복해야 한다. 사회정치적 정책의 효과를 사전에 점검하고, 통제 집단을 통해 입증하는 것은 비도덕적이지도, 평등권을 침해하는 것도 아니다. 오히려 그 반대다. 과학적 검증을 거치지 않은 정책을 시행하는 것이야말로 비도덕적 행위다. 상상해보라. 효능과 부작용에 대한 실험 없이 특정 약을 승인한다면 어떤 일이 벌어질까?

우리는 보다 효과적이고, 비용적인 측면에서도 보다 효율적인 정책을 선별하는 데 우리에게 주어진 모든 방법을 활용해야 한다. 과학적 입증은 좀 더 나은 정책을 수립하기 위해서도 필요하지만

사이비 과학에 근거한 주장이나 비이성적 포퓰리즘의 해독제이기
도 하다. 그리고 한 가지 더. 과학적 증거에 기반한 정책은 테크노
크라시, 즉 기술관료주의와 다르다. 과학적 증거는 인풋이자 결정
에 대한 도움의 요소일 뿐, 결정을 하는 것은 언제나 그리고 최종
적으로 주권자의 몫이기 때문이다.

때로는 규제도 필요하다

이 책이 다루는 것은 개인의 행동이지, 규제나 국가 조치가 아
니다. 지금까지 규제에 대한 언급을 자제한 이유도 여기에 있으며,
이 기조는 이 책의 마지막까지 유지될 것이다. 하지만 적어도 규제
의 의미에 대해서만큼은 언급할 필요가 있을 것 같다. 사회적으로
바람직한 행동을 촉진할 수 있는 출발점으로서의 규제 말이다. 규
제에 대한 나의 생각을 짧게 요약하자면 이렇다. 선의 문제를 인식
과 자발성으로 해결할 수 없다면 규제를 통해 해결해야 한다.

경제 이론의 관점에서 보면 전통적으로 규제는 하나의 행위가
외부 효과를 가져올 때 이루어진다. 외부 효과가 발생할 경우, 가
격이 실제 공급을 반영하지 못해 시장이 더 이상 기능할 수 없기
때문이다. 이렇게 되면 아무리 완고한 시장자유주의자들이라도 국
가가 규제를 통해 개입함으로써 상황을 개선하는 걸 허용할 수밖
에 없다. 앞에서도 언급했지만, 시장 거래는 장기적으로 외부 효과
를 야기한다. 거래를 통해 제삼자의 희생이 발생하는 것이다. 희생

의 목록은 길고 길다. 산업재해로부터 보호받지 못하는 노동자의 아픔과 고통에서부터 동물 학대, 환경 파괴, 기후 파괴에까지 이른다. 하지만 시장 참여자들은 외부 비용에 개의치 않는다. 말 그대로 '제삼자'가 받는 영향이기 때문이다. 이를 통해 전반적으로 비효율적인 결과를 초래하는 것이다. 이 문제를 해결하기 위해서는 법적 규제가 필요하다. 탄소세 부과나 특정 상품에 대한 금지, 금융 산업 규정, 공급망 실사법 등이 바로 여기에 해당한다.

나는 기후 문제를 해결할 가능성이 가장 높은 정책은 '기후 클럽'이라고 생각한다. 기후 문제를 개인이나 한 국가가 해결하기란 결코 쉽지 않다. 만일 한 국가가 앞장서서 기후에 해로운 배출물에 더 많은 세금을 부과하기로 결정할 경우, 해당 국가는 경쟁에서 불리해질 것이고, 탄소 누출, 즉 기업들이 세금 회피와 비용 절감을 위해 탄소 배출 규제가 더 느슨한 나라나 장소로 이전하는 현상이 발생할 위험이 있다. 에너지 소비를 통해 기후 문제를 해결하는 것도 간단하지 않다. 에너지 가격이 하락해 다른 나라에서 더 많이 판매될 수 있기 때문이다.

바로 이 국제적인 에너지 무임승차 문제를 해결할 방안으로 노벨상 수상자인 경제학자 윌리엄 노드하우스는 기후 클럽을 제안하며, 이를 사회적·생태학적 기준으로 확장하자고 주장했다.[37] 기후 클럽이란 여러 국가가 협약을 맺고, 특정 탄소 보상 프로그램과 같은 엄격한 기후 보호 정책에 합의하는 정책이다. 동시에 노드하우스는 기후 클럽에 가입하지 않은 모든 국가에 대해 기후 관세를 부과해 경쟁에서의 불이익을 상쇄하고, 기후 클럽 가입을 장려하자고 제안했다. 그리고 유럽연합이 앞장서서 미국 그리고 중국과 함께해야 한다고도 했다. 유럽연합과 미국, 중국의 경제권역을 합치면 전 세계 이산화탄소 배출량의 절반 정도를 차지하기 때문이다.

규제는 경제학의 광범위한 영역이자 경제학자들의 연구 분야로, 이 책에서는 개괄적으로 논의하는 것조차도 쉽지 않다. 하지만 개인의 책임에 대한 이 책의 주제와 관련해 흥미로운, 그래서 내가 기꺼이 짚고 넘어가고 싶은 한 가지가 있다. 바로 유권자의 역할이다.

개인적 관점에서 규제는 우리가 민주적 과정을 통해 투표하는 유권자이기 때문에 의미가 있다. 우리는 속도 제한이나 탄소 가격, 동물 복지법과 관련된 문제가 정치적 다수의 문제라는 것을 분명하게 알고 있다. 그리고 해당 문제에 어느 정당이 더 적극적으로 혹은 소극적으로 움직이는지도 잘 알고 있다. 유권자로서 우리는 다음과 같은 결정 앞에 서 있다. 공익에 이바지하는 것이라면, 당신은 자동차의 속도를 늦추고, 에너지나 식료품에 더 많은 돈을 지불할 수 있는가? 국내외 제삼자의 필요까지도 고려해 투표하는가? 아니면 그저 당신의 물질적 이익만을 투표에 반영하는가? 내가 하고 싶은 말은 이것이다. 모든 투표는 그 자체로 친사회적인 고민의 결과다. 원하든, 원하지 않든 간에 말이다.

결과와 상관없이 선한 일을 하라

과거에 인간이 도덕적으로 행동한 것은 신이 흡족해하는 인생을 살기 위해서였다. 도덕은 선과 악에 대한 종교적 관념에서 비롯되었고, 제사장이나 또 다른 신의 '종'들에 의해 이루어지는 종교적 의식과 믿음의 행위를 통해 전수되었다. 과거의 도덕적 거래는 매우 단순했다. 순종하지 않으면 지옥에 간다. 초자연적 존재, 즉 신이 존재하느냐의 문제를 차치하더라도 현대사회에서는 연옥과 신의 재판에 대한 두려움이 더 이상 통하지 않는 것 같다. 종교적 가르침이 사라지면서 사상가들은 도덕을 단순하고, 보편적이며, 추상적인 원칙에 근거해 설명해야 하는 엄청난 도전에 직면했다. 도덕성에 대한 논증이 서방 국가들의 철학적 담론을 특징지었다.

단순하게 설명하자면, 도덕성에 대한 정의는 두 가지 커다란 줄기에서 비롯된다. 한쪽에는 다른 사람에게 미치는 영향을 인간의 이익 증대라는 관점과 연결해 도덕성을 정의하는 실용주의자들이 있다. 이 정의에 따르면, 도덕적 행동은 다른 사람에게 유익한 행동이다. 행동의 가치는 결과를 통해 평가된다. 행동의 결과가 무엇이 선하고, 무엇이 그른지를 결정하는 것이다. 다른 한쪽에는 이마누엘 칸트와 그 추종자들이 주장하는 의무론적, 즉 원칙에 기반한 도덕성이 있다. 이 정의에서 중요한 것은 행동이 지향하는 결과가 아니라, 옳고 그른 것에 대한 의도와 인식이다. 올바른 것으로 인식되는 것은 결과와 상관없이 선하다. 이렇게 정의되는 도덕성의 특성 중 하나가 바로 우리가 잘 알고 있는 정언명령定言命令이다.

이에 따르면, 보편적인 법칙의 원칙이 될 수 있는 행동이 곧 도덕적인 행동이 된다. 즉, 다른 사람에게 바람직한 행동을 나 또한 행해야 하는 것이다.

실용주의적 결과주의와 원칙에 기반한 도덕성. 이 두 가지 정의에는 근본적인 문제가 있고, 때로 터무니없는 행동을 요구하기도 한다. 철학적 논쟁에서는 이 두 가지가 혼합 또는 발전된 형태의 정의가 끊임없이 이어졌다. 200년이 넘도록 심도 있게 토론해왔는데, 이런 변화가 없었다면 분명 이상한 일일 것이다. 하지만 나는 전 세계가 직면한 과제 앞에 칸트의 도덕법칙을 대체할 법칙이 과연 또 있을지 의문을 제기하고 싶다. 칸트의 도덕법칙이 효력을 얻을 수 있도록 우리가 도와야 하지 않을까?

내가 주장하는 바는 이렇다. 이 책 곳곳에서 나는 노동의 분리, 집단 결정, 위임, 시장이 책임의 분산을 야기한다고 설명했다. 노동이 분리된 복잡한 현대사회에서 우리는 중심축이라는 인식 없이, 개인의 관점에서 부정적인 결과의 직접적 영향을 받지 않는 결정을 내린다. 내가 아니더라도 누군가는 나를 대신해 저렴한 티셔츠나 거세 수탉 혹은 SUV를 살 것이라고 확신한다면, 굳이 내가 하지 말란 법도 없다. 내가 마요르카로 휴가를 가든 안 가든 어차피 세계 기후변화에 별반 차이가 없다면, 굳이 가지 말아야 할 이유는 또 무엇인가?

내가 안 해도 다른 사람이 하니까. 이 완고한 논리는 실용주의적 도덕성의 칼을 무디게 만든다. 내가 중심축이 아닌 상황이 되면 이 결과주의적 도덕성은 힘을 잃고, 개인은 자신의 행동을 통제할 수 없게 된다. 이 논리는 모든 사람에게 유효하고, 개인이 내린 결정의 합이 집단의 결과이기 때문에 실용주의적 도덕성은 선에 도움이 되지 않는다. 나 대신 그것을 할, 나의 거부를 무의미하게(모순되게) 만들 누군가가 항상 존재하는 한 실용주의적 도덕성은 시장과 집단 안에서 방어력을 잃고 무너진다. 내 행동이 결과에 미치는 영향이 미미하다면, 거기에서 비롯된 집단적 결과가 도덕적으로 비난의 여지가 있다 하더라도 내 행동은 결코 부도덕하지 않은 것이다.

실용주의적 도덕성을 적용하면 중요하고 관련 있는 수많은 맥락에서 나의 행동은 결코 도덕적 비난의 대상이 될 수 없다. 나의 행동이 최종 결과에 미치는 영향은 미미하기 때문이다. 여기에 대해서는 앞에서 자세히 설명한 바 있다. 이러한 결론은 개인으로서 내가 중심축이 아니라는 인식에서 비롯된다. 그리고 이러한 관점은 어디에나 꼭 존재한다. 바로 이것이 문제다.

우리에게는 칸트가 필요하다. 원칙에 기반한 도덕성은 책임이 분산되는 환경에서도 여전히 효력을 갖기 때문이다. 칸트의 도덕성은 결과를 묻지 않는다. 무엇이 옳고, 무엇이 그른지를 따진다. 칸트의 도덕성은 우리가 중심축이 아닌 상황에서도 여전히 유효한 도덕적 척도를 제시한다. 내가 아니더라도 누군가가 할 것이라는 변명은 행위자를 '돕지' 못한다. 다른 사람의 행동을 통해 결과가 달라지더라도, 나의 행동 자체는 여전히 부도덕한 것이다.

쥐 실험을 한 번 더 생각해보자. 돈을 받기 위해 쥐 한 마리를 죽음으로 내모는 것이 잘못된 행동이라면, 쥐가 다른 사람에 의해 어차피 죽는다 하더라도 내가 한 일은 여전히 잘못된 행동이다. 의사로서 아우슈비츠 하역장에서 수용소로 보낼 사람과 죽일 사람을 선별하는 일이 잘못된 행동이라면, 자기가 아니더라도 다른 의사가 그 일을 했을 것이라는 변명과 상관없이 그것은 잘못된 행동이다. 돈 때문에 위기 지역에 무기를 수출하는 일이 잘못된 행동이라면, 다른 누군가가 어차피 무기를 수출할 것이었어도 그것은 여전히 잘못된 행동이다. 어린이 노동을 통해 혹은 환경에 해로운 방식으로 생산된 값싼 티셔츠를 사는 것이 잘못된 행동이라면, 내가 아닌 다른 사람이 그 티셔츠를 사더라도 내가 한 일은 도덕적으로 문제가 있는 행동이다.

실용주의적 결과주의와는 반대로, 칸트의 도덕성에서 특정 행동에 대한 도덕적 평가는 결과에 대한 직접적인 책임이 개인에게 없더라도 여전히 유효하다. 바로 그렇기에 노동이 분리된, 우리의 복잡한 현대사회에서는 칸트의 도덕성만이 우리가 지향해야 할 규범이 될 수 있는 것이다.

다르게 설명해보겠다. 내가 중심축이 되어서 내린 결정이라면, 이 두 관점의 도덕적 평가는 동일하다. 쥐 실험의 사례를 통해 이야기하자면, 쥐를 살리거나 10유로를 받고 쥐를 죽여야 하는 이중적 선택 앞에 놓인 경우가 여기에 해당할 것이다. 이때 나의 행동은 결과에 직접적 영향을 미치기 때문에 쥐의 운명(고통과 죽음)에 대해 변명할 수 없고, 생명을 죽이는 행위는 부도덕한 것이라는 칸트의 도덕성에 비춰 보아서도 명백한 잘못이다. 하지만 집단 안에서 결정을 내렸으므로 자신의 결정이 최종 결과와는 관련이 없을 것이라고 말할 수 있는 상황에서는 정언명령을 적용해야만 도덕적 평가를 할 수 있다. 우리가 늘 집단 안에서, 조직 안에서, 시장 안에서 결정을 내리는 현실을 감안할 때, 나는 칸트를 더 생각하는 것만이 우리의 공익에 이바지할 수 있는 유일한 방법이라고 생각한다(참고로 이것은 매우 실용적인 주장이기도 하다).

기후변화에 대응하려는 행동이 이를 보여주는 좋은 사례일 것이다. 개인이 기후변화를 막기 위해 할 수 있는 일은 매우 적다. 나의 기후 친화적 행동이 지구온난화를 막는 데 결정적인 역할을 할 수는 없다. 하지만 그렇다고 아무 일도 하지 않는 것을 용서해도 될까? 나는 안 된다고 생각한다. 특정 행동의 무의미함이 결과에 결정적이냐 아니냐는 결코 보편적인 도덕성 평가의 척도가 될 수 없다. 아무리 어려운 일이라도 개인이 협조하고 공익에 이바지했다면 그 행위는 도덕적이고, 그 사실은 변하지 않을 것이다.

자원의 낭비는 도덕적으로 잘못된 행위다. 이를 기후에 적용해 칸트의 방식으로 해석한다면, 아마 다음과 같을 것이다. 75억 명의 세계인에게 바람직한 소비 방식 중 나는 어떤 방식을 선택하는 것이 좋을까? 그 방법은 무엇일까? SUV 구매도 거기 포함될까? 매일 고기를 먹거나, 비행기로 여행을 하는 행동은 어떨까?

이를 우리가 사는 지역에서의 상황으로 바꿔 설명할 수도 있다. 우리는 때로 공공 화장실에서 정언명령을 만난다. "당신이 머물고 싶은 공간으로 화장실을 사용해주세요." 여기에서 '화장실'이라는 단어를 '세상'으로 바꾸면 어떻게 될까? 기후변화 문제와 같은 시대적 과제를 생각할 때, 나는 우리가 그 어느 때보다 정언명령을 필요로 하는 사회에 살고 있다고 생각한다. 그렇다면 우리를 향한 칸트의 정언명령은 다음과 같을 것이다. "우리가, 현세대가 살고 싶은 모습대로 다음 세대에게 세상을 물려주세요."

짧은 에필로그

어떤 생각을 하고 어떤 고민을 하든, 모든 것은 위대한 에리히 케스트너Erich Kästner의 훌륭한 문장으로 정리할 수 있다.

선은 없다.
예외: 사람이 선을 행할 수는 있다.

더는 덧붙일 말이 없다.

감사의 말

모든 책에는 아버지와 어머니가 있다. 이 책도 마찬가지다. 그래서 나는 진심으로 말한다. 감사합니다!

가장 먼저 이 책에서 언급한 연구들에서 아주 중요한 역할을 한 훌륭한 공동 연구자들에게 깊은 감사의 말을 전하고 싶다. 이들이 없었다면 나의 연구는 불가능했을 것이다. 나는 앞으로도 우리의 연구가 계속되기를 바란다! 원고를 쓰는 과정에서 조언과 수정, 조사 등 꼭 필요한 도움을 준 나의 뛰어난 박사과정 학생들과 동료 학자들에게도 감사를 전한다. 마르쿠스 안토니, 마르크 팔라크, 루카 헹켈, 스벤 호이저, 라세 슈퇴처에게 깊이 감사한다. 나의 에이전트인 프란치스카 귄터와 지틀러 출판사, 그중에서도 조언과 인내심, 아주 생산적인 인풋을 나누어준 옌스 데닝에게 감사의 인사를 전하고 싶다. 나의 지도교수인 지몬 게히터(교수님이 아니었더라면 저는 연구의 길을 걷지 못했을 겁니다)와 수년에 걸쳐 나에게 지원을 아끼지 않은 많은 이들에게도 감사한다. 특히 취리히대학교와 본대학교, 도이치포스트재단에 감사의 인사를 전한다. 이들의 도움과 애정으로 나는 브릭연구소를 설립할 수 있었다. 나의 연구를 재정적·정신적으로 지원해준 기관들에도 감사의 인사를 전한다. 독일연구협회의 라이프니츠상과 중장기적 협동 연구인 TR 15와 TR 224, 우수 클러스터로 선정된 본 및 쾰른 대학교의 시장 및 공공 정책 이니셔티브ECONtribute, 유럽연구이사회의 프로젝트 '편견PREFERENCES'과 '도덕성MORALITY'에 큰 도움을 받았다. 어린이 청소년 진흥 협회 일레븐Eleven, 독일경제연구소의 소셜이코노믹패널, 폭스바겐재단, 스위스국립과학재단, 하버드대학교, 옥스퍼드대학교에도 같은 감사의 인사를 전한다. 마지막으로 테오도라 보네바에 대한 감사의 인사를 빼놓을 수 없다. 그녀는 가치 있는 토론, 전문적인 조언은 물론이고, 격려도 아끼지 않았다. 평생 무조건적인 지원과 사랑을 보내준 나의 동생 폴크마르 팔크와 나의 부모님 힐데가르트 팔크와 베르너 팔크에게도 감사한다.

감사합니다!

주

그림 출처

- 그림 4(좌): Aus: Der Stürmer, September 1935 Nr. 37, Titelseite, Deutsches Historisches Museum.
- 그림 4(우): Getty Images/Sean Gallup
- 그림 15: Bundesarchiv, Bild 101I-212-0221-06, Fotograf(in): Thiede
- 그림 21: Reprinted with permission from Encyclopædia Britannica, © 2020 by Encyclopædia Britannica, Inc.

0장

1 B. Gert und J. Gert, "The Definition of Morality", *The Stanford Encyclopedia of Philosophy* (Spring 2016 Edition).

2 사회과학 실험에 대한 비판과 역할에 대해서는 A. Falk, J. J. Heckman, "Lab experiments are a major source of knowledge in the social sciences", *Science* 326, No. 5952 (2009): p. 535 – 538 참고.

3 나의 연구들에 대한 개관은 https://www.briq-institute.org/people/armin-falk를 참고.

1장

1 A. Falk, T. Graeber, "Delayed Negative Effects of Prosocial Spending on Happiness", *Proceedings of the National Academy of Sciences* 117,12 (2020): 6463 – 6468.

2 하지만 오퍼레이션 ASHA에 따르면 치료가 성공적으로 이루어질 경우, 목숨만 구할 수 있는 것이 아니라 약 1억 달러의 기대 수익이 창출된다고 한다.

3　행동경제학자들의 도덕에 대한 이해와 관련한 게임이론은 R. Bénabou, A. Falk, J. Tirole, "Narratives, Imperatives, and Moral Reasoning", *NBER Working Paper* 24798 (2018)에 자세히 설명되어 있다.

4　B. Gert, J. Gert, "The Definition of Morality", *The Stanford Encyclopedia of Philosophy* (Spring 2016 Edition).

5　우리는 (a) 협조에 드는 비용이 적거나 (b) 협조를 통한 이익이 커질 때 더 협조적인 태도를 보인다. 이에 대한 사례들은 수많은 '공공재 실험'에서 찾아볼 수 있다. 여기에 대해서는 4장에서 구체적으로 설명했다. 이와 관련해서는 다음의 두 가지 연구를 참고하라. J. K. Goeree., C. A. Holt, S. K. Laury, "Private Costs and Public Benefits: Unraveling the Effects of Altruism and Noisy Behavior", *Journal of Public Economics* 83, No. 2 (2002): p. 255 – 276. 그리고 S. Gächter, B. Herrmann, "Reciprocity, Culture and Human Cooperation: Previous Insights and a New CrossCultural Experiment", *Philosophical Transactions of the Royal Society* 364 (2009): p. 791 – 806.

6　U. Gneezy, E. A. Keenan, A. Gneezy, "Avoiding Overhead Aversion in Charity", *Science* 346, No. 6209 (2014): p. 632 – 635.

7　실험 참여자들은 얼마에서부터 생명 대신 돈을 선택하고 싶은지에 대해서도 답했다. 신빙성 있는 결과를 얻기 위해 우리는 실험 연구에서 자주 활용되는 '가격표 방법'을 이용했다. 가격이 올라갈 때마다 참여자들은 돈을 원하는지(선택지 A), 아니면 목숨을 구하고 싶은지(선택지 B)를 선택했다. 금액은 10유로 단위로 10유로에서부터 250유로까지 올라갔고, 모든 참여자는 25가지 금액 제안에 대한 자신의 의사를 밝혔다. 결정 가운데 하나는 컴퓨터를 통해 무작위로 실행되었다. 모든 금액이 선택될 가능성이 있고, 자신과 관련이 있을 수 있으므로 참여자는 모든 선택을 진지하게 했을 것이라고 간주할 수 있다. 이와 관련해서는 다음을 참고하라. A. Falk, T. Graeber, "Delayed Negative Effects of Prosocial Spending on Happiness", *Proceedings of the National Academy of Sciences* 117, No.12 (2020): 6463 – 6468.

8　이타주의의 진화 역사는 에드워드 윌슨의 《지구의 정복자》 참고.

2장

1　R. Bénabou, A. Falk, L. Henkel, J. Tirole, "Eliciting Moral Preferences: Theory and Experiment", *Working Paper* (2020).

2　주의력이 있는 독자라면 왜 이 가치가 1장에서의 가치와 다른지 의아할 것이다. 실험 연구에서 효과의 특정 범위에 변수가 발생하는 것은 정상이다.

3　D. Ariely, A. Bracha, S. Meier, "Doing Good or Doing Well? Image Motivation and Monetary Incentives in Behaving Prosocially", *American Economic Review* 99, No.1 (2009): p. 544 – 555.

4　이와 유사한 결과는 다음 연구에서도 확인할 수 있다. Z. Bašić, A. Falk, S. Quercia, "Self-image, social image, and prosocial behavior", *Working Paper* (2020).

5　Armin Falk, "Facing yourself – A note on self-image", *Journal of Economic Behavior &*

Organization 186 (2021): p. 724 – 734.

6 R. W. Carlson, M. A. Maréchal, B. Oud, E. Fehr, M. J. Crockett, "Motivated misremembering of selfish decisions", *Nature Communications* 11, No.1 (2020): p.1 – 11.

7 우리 개인의 능력에 대한 피드백을 기억하는 데에도 이와 유사한 메커니즘이 작용한다. 긍정적 피드백의 경우는 오래 기억하는 반면, 부정적 피드백은 더 빠르게 잊어버리는 경향이 있는 것이다. 이것은 우리가 우리의 능력을 체계적으로 과대평가하게끔 만든다. 이와 관련해서는 F. Zimmermann, "The dynamics of motivated beliefs", *American Economic Review* 110, No. 2 (2020): p. 337 – 361 참고.

8 이에 대한 개관은 C. Engel, "Dictator games: A meta study", *Experimental Economics* 14, No. 4 (2011): p. 583 – 610 참고.

9 영어라고 과장된 표현은 다르지 않다. "당신, 재활용 컵 사용의 선구자. 우리가 하는 모든 것은 당신이 하는 것. 당신의 사업은 스타벅스가 지구를 위해 더 나은 사업을 할 수 있도록 돕습니다." 이하 생략.

10 M. Kouchaki, A. Jami, "Everything we do, you do: The licensing effect of prosocial marketing messages on consumer behavior", *Management Science* 64, No.1 (2018): p.102 – 111.

11 하이브리드 엔진의 연료 소비량은 공식적인 테스트 결과/유형 승인을 보느냐(이미지에 긍정적인 영향) 실제 소비량을 보느냐에 따라 크게 달라진다. 전기 사용량이 실제 얼마인지에 대해서는 다음을 참고하라. J. Jöhrens, D. Räder, J. Kräck, L. Mathieu, R. Blanck, P. Kasten, "Plug-in hybrid electric cars: Market development, technical analysis and CO2 emission scenarios for Germany", *Study on behalf of the German Federal Ministry for the Environment, Nature Conservation and Nuclear Safety* (2020). P. Plötz, C. Moll, G. Bieker, P. Mock, Y. Li, "Real-world usage of plug-in hybrid electric vehicles: Fuel consumption, electric driving, and CO2 emissions", icct *White Paper* (2020).

12 B. Monin, D. T. Miller, "Moral credentials and the expression of prejudice", *Journal of Personality and Social Psychology* 81, No.1 (2001): p. 33 – 43.

13 D. A. Effron, J. S. Cameron, B. Monin, "Endorsing Obama licenses favoring Whites", *Journal of Experimental Social Psychology* 45, No. 3 (2009): p. 590 – 593.

14 E. Polman, Z. Y. Lu, "Are people more selfish after giving gifts?", *Journal of Behavioral Decision Making* (2021): p.1 – 11. 관심 있는 독자들은 (☺) ashleymadison.com을 참고. 이 주제에 대한 개괄적인 연구는 I. Blanken, N. van de Ven, M. Zeelenberg, "A meta-analytic review of moral licensing", *Personality and Social Psychology Bulletin* 41, No. 4 (2015): p. 540 – 558 참고.

15 개괄적인 내용은 C. West, C. Zhong, "Moral cleansing", *Current Opinion in Psychology* 6 (2015): p. 221 – 225 참고.

16 U. Gneezy, A. Imas, K. Madarász, "Conscience Accounting: Emotion Dynamics and Social Behavior", *Management Science* 60, No. 11 (2014): p. 2645 – 2658.

17   J. Dana, R. A. Weber, J. X. Kuang, "Exploiting moral wiggle room: experiments demonstrating an illusory preference for fairness", *Economic Theory* 33, No.1 (2007): p. 67-80.

18   실험 구성에 대해 조금 더 구체적으로 설명하겠다. 독재자들은 A와 B 중 하나를 선택할 수 있다. A를 선택하는 경우 6달러를 받지만, B를 선택하면 5달러'밖에' 받지 못한다. 처음에 독재자는 수신자가 얼마를 받는지 모른다. 여기에는 두 가지 상황이 준비되어 있다. 상황 1에서 수신자는 A가 선택된 경우 5달러를, B가 선택된 경우 1달러를 받는다. 상황 2에서는 정반대다. 그러니까 A가 선택되면 1달러를, B가 선택되면 5달러를 받는 것이다. 독재자는 두 가지 중 하나를 선택하기 전에 자신과 수신자가 어떤 상황에 있는지를 알 수 있다. 상황 1이라는 것을 알게 된다면 독재자의 선택은 명확해진다. 이 경우, A를 선택하는 것이 양측 모두에게 이익이기 때문이다. 자신은 6달러를, 수신자는 5달러를 받게 되니 말이다. 하지만 상황 2라는 것을 알게 되면 독재자의 선택은 어려워진다. A를 선택하면 6달러를 받지만, 수신자는 1달러밖에 받지 못하고, 이는 상당히 부당한 결과이기 때문이다. B를 선택하면 두 사람은 각각 5달러씩을 받게 된다. 공정한 결과라는 것은 확실하지만 독재자에게는 6달러 대신 5달러밖에 받지 못한다는 의미다.

19   옥스퍼드대학교 경제학 교수인 나의 동료 파울 클렘페러(Paul Klemperer)는 자신의 유명한 친척 빅터 클렘퍼러의 다양한 일기를 언급하며, 아우슈비츠에서 잔학한 행위가 벌어진 것은 이미 1942년 3월에도 알려진 사실이었다고 말한다.

20   T. Broberg, T. Ellingsen, M. Johannesson, "Is generosity involuntary?", *Economic Letters* 94, No.1 (2007): p. 32-37. 그리고 J. Dana, D. M. Cain, R. M. Dawes, "What you don't know won't hurt me: Costly (but quiet) exit in dictator games", *Organizational Behavior and Human Decision Processes* 100, No. 2 (2006): p.193-201 참고.

21   S. DellaVigna, J. A. List, U. Malmendier, "Testing for Altruism and Social Pressure in Charitable Giving", *The Quarterly Journal of Economics* 127, No.1 (2012): p. 1-56.

22   J. Andreoni, J. M. Rao, H. Trachtman, "Avoiding the Ask: A Field Experiment on Altruism, Empathy, and Charitable Giving", *Journal of Political Economy* 125, No. 3 (2017): p. 625-653.

23   C. L. Exley, J. B.Kessler, "Motivated errors", *NBER Working Paper* 26595 (2019).

24   J. Bruner, "The Narrative Construction of Reality", *Critical Inquiry* 18, No.1 (1991): p. 1-21.

25   Dan P. McAdams, *Power, intimacy, and the life story: Personological inquiries into identity* (Homewood, IL 1985). 그리고 Dan P. McAdams, "The Psychology of Life Stories", *Review of General Psychology* 5, No. 2 (2001): p.100-122 참고.

26   S. Michalopoulos, M. M. Xue, "Folklore", *The Quarterly Journal of Economics* 136, No. 4 (2021): p. 1993-2046 참고. 약 1,000개 민족의 역사와 구전에 대한 개관을 돕는 '민속학 자료'는 오늘날 문화 간 차이를 설명하는 데 도움을 준다. 이 책의 주제와 관련해 흥미로운 사례가 있다. 과거 비사회적인 혹은 기만적인 행동이 강력하게 처벌

받았다는 이야기들로 특징지어진 공동체의 경우, 오늘날 다른 사람에 대한 신뢰가 더 높고, 평균적으로 더 부유하다고 한다.

27 종교 교과서가 부도덕한 행위를 정당화하기에 얼마나 적합한지를 보여주는 것이 바로 19세기의 대형 범죄 가운데 하나로 손꼽히는 미국 원주민에 대한 추방과 박해(대량 학살)의 '기독교적' 동기다. 1830년, 미국 의회는 원주민의 추방을 합법화한 인디언강제이주법(Indian Removal Act)을 통과시켰다. 이 잔인하고 극도로 비기독교적인 정책 수립 배경에는 민족 학살의 합법화를 목표로 한 수년간의 담론이 있었다. 의회의 핵심 근거는 《구약성경》의 〈출애굽기〉에 기록된 이스라엘 민족의 출애굽 사건이었다. 미국의 원주민들은 《성경》 말씀의 구현으로 여겨졌다. 원주민들이 '땅을 묵혀' 두고 '땅을 정복하라'는 '하나님의 사명'을 완수하는 데 실패했기 때문에 이주하는 것이 '마땅하다'고 해석한 것이다. 결과적으로 원주민에 대한 학살은 도덕적으로 잘못된 것이 아닐뿐더러, 심지어 신성한 의무였다. 그리고 땅도 얻을 수 있고 말이다. 이와 관련해서는 다음을 참고하라. R. M. Keeton, "The Race of Pale Men Should Increase and Multiply: Religious Narratives and Indian Removal", in L. Presser und S. Sandberg, *Narrative Criminology: Understanding Stories of Crime* (New York 그리고 London 2015).

28 R. Bénabou, A. Falk, J. Tirole, "Narratives, Imperatives, and Moral Reasoning", *NBER Working Paper* 24798 (2018).

29 G. M. Sykes, D. Matza, "Techniques of Neutralization: A Theory of Delinquency", *American Sociological Review* 22, No. 6 (1957): p. 664 - 670도 참고.

30 Scott Waldman, "Shell Grappled with Climate Change 20 Years Ago, Documents Show", *Scientific American* (2018년 4월 5일).

31 역사가 소수를 향한 적대적인 표현을 어떻게 강화하는지에 대해서는 다음의 연구 참고. L. Bursztyn, I. K. Haaland, A. Rao, C. P. Roth, "Disguising prejudice: Popular rationales as excuses for intolerant expression", *NBER Working Paper* 27288 (2020).

32 "기후변화의 진실: 7개의 기후 관련 가짜 주장에 대한 팩트 체크(Klimawandel-Fakten: 7 Klimaleugner-Argumente im Faktencheck)", *Weltverbesserer.de*, 2020년 3월 1일자에서 사례 인용.

33 ARD-DeutschlandTrend, "86%는 인간에게 잘못이 있다고 말한다(86 Prozent sagen, der Mensch sei schuld)", *tagesschau.de*, 2019년 5월 17일.

34 A. Leiserowitz, E. Maibach, S. Rosenthal, J. Kotcher, J. Carman, X. Wang, J. Marlon, K. Lacroix, M. Goldberg, "Climate Change in the American Mind, March 2021", *Yale Program on Climate Change Communication* (2021).

35 갤럽월드폴(Gallup World Poll)의 조사를 기반으로 한 수치. 참고할 것은 이것이 2010년의 데이터라 비교적 오래되었다는 사실이다. 다행히 우리(피터 안드레, 테오도라 보네바, 펠릭스 초프라 그리고 나)는 갤럽과 함께 기후변화에 대한 평가와 선호와 관련해 100개 이상의 국가에서 전 세계를 대표하는 샘플을 수집했다. 이 연구의 진행 상황에 대해 관심이 있으면 나의 홈페이지를 방문해도 좋다.

36 이에 대해 연구를 진행하고 있는 크리스토프 젬켄(Christoph Semken)의 조언에 감사

의 말을 전한다("The Marginal Impact of Emission Reductions" 연구 진행 중).

37 이 맥락을 고려하면 부자들이 평균 이상으로 많은 이산화탄소를 배출한다는 것은 흥미로운 사실이다. 옥스팜의 연구에 따르면, 세계 인구의 가장 부유한 1%가 가난한 50%보다 두 배는 더 많은 이산화탄소를 배출한다고 한다. T. Gore, "Confronting carbon inequality: Putting climate justice at the heart of the COVID-19 recovery", *Oxfam Media Briefing*, 2020년 9월 21일.

38 우리가 우리 자신의 행동을 정당화하기 위해 다른 사람을 '모욕'한다는 것은 다른 참여자의 개인적 이익이 어떻게 자신의 부도덕한 행동을 정당화하기 위해 사용되는지를 보여준 연구의 주제이기도 했다. R. Di Tella, R. PerezTruglia, A. Babino, M. Sigman, "Conveniently upset: Avoiding altruism by distorting beliefs about others' altruism", *American Economic Review* 105, No.11 (2015): p. 3416-3442.

39 C. Schmitz-Bering, "국가사회주의 어휘(Vokabeln im Nationalsozialismus)", *Dossier Sprache und Politik*, 독일연방정치교육원 (2010).

40 내러티브는 오늘날까지도 반유대주의의 강력한 연료로 작용하고 있다. 전 시대를 통틀어 가장 큰 반향을 일으켰던 가짜 이야기는 반유대주의를 조장하려는 의도로 만들어진《시온 의정서》였다. 이 의정서는 권력을 장악하기 위해 유대인이 국제적인 음모를 꾸몄다고 말한다. 첫 번째 버전은 1903년 러시아어로 출간되었고, 이후 미국과 독일에서도 출간되었다. 반유대주의자들이 이것을 만들어냈다는 사실이 이미 1920년대에 증명되었는데도, 이 가짜 이야기는 여전히 많은 사람에게 진실로 여겨지며, 반유대주의 운동의 근거로 활용되고 있다. 자기방어의 행위로 위장하고 있지만, 실은 반유대주의 그 이상도 이하도 아니다. 유럽연합 내에서도 반유대주의 내러티브를 계속 만들어내는 이들이 있다. 빅토르 오르반 헝가리 총리가 대표적인데, 오르반 총리의 경우 자선가이자 억만장자인 조지 소로스에 반대하는 개인적 운동에서 반유대주의적 발언을 서슴지 않고 있다. 이 정책의 희생양 중 하나가 소로스가 기부한, 민주적 성향의 유명한 중부유럽대학교(Central European University)다. 이 대학은 허가 문제를 둘러싼 허술한 주장에 의해 헝가리에서 쫓겨나 오스트리아 빈으로 이전했다.

41 A. Bandura, "Moral disengagement in the perpetration of inhumanities", *Personality and Social Psychology Review* 3, No. 3 (1999): p. 193-209 참고.

42 A. Tversky, D. Kahneman, "The framing of decisions and the psychology of choice", *Science* 211, No. 4481 (1981): p. 453-458.

43 이 사례는 다음의 연구에 근거한다. M. Spranca, E. Minsk, J. Baron, "Omission and commission in judgment and choice", *Journal of Experimental Social Psychology* 27, No.1 (1991): p. 76-105.

44 J. Abeler, J. Calaki, K. Andree, C. Basek, "The power of apology", *Economics Letters* 107, No. 2 (2010): p. 233-235.

45 '일관성 있는' 관점이나 견해를 가진 사람이 되고 싶은, 혹은 그렇게 보이고 싶은 마음은 더 정확한 지식을 갖게 된 이후에도 물질적인 불이익을 감수해가면서까지 우리의 의견을 고수하게 만드는 요인이다. 이와 관련해서는 다음을 참고하라. A. Falk, F. Zimmermann, "Information Processing and Commitment", *The Economic Journal*

613, No.1 (2018): p.1983-2002. A. Falk, F. Zimmermann, "Consistency as a Signal of Skills", *Management Science* 63, No. 7 (2017): p. 2197 -2210.

46 R. J. Lifton, G. Mitchell, *Hiroshima in America: Fifty years of denial* (New York 1995), p. 31 -66.

47 A. Falk, N. Szech, "Competing image concerns: Pleasures of skill and moral values", *Working Paper* (2019).

48 Max Rauner, "이 남자가 과학의 인재들을 훔쳤다(Dieser Mann hat der Wissenschaft die Smarties geklaut)", *Zeit Online*, 2014년 6월 17일.

49 B. Fehrle, C. Höges, S. Weigel, "렐로티우스 사건: 조사위원회 보고서(Der Fall Relotius: Abschlussbericht der Aufklärungskommission)", *Der Spiegel*, 2019년 5월 25일.

3장

1 A. M. Isen, P. F. Levin, "Effect of feeling good on helping: Cookies and kindness", *Journal of Personality and Social Psychology* 21, No. 3 (1972): p. 384 -388

2 C. D. Batson, J. S. Coke, F. Chard, D. Smith, A. Taliaferro, "Generality of the 'glow of goodwill': Effects of mood on helping and information acquisition", *Social Psychology Quarterly* 42, No. 2 (1979): p.176 -179.
G. A. Blevins, T. Murphy, "Feeling Good and Helping: Further Phonebooth Findings", *Psychological Reports* 34, No. 1 (1974): p. 326 -326.
P. F. Levin, A. M.Isen, "Further studies on the effect of feeling good on helping", *Sociometry* 38, No.1 (1975): p.141 -147. J. Weyant, R. D. Clark, "Dimes and helping: The other side of the coin", *Personality and Social Psychology Bulletin* 3, No.1 (1976): p.107 -110.

3 G. Kirchsteiger, L. Rigotti und A. Rustichini. "Your morals might be your moods", *Journal of Economic Behavior & Organization* 59, No. 2 (2006): p. 155 -172.

4 M. Drouvelis, B. Grosskopf, "The effects of induced emotions on prosocial behaviour", *Journal of Public Economics* 134 (2016): p. 1 -8.

5 이와 관련한 과거의 영향력 있는 연구는 다음을 참고하라. George Loewenstein, "Emotions in economic theory and economic behavior", *American Economic Review* 90, No. 2 (2000): p. 426 -432.

6 D. Hirshleifer, T. Shumway, "Good day sunshine: Stock returns and the weather", *The Journal of Finance* 58, No. 3 (2003): p.1009-1032. M. J. Kamstra, L. A. Kramer und M. D. Levi, "Winter blues: A SAD stock market cycle", *American Economic Review* 93, No. 1 (2003): p. 324 -343.

7 S. Schnall, J. Haidt, G. L. Clore, A. H. Jordan, "Disgust as Embodied Moral Judgment", *Personality and Social Psychology Bulletin* 34, No. 8 (2008): p. 1096 -1109.

8 하지만 저자들은 친사회적 태도의 차이에 미치는 영향에 대해서는 보고하지 않았다. 그리고 연구 결과의 재현 가능성도 불분명하다. J. F. Landy, G. P. Goodwin, "Does incidental disgust amplify moral judgment? A meta-analytic review of experimental evidence", *Perspectives on Psychological Science* 10, No. 4 (2015): p. 518-536.

9   독일연방 가족노인여성청년부, "여자를 폭력으로부터 보호하라: 폭력의 형태 인식 (Frauen vor Gewalt schützen: Formen der Gewalt erkennen)", *Hintergrundinformation*, 2021년 12월 22일.

10 D. Ariely, G. Loewenstein, "The heat of the moment: The effect of sexual arousal on sexual decision making", *Journal of Behavioral Decision Making* 19, No. 2 (2006): p. 87-98.

11 원본의 표현은 이렇다. "high but sub-orgasmic level of arousal."

12 D. Card, G. B. Dahl, "Family violence and football: The effect of unexpected emotional cues on violent behavior", *The Quarterly Journal of Economics* 126, No.1 (2011): p. 103-143.

13 O. Eren, N. Mocan, "Emotional judges and unlucky juveniles", *American Economic Journal: Applied Economics* 10, No. 3 (2018): p.171-205.

14 I. Munyo, M. A. Rossi, "Frustration, euphoria, and violent crime", *Journal of Economic Behavior & Organization* 89 (2013): p.136-142.

15 R. H. Smith, W. G. Parrott, E. F. Diener, R. H. Hoyle, S. H.Kim, "Dispositional Envy", *Personality and Social Psychology Bulletin* 25, No. 8 (1999): p. 1007-1020.

16 J. K. Maner, D. T. Kenrick, D. V. Becker, T. E. Robertson, B. Hofer, S. L. Neuberg, A. W. Delton, J. Butner und M. Schaller, "Functional projection: how fundamental social motives can bias interpersonal perception", *Journal of Personality and Social Psychology* 88, No.1 (2005): p. 63-78.

17 Armin Falk, "Status inequality, moral disengagement and violence", *Working Paper* (2020).

18 M. Bauer, J. Cahlíková, J. Chytilová, G. Roland, T. Zelinsky. "Shifting Punishment on Minorities: Experimental Evidence of Scapegoating", *NBER Working Paper* 29157 (2021).

19 L. S. Newman, T. L. Caldwell, "Allport's 'Living Inkblots': The Role of Defensive Projection in Stereotyping and Prejudice", in: J. F. Dovidio, P. Glick und L.A. Rudman (Hrsg.), *On the Nature of Prejudice: Fifty Years after Allport* (Malden, MA 2005): p. 377-392.

20 Götz Aly, "왜 독일인? 왜 유대인? 평등, 질투 그리고 인종 증오 - 1800년부터 1933년까지(Warum die Deutschen? Warum die Juden? Gleichheit, Neid und Rassenhass - 1800 bis 1933)" (Frankfurt 2011).

21 A. Falk, A. Kuhn, J. Zweimüller, "Unemployment and rightwing extremist crime", *Scandinavian Journal of Economics* 113, No. 2 (2011): p. 260-285. 당시 이 연구를 수행한 동기는 망명자 수용소, 특히 로스토크리히텐하겐의 망명자 수용소에 대한 공격이었다.

22   J. R. Blau, P. M. Blau, "The cost of inequality: Metropolitan structure and violent crime", *American Sociological Review* 47, No.1 (1982): p.114 – 129. Morgan Kelly, "Inequality and Crime", *The Review of Economics and Statistics* 82, No. 4 (2000): p. 530 – 539. Richard Wilkinson, "Why is violence more common where inequality is greater?", *Annals of the New York Academy of Sciences* 1036, No.1 (2004): p.1 – 12. R. Wilkinson, K. Pickett, *The spirit level: Why more equal societies almost always do better* (London 2009).

23   David Yanagizawa-Drott, "Propaganda and conflict: Evidence from the Rwandan genocide", *The Quarterly Journal of Economics* 129, No. 4 (2014): p.1947 – 1994.

24   성비와 독일대안당에 대한 투표 결과 사이에도 긍정적이고 중요한 상관관계가 존재한다.

25   A. Falk, C. Zehnder, "A city-wide experiment on trust discrimination", *Journal of Public Economics* 100 (2013): p.15 – 27.

26   J. Berg, J. Dickhaut, K. McCabe, "Trust, Reciprocity, and Social History", *Games and Economic Behavior* 10, No.1 (1995): p.122 – 142.

27   H. Tajfel, J. Turner, "An Integrative Theory of Intergroup Conflict", *The Social Psychology of Intergroup Relations* (1979): p. 33 – 37.

28   H. Tajfel, M. G. Billig, R. P. Bundy, C. Flament, "Social categorization and intergroup behaviour", *European Journal of Social Psychology* 1, No. 2 (1971): p.149 – 178.

29   Y. Chen, S. X. Li, "Group identity and social preferences", *American Economic Review* 99, No.1 (2009): p. 431 – 457.

30   타이펠의 실험에서는 무작위로 분류가 이루어졌지만, 참여자들에게는 선호도에 따라 집단을 나눴다고 전달했다. 경제학 연구에서는 이러한 유형의 속임수를 잘 쓰지 않기 때문에 첸얀의 연구진은 실제 선호도를 활용했다. 연구 보고서에서 연구진은 이 속임수를 쓴 과정에 단점이 없었으며, 효과에 대한 측정에도 영향을 미치지 않았다는 사실을 보장하고 있다.

31   M. Shayo, A. Zussman, "Judicial ingroup bias in the shadow of terrorism", *The Quarterly Journal of Economics* 126, No. 3 (2011): p. 1447 – 1484. O. Gazal-Ayal, R. Sulitzeanu-Kenan, "Let my people go: Ethnic ingroup bias in judicial decisions-evidence from a randomized natural experiment", *Journal of Empirical Legal Studies* 7, No. 3 (2010): p. 403 – 428.

32   D. Arnold, W. Dobbie, C. S. Yang, "Racial bias in bail decisions", *The Quarterly Journal of Economics* 133, No. 4 (2018): p. 1885-1932; F. Goncalves, S. Mello, "A few bad apples? Racial bias in policing", *American Economic Review* 111, No. 5 (2021): p. 1406-1441; Jeremy West, "Racial bias in police investigations", *UC Santa Cruz Discussion Paper* (2018).

33   S. Iyengar, S. J. Westwood, "Fear and loathing across party lines: New evidence on group polarization", *American Journal of Political Science* 59, No. 3 (2015): p. 690 – 707.

34   Philippa Foot, "The Problem of Abortion and the Doctrine of Double Effect", *Oxford Review* 5 (1967): p. 5 –15.

35   독일 연방헌법재판소, 2006년 2월 15일 판결 – 1 BvR 357/05.

36   Christoph Luetge, "The German Ethics Code for Automated and Connected Driving", *Philosophy & Technology* 30 (2017): p. 547 –558.

37   E. Awad, S. Dsouza, R. Kim, J. Schulz, J. Henrich, A. Shariff, J.-F. Bonnefon, I. Rahwan, "The moral machine experiment", *Nature* 563, No. 7729 (2018): p. 59 –64.

38   J.-F. Bonnefon, A. Shariff, I. Rahwan, "The social dilemma of autonomous vehicles", *Science* 352, No. 6293 (2016): p. 1573 –1576.

39   J. D. Greene, R. B. Sommerville, L. E. Nystrom, J. M. Darley, J. D. Cohen, "An fMRI investigation of emotional engagement in moral judgment", *Science* 293, No. 5537 (2001): p. 2105 –2108.

40   R. Bénabou, L. Henkel, A. Falk, "Perceptions and Realities: Kantians, Utilitarians and Actual Moral Decisions", 미공개 보고서(2022).

41   E. W. Dunn, L. B. Aknin, M. I. Norton, "Spending money on others promotes happiness", *Science* 319, No. 5870 (2008): p. 1687 –1688.

42   Lara B. Aknin et al., "Does spending money on others promote happiness?: A registered replication report", *Journal of Personality and Social Psychology* 119, No. 2 (2020): p. 15 –26.

43   L. B. Aknin, C. P. Barrington-Leigh, E. W. Dunn, J. F. Helliwell, J. Burns, R. Biswas-Diener, I. Kemeza, P. Nyende, C. E. Ashton-James, M. I. Norton, "Prosocial Spending and Well-Being: Cross-Cultural Evidence for a Psychological Universal", *Journal of Personality and Social Psychology* 104, No. 4 (2013): p. 635 –652.

44   Jonathan Haidt, "The emotional dog and its rational tail: a social intuitionist approach to moral judgment", *Psychological Review* 108, No. 4 (2001): p. 814 –834.

45   J. Haidt, S. Kesebir, "Morality", *Handbook of Social Psychology* (2010): p. 797 –832.

46   U. Gneezy, A. Imas, "Materazzi effect and the strategic use of anger in competitive interactions", *Proceedings of the National Academy of Sciences* 111, No. 4 (2014): p. 1334-1337. George Loewenstein, "Out of control: Visceral influences on behavior", *Organizational Behavior and Human Decision Processes* 65, No. 3 (1996): p. 272 –292.

4장

1   Armin Falk, "Gift Exchange in the Field", *Econometrica* 75, No. 5 (2007): p. 1501 – 1511.

2   K. L. Tidd, J. S. Lockard, "Monetary significance of the affiliative smile: A case for reciprocal altruism", *Bulletin of the Psychonomic Society* 11, No. 6 (1978): p. 344 –346.

3   호혜성의 공식적인 정의와 모델은 다음을 참고하라. A. Falk, U. Fischbacher, "A theory of reciprocity", *Games and Economic Behavior* 54, No. 2 (2006): p. 293 -315.

4   A. Falk, E. Fehr, U. Fischbacher, "Testing theories of fairness -Intentions matter", *Games and Economic Behavior* 62, No.1 (2008): p. 287 -303.

5   무한으로 반복되는 게임에서는 민족 이론이 유효하다. 무한 반복까지는 아니더라도, 게임을 자주 반복할 경우에도 호혜성은 이성적이고 이기적인 대리인의 영향을 받을 수 있다. 특히 상대의 상호작용에 대한 불신이 존재하는 경우에 말이다. 다음을 참고 하라. D. M. Kreps, P. Milgrom, J. Roberts, R. Wilson, "Rational cooperation in the finitely repeated prisoners' dilemma", *Journal of Economic Theory* 27, No. 2 (1982): p. 245 -252. 또 다음도 참고하라. S. Gächter, A. Falk, "Reputation and Reciprocity: Consequences for the Labour Relation", *The Scandinavian Journal of Economics* 104, No.1 (2002): p. 1 -26.

6   E. Fehr, G. Kirchsteiger, A. Riedl, "Does Fairness Prevent Market Clearing? An Experimental Investigation", *The Quarterly Journal of Economics* 108, No. 2 (1993): p. 437 -459.

7   근로자들이 간단한 숫자 세기, 계산 혹은 리서치 과제와 같이 '실제' 업무를 고르게 하는 연구도 있다.

8   E. Fehr, A. Falk, "Wage rigidity in a competitive incomplete contract market", *Journal of Political Economy* 107.1 (1999): p. 106 -134.

9   E. Fehr, A. Falk, "Wage rigidity in a competitive incomplete contract market", *Journal of Political Economy* 107.1 (1999): p. 106 -134.

10   Truman F. Bewley, *Why wages don't fall during a recession* (Cambridge, MA 1999).

11   기업이 왜 비자발적 실업으로 이어질 수 있는 명목임금을 삭감하지 않으려 하는지 를 호혜성에 근거해 설명한 '효율성 임금 가설'에 대해서는 다음의 연구를 참고하라. G. A. Akerlof, J. L. Yellen, "The Fair Wage-Effort Hypothesis and Unemployment", *The Quarterly Journal of Economics* 105, No. 2 (1990): p. 255 -283.

12   S. Kube, M.A. Maréchal, Clemens Puppe, "The currency of reciprocity: Gift exchange in the workplace", *American Economic Review* 102, No. 4 (2012): p. 1644 - 1662.

13   "신뢰는 좋지만 통제가 더 낫다"는 인식에 대한 크리스토프 드뢰서(Christoph Drösser) 의 글은 2000년 3월 22일자 〈차이트 온라인〉에서 읽을 수 있다. "……내가 아는 정보 에 따르면, 레닌의 글에는 이러한 문장이 없다. 레클람 출판사의 인용구 사전은 이 문 장을 '레닌이 여러 차례 언급한 말을 키워드 형식으로 요약한 것'이라고 설명한다. 그 러면서 모험주의를 주제로 한 1914년 레닌의 에세이를 인용한다. '말을 믿지 말고, 최대한 엄격하게 확인하라. 이것이 마르크스주의 노동자들에 대한 해결책이다.' 뷔 히만의 《날개 달린 단어들(Geflügelte Worte)》은 이 문제에 조금 더 구체적으로 다가 간다. 이 사전은 레닌이 좋아한 문장 중 하나로 꼽히는 러시아의 관용구를 언급한다. '믿어라. 하지만 확인하라.' 이를 통해 우리는 한 번 더 확인한다. 아름다운 인용구는 실제론 결코 그걸 쓴 작가라고 여겨지는 사람들이 만든 게 아니라는 사실을 말이다."

14 A. Falk, M. Kosfeld, "The hidden costs of control", *American Economic Review* 96, No. 5 (2006): p. 1611 - 1630.

15 근로자가 고용주에게 주는 점수는 더 높은 업무 성과, 더 나은 업무의 질, 더 높은 동기, 더 긴 노동시간 등 다양한 것들을 나타낸다. 그러니까 고용주에게 이익을 가져다주고, 직원에게는 희생을 의미하는 일들인 것이다. 실험에서 근로자가 받는 점수는 120에서 자신이 준 점수를 뺀 것이다. 고용주의 경우에는 자신이 받는 점수의 두 배다. 즉, 만일 근로자가 40점을 주면 양측은 같은 점수를 받게 되는 것이다(120-40=80 그리고 2×40=80).

16 Niklas Luhmann, *Vertrauen: Ein Mechanismus der Reduktion sozialer Komplexität* (Stuttgart 1968).

17 이 동료는 천재적인 장 티롤(Jean Tirole)이 아니었다. 그를 알지만, 제대로 알지 못하는 독자들을 위해 이를 밝힌다.

18 S. D. Salamon, S. L. Robinson, "Trust that binds: The impact of collective felt trust on organizational performance", *Journal of Applied Psychology* 93, No. 3 (2008): p. 593 - 601.

19 N. Bloom, J. Liang, J. Roberts, Z. J. Ying, "Does working from home work? Evidence from a Chinese experiment", *The Quarterly Journal of Economics* 130, No.1 (2015): p. 165 - 218.

20 장점과 단점에 대한 개관은 Michael Beckmann, "Working-time autonomy as a management practice", *IZA World of Labor* 230 (2016).

21 B. Y. Lee, S. E. DeVoe, "Flextime and Profitability", *Industrial Relations* 51, No. 2 (2012): p. 298 - 316.

22 W. Güth, R. Schmittberger, B. Schwarze, "An experimental analysis of ultimatum bargaining", *Journal of Economic Behavior & Organization* 3, No. 4 (1982): p. 367 - 388.

23 D. J. de Quervain, U. Fischbacher, V. Treyer, M. Schellhammer, U. Schnyder, A. Buck, E. Fehr, "The neural basis of altruistic punishment", *Science* 305, No. 5688 (2004): p. 1254 - 1258.

24 A. B. Krueger, A. Mas, "Strikes, Scabs, and Tread Separations: Labor Strife and the Production of Defective Bridgestone/Firestone Tires", *Journal of Political Economy* 112, No. 2 (2004): p. 253 - 289.

25 A. Falk, E. Fehr, U. Fischbacher, "On the nature of fair behavior", *Economic inquiry* 41, No.1 (2003): p. 20 - 26.

26 A. Falk, E. Fehr, U. Fischbacher, "Testing theories of fairness - Intentions matter", *Games and Economic Behavior* 62, No.1 (2008): p. 287 - 303.

27 A. Falk, F. Kosse, I. Menrath, P. E. Verde, J. Siegrist, "Unfair pay and health", *Management Science* 64, No. 4 (2018): p. 1477 - 1488.

28 K. Fliessbach, B. Weber, P. Trautner, T. Dohmen, U. Sunde, C. E. Elger, A. Falk, "Social comparison affects reward-related brain activity in the human ventral striatum", *Science* 318, No. 5854 (2007): p. 1305 - 1308.

29 J. Abeler, A. Falk, L. Götte, D. Huffman, "Reference points and effort provision", *American Economic Review* 101, No. 2 (2011): p. 470 - 492.

30 우리는 우리에게 이득이 되는 걸 공정한 것으로 평가할 때가 많다. 이렇게 되면 정의에 대한 우리의 인식은 '객관적으로 공정하고 정당한 것'을 반영하지 못하고, 오히려 우리의 '이익에 부합하지만 정당한 것'으로 입증할 수 있는 것을 반영하게 된다. 다음과 비교하라. James Konow, "Fair Shares: Accountability and Cognitive Dissonance in Allocation Decisions", *American Economic Review* 90, No. 4 (2000): p. 1072 - 1091.

31 L. Chancel, T. Piketty, E. Saez, G. Zucman et al., "World Inequality Report 2022", *World Inequality Lab*. 현재의 불평등에 대해서는 다음의 웹사이트에 자세한 내용이 실려 있다: https://wir2022.wid.world/

32 C. Schröder, C. Bartels, K. Göbler, M. M. Grabka, J. König, "현미경 아래 억만장자들: 매우 높은 자산의 데이터 공백이 닫히다 - 지금까지 알려진 것보다 더 집중적으로(MillionärInnen unter dem Mikroskop: Datenlücke bei sehr hohen Vermögen geschlossen - Konzentration höher als bisher ausgewiesen)", *DIW Wochenbericht* 29 (2020): p. 511 - 521.

33 U. Fischbacher, S. Gächter, E. Fehr, "Are People Conditionally Cooperative? Evidence from a Public Good Experiment", *Economics Letters* 71, No. 3. (2001): p. 397 - 404. A. Falk, U. Fischbacher, "'Crime' in the lab - detecting social interaction", *European Economic Review* 46, No. 4 - 5 (2002): p. 859 - 869. A. Falk, U. Fischbacher, S. Gächter, "Living in two neighborhoods-Socialinteraction effects in the laboratory", *Economic Inquiry* 51, No.1 (2013): p. 563 - 578.

34 더 구체적으로 설명하자면 이렇다. 만일 평균적인 조건부 협조(집단 평균의 기부)가 45도 선보다 더 완만하고(거의 대부분이 그렇다) 조건부 협조를 하는 참여자들이 수정 가능한 기대치를 가진 경우(그러니까 방금 경험한 것을 토대로 기대치를 형성하고, 이를 자동적으로 발전시키는 경우) 협조의 균형은 0이 된다.

35 M. Rege, K. Telle, "The impact of social approval and framing on cooperation in public good situations", *Journal of Public Economics* 88, No. 7 - 8 (2004): p. 1625 - 1644. S. Gächter, E. Fehr, "Collective action as a social exchange", *Journal of Economic Behavior & Organization* 39, No. 4 (1999): p. 341 - 369.

36 James Colman, *Foundations of Social Theory* (Cambridge, MA 1998).

37 E. Fehr, S. Gächter, "Cooperation and punishment in public goods experiments", *American Economic Review* 90, No. 4 (2000): p. 980 - 994. 다음의 연구도 참고하라. A. Falk, E. Fehr, U. Fischbacher, "Driving Forces behind Informal Sanctions", *Econometrica* 73, No. 6 (2005): p. 2017 - 2030.

38 이는 범죄학자 조지 켈링과 정치학자 제임스 윌슨이 1982년 〈애틀랜틱〉에 최초로 공개한 이론이다(George L.Kelling, James Q. Wilson, Broken Windows, *The Atlantic*, 1982년

3월). 이 이론의 이름은 흔히 인용되는 다음의 문장에서 비롯되었다. "깨진 유리창이 방치되어 있는 것은 그 누구도 여기에 신경을 쓰지 않는다는 신호다." 연구진은 그라 피티나 방치된 쓰레기장, 기물 파손 같은 사소한 범죄 행위가 자기 강화 사이클로 이 어질 수 있다고 주장한다. 공공장소에서는 사회적 규범이 모호하고, 사람은 현재 자 신이 있는 환경을 어떤 규범이 지배하고 있는지에 대한 신호를 찾는다는 것이다. 이 관련성은 수많은 경험적 연구의 대상이 되었지만, 그 결과는 엇갈렸다. 그래서 경찰 이 사회적 관점에서 '깨진 유리창' 현상을 어느 정도까지 정당화할 수 있는지에 대해 서는 여전히 과학적 논란이 존재한다.

39   R. B. Cialdini, C. A. Kallgren, R. R. Reno, "A Focus Theory of Normative Conduct: A Theoretical Refinement and Reevaluation of the Role of Norms in Human Behavior", *Advances in Experimental Social Psychology* 24 (1991): p. 201 – 234.

40   다음을 참고하라. K. Keizer, S. Lindenberg und L. Steg, "The Spreading of Disorder", *Science* 322, No. 5908 (2008): p. 1681 – 1685.

5장

1   B. Bartling, U. Fischbacher, "Shifting the blame: On delegation and responsibility", *The Review of Economic Studies* 79, No. 1 (2012): p. 67 – 87.

2   J. R. Hamman, G. Loewenstein, R. A. Weber, "Self-interest through delegation: An additional rationale for the principal-agent relationship", *American Economic Review* 100, No. 4 (2010): p. 1826 – 1846.

3   다음과 비교하라. D. Alexander, H. Schwandt, "The Impact of Car Pollution on Infant and Child Health: Evidence from Emissions Cheating", *Northwestern University Discussion paper* (2021).

4   Sandra Salinski, "육류 산업에 대한 논쟁: 하청 계약은 어떻게 기능하는가?(Debatte über Fleischbetriebe: Wie funktionieren Werkverträge?)", *tagesschau.de*, 2020년 7월 29일.

5   Annette Niemeyer, "도살장은 동유럽에서 온 노동자들을 어떻게 착취하는가(Wie Schlachthöfe Arbeiter aus Osteuropa ausbeuten)", *ndr.de*, 2020년 3월 30일.
    Jana Stegemann, "육류 산업: 저렴한 마트 고기의 실제 가격은 착취와 불행 (Fleischbetriebe: Ausbeutung und Elend sind der wirkliche Preis für billiges Supermarktfleisch)", *Süddeutsche Zeitung*, 2020년 5월 13일.
    Christoph Höland, "왜 육류 산업은 지금 이 모습을 갖게 되었는가, 그리고 어떻게 해야 이를 바꿀 수 있는가(Warum die Fleischindustrie ist, wie sie ist, und wie sie sich ändern kann)", *Redaktionsnetzwerk Deutschland*, 2020년 6월 26일.

6   Melanie Arntz et al., "하청 계약의 확산, 이용 그리고 잠재적인 문제점 – 양적 기업 및 노사 설문 조사 그리고 학문적 연구(Verbreitung, Nutzung und mögliche Probleme von Werkverträgen – Quantitative Unternehmens-und Betriebsrätebefragung sowie wissenschaftliche Begleitforschung)", *BMAS Forschungsbericht* 496 (2017).

7   C. Heine, H. Stoltenberg, S. Schmid, "독일 의회가 육류 산업 핵심 영역의 하청 계 약을 금지하다(Bundestag verbietet Werkverträge im Kernbereich der Fleischwirtschaft)", *bundestag.de*, 2020년 12월 16일.

8 Christopher R. Browning, *Ordinary Men: Reserve Police Battalion 101 and the Final Solution in Poland* (New York 1992). Daniel J. Goldhagen, *Hitler's Willing Executioners: Ordinary Germans and the Holocaust* (London 1996).

9 이 자리를 빌려 나는 귀중한 조언과 출처를 마련해준 데 대해 진심으로 감사하고 싶다.

10 다음의 연구와 비교하라. Stefan Hördler, *Ordnung und Inferno: Das KZ-System im letzten Kriegsjahr* (Göttingen 2020). Stefan Hördler, "The Disintegration of the Racial Basis of the Concentration Camp System", in: D. Pendas, M. Roseman, R. Wetzell (Hrsg), *Beyond the Racial State: Rethinking Nazi Germany* (Cambridge 2017), p. 482–507. Stefan Hördler, "KZ-System und Waffen-SS. Genese, Interdependenzen und Verbrechen" in: J. E. Schulte, P. Lieb, B.Wegner (Hrsg), *Die Waffen-SS. Neue Forschungen* (Paderborn 2014), p. 80–98.

11 다음의 연구와 비교하라. Stefan Hördler, "Die 'Gefallenen'. Nationalsozialisten als KZ-Häftlinge", in: J. Osterloh, K. Wünschmann (Hrsq), "……der schrankenlosesten Willkür ausgeliefert". *Häftlinge der frühen Konzentrationslager 1933–1936/37* (Frankfurt/New York 2017), p. 291–316.

12 Simone Erpel (Hrsg), *Im Gefolge der SS: Aufseherinnen des Frauen-KZ Ravensbrück* (Berlin 2007). Jutta Mühlenberg, *Das SS-Helferinnenkorps. Ausbildung, Einsatz und Entnazifizierung der weiblichen Angehörigen der Waffen-SS 1942-1949* (Hamburg 2010).

13 한나 아렌트는 인터뷰에서 이마누엘 칸트를 언급하며 이 말을 했다. 다음과 비교하라. "한나 아렌트, 요아힘 페스트와의 대화(Hannah Arendt im Gespräch mit Joachim Fest)". 1964년 라디오 방송, *HannahArendt.Net* 3, No. 1 (2007).

14 Stanley Milgram, "Behavioral Study of Obedience", *The Journal of Abnormal and Social Psychology* 67, No. 4 (1963): p. 371–378.

15 원래 연구를 바탕으로 밀그램은 700명 이상의 참여자를 대상으로 총 23건의 실험을 진행했다. 그 내용은 대부분 1974년에 출간된 밀그램의 저서 《권위에 대한 복종》에 요약되어 있다. 이 책에서 밀그램은 환경의 특정 요소를 단계적으로 바꾸었고, 그때마다 결과는 체계적으로 다르게 나타났다.

16 원래 연구의 광범위한 문서는 부분적으로 강연 녹음을 통해 보관되었다. 호주의 기자 지나 페리(Gina Perry)는 이 자료를 보고 최대한 많은 참여자와 대화를 나누었다. 그리고 2013년 자신의 저서 *Behind the Shock Machine: The Untold Story of the Notorious Milgram Psychology Experiments*에서 이 결과를 공개했다. 지나 페리의 진술에 따르면, 보관된 실험 보고서는 부분적으로 밀그램의 진술과 모순된다고 한다.

17 Diana Baumrind, "Some thoughts on ethics of research: After reading Milgram's 'Behavioral Study of Obedience'", *American Psychologist* 19, No. 6 (1964): p. 421–423.

18 권력과 권위가 우리를 쉽게 부패하게 만들면서 권위 관계에서의 부정적 효과가 강화된다. 이는 마찬가지로 유명하지만 악명이 높은 (그리고 과학적으로 논란이 있는) 스탠

포드 감옥 실험이 입증하고 있다. 다음의 연구를 참고하라. C. Haney, C. Banks, und P. G. Zimbardo, "Interpersonal dynamics in a simulated prison", *International Journal of Criminology and Penology* 1 (1973): p. 69 – 97.

19   J. M. Darley, B. Latané, "Bystander intervention in emergencies: diffusion of responsibility", *Journal of Personality and Social Psychology* 8, No. 4 (1968): p. 377 – 383. 이 문헌에 대한 개관은 다음을 참고하라. Peter Fischer et al., "The bystander-effect: a meta-analytic review on bystander intervention in dangerous and non-dangerous emergencies", *Psychological Bulletin* 137 (2011): p. 517 – 537.

20   A. Falk, T. Neuber, N. Szech, "Diffusion of being pivotal and immoral outcomes", *The Review of Economic Studies* 87, No. 5 (2020): p. 2205 – 2229.

21   Eugene Soltes, *Why They Do It: Inside the Mind of the White-Collar Criminal* (New York 2016), p. 255. 영어 원문은 다음과 같다. "But the reality is, if at any point in my career I said 'time out, this is bullshit, I can't do it' ⋯ they would have just found another CFO, but that doesn't excuse it. It would be like saying it's OK to murder someone because if I didn't do it someone else would have."

22   이에 대한 경험적 증거는 우리의 실험에서도 찾을 수 있다. 자신이 중심축이 아니라는 것을 알게 된 후에도 소수의 사람은 돈을 포기하고 도덕적으로 '옳은' 쪽을 선택했다. 다음과 비교하라. A. Falk, T. Neuber, N. Szech, "Diffusion of being pivotal and immoral outcomes", *The Review of Economic Studies* 87, No. 5 (2020): p. 2205 – 2229.

23   Tom Peck, "If We Don't Sell Arms to Saudi Arabia, Someone Else Will, Says Boris Johnson", *The Independent*, 2016년 10월 26일.

24   Robert J. Lifton, *The Nazi Doctors: Medical Killing and the Psychology of Genocide* (New York 2017). 또 다음을 참고하라. John M. Darley, "Social Organization for the Production of Evil", *Psychological Inquiry* 3, No. 2 (1992): p. 199 – 218.

25   프란치스코 교황, 《모든 형제들(Fratelli tutti)》, 가톨릭 교황 교서 (Freiburg i. Br. 2020).

26   Michael J. Sandel, *What Money Can't Buy: The Moral Limits of Markets* (New York 2012).

27   Ministry of the Environment, Government of Japan, "Minamata Disease: The History and Measures" (2002), online: http://www.env.go.jp/en/chemi/hs/minamata2002/. 다음과도 비교하라. Timothy S.George, *Minamata: Pollution and the Struggle for Democracy in Postwar Japan* (Harvard 2001).

28   Florian Willershausen, "의류 공장 화재: 죽음의 옷(Brand in Textilfabrik: Tödliche Kleidung)", *Zeit Online*, 2012년 11월 26일.

29   A. Falk, N. Szech, "Morals and Markets", *Science* 340, No. 6133 (2013): p. 707 – 711.

30   또 다른 조건(가격)에서는 개인의 결정 상황에 대한 다른 수치들이 나왔다. 5유로의 경우, 쥐를 죽이겠다는 참여자는 34.4%밖에 되지 않았다. 즉, 시장 조건과 개인 조건 간 차이가 사실상 매우 크다는 것이다.

31   이와 유사한 결과에 대해서는 다음의 연구를 참고하라. B. Bartling, R. Weber, L. Yao, "Do Markets Erode Social Responsibility?", *The Quarterly Journal of Economics*

130, No.1 (2015), p. 219 – 266.

32 원한다면 상승하는 공급 커브와 떨어지는 수요 커브를 가지고 단순한 시장 다이어그램을 상상해보라. 모든 구매자가 구매를 통해 같은 유익을 얻고, 모든 판매자가 제조에서 같은 비용을 들인다고 생각해보자. 그렇다면 물건을 구매할 때 도덕적 비용에 대해 얼마나 아느냐가 유일한 차이를 만들 것이다. 균형 가격과 균형 수요를 가진 시장의 균형 상황에서는 도덕적 우려를 가장 적게 하는 판매자와 구매자가 활동할 것이다. 도덕적 수준이 높은 잠재적 시장 참여자는 전혀 활동하지 않을 것이다.

33 D. A. Small, G. Loewenstein, "Helping a Victim or Helping the Victim: Altruism and Identifiability", *Journal of Risk and Uncertainty* 26, No. 1 (2003): p. 5 – 16.

34 수치의 출처는 다음의 웹사이트 참고. https://ourworldindata.org/entnommen. 특히 다음의 데이터와 비교하라. Max Roser, "Extreme poverty: how far have we come, how far do we still have to go?", *Our World in Data*, 2021년 11월 22일. Max Roser, "Access to basic education: Almost 60 million children in primary school age are not in school", *Our World in Data*, 2021년 11월 2일. Esteban Ortiz-Ospina, 'Global Health', *Our World in Data*. 자료는 주기적으로 업데이트되고 있다.

35 여기에 대해서는 마지막 장에서 짧게 언급했다.

6장

1 B. W. Roberts und W. F. DelVecchio, "The Rank-Order Consistency of Personality Traits From Childhood to Old Age: A Quantitative Review of Longitudinal Studies", *Psychological Bulletin* 126, No.1 (2000): p. 3 – 25.

2 Christoph Engel, "Dictator games: A meta study", *Experimental Economics* 14, No. 4 (2011): p. 583 – 610.

3 분석한 연구들의 핵심은 같지만 디테일에서는 차이가 있다. 예컨대 금액이 더 높거나 낮은 차이, 참여자들이 한 번 결정하느냐 여러 번 결정하느냐의 차이, 수신자가 다른 사람이 아니라 구호 단체인 경우 등이다.

4 Z. Bašiæ, A. Falk, S. Quercia, "Self-image, social image, and prosocial behavior", *Working Paper* (2020).

5 T. Dohmen, A. Falk, D. Huffman, U. Sunde, "Representative trust and reciprocity: Prevalence and determinants", *Economic Inquiry* 46, No. 1 (2008): p. 84-90. T. Dohmen, A. Falk, D. Huffman und U. Sunde, "Homo reciprocans: Survey evidence on behavioural outcomes", *The Economic Journal* 119, No. 536 (2009): p. 592 – 612.

6 A. Falk, A. Becker, T. Dohmen, D. Huffman, U. Sunde, "The preference survey module: A validated instrument for measuring risk, time, and social preferences", *Management Science* (곧 출간).

7 A. Falk, A. Becker, T. Dohmen, B. Enke, D. Huffman, U. Sunde, "Global evidence on economic preferences", *The Quarterly Journal of Economics* 133, No. 4 (2018): p. 1645 – 1692.

8　https://gps.briq-institute.org/에서 이타주의(그리고 호혜성, 위험에 대한 태도, 인내심)에 대한 데이터를 받을 수 있다. 이 웹사이트에서는 국가별 순위도 확인할 수 있으며, 최근 데이터에 기반한 작업을 하고 있는 수백 건의 학술 논문에 대한 정보도 얻을 수 있다.

9　이뿐만 아니라 우리는 위험에 대한 태도와 인내심에 대해서도 입증했다. 위험 및 시간이라는 두 가지 요소는 경제적인 선택에 있어 중요한 역할을 한다. 불확실성 속에서의 모든 선택은 미래 발전에 대한 결과로 이어지기 때문이다. 인내심 차이는 예를 들어 왜 한 국가가 부유한지, 가난한지를 설명한다. 우리는 이를 다음의 연구에서 보여주었다. U. Sunde, T. Dohmen, B. Enke, A. Falk, D. Huffman, G. Meyerheim, "Patience and comparative development", *Review of Economic Studies* (출간 예정).

10　A. Becker, B. Enke, A. Falk, "Ancient origins of the global variation in economic preferences", *AEA Papers and Proceedings* 110 (2020): p. 319 – 323.

11　Y. Cao, B. Enke, A. Falk, P. Giuliano, N. Nunn, "Herding, Warfare and a Culture of Honor: Global Evidence", *NBER Working Paper* 29250 (2021).

12　D. Cohen, R. E. Nisbett, "Self-Protection and the Culture of Honor: Explaining Southern Violence", *Personality and Social Psychology Bulletin* 20, No. 5 (1994): p. 551 – 567.

13　A. Falk, A. Becker, T. Dohmen, B. Enke, D. Huffman, U. Sunde, "Global evidence on economic preferences", *The Quarterly Journal of Economics* 133, No. 4 (2018): p. 1645 – 1692.

14　T. Dohmen, A. Falk, D. Huffman, U. Sunde, "Representative trust and reciprocity: Prevalence and determinants", *Economic Inquiry* 46, No. 1 (2008): p. 84 – 90.

15　A. Falk, A. Becker, T. Dohmen, B. Enke, D. Huffman, U. Sunde, "Global evidence on economic preferences", *The Quarterly Journal of Economics* 133, No. 4 (2018): p. 1645 – 1692.

16　A. Falk, J. Hermle, "Relationship of gender differences in preferences to economic development and gender equality", *Science* 362, No. 6412 (2018).

17　예를 들면 T. Deckers, A. Falk, F. Kosse, N. Szech, "Homo Moralis: Personal Characteristics, Institutions, and Moral Decision-Making", *IZA Discussion Paper* 9768 (2016).

18　Vgl. F. Chopra, P. Eisenhauer, A. Falk, T. W. Graeber, "Intertemporal Altruism", *IZA Discussion Paper* 14059 (2021).

19　이 문헌의 사례: F. Gino, M. E. Schweitzer, N. L. Mead, D. Ariely, "Unable to resist temptation: How self-control depletion promotes unethical behavior", *Organizational Behavior and Human Decision Processes* 115, No. 2 (2011): p. 191 – 203.

20　D. Knoch, A. Pascual-Leone, K. Meyer, V. Treyer, E. Fehr, "Diminishing reciprocal fairness by disrupting the right prefrontal cortex", *Science* 314, No. 5800 (2006): p. 829 – 832.

21 더 많은 정보는 www.balu-und-du.de를 확인하라.

22 여기에서 나는 나의 과거 박사과정 학생이자 친구 그리고 지금의 동료인 파비안 코세에게 감사의 인사를 전한다. 파비안 코세의 엄청난 기여와 참여가 아니었다면 이 프로젝트는 결코 실현되지 못했을 것이다.

23 여기에 대해 나는 고마움을 느끼고, 이 자리를 빌려 모든 아이와 부모님에게 진심으로 감사의 인사를 전하고 싶다.

24 F. Kosse, T. Deckers, P. Pinger, H. Schildberg-Hörisch, A. Falk, "The formation of prosociality: causal evidence on the role of social environment", *Journal of Political Economy* 128, No. 2 (2020): p. 434-467.

25 하지만 우리는 이후의 설문 조사에서 별과 장난감을 돈으로 바꿨다.

26 T. Dohmen, A. Falk, D. Huffman, U. Sunde, "The Intergenerational Transmission of Risk and Trust Attitudes", *The Review of Economic Studies* 79, No. 2 (2012): p. 645-677.

27 F. Kosse, T. Deckers, P. Pinger, H. Schildberg-Hörisch, A. Falk, "The formation of prosociality: causal evidence on the role of social environment", *Journal of Political Economy* 128, No. 2 (2020): p. 434-467.

28 J. Abeler, A. Falk, F. Kosse, "Malleability of preferences for honesty", *Working Paper* (2021). 이 주제에 대한 '공적인' 개관에 대해서는 다음을 추천한다. J. Abeler, D. Nosenzo, C. Raymond, "Preferences for truth-telling", *Econometrica* 87, No. 4 (2019): p. 1115-1153.

29 만일 주사위를 던져 행운의 숫자가 나왔는지 여부에 대해 거짓을 말하는 참여자가 한 명도 없었다고 치자. 그렇다면 이 집단에서 거짓말을 한 사람의 비율은 확률에 따라 다음과 같이 계산할 수 있다. $\frac{(64.7-16.7)}{(100-16.7)}$ =57.6%.

30 A. Falk, F. Kosse, P. Pinger, "Mentoring and Schooling Decisions: Causal Evidence", *IZA Discussion Paper* 13887 (2020).

31 Gautam Rao, "Familiarity does not breed contempt: Generosity, discrimination, and diversity in Delhi schools", *American Economic Review* 109, No. 3 (2019): p. 774-809.

7장

1 E. Saez, und G. Zucman, *The Triumph of Injustice: How the Rich Dodge Taxes and How to Make Them Pay* (New York 2019).

2 Jerome K. Vanclay et al., "Customer response to carbon labelling of groceries", *Journal of Consumer Policy* 34, No. 1 (2011): p. 153-160. P. Vlaeminck, T. Jiang, L. Vranken, "Food labeling and eco-friendly consumption: Experimental evidence from a Belgian supermarket", *Ecological Economics* 108 (2014): p. 180-190.

3 V. Tiefenbeck, L. Goette, K. Degen, V. Tasic, E. Fleisch, R. Lalive und T. Staake,

"Overcoming Salience Bias: How Real-Time Feedback Fosters Resource Conservation", Management *Science* 64, No. 3 (2018): p. 1458 – 1476.

4 팩트 체크는 다음을 참고하라. F. Chopra, I. Haaland und C. Roth, "Do People Demand Fact-Checked News? Evidence from U. S. Democrats", *Journal of Public Economics* 205, Article 104549 (2022).

5 예를 들어 다음을 참고하라. J. J. Jordan, R. Sommers, P. Bloom, D. G. Rand, "Why Do We Hate Hypocrites? Evidence for a Theory of False Signaling", *Psychological Science* 28, No. 3 (2017): p. 356 – 368.

6 E. E. Bø, J. Slemrod, T. O. Thoresen, "Taxes on the Internet: Deterrence Effects of Public Disclosure", *American Economic Journal: Economic Policy* 7, No. 1 (2015): p. 36 – 62.

7 brt/Reuters/AFP, "횡령 혐의: 노르트라인베스트팔렌주가 조세 정보를 넘기다 (Verdacht der Hinterziehung: NRW gibt Steuerdaten weiter)", *Spiegel Online*, 2016년 4월 14일.

8 설문 조사에 따르면 특히 코로나19 팬데믹 기간에 많은 여성이 인터넷에서 모욕을 경험했다고 한다. Glitch UK und EVAW, "The Ripple Effect: COVID-19 and the Epidemic of Online Abuse", September 2020 참고.

9 K. Müller, C. Schwarz, "Fanning the Flames of Hate: Social Media and Hate Crime", *Journal of the European Economic Association* 19, No. 4 (2021): p. 2131 – 2167.

10 오늘날에도 소셜 포럼에서 익명성을 완벽하게 보장받기란 사실상 어렵다. 처벌 대상인 행위에 대해서는 IP 주소를 추적해 개인 정보를 확인할 수 있기 때문이다.

11 Julia Klaus, "살해 협박 그리고 경찰 보호 – 협박받고 모욕당하는 팬데믹 시대의 의사들(Morddrohungen und Polizeischutz – Ärzte in der Pandemie: Bedroht und diffamiert)", *zdf. de*, 2022년 1월 25일 기사.

12 나의 경제학자 동료들 사이에서의 실제 사례: 페니 프리츠커는 경제학과 건물 건립을 위해 하버드대학교에 1억 달러를 기부했다. John S. Rosenberg, "Penny Pritzker Gives $100 Million for New Economics Facility", *Harvard Magazine*, 2021년 9월 21일.

13 S. Altmann, A. Falk, P. Heidhues, R. Jayaraman, M. Teirlinck, "Defaults and Donations: Evidence from a Field Experiment", *The Review of Economics and Statistics* 101, No. 5 (2019): p. 808 – 826. 사전 설정이 탄소 보상을 위한 기부 행위에 미치는 영향에 대해서는 다음의 연구를 참고하라. J. E. Araña und J. L. Carmelo, "Can Defaults Save the Climate? Evidence from a Field Experiment on Carbon Offsetting Programs", *Environmental and Resource Economics* 54, No. 4 (2013): p. 613 – 626.

14 적십자와 협력해 진행한 연구에서도 선택 구조의 설정이 헌혈에 긍정적 영향을 줄 수 있다는 결과가 나왔다. A. Stutzer, L. Goette, M. Zehnder, "Active Decisions and Prosocial Behaviour: a Field Experiment on Blood Donation", *The Economic Journal* 121, No. 556 (2011): p. 476 – 493.

15 E. J. Johnson, D. Goldstein, "Do Defaults Save Lives?", *Science* 302, No. 5649

(2003), p. 1338-1339. 다음도 참고하라. A. Abadie, S. Gay, "The impact of presumed consent legislation on cadaveric organ donation: a cross-country study", *Journal of Health Economics* 25, No. 4 (2006): p. 599 - 620.

16 장기 기증 활성화에도 호혜성의 원칙을 사용할 수 있다. 같은 필요를 가진 두 사람의 경우, 장기 기증자 확인서를 가지고 있는 기증자를 선호하는 방식이다. 이것은 정당한 것일 뿐 아니라 장기 기증자로 참여하려는 의지도 높일 것이다.

17 D. Pichert, K. V. Katsikopoulos, "Green defaults: Information presentation and pro-environmental behaviour", *Journal of Environmental Psychology* 28, No. 1 (2008): p. 63 - 73.

18 F. Ebeling, S. Lotz, "Domestic uptake of green energy promoted by opt-out tariffs", *Nature Climate Change* 5 (2015): p. 868 - 871.

19 U. Liebe, J. Gewinner, A. Diekmann, "Large and persistent effects of green energy defaults in the household and business sectors", *Nature Human Behaviour* 5 (2021): p. 576 - 585.

20 전체적인 개관과 그 밖의 증거들을 확인하고 싶다면 다음을 참고하라. M. Kaiser, M. Bernauer, C. R. Sunstein, L. A. Reisch, "The power of green defaults: the impact of regional variation of opt-out tariffs on green energy demand in Germany", *Ecological Economics* 174, Article 106685 (2020).

21 독일 환경청, 〈제대로 데우기(Richtig heizen)〉, *umweltbundesamt.de*, 2021년 10월 7일.

22 Z. Brown, N Johnstone, I. Hašèiè, L. Vong, F. Barascud, "Testing the effect of defaults on the thermostat settings of OECD employees", *Energy Economics* 39 (2013): p. 128 - 134.

23 S. Altmann, A. Falk, A. Grunewald, "Incentives and Information as Driving Forces of Default Effects", *IZA Discussion Paper* 7610 (2013).

24 다음을 참고하라. Jakob Simmank, 아르민 팔크와의 인터뷰, "듣는 것이 말하는 것보다 중요(Zuhören ist wichtiger als Reden)", *Die Zeit*, 2019년 8월 15일. 또 다음을 참고하라. S. Heuser, L. S. Stötzer, "The Effects of Face-To-Face Conversations on Polarization: Evidence from a Quasi-Experiment", *Working Paper* (2022).

25 P. Andre, T. Boneva, F. Chopra, A. Falk, "Fighting Climate Change: The Role of Norms, Preferences, and Moral Values", *IZA Discussion Paper* 14518 (2021).

26 다음과 비교하라. B. Enke, R. Rodriguez-Padilla, F. Zimmermann, "Moral Universalism: Measurement and Economic Relevance", *Management Science* (2021).

27 B. S. Frey, S. Meier, "Social Comparisons and Pro-social Behavior: Testing 'Conditional Cooperation' in a Field Experiment", *American Economic Review* 94, No. 5 (2004): p. 1717 - 1722.

28 이 주제와 관련된 연구 보고서는 다음과 같다. G. N. Dixon und C. E. Clarke, "Heightening Uncertainty Around Certain Science: Media Coverage, False Balance, and the Autism-Vaccine Controversy", *Science Communication* 35, No. 3 (2013): p.

358 – 382.

29 N. Voigtländer, H. J. Voth, "Nazi indoctrination and anti-Semitic beliefs in Germany", *Proceedings of the National Academy of Sciences* 112, No. 26 (2015): p. 7931 – 7936.

30 예컨대 다음을 언급한다. J. Abeler, A. Falk, F. Kosse, "Malleability of Preferences for Honesty", *IZA Discussion Paper* 14304 (2021).
M. Carlana, E. La Ferrara, "Apart but Connected: Online Tutoring and Student Outcomes during the COVID-19 Pandemic", *HKS Working Paper* RWP21-001 (2021).
A. Falk, F. Kosse, P. Pinger, H. Schildberg-Hörisch, T. Deckers, "Socioeconomic Status and Inequalities in Children's IQ and Economic Preferences", *Journal of Political Economy* 129, No. 9 (2021), p. 2504 – 2545.
A. Falk, F. Kosse, P. Pinger, "Mentoring and Schooling Decisions: Causal Evidence", *IZA Discussion Paper* 13387 (2020). A. Falk, F. Kosse, H. Schildberg-Hörisch, F. Zimmermann, "Self-Assessment: The Role of the Social Environment", *CESifo Working Paper* 8308 (2020).
F. Kosse, T. Deckers, P. Pinger, H. Schildberg-Hörisch, A. Falk, "The Formation of Prosociality: Causal Evidence on the Role of Social Environment", *Journal of Political Economy* 128, No. 2 (2020): p. 434 – 467.
S. Resnjanskij, J. Ruhose, S. Wiederhold, L. Woessmann, "Can Mentoring Alleviate Family Disadvantage in Adolscence? A Field Experiment to Improve Labor-Market Prospects", *IZA Discussion Paper* 14097 (2021).
J. Heckman, R. Pinto, P. Savelyev, "Understanding the Mechanisms through Which an Influential Early Childhood Program Boosted Adult Outcomes", *American Economic Review* 103, No. 6 (2013): p. 2052 – 2086. 독일연방 가족노인여성청년부 "제9차 가족 보고서: 독일에서 부모가 되는 것(Neunter Familienbericht: Eltern sein in Deutschland)", *Deutscher Bundestag Drucksache* 19/27200 (2021).

31 F. Kosse, T. Deckers, P. Pinger, H. Schildberg-Hörisch, A. Falk, "The Formation of Prosociality: Causal Evidence on the Role of Social Environment", *Journal of Political Economy* 128, No. 2 (2020): p. 434-467. 또 다음을 비교하라. F. Kosse, M. M. Tincani, "Prosociality predicts labor market success around the world", *Nature Communications* 11, No.1, Art. 5298 (2020).

32 J. J. Heckman, S. H. Moon, R. Pinto, P. A. Savelyev, A. Yavitz, "The rate of return to the HighScope Perry Preschool Program", *Journal of Public Economics* 94, No.1-2 (2010): p. 114 – 128. 이를 위한 웹사이트도 있다. https://heckmanequation.org/

33 예컨대 '발루와 나' '어린이 영웅(KinderHelden)' '록 유어 라이프!(ROCK YOUR LIFE!)' 같은 멘토링 프로그램.

34 이것은 내가 쓴 특집 기사를 기반으로 하고 있다. Armin Falk, "용기가 적은 자들의 나라(Im Land der Kleinmütigen)", *Die Zeit*, 2021년 7월 4일.

35 A. Agan, S. Starr, "Ban the Box, Criminal Records, and Racial Discrimination: A

Field Experiment", *The Quarterly Journal of Economics* 133, No.1 (2018): p. 191 – 235.

36   R. Chetty, J. N. Friedman, S. Leth-Petersen, T. H. Nielsen, T. Olsen, "Active vs. Passive Decisions and Crowd-Out in Retirement Savings Accounts: Evidence from Denmark", *The Quarterly Journal of Economics* 129, No. 3 (2014): p. 1141 – 1219.

37   William Nordhaus, "Climate Clubs: Overcoming Free-Riding in International Climate Policy", *American Economic Review* 105, No. 4 (2015): p. 1339 – 1370. 다음과도 비교하라. S. Tagliapietra, G. B. Wolff, "Form a climate club: United States, European Union and China", *Nature* 591 (2021): p. 526 – 528.

**Warum es so schwer ist,
ein guter Mensch zu sein**